国家级优秀教学成果奖

"十二五"普通高等教育本科国家级规划教材

中国人民大学会计系列教材

成本会计学

（第8版）

主编 于富生 黎来芳 张 敏

Cost Accounting

中国人民大学出版社
· 北京 ·

总　序

中国人民大学会计系列教材（简称系列教材）自 1993 年推出至今，已近 30 年。这期间我国经济高速发展，会计制度与会计准则发生巨大变化，大学会计教育无论从规模还是质量都有了长足进步。回顾近 30 年的发展历程，系列教材中的每一本每一版，都在努力适应会计环境和教育环境的变化，尽可能满足高校会计教学的需要。

系列教材第 1 版是由我国当时的重大会计改革催生的。编写时关注两个重点：一是适应我国会计制度的变化，遵循 1992 年颁布的"两则两制"的要求；二是教材之间尽可能避免重复。系列教材包括：《初级会计学》《财务会计学》《成本会计学》《经营决策会计学》《责任会计学》《高级会计学》《财务管理学》《审计学》《计算机会计学》。

自 1997 年 10 月起，系列教材陆续推出第 2 版。为适应各院校的课程开设需要，将《经营决策会计学》与《责任会计学》合并为《管理会计学》。

自 2001 年 11 月起，系列教材陆续推出第 3 版。根据国家修订的《会计法》、国务院颁布的《企业财务会计报告条例》、财政部修订和颁布的《企业具体会计准则》以及颁布的《企业会计制度》等进行修订。

自 2006 年 7 月起，系列教材陆续推出第 4 版。进一步修订了教材与 2007 年 1 月 1 日开始实施的《企业会计准则》和《注册会计师审计准则》之间的不协调之处，并将《计算机会计学》变更为《会计信息系统》。

自 2009 年 6 月起，系列教材陆续推出第 5 版。对《高级会计学》《财务管理学》《财务会计学》等的框架结构做了较大调整，新增《会计学（非专业用）》一书。

自 2012 年 6 月起，系列教材陆续推出第 6 版。针对教育部强化本科教育实务性、应用性的要求，新增"简明版"和"模拟实训"两个子系列，并为《初级会计学》和《成本会计学》配备实训资料。

自 2014 年 4 月起，系列教材陆续推出第 7 版。深入阐释了财政部自 2014 年 1 月先后发布的 7 项新会计准则。新增《财务报表分析》一书。为适应会计准则的变化，《财务会计学》修订加快，推出第 8 版。

自 2017 年 8 月起，系列教材陆续推出第 8 版。体现了营改增、会计准则、增值税税率变化等最新动态，其中《初级会计学》修订至第 10 版，《财务会计学》修订至第 12 版，并新增《政府与非营利组织会计》，在"简明版"中新增《会计学》《中级财务会计》。为适应数字化对教学的影响，《财务会计学》率先推出"立体化数字教材版"。

自 2020 年 11 月起，系列教材陆续推出第 9 版。根据《普通高等学校教材管理办法》《高等学校课程思政建设指导纲要》对教材的要求，以及数字时代线上线下教学相结合的特点，重点体现立体化数字教材、课程思政内容。此外，为了应对人工智能、大数据等技术对会计实践和教学的影响，拟新增《智能会计》。至此，形成了如下课程体系：

主教材（11 本）	学习指导书（7 本）	模拟实训（5 本）	简明版（7 本）
《会计学（非专业用）》	√		《会计学》
《初级会计学》	√	√	
《财务会计学》	√	√	《中级财务会计》
《财务管理学》	√	√	《财务管理》
《成本会计学》	√	√	《成本与管理会计》
《管理会计学》	√	√	
《审计学》			《审计学》
《会计信息系统》			《会计电算化》
《高级会计学》	√		
《财务报表分析》			
《政府与非营利组织会计》			《政府会计》
智能会计			

系列教材在近 30 年的出版历程中，以高品质荣获众多奖项，也多次入选国家级规划教材。2001 年，系列教材入选由教育部评选的"经济类、管理类专业和法学专业部分主干课程推荐教材"；2003 年，系列教材入选"普通高等教育'十五'国家级规划教材"；2005 年，系列教材以"精心组织，持续探索，打造跨世纪会计精品教材（教材）"荣获"第五届高等教育国家级教学成果奖二等奖"；2008 年，系列教材入选"普通高等教育'十一五'国家级规划教材"，其中《会计信息系统》被教育部确认为 2008 年度普通高等教育精品教材，《审计学》被教育部确认为 2009 年度普通高等教育精品教材，"简明版"中的《财务管理》被教育部确认为 2011 年度普通高等教育精品教材；2012 年，系列教材入选"'十二五'普通高等教育本科国家级规划教材"；2014 年，系列教材以"以立体化教材建设支撑会计学专业教学改革（教材）"荣获"2014 年国家级教学成果奖（高教类）二等奖"。

当前中国高等教育，培养什么人、怎样培养人、为谁培养人是根本问题，立德树人成效是检验高校一切工作的根本标准。具体到会计学专业，在会计准则国际趋同的大背景下，要着力培养既能立足祖国大地又有国际视野的时代新人。基于此，系列教材积极融入习近平新时代中国特色社会主义思想，深刻把握会计专业学生培养目标，积极探索数字化对教学的冲击和挑战，更加重视学生的长远发展，以及学生基本素质和能力的培养，加大培养学生发现问题、分析问题和解决问题的能力。

系列教材是在我国著名会计学家阎达五教授等老一辈会计学者的精心呵护下诞生，在广大兄弟院校的大力支持下逐渐成长的。我们衷心希望系列教材能够继续得到大家的认可，也诚恳地希望大家多提改进建议，以便我们在今后的修订中不断完善。

中国人民大学会计系

前　言

　　《成本会计学》作为中国人民大学会计系列教材之一，自1993年第1版出版发行以来，得到全国众多高校的师生以及其他读者的认可和厚爱，发行量节节上升。在《成本会计学》第8版出版之际，我们谨向选用本教材和对本教材提出宝贵意见的全国高校的广大师生和读者朋友表示深深的谢意！

　　为了进一步完善本教材，同时考虑到2015年第7版出版以来我国《企业会计准则》《企业产品成本核算制度（试行)》以及税收法规等的变化情况，我们在中国人民大学出版社工商管理分社的大力配合下，在听取各方面意见、建议和深入研讨的基础上，对本教材的第7版进行了修订。在本次修订中，我们除了对教材中的错误和不妥之处进行改正外，主要做了以下几个方面的工作。

　　1. 根据现行的会计法规制度和相关的税收法规，对教材的有关内容进行了修订。

　　2. 为了使学生能够接触成本会计学科的前沿领域，我们对"作业成本法"一节的内容进行了较大幅度的修订，对"估时作业成本法"进行了深入浅出的讲解。

　　3. 对教材所附的案例进行了必要的修改和充实，以保证学生通过对案例的思考提高对各章关键问题的理解。

　　4. 对教材所附的练习题进行了较大幅度的修改。

　　5. 对教材所附的成本会计学模拟实训进行了修改。

　　此次修订由于富生教授、黎来芳副教授、张敏副教授担任主编，各章的分工为：第2，3，4，5，6，7章由于富生修订；第1，8，9章由黎来芳修订；第10章和成本会计学模拟实训由张敏修订；许晓芳制作了本书的PPT，并参与了第3章的资料整理和修订工作。最后由于富生对全书进行了总纂。

　　在本次修订中，中国人民大学出版社工商管理分社的编辑们提出了许多宝贵意见，为提高本教材的质量，保证修订工作的顺利完成，付出了辛勤的劳动。谨向她们表示衷心的感谢。

本次修订过程中，虽然我们力尽所能，但由于水平和时间所限，修订后的教材可能仍存在不足之处，恳请广大师生和读者继续对本教材进行批评指正，提出宝贵意见和建议。

编者

目 录

第 1 章

Chapter 1 总 论

1. 理解广义成本与狭义成本的内涵，以及实际工作中的成本开支范围与马克思的理论成本之间的联系和区别。

2. 了解成本会计演进发展的几个阶段，理解成本会计的学科定位。

3. 明确成本会计的职能和成本会计的任务之间的关系以及成本会计的各项职能、各项任务之间的关系；在此基础上，全面、准确地理解和掌握成本会计的职能和各项具体任务。

4. 理解财务成本和管理成本的含义，全面、准确地理解和掌握成本会计的对象。

5. 掌握成本会计应遵循的主要原则；明确成本会计人员的职责和权限，了解成本会计机构的设置和成本会计制度所包括的内容。

1.1 成本的内涵

成本作为一个价值范畴，在社会主义市场经济中是客观存在的。加强成本管理，努力降低成本，无论对提高企业经济效益，还是对提高整个国民经济的宏观经济效益，都是极为重要的。而要做好成本管理工作就必须首先从理论上充分认识成本的含义。

1.1.1 广义成本与狭义成本

成本的内涵有广义与狭义之分。

（1）广义成本泛指所有耗费。

关于广义成本有很多种表述，其中比较有代表性的定义如下。

美国会计学会（AAA）所属的成本概念与标准委员会 1951 年对成本的定义

为："成本是指为了实现特定目的而发生或应发生的可以用货币度量的价值牺牲。"

美国会计师协会（AICPA）1957 年发布的《第 4 号会计名词公报》对成本的定义为："成本是指为获取资产或劳务而支付的现金或以货币衡量的转移其他资产、发行股票、提供劳务、承诺债务的数额。"

美国财务会计准则委员会 1980 年发布的《第 3 号财务会计概念公告》对成本的定义为："成本是指经济活动中发生的价值牺牲，即为了消费、储蓄、交换、生产等所放弃的资源。"

上述定义是对成本非常宽泛、广义的界定，泛指为达到一定目的而发生的资源耗费，甚至包括投资活动。

（2）狭义成本专指对象化的耗费，也就是分配到成本计算对象上的耗费。

成本计算对象是分配成本的客体。例如，我们计算产品成本的时候，需要将资源耗费分配给不同的产品，这时产品就是成本计算对象。产品是我们最熟悉也最为常见的成本计算对象，但是成本计算对象绝不仅仅局限于产品。成本计算对象可以是你关心的、希望知道其成本数据的任何事物，如顾客、部门、项目、作业等。当你想知道为不同顾客发生的资源耗费时，就需要将成本分配给不同的顾客，这时顾客就成了成本计算对象。当你想知道不同部门的资源耗费时，就需要将成本分配到不同的部门，这时部门就成了成本计算对象。当你想知道不同项目所耗费的资源时，就需要将成本分配给不同的项目，这时项目就成了成本计算对象。当你想知道不同作业的资源耗费时，就需要将成本分配给不同的作业，这时作业就成了成本计算对象。通俗地讲，你想知道谁的成本，谁就可以成为成本计算对象。

成本计算对象是成本会计中一个非常简单却十分重要的概念。随着成本计算对象的不断丰富，成本会计的应用领域也越来越宽。当我们只将产品作为成本计算对象时，只能计算出产品成本，成本信息是有限的，依据成本信息只能进行产品盈利性分析等有限的管理活动。当我们将顾客、部门、项目、作业等作为成本计算对象时，可以得到不同顾客、部门、项目和作业等的成本，这些丰富的成本信息可以为多种管理提供支持，比如顾客盈利性分析、部门业绩评价、项目评估、流程设计等。本书重点讲述产品成本的核算，因此涉及的成本计算对象主要是产品。

本书涉及的范围除产品成本之外，还包括期间费用，但不涵盖投资活动。因此，本书所讲述的成本介于上述狭义成本和广义成本之间。

1.1.2 理论成本内涵与实际成本概念

由于本书研究的范围和担负的任务所限，下面我们仅从企业日常生产经营管理活动出发，以马克思有关商品成本的论述为理论基础，来探讨成本的内涵。马克思政治经济学中对商品成本的阐述如下。

马克思指出，按照资本主义方式生产的每一个商品的价值（W），用公式来

表示是 $W=c+v+m$。如果我们从这个商品价值中减去剩余价值 m，那么，在商品价值中剩下的就只是一个在生产要素上耗费的资本价值（$c+v$）的等价物或补偿价值，只是补偿商品使资本家自身耗费的部分。对资本家来说，这就是商品的成本价格。马克思在这里称为商品的"成本价格"的那部分商品价值，指的就是商品成本。

社会主义市场经济与资本主义市场经济有着本质的区别，但二者都是商品经济。在社会主义市场经济中，企业作为自主经营、自负盈亏的商品生产者和经营者，其基本的经营目标就是向社会提供商品，满足社会的一定需要，同时要以商品的销售收入抵偿自己在商品的生产经营中所支出的各种耗费，并取得盈利。只有这样，才能使企业以至整个社会得以发展。因此，商品价值、成本、利润等经济范畴，在社会主义市场经济中仍然有其存在的客观必然性，只是它们所体现的社会经济关系与资本主义市场经济中的有所不同。

在社会主义市场经济中，商品的价值仍然由三部分组成：（1）已耗费的生产资料转移的价值（c）；（2）劳动者为自己劳动所创造的价值（v）；（3）劳动者为社会劳动所创造的价值（m）。从理论上讲，上述的前两部分，即 $c+v$，是商品价值中的补偿部分，它构成商品的理论成本。

综上所述，可以将理论成本的内涵概括为：在生产经营过程中所耗费的生产资料转移的价值和劳动者为自己劳动所创造的价值的货币表现，也就是企业在生产经营中所耗费的资金总和。

马克思关于商品成本的论述是从理论上对成本内涵的高度概括。这一理论是指导我们进行成本会计研究的指南，是实际工作中制定成本开支范围、考虑劳动耗费的价值补偿尺度的重要理论依据。但是，社会经济现象是纷繁复杂的，企业在成本核算和成本管理中需要考虑的因素也是多种多样的。因此，理论成本与实际工作中所应用的成本概念有一定差别。这主要表现在以下两个方面：

（1）在实际工作中，成本的开支范围是由国家通过有关法规制度加以界定的。为了促使企业加强经济核算，减少生产损失，对于劳动者为社会劳动所创造的某些价值，如财产保险费等，以及一些不形成产品价值的损失性支出，如工业企业的废品损失、季节性和修理期间的停工损失等，也计入成本。可见，实际工作中的成本开支范围与理论成本包括的内容是有一定差别的。就上述的废品损失、停工损失等损失性支出来说，从实质上看，并不形成产品价值，因为它不是产品的生产性耗费，而是纯粹的损耗，其性质并不属于成本的范围。但是考虑到经济核算的要求，将其计入成本，可促使企业减少生产损失。当然，对于成本实际开支范围与内涵的背离，必须严格限制，否则，成本的计算就失去了理论依据。

（2）上述的理论成本是就企业生产经营过程中所发生的全部耗费而言的，即是一个"全部成本"的概念。在实际工作中，是将其全部对象化，从而计算产品的全部成本，还是将其按一定的标准分类，部分计入产品成本，部分计入期间费用（也称期间成本），则取决于成本核算制度。如按照我国现行会计制度的规定，工业企业应采用制造成本法计算产品成本，从而企业生产经营中所发生的全部耗

费就相应地分为产品制造（生产）成本和期间费用两大部分。在这里，产品制造成本是指为制造产品而发生的各种费用总和，包括直接材料费用、直接人工费用和全部制造费用。期间费用则包括管理费用、销售费用和财务费用。在制造成本法下，期间费用不计入产品成本，而是直接计入当期损益。企业生产经营过程中所发生的劳动耗费的详细分类将在第 2 章中阐述。

1.2 成本的作用

管理大师彼得·德鲁克曾说过："在企业内部，只有成本。"可见成本对企业内部管理的重要作用。

1. 成本是补偿生产经营耗费的尺度

为了保证企业生产经营的不断进行，必须对生产经营耗费进行补偿。企业是自负盈亏的商品生产者和经营者，其生产经营耗费是用自身的生产成果，即销售收入来补偿的。而成本就是衡量这一补偿份额大小的尺度。企业在取得销售收入后，必须把相当于成本的数额划分出来，用以补偿生产经营中的资金耗费。这样才能维持资金周转按原有规模进行。如果企业不能按照成本来补偿生产经营耗费，企业资金就会短缺，生产经营就不能按原有的规模进行。成本也是划分生产经营耗费和企业利润的依据，在一定的销售收入中，成本越低，企业利润就越多。可见，成本起着衡量生产经营耗费尺度的作用，对经济发展有着重要的影响。

2. 成本是综合反映企业工作质量的重要指标

成本是一项综合性的经济指标，企业经营管理中各方面工作的业绩，都可以直接或间接地在成本上反映出来。例如，产品设计的好坏、生产工艺的合理程度、固定资产的利用情况、原材料消耗的节约与浪费、劳动生产率的高低、产品质量的高低、产品产量的增减以及供、产、销各环节的工作是否协调等，都可以通过成本直接或间接地反映出来。

既然成本是综合反映企业工作质量的指标，那么可以通过对成本的计划、控制、监督、考核和分析等来促使企业以及企业内各单位加强经济核算，努力改进管理，降低成本，提高经济效益。例如，通过正确确定和认真执行企业以及企业内部各单位的成本计划指标，可以事先控制成本水平和监督各项费用的日常开支，促使企业及企业内部各单位努力降低各种耗费；又如，通过成本的对比和分析，可以及时发现在物化劳动和活劳动消耗上的节约或浪费情况，总结经验，找出工作中的薄弱环节，采取措施挖掘潜力，合理地使用人力、物力和财力，从而降低成本，提高经济效益。

3. 成本是制定产品价格的一项重要因素

在商品经济中，产品价格是产品价值的货币表现。产品价格应大体上符合其价值。无论是国家还是企业，在制定产品价格时都应遵循价值规律的基本要求。但在现阶段，人们还不能直接计算产品的价值，而只能计算成本，通过成本间接地、相对地掌握产品的价值。因此，成本就成了制定产品价格的重要因素。

当然，产品的定价是一项复杂的工作，要考虑的因素很多，如国家的价格政策及其他经济政策、各种产品的比价关系、产品在市场上的供求关系及市场竞争的态势等，所以成本只是制定产品价格的一项重要因素。

4. 成本是企业进行很多决策的重要依据

努力提高在市场上的竞争能力和经济效益，是社会主义市场经济条件下对企业的客观要求。而要做到这一点，企业首先必须进行正确的生产经营决策。进行生产经营决策，需要考虑的因素很多，成本是主要因素之一。这是因为，在价格等因素一定的前提下，成本的高低直接影响企业盈利的多少，而较低的成本，可以使企业在市场竞争中处于有利地位。企业的很多决策都需要用到不同的成本数据，如生产何种新产品的决策、亏损产品是否停产的决策、自制还是外购的决策、特殊订单决策、产品组合决策、最优生产批量决策、生产工艺决策、赶工决策以及供应商选择决策等。

1.3 成本会计的演进发展与学科定位

1.3.1 成本会计的演进发展[①]

成本会计是随着社会经济的发展和管理水平的提高而逐步形成并不断发展的。

1. 成本会计的产生（20 世纪 20 年代以前）

有关史料显示，早在 16 世纪的欧洲就出现了成本会计的萌芽。当时大多数手工工场都采用自己独创的成本计量方法来控制和降低成本消耗量，成本计量主要借助统计方法来实现，成本记录大都是在会计账户之外进行的。到了 17、18 世纪，手工业发展相对迟缓，在手工业中依旧采用传统的商业会计账户体系和簿记方法，成本会计没有受到重视，成本会计学科发展缓慢。

成本会计作为一个完整的理论与方法体系，形成于工业革命之后。到了 19 世纪，随着英国工业革命的完成，机器化生产代替了手工劳动，工厂制代替了手工工场，企业规模不断扩张，需要大量资金购买昂贵的生产设备，致使折旧费用大幅增长，加之生产工艺的日益复杂以及产品品种日趋多样化，使得间接费用的分配成为企业成本计算的一大难题。同时，由于企业间竞争日益加剧，企业管理中需要提供比较准确的成本数据。为了满足有关各方对成本信息资料的需求和企

---

① 参见冯巧根. 成本会计. 北京：北京师范大学出版社，2007.

业管理上的需要，重视成本、提高成本的准确性已成为必然趋势。成本计算由统计核算逐步纳入复式账簿系统，成本核算与会计核算逐步结合起来，成本记录与会计记录开始一体化，从而形成了真正意义上的成本会计。

这一阶段的成本会计取得了长足的发展，但其目的仅局限于对生产过程中的生产消耗进行系统的汇集和计算，以确定存货成本和销货成本，采用的主要是比较传统的分批法和分步法，实质上还属于以记录为主的成本会计。

2. 成本会计的发展（20 世纪 20 年代至 80 年代中期）

资本主义工业革命的完成，使企业有了自由、迅速发展的社会条件和物质技术条件。同时，由于工人运动的兴起，资本家再也不能像以往那样无限制地延长工人的劳动时间、提高工人的劳动强度了。另外，企业外部环境日趋复杂多变，竞争也越来越激烈，单纯的事后核算型成本会计已满足不了企业管理和社会的需要。在这种双重压力下，成本会计得以不断发展。

改革首先来自 19 世纪末期未受传统成本会计观念约束的工程管理界。在工程师和会计师的共同努力下，标准成本制度逐步从理论实验阶段转入实施阶段，为生产过程成本控制提供了条件。

同时，由于重工业的发展和劳动分工的细化，企业预算编制问题也日益复杂化，传统的经验估计方法已不适用。科学管理运动对预算的完善也起到了促进作用。当标准成本制度完全确立之后，预算编制也随之逐渐完善和系统化。由此，成本计算方法和管理方法都有了明显的突破，成本会计不仅事后计算成本，还向事中、事前发展。这种全方位的管理扩展了成本会计的职能。成本会计从此进入了黄金发展阶段，即近代成本会计阶段。

到了 20 世纪三四十年代，新技术得到了广泛的应用和发展，极大地推动了整个社会经济的发展。社会资本开始高度集中，跨国公司日渐增多，企业规模不断扩大，生产经营日趋多元化。在这种新形势下，过分强调生产管理和以提高生产效率为目的的泰罗制科学管理方法已显现出诸多方面的不足。同时各种新的管理理论和方法层出不穷，涌现出"行为科学""数量管理""决策学派""权变学派"等多种管理思想和管理方法，为成本会计的发展提供了理论和工具上的帮助，使成本会计在内涵和外延上有了很大的发展：由过去只重视满足外部财务报表使用者的需要，转为开始重视内部管理决策和控制的需要；由只对实际成本的计量，扩展为对实际成本和未来预期成本的计量；由只建立单一成本计量模式，扩展为建立多元成本计量模式，满足多用户和多目标的需要。

第二次世界大战后，美国公司规模越来越大，企业管理越来越复杂，企业的管理开始由集权制转向分权制。为加强对企业内部各级、各单位的考核，责任会计思想出现了。责任会计主张在企业内部建立成本中心、利润中心和投资中心，强化对责任中心的业绩考核，从而使成本目标进一步转化为各级、各单位的责任成本，使成本的控制更为有效。

20 世纪 50 年代初，质量成本受到了关注。到 60 年代，质量成本概念基本形成，并确定了质量成本项目以及质量成本的计算和分析方法。

20 世纪 50 年代，目标成本的管理方法受到重视。目标管理与全面预算的结合，使得成本管理朝目标化方向迈进。

上述方法的提出促进了成本会计的蓬勃发展，但其理论还不成熟，在信息化到来之前，发展相对缓慢。

3．成本会计面临的机遇和挑战（20 世纪 80 年代中期至今）

近 30 年，我们身处的时代发生了急剧的变化，信息化社会代替工业化社会，改变了人们的生活方式、交流方式，随之而来的是市场运作模式、运行规律以及组织机构的经营方式、管理模式等都在发生变革，在市场浪潮中搏击的企业最先感受到环境变革的冲击。这种冲击动摇了现有企业的管理理论和管理方法以及现行成本会计的理论基础和计量模式，但同时也为成本会计的发展提供了机遇。

近年来，新的管理技术不断涌现，相继出现了如全面质量管理（TQM）、敏捷制造（AM）、适时制（JIT）、企业资源计划（ERP）和供应链管理（SCM）等方法。新的技术和管理方法不同于之前批量生产标准产品的相对稳定的管理方式。在新的管理环境下，原有的成本会计理论和计量模式暴露出以下几个方面的问题：一是成本重心前移，使传统的成本信息出现"时滞"。有资料表明，制造业产品 75％以上的成本在研发阶段已经确定，只注重生产过程核算和控制的成本计量模式容易导致信息失真。二是传统的成本会计过分追求量，而忽略了质，从而对核心竞争力关心不够，与现代管理思想不符。三是传统的成本管理基准点是短期，反映企业短期的成本信息，将固定成本进行短期的期间化处理，淹没了大量战略信息，企业绩效难以真正体现。四是传统的成本会计将间接费用简单化处理，没有揭示出业务活动背后真正的成本动因。因此，成本会计必须进行变革，以适应现代管理的需要，协助管理者在新环境下进行有效的管理控制。环境造就了成本会计的发展，当前随着成本理论和实践的不断深入，涌现出许多新的成本计量方法，如作业成本法、成本企画等。

需要说明的是，尽管近年来许多新的成本会计方法和思想不断涌现，但迄今为止仍未能形成一套公认的行之有效的成本会计体系。创新学派认为传统学派过于守旧，所研究的成本会计远远落后于现实企业的管理需要，而传统学派则批评创新学派缺乏系统理论体系，只是停留在对相关学科成果的"拼凑"性的介绍上，缺乏新的理论成本。因此，建立一个立足于信息化社会，满足不断发展的现代管理要求的系统的新的成本会计理论体系，是当前乃至今后很长一段时间需要面对的紧迫课题。

1.3.2 成本会计的学科定位

自从成本会计发展成为一个相对完整的理论和方法体系之后，它的学科定位便开始受到关注。成本会计与财务会计和管理会计有着密切的、内在的联系。财务会计中关于资产的计价及其价值耗费的核算是成本核算的基础；反过来，财务会计也要依据成本会计所提供的有关成本费用信息进行存货等资产的计价和利润的计算确定。管理会计是在成本会计的基础上产生和发展起来的，它的诸多方面都与成本有关，成本会计所提供的信息是管理会计所需资料的重要来源。

早期，成本会计主要服务于对外报告所需的销货成本和存货成本等信息，因此主要隶属于财务会计体系。近年来，随着竞争的加剧和企业管理水平的提升，企业内部管理对成本信息的要求越来越高，成本会计越来越多地服务于企业内部管理。因此，成本会计成为既为财务会计服务又为管理会计服务的一个相对独立的学科。而且，由于内部管理的迫切需要，为管理会计服务的成本会计理论和方法获得长足发展，管理会计越来越依赖于丰富、准确的成本信息，因此有人将这部分成本会计的内容与管理会计合称为成本管理会计。综上所述，现代成本会计是会计的总体框架下的一部分相对独立的内容，既服务于财务会计又服务于管理会计，而且有越来越偏重于管理会计的趋势。

1.4 成本会计的职能和任务

1.4.1 成本会计的职能

成本会计的职能，是指成本会计在经济管理中的功能。成本会计作为会计的一个重要分支，其基本职能同会计一样，具有反映和监督两项基本职能。但从成本会计产生和发展的历史看，随着生产过程的日趋复杂，生产、经营管理对成本会计不断提出新的要求，成本会计反映和监督的内涵也在不断发展。下面分别说明成本会计职能的基本内容。

1. 反映职能

反映职能是成本会计的首要职能。成本会计的反映职能，就是从价值补偿的角度出发，反映生产经营过程中各种费用的支出，以及生产经营业务成本和期间费用等的形成情况，为经营管理提供各种成本信息的功能。就成本会计反映职能的最基本方面来说，是以已经发生的各种费用为依据，为经营管理提供真实的、可验证的成本信息，从而使成本分析、考核等工作建立在有客观依据的基础上。随着社会生产的不断发展，企业经营规模的不断扩大，经济活动情况的日趋复杂化，在成本管理上就需要加强计划性和预见性。因此，对成本会计提出了更高的要求，需要通过成本会计为经营管理提供更多的信息，即除了提供能反映成本现状的核算资料外，还要提供有关预测未来经济活动的成本信息资料，以便做出正确的决策和采取相应的措施，达到预期的目的。由此可见，成本会计的反映职能，从事后反映发展到了分析预测未来。只有这样，才能满足经营管理的需要，才能更好地发挥其在经营管理中的作用。

应当指出的是，反映过去同预测未来是密切联系的。要进行成本预测，首先必须了解能够反映成本水平现状和历史的各项指标以及它们之间的内在联系，这样才能据以分析未来的成本状况，以及为实现预期的成本管理目标应具备的条件和应采取的措施。因此，反映实际发生的生产经营耗费，提供实际的成本资料，是成本会计提供成本信息的基础。

2. 监督职能

成本会计的监督职能，是指按照一定的目的和要求，通过控制、调节、指导和考核等，监督各项生产经营耗费的合理性、合法性和有效性，以达到预期的成本管理目标的功能。

在社会主义市场经济中，企业为了达到预期的经营目标，不仅要制定计划、分配资源和组织计划的实施，而且必须进行有效的监督，以使各项经济活动符合有关规定的要求。成本会计的监督是会计监督的重要内容，是对经济活动进行监督的一个重要方面。

成本会计的监督，包括事前、事中和事后监督。首先，成本会计应从经济管理对降低成本、提高经济效益的要求出发，对企业未来经济活动的计划或方案进行审查，并提出合理化建议，从而发挥对经济活动的指导作用；在反映各种生产经营耗费的同时，进行事前监督，即以国家的有关政策、制度和企业的计划、预算及规定等为依据，对有关经济活动的合理性、合法性和有效性进行审查，限制或制止违反政策、制度和计划、预算等的经济活动，支持和促进增产节约、增收节支的经济活动，以实现提高经济效益的目的。其次，成本会计要通过成本信息的反馈，进行事中、事后的监督，也就是通过对所提供的成本信息资料的检查分析，控制和考核有关经济活动，及时从中总结经验，发现问题，提出建议，促使有关方面采取措施，调整经济活动，使其按照规定的要求和预期的目标进行。

成本会计的反映和监督两大职能是辩证统一、相辅相成的。没有正确、及时的反映，监督就失去了存在的基础，就无法在成本管理中发挥制约、控制、指导和考核等作用；而只有进行有效的监督，才能使成本会计为管理提供真实可靠的信息资料，使反映职能得以充分发挥。可见，只有把反映和监督两大职能有机地结合起来，才能更为有效地发挥成本会计在管理中的作用。

1.4.2　成本会计的任务

成本会计的任务是成本会计职能的具体化，也是人们期望成本会计应达到的目的和对成本会计的要求。具体来说，成本会计的任务主要有以下几个方面：

1. 进行成本预测，参与经营决策，编制成本计划，为企业有计划地进行成本管理提供基本依据

在社会主义市场经济中，企业应在遵守国家的有关政策、法令和制度的前提下，按照市场经济规律的要求，正确地组织自己的生产经营活动。为此，企业必须在经营管理中加强预见性和计划性。也就是说，面对市场，企业应在分析过去的基础上，科学地预测未来，周密地对自身的各项经济活动实行计划管理。就企业的成本管理工作来说，它是一项综合性很强、涉及面很广的管理工作，仅靠财会部门和成本会计是难以完成的。但成本会计作为一项综合性很强的价值管理工作，应充分发挥自己的优势，在成本的计划管理中，发挥主导作用。为了使企业成本管理工作有计划地进行和对费用开支有效地进行控制，成本会计工作应在企业各有关方面的配合下，根据历史成本资料、市场调查情况以及其他有关方面（如生产、技术、财务等）的资料，采用科学的方法来预测成本水平及其发展趋势，拟定各种降低成本的方案，进而进行成本决策，选出最优方案，确定成本目标；然后再根据成本目标编制成本计划，制定成本费用的控制标准以及降低成本应采取的主要措施，以作为对成本实行计划管理、建立成本管理的责任制、开展经济核算和控制费用支出的基础。

2. 严格审核和控制各项费用支出，努力节约开支，不断降低成本

企业作为自主经营、自负盈亏的商品生产者和经营者，应贯彻增产节约的原则，加强经济核算，不断提高自身的经济效益。这是社会主义市场经济对企业的客观要求，在这方面成本会计担负着极为重要的任务。为此，成本会计必须以国家有关成本费用开支范围和开支标准，以及企业的有关计划、预算、规定、定额等为依据，严格控制各项费用的开支，监督企业内部各单位严格按照计划、预算和规定办事，并积极探求节约开支、降低成本的途径和方法，以促进企业经济效益的不断提高。

3. 及时、正确地进行成本核算，为企业的经营管理提供有用的信息

按照国家有关法规、制度的要求和企业经营管理的需要，及时、正确地进行成本核算，提供真实、有用的成本信息，是成本会计的基本任务。这是因为，成本核算所提供的信息，不仅是企业正确地进行存货计价、正确地确定利润和制定产品价格的依据，同时也是企业进行成本管理的基本依据。在成本管理中，对各项费用的监督与控制主要是在成本核算过程中，利用有关核算资料进行的；成本预测、决策、计划、考核、分析等也是以成本核算所提供的成本信息为基本依据的。

4. 考核成本计划的完成情况，开展成本分析

在企业的经营管理中，成本是一个极为重要的经济指标，它可以综合反映企业以及企业内部有关单位的工作业绩。因此，成本会计必须按照成本计划等的要求，进行成本考核，肯定成绩，找出差距，鼓励先进，鞭策落后。成本是综合性很强的指标，其计划的完成情况是诸多因素共同作用的结果。因此，在成本管理工作中，还必须认真、全面地开展成本分析工作。通过成本分析，揭示影响成本升降的各种因素及其影响程度，以便正确评价企业以及企业内部各有关单位在成本管理工作中的业绩和揭示企业成本管理工作中的问题，从而促进成本管理工作的改善，提高企业的经济效益。

综上所述，成本会计的任务包括成本的预测、决策、计划、控制、核算、考核和分析。其中，进行成本核算，提供真实、有用的核算资料，是成本会计的基

本任务和中心环节。鉴于此，本书的主要内容是：以生产经营环节最为全面、典型的工业企业为例，全面、系统地阐述成本核算的基本原理和各种成本计算方法（品种法、分批法、分步法、分类法、定额法和标准成本法），以及成本报表的编制与成本分析；考虑到各行业由于生产经营业务的不同而带来的成本核算上的差异，本书简要介绍农业企业、物流企业和建筑施工企业的成本核算。

同时，为了使学习者对成本会计的新发展有所了解，本书将对作业成本、质量成本和环境成本等进行概括性的介绍。

1.5 成本会计的对象

成本会计的对象是指成本会计反映和监督的内容。明确成本会计的对象，对于确定成本会计的任务，研究和运用成本会计的方法，更好地发挥成本会计在经济管理中的作用，有着重要的意义。

本书 1.1 节对成本的含义进行了说明。从理论上讲，成本所包括的内容也就是成本会计应该反映和监督的内容。但为了更加详细、具体地了解成本会计的对象，还必须结合企业的具体生产经营过程以及现行企业会计准则和相关会计制度的有关规定加以说明。下面以工业企业为例，说明成本会计应反映和监督的内容。

工业企业的基本生产经营活动是生产和销售工业产品。在产品的直接生产过程中，即从原材料投入生产到产成品制成的产品制造过程中，一方面制造出产品来，另一方面要发生各种各样的生产耗费。这一过程中的生产耗费，概括地讲，包括劳动资料与劳动对象等物化劳动耗费和活劳动耗费两大部分。其中房屋、机器设备等作为固定资产的劳动资料，在生产过程中长期发挥作用直至报废而不改变其实物形态，但其价值则随着固定资产的磨损，通过计提折旧的方式，逐渐地、部分地转移到所制造的产品中去，构成产品生产成本的一部分。原材料等劳动对象，在生产过程中或者被消耗掉，或者改变其实物形态，其价值也随之一次性转移到新产品中去，也构成产品生产成本的一部分。生产过程是劳动者借助劳动工具对劳动对象进行加工、制造产品的过程，只有通过劳动者对劳动对象的加工，才能改变原有劳动对象的使用价值，并且创造出新的价值。其中劳动者为自己劳动所创造的那部分价值，则以工资形式支付给劳动者，用于个人消费，因此这部分工资也构成产品生产成本的一部分。具体来说，在产品的制造过程中发生的各种生产耗费，主要包括原材料及主要材料、辅助材料、燃料等的支出，生产单位（如分厂、车间）固定资产的折旧，直接生产人员及生产单位管理人员的薪酬以及其他一些货币性支出等。所有这些支出，构成了企业在产品制造过程中的全部生产费用。而为生产一定种类、一定数量产品而发生的各种生产费用支出的总和则构成了产品的生产成本。上述产品制造过程中各种生产费用的支出和产品生产成本的形成，是成本会计应反映和监督的主要内容。

在产品的销售过程中，企业为销售产品也会发生各种各样的费用支出。例如，应由企业负担的运输费、装卸费、包装费、保险费、展览费、差旅费、广告费，以及为销售本企业商品而专设销售机构的职工薪酬、类似工资性质的费用、业务费等。所有这些为销售本企业产品而发生的费用，构成了企业的销售费用。销售费用也是企业在生产经营过程中所发生的一项重要费用，它的支出及归集过程，也应该成为成本会计所反映和监督的内容。

企业的行政管理部门为组织和管理生产经营活动，也会发生各种各样的费用。例如，企业行政管理部门人员的薪酬、固定资产折旧、工会经费、业务招待费等。这些费用统称为管理费用。企业的管理费用，也是企业在生产经营过程中所发生的一项重要费用，其支出及归集过程，也应该成为成本会计所反映和监督的内容。

此外，企业为筹集生产经营所需资金也会发生一些费用，例如，利息净支出、汇兑净损失、金融机构的手续费等。这些费用统称为财务费用。财务费用亦是企业在生产经营过程中发生的费用，它的支出及归集过程也应该属于成本会计反映和监督的内容。

上述销售费用、管理费用和财务费用，与产品生产没有直接联系，而是按发生的期间进行归集，直接计入当期损益，因此，它们构成了企业的期间费用。

综上所述，按照现行企业会计准则和相关会计制度的有关规定，可以把工业企业成本会计的对象概括为：工业企业生产经营过程中发生的产品生产成本和期间费用。

商品流通企业、交通运输企业、施工企业、农业企业等其他行业企业的生产经营过程虽然各有其特点，但按照现行企业会计准则和相关会计制度的有关规定，从总体上看，它们在生产经营过程中所发生的各种费用，同样是部分地形成了企业的生产经营业务成本，部分作为期间费用直接计入当期损益。因此，从现行企业会计准则和相关会计制度的有关规定出发，可以把成本会计的对象概括为：企业生产经营过程中发生的生产经营业务成本和期间费用。

以上按照现行企业会计准则和相关会计制度的有关规定，对成本会计的对象进行了概括性的阐述。但成本会计不仅应该按照现行企业会计准则和相关会计制度的有关规定为企业正确确定利润和进行成本管理提供可靠的生产经营业务成本和期间费用信息，而且应该从企业内部经营管理的需要出发，提供多方面的成本信息。例如，为了进行短期生产经营的预测和决策，应计算变动成本、固定成本、机会成本和差别成本等；为了加强企业内部的成本控制和考核，应计算可控成本和不可控成本；为了进一步提高成本信息的决策相关性，还可以计算作业成本，等等。上述按照现行企业会计准则和相关会计制度的有关规定所计算的成本（包括生产经营业务成本和期间费用），称为财务成本；为企业内部经营管理的需要所计算的成本，称为管理成本。因此，成本会计的对象，总括地说应该包括各行业企业的财务成本和管理成本。

1.6　成本会计工作的组织

为了充分发挥成本会计的职能作用，圆满完成成本会计的任务，企业必须科学地组织成本会计工作。成本会计工作的组织，主要包括设置成本会计机构，配备必要的成本会计人员，制定科学、合理的成本会计制度等。

1.6.1 成本会计工作组织的原则

一般来说，企业应根据本单位生产经营的特点、生产规模的大小和成本管理的要求等具体情况来组织成本会计工作。具体来说，必须遵循以下几项主要原则：

1. 成本会计工作必须与技术相结合

成本是一项综合性的经济指标，它受多种因素的影响。其中产品的设计、加工工艺等技术是否先进、在经济上是否合理，对产品成本的高低有着决定性的影响。在传统的成本会计工作中，会计部门更加注重产品加工中的耗费，而对产品的设计、加工工艺、质量、性能等与产品成本之间的联系则考虑较少，甚至有的成本会计人员不懂基本的技术问题；相反，工程技术人员考虑产品的技术方面的问题较多，而对产品的成本则考虑较少。这种成本会计工作与技术工作的脱节，使得企业在降低产品成本方面受到很大限制，成本会计工作也往往仅限于事后核算，起提供成本核算资料的作用。因此，为了在提高产品质量的同时不断地降低成本，提高企业经济效益，在成本会计工作的组织上应贯彻与技术相结合的原则。不仅要求工程技术人员要懂得相关的成本知识，树立成本意识，成本会计人员也必须改变传统的知识结构，具备与正确进行成本预测、参与经营决策相适应的生产技术方面的知识。只有这样，才能在成本管理上实现经济与技术的结合，才能使成本会计工作真正发挥其应有的作用。

2. 成本会计工作必须与经济责任制相结合

为了降低成本，实行成本管理上的经济责任制是一条重要的途径。由于成本会计工作是一项综合性的价值管理工作，涉及面宽、信息变化较快，因此，企业应摆脱传统上只注重成本会计事后核算作用的片面性，充分发挥成本会计的优势，将其与成本管理上的经济责任制有机地结合起来，这样可以使成本管理工作收到更好的效果。例如，在实行成本分级归口管理的情况下，应使成本会计工作处于中心地位，由其具体负责组织成本指标的制定、分解与落实，日常的监督检查，成本信息的反馈、调节，以及成本责任的考核、分析、奖惩等工作。又如，为了配合成本分级归口管理，不仅要搞好厂一级的成本会计工作，而且应该完善各车间的成本会计工作，使之能进行车间成本的核算与分析，并指导和监督班组的日常成本管理工作，从而使成本会计工作渗透到企业生产经营过程的各环节，更好地发挥其在成本管理经济责任制中的作用。

3. 成本会计工作必须建立在广泛的职工群众基础之上

不断挖掘潜力，努力降低成本，是成本会计的根本性目标。但各种耗费是在生产经营的各环节中发生的，成本的高低取决于各部门、车间、班组和职工的工作质量。同时，各级各部门的职工群众最熟悉生产经营情况，最了解哪里有浪费现象，哪里有节约的潜力。因此，要加强成本管理，实现降低成本的目标，不能仅靠几个专业人员，必须充分调动广大职工群众在成本管理上的积极性和创造性。为此，成本会计人员还必须做好成本管理方面的宣传工作，深入实际了解生产经营过程中的具体情况，与广大职工群众建立起经常性的联系；吸收广大职工群众参加成本管理工作，增强广大职工群众的成本意识和参与意识，以便互通信息，掌握第一手资料，从而把成本会计工作建立在广泛的职工群众基础之上。

1.6.2　成本会计机构

企业的成本会计机构，是在企业中直接从事成本会计工作的机构。一般而言，大中型企业应在专设的会计部门单独设置成本会计机构，专门从事成本会计工作；在规模较小、会计人员不多的企业，可以在会计部门指定专人负责成本会计工作。另外，企业的有关职能部门和生产车间，也应根据工作需要设置成本会计组或者配备专职或兼职的成本会计人员。

成本会计机构内部，可以按成本会计所担负的各项任务分工，也可以按成本会计的对象分工，在分工的基础上建立岗位责任制，使每一个成本会计人员都明确自己的职责，每一项成本会计工作都有人负责。

企业内部各级成本会计机构之间的组织分工，有集中工作和分散工作两种基本方式。

集中工作方式，是指企业的成本会计工作主要由厂部成本会计机构集中进行，车间等其他单位的成本会计机构或人员只负责原始记录和原始凭证的填制，并对它们进行初步的审核、整理和汇总，为厂部成本会计机构工作进一步提供基础资料。这种工作方式的优点是：便于厂部成本会计机构及时地掌握整个企业与成本有关的全面信息；便于集中使用计算机进行成本数据处理；还可以减少成本会计机构的层次和成本会计人员的数量。但这种工作方式不便于直接从事生产经营活动的各单位和职工及时掌握本单位的成本信息，从而不便于及时控制成本和推行责任成本制。

分散工作方式，是指成本会计工作中的计划、控制、核算和分析由车间等其他单位的成本会计机构或人员分别进行。成本考核工作由上一级成本会计机构对下一级成本会计机构逐级进行。厂部成本会计机构除对全厂成本进行综合的计划、控制、汇总核算以及分析和考核外，还应负责对各下级成本会计机构或人员进行业务上的指导和监督。成本的预测和决策工作一般仍由厂部成本会计机构集中进行。分散工作方式的优缺点与集中工作方式正好相反。

一般而言，大中型企业由于规模较大，组织结构复杂，会计人员数量较多，为了调动各级各部门控制成本费用、提高经济效益的积极性，应采用分散工作方式；小型企业为了提高成本会计工作的效率和降低成本管理的费用，可采用集中工作方式。

1.6.3 成本会计人员

在成本会计机构中，配备适当的思想品德优秀、精通业务的成本会计人员是做好成本会计工作的关键。就思想品德而言，要求成本会计人员应具备脚踏实地、实事求是、敢于坚持原则的作风和高度敬业的精神；就业务素质而言，要求成本会计人员不仅要具备较为全面的会计知识，而且要掌握一定的生产技术和经营管理方面的知识。

为了充分调动和保护会计人员的工作积极性，国家在有关的会计法规中对会计人员的职责、权限、任免、奖惩以及会计人员的技术职称等都作了明确的规定。这些规定对于成本会计人员也是完全适用的。

成本会计机构和成本会计人员应在企业总会计师和会计主管人员的领导下，忠实地履行自己的职责，认真完成成本会计的各项任务，并从降低成本、提高企业经济效益的角度出发，参与制定企业的生产经营决策。为此，成本会计人员应经常深入生产经营的各环节，结合实际情况，向有关人员和职工宣传、解释国家的有关方针、政策和制度，以及企业在成本管理方面的计划和目标等，并督促他们贯彻执行；深入了解生产经营的实际情况，关注成本管理中存在的问题并提出改进成本管理的意见和建议，当好企业负责人的参谋。

根据成本会计人员的职责，应赋予他们相应的权限。这些权限主要包括：成本会计人员有权要求企业有关单位和人员认真执行成本计划，严格遵守国家的有关法规、制度和财经纪律；有权参与制定企业生产经营计划和各项定额，参加与成本管理有关的生产经营管理会议；有权督促检查企业各单位对成本计划和有关法规、制度、财经纪律的执行情况。

成本会计工作是一项涉及面很宽、综合性很强的管理工作，尤其是随着市场经济体制的不断发展和完善、科学技术的不断进步，按照市场经济的要求，靠技术进步降低成本，增强企业的竞争能力，提高企业的经济效益，已经成为成本会计工作的重要内容。为此，成本会计人员必须刻苦钻研业务，认真学习有关的业务知识和业务技术，不断充实和更新自己的专业知识，提高自己的素质，以适应新形势的要求。

1.6.4 成本会计制度

成本会计制度是成本会计工作的规范，是会计法规和制度的重要组成部分。企业应遵循国家有关法律、法规和制度，如《中华人民共和国会计法》《企业会计准则》《企业产品成本核算制度（试行）》等的有关规定，并适应企业生产经营的特点和管理的要求，制定企业内部成本会计制度，作为企业进行成本会计工作具体和直接的依据。

各行业企业由于生产经营的特点和管理的要求不同，所制定的成本会计制度有所不同。就工业企业来说，成本会计制度一般应包括以下几个方面的内容：

（1）关于成本预测和决策的制度。

（2）关于成本定额的制度和成本计划编制的制度。

（3）关于成本控制的制度。

（4）关于成本核算规定和流程的制度。包括成本计算对象和成本计算方法的确定；成本项目的设置；各项费用分配和归集的程序和方法；完工产品和在产品之间的费用分配方法等。

（5）关于责任成本的制度。

（6）关于企业内部结算价格和内部结算办法的制度。

（7）关于成本报表的制度。

（8）其他有关成本会计的制度。

成本会计制度是开展成本会计工作的依据和行为规范，其是否科学、合理直接影响成本会计工作的成效。因此，制定成本会计制度，是一项复杂而细致的工作。在成本会计制度的制定过程中，有关人员不仅应熟悉国家有关法规、制度等的规定，而且应深入基层做广泛、深入的调查和研究工作，在反复试点、具备充分依据的基础上进行成本会计制度的制定工作。成本会计制度一经确定，就应认真贯彻执行。但随着时间的推移，实际情况往往会发生变化，若出现新的情况，应根据情况变化，对成本会计制度进行修订和完善，以保证成本会计制度的科学性和先进性。

 思考题

1. 如何理解广义成本与狭义成本的内涵？

2. 试述马克思的理论成本与实际工作中所应用到的成本概念的联系和区别。

3. 试述成本会计演进发展的历程和成本会计的学科定位。

4. 试述成本会计的职能和任务。

5. 试述成本会计的对象。

6. 成本会计工作组织应遵循哪些原则？

7. 工业企业成本会计制度一般应包括哪几方面的内容？

第2章

Chapter 2　工业企业成本核算的要求和一般程序

学习目标

1. 理解成本核算的要求。

2. 掌握费用按各种标准的分类，以及这些分类之间的区别和联系；了解费用的各种分类在成本核算和成本管理中的作用。

3. 掌握企业成本核算的一般程序、需要设置的主要会计科目及其用途和结构，以及明细账的设置口径、账页格式和登记方法。

2.1　成本核算的要求

成本核算就是按照国家有关的法规、制度和企业经营管理的要求，对生产经营过程中实际发生的各种劳动耗费进行计算，并进行相应的账务处理，提供真实、有用的成本信息。

成本核算不仅是成本会计的基本任务，同时也是企业经营管理的重要组成部分。因此，为了充分发挥成本核算的作用，在成本核算工作中，应贯彻执行以下各项要求。

2.1.1　算管结合，算为管用

所谓"算管结合，算为管用"，就是成本核算应当与加强企业经营管理相结合，所提供的成本信息应当满足企业经营管理和决策的需要。为此，成本核算不仅要对各项费用支出进行事后的核算，提供事后的成本信息，而且必须以国家有关的法规、制度和企业成本计划及相应的消耗定额为依据，加强对各项费用支出的事前、事中的审核和控制，并及时进行信息反馈。也就是说，对于合法、合理、有利于发展生产提高经济效益的开支，要积极予以支持，否则就要坚决加以抵制。当时已经无法制止的，要追究责任，采取措施，防止以后再次发生；对于各项费用的发生情况，以及费用脱离定额（或计划）的差异进行日常的计算和分析，及时进行反馈；对于定额或计划不符合实际的情况，要按规定程序予以修订。

在成本核算中，既要防止片面追求简化，以致不能为管理提供所需资料的做法，也要防止为算而算，脱离管理实际需要的做法。成本核算应该做到分清主次、区别对待、主要从细、次要从简、简而有理、细而有用。

还需要指出的是，为了满足企业经营管理和决策的需要，成本核算不仅要按照国家有关法规、制度提供产品成本和各项期间费用的核算资料，还应当为不同的管理目的提供不同的管理成本信息，如变动成本信息与固定成本信息、作业成本信息、质量成本信息、环境成本信息等。

2.1.2　正确划分各种费用界限

为了正确地进行成本核算，正确地计算产品成本和期间费用，必须正确划分以下五个方面的费用界限。

1. 正确划分应否计入产品成本、期间费用的界限

工业企业的经济活动是多方面的，其支出的用途不尽相同。而不同用途的支出，其列支的项目应该不同。例如，企业购建固定资产的支出，应计入固定资产的成本；固定资产盘亏损失、固定资产报废清理净损失等应计入营业外支出。用于产品生产和销售、用于组织和管理生产经营活动，以及为筹集生产经营资金所发生的各种支出，即企业日常生产经营管理活动中的各种耗费，则应计入产品成本或期间费用。企业应按照国家有关成本开支范围的规定，正确地核算产品成本和期间费用。凡不属于企业日常生产经营方面的支出，均不得计入产品成本或期间费用，即不得多计成本；凡属于企业日常生产经营方面的支出，均应全部计入产品成本或期间费用，不得遗漏。多计成本，会减少企业利润和国家财政收入；少计成本，则会虚增利润，使企业成本得不到应有的补偿，从而影响企业生产经营活动的顺利进行。无论多计还是少计成本，都会造成成本不实，不利于企业的成本管理。因此，企业必须正确划分应否计入产品成本、期间费用的界限，防止多计成本和少计成本的错误做法。

2. 正确划分生产费用与期间费用的界限

工业企业日常生产经营中所发生的各项耗费，其用途和计入损益的时间是有所不同的。用于产品生产的费用形成产品成本，并在产品销售后作为产品销售成本计入企业损益；由于当月投产的产品不一定当月完工，当月完工的产品也不一定当月销售，因而当月的生产费用往往并不是应计当月损益的产品销售成本。而当月发生的销售费用、管理费用和财务费用，则是作为期间费用，直接计入当月损益。因此，为了正确计算产品成本和期间费用，正确计算企业各月份的损益，必须正确地划分产品生产费用和各项期间费用的界限。应当防止混淆产品生产费用与期间费用的界限，借以调节各月产品成本和各月损益的错误做法。

3. 正确划分各月份的费用界限

为了按月分析和考核成本计划的执行情况和结果，正确计算各月损益，还必须正确划分各月份的费用界限。本月发生的费用，都应在本月全部入账，不能将其一部分延至下月入账。更重要的是，应该贯彻权责发生制原则，正确地核算跨期摊提费用。本月支付，但属于本月及以后各月受益的费用，应在各月间合理分摊计入成本（受益期限超过一年的费用，应记作长期待摊费用，在费用项目的受益期限内，分月摊入成本）。本月虽未支付，但本月已经受益，应由本月负担的费用，应计入本月的成本。为了简化核算工作，对于数额较小的应跨期摊销和预提的费用，也可以将其全部计入支付月份的成本，而不再作为跨期摊提费用处理。正确划分各月份的费用界限，是保证成本核算正确的重要环节，应当防止利用待摊和预提的办法人为地调节各月成本、人为地调节各月损益的错误做法。

4. 正确划分各种产品的费用界限

如果企业生产的产品不止一种，那么，为了正确计算各种产品的成本，正确分析和考核各种产品成本计划或定额成本的执行情况，必须将应计入本月产品成本的生产费用在各种产品之间正确地进行划分。凡属于某种产品单独发生，能够直接计入该种产品的费用，均应直接计入该种产品成本；凡属于几种产品共同发生，不能直接计入某种产品的费用，则应采用适当的分配方法，分配计入这几种产品的成本。应该防止在盈利产品与亏损产品之间、可比产品与不可比产品之间任意转移生产费用，借以掩盖成本超支或以盈补亏的错误做法。

5. 正确划分完工产品与在产品的费用界限

月末计算产品成本时，如果某种产品已全部完工，这种产品的各项生产费用之和就是这种产品的完工产品成本；如果某种产品均未完工，这种产品的各项生产费用之和就是这种产品的月末在产品成本；如果某种产品既有完工产品，又有在产品，则应将这种产品的各项生产费用，采用适当的分配方法在完工产品与月末在产品之间进行分配，分别计算完工产品成本和月末在产品成本。应该防止任意提高或降低月末在产品成本，人为地调节完工产品成本的错误做法。

上述五个方面费用界限的划分过程，也就是产品成本的计算和各项期间费用的归集过程。在这一过程中，应贯彻受益原则，即何者受益何者负担费用，何时受益何时负担费用；负担费用的多少应与受益程度的大小成正比。

2.1.3 正确确定财产物资的计价和价值结转方法

工业企业的生产经营过程，同时也是各种劳动的耗费过程。在各种劳动耗费中，财产物资的耗费（即生产资料价值的转移）占有相当的比重。因此，这些财产物资计价和价值结转方法是否恰当，会对成本计算的正确性产生重要的影响。企业财产物资计价和价值结转方法主要包括：固定资产原值的计算方法，折旧的计提方法、折旧率的选择；固定资产修理费用是否采用待摊或预提方法以及摊提期限的长短；固定资产与低值易耗品的划分标准；材料成本的组成内容、材料按实际成本进行核算时发出材料成本的计算方法、材料按计划成本进行核算时材料成本差异率的种类（个别差异率、分类差异率还是综合差异率，本月差异率还是上月差异率）、采用分类差异率时材料类距的大小等；低值易耗品和包装物价值的摊销方法、摊销率的高低及摊销期限的长短等。为了正确地计算成本，对于各种财产物资的计价和价值的结转，都应采用既合理又简便的方法；国家有统一规定的，应采用国家统一规定的方法。各种方法一经确定，应保持相对稳定，不能随意改变，以保证成本信息的可比性。

2.1.4 做好各项基础工作

为了加强成本审核、控制，正确、及时地计算成本，企业应做好以下各项基础工作。

1. 做好定额的制定和修订工作

产品的各项消耗定额，既是编制成本计划、分析和考核成本水平的依据，也是审核和控制成本的标准；而且在计算产品成本时，往往要用产品的原材料和工时的定额消耗量或定额费用作为分配实际费用的标准。因此，为了加强生产管理和成本管理，企业必须建立和健全定额管理制度，凡是能够制定定额的各种消耗，都应该制定先进、合理、切实可行的消耗定额，并随着生产的发展、技术的进步、劳动生产率的提高，不断修订消耗定额，以充分发挥其应有的作用。

2. 建立健全材料物资的计量、收发、领退和盘点制度

成本核算是以价值形式来核算企业生产经营管理中的各项费用的，但价值形式的核算是以实物计量为基础的。因此，为了进行成本管理，正确地计算成本，必须建立健全材料物资的计量、收发、领退和盘点制度。凡是材料物资的收发、领退，在产品、半成品的内部转移，以及产成品的入库等，均应填制相应的凭证，办理审批手续，并严格进行计量和验收。库存的各种材料物资、车间的在产品、产成品均应按规定进行盘点。只有这样，才能保证账实相符，保证成本计算的正确性。

3. 建立健全原始记录工作

原始记录是反映生产经营活动的原始资料，是进行成本预测、编制成本计划、进行成本核算、分析消耗定额和成本计划执行情况的依据。因此，工业企业对生产过程中材料的领用、动力与工时的耗费、费用的开支、废品的产生、在产品及半成品的内部转移、产品质量检验及产成品入库等，都要有真实的原始记录。成本核算人员要会同企业的计划统计、生产技术、劳动工资、产品物资供销

等有关部门，认真制定既符合成本核算需要，又符合各方面管理需要，既科学又简便易行，讲求实效的原始记录制度；还要组织有关职工认真做好各种原始凭证的登记、传递、审核和保管工作，以便正确、及时地为成本核算和其他有关方面提供资料和信息。

4. 做好企业内部计划价格的制定和修订工作

在计划管理基础较好的企业，为了分清企业内部各单位的经济责任，便于分析和考核企业内部各单位成本计划的完成情况和管理业绩，以及加速和简化核算工作，应对原材料、半成品、企业内部各车间相互提供的劳务（如修理、运输等）制定内部计划价格，作为企业内部结算和考核的依据。内部计划价格要尽可能符合实际，保持相对稳定，一般在同一年度内保持不变。在制定了内部计划价格的企业中，各项原材料的耗用、半成品的转移，以及各车间与部门之间相互提供劳务等，都要首先按计划价格计算（这种按实际生产耗用量和计划价格计算的成本，称为计划价格成本）。月末计算产品实际成本时，再在计划价格成本的基础上，采用适当的方法计算各产品应负担的价格差异（如材料成本差异），将产品的计划价格成本调整为实际成本。这样，既可以加速和简化核算工作，又可以分清内部各单位的经济责任。

2.1.5　按照生产特点和管理要求，采用适当的成本计算方法

产品成本是在生产过程中形成的，产品的生产工艺过程和生产组织不同，所采用的产品成本计算方法也应该有所不同。计算产品成本是为了加强成本管理，因而还应该根据管理要求的不同，采用不同的产品成本计算方法。因此，企业只有按照产品生产特点和管理要求，选用适当的成本计算方法，才能正确、及时地计算产品成本，为成本管理提供有用的成本信息。

2.2　费用的分类

工业企业生产经营过程中的耗费是多种多样的，为了科学地进行成本管理，正确计算产品成本和期间费用，需要对种类繁多的费用进行合理分类。费用可以按不同的标准分类，其中最基本的是按费用的经济内容和经济用途的分类。

2.2.1　费用按经济内容的分类

企业的生产经营过程，也是物化劳动（劳动对象和劳动手段）和活劳动的耗费过程，因而生产经营过程中发生的费用，按其经济内容分类，可划分为劳动对象方面的费用、劳动手段方面的费用和活劳动方面的费用三大类。这三类可以称为费用的三大要素。为了具体反映各种费用的构成和水平，还应在此基础上，将

其进一步划分为以下七个费用要素。所谓费用要素，就是费用按经济内容的分类。

（1）外购材料。外购材料是指企业为进行生产经营而耗用的一切从外单位购进的原料及主要材料、半成品、辅助材料、包装物、修理用备件和低值易耗品等。

（2）外购燃料。外购燃料是指企业为进行生产经营而耗用的一切从外单位购进的各种固体、液体和气体燃料。

（3）外购动力。外购动力是指企业为进行生产经营而耗用的从外单位购进的各种动力。

（4）职工薪酬。职工薪酬是指企业为进行生产经营而发生的各种职工薪酬。

（5）折旧费。折旧费是指企业按照规定的固定资产折旧方法，对用于生产经营的固定资产所计算提取的折旧费用。

（6）利息支出。利息支出是指企业应计入财务费用的借入款项的利息支出减利息收入后的净额。

（7）其他支出。其他支出是指不属于以上各要素但应计入产品成本或期间费用的费用支出，如差旅费、租赁费、外部加工费以及保险费等。

按照以上费用要素反映的费用，称为要素费用。将费用划分为若干要素分类核算的作用是：

（1）可以反映企业一定时期内在生产经营中发生了哪些费用，数额各是多少，据以分析企业各个时期各种费用的构成和水平。

（2）反映了企业生产经营中外购材料和燃料费用以及职工工资的实际支出，因而可以为企业核定储备资金定额、考核储备资金的周转速度，以及编制材料采购资金计划和劳动工资计划提供资料。

但是，这种分类不能说明各项费用的用途，因而不便于分析各种费用的支出是否节约、合理。

2.2.2　费用按经济用途的分类

工业企业在生产经营中发生的费用，首先可以分为计入产品成本的生产费用和直接计入当期损益的期间费用两类。下面分别讲述这两类费用按照经济用途的分类。

1. 生产费用按经济用途的分类

计入产品成本的生产费用在产品生产过程中的用途不尽相同。有的直接用于产品生产，有的则用于企业的生产单位（如生产车间）的组织管理活动等其他方面。因此，为具体反映计入产品成本的生产费用的各种用途，提供产品成本构成情况的资料，还应将其进一步划分为若干项目，即产品生产成本项目，简称产品成本项目或成本项目。工业企业一般应设置以下几个成本项目：

（1）直接材料。直接材料是指直接用于产品生产、构成产品实体的原料、主要材料以及有助于产品形成的辅助材料费用。

（2）直接燃料和动力。直接燃料和动力是指直接用于产品生产的各种自制和外购的燃料和动力费用。

（3）直接人工。直接人工是指直接参加产品生产的工人的薪酬费用。

（4）制造费用。制造费用是指间接用于产品生产的各项费用，以及虽直接用于产品生产，但不便于直接计入产品成本，因而没有专设成本项目的费用（如机器设备的折旧费用）。制造费用包括企业内部生产单位（分厂、车间）的管理人员薪酬费用、固定资产折旧费、租赁费（不包括融资租赁费）、机物料消耗、低值易耗品摊销、取暖费、水电费、办公费、运输费、保险费、设计制图费、试验检验费、劳动保护费、季节性或修理期间的停工损失以及其他制造费用。

企业可根据生产特点和管理要求对上述成本项目做适当调整。对于管理上需要单独反映、控制和考核的费用，以及产品成本中所占比重较大的费用，应专设成本项目；否则，为了简化核算，不必专设成本项目。例如，如果废品损失在产品成本中所占比重较大，在管理上需要对其进行重点控制和考核，则应单设"废品损失"成本项目。又如，如果工艺上耗用的直接燃料和动力不多，为了简化核算，可将其中的工艺用燃料费用并入"直接材料"成本项目，将其中的工艺用动力费用并入"制造费用"成本项目。

2. 期间费用按经济用途的分类

工业企业的期间费用按照经济用途可分为销售费用、管理费用和财务费用。

（1）销售费用。销售费用是指企业在产品销售过程中发生的费用，以及为销售本企业产品而专设的销售机构的各项经费。包括运输费、装卸费、包装费、保险费、展览费和广告费，以及为销售本企业商品而专设的销售机构（含销售网点、售后服务网点等）的职工薪酬费用、类似职工薪酬性质的费用、业务费等。

（2）管理费用。管理费用是指企业为组织和管理企业生产经营所发生的各项费用，包括企业的董事会和行政管理部门在企业的经营管理中发生的，或者应由企业统一负担的公司经费（包括行政管理部门职工薪酬费用、修理费、机物料消耗、低值易耗品摊销、办公费和差旅费等）、工会经费、社会保险费、劳动保险费、董事会费（包括董事会成员津贴、会议费和差旅费等）、聘请中介机构费、咨询费（含顾问费）、诉讼费、业务招待费、技术转让费、矿产资源补偿费、无形资产摊销、职工教育经费、研究与开发费用、排污费、存货盘亏或盘盈（不包括应计入营业外支出的存货损失）等。

（3）财务费用。财务费用是指企业为筹集生产经营所需资金而发生的各项费用，包括利息支出（减利息收入）、汇兑损失（减汇兑收益）以及相关的手续费等。

2.2.3　生产费用的其他分类

1. 生产费用按与生产工艺的关系分类

计入产品成本的各项生产费用，按与生产工艺的关系，可以分为直接生产费用和间接生产费用。直接生产费用是指由生产工艺本身引起的、直接用于产品生产的各项费用，如原料费用、主要材料费用、生产工人工资和机器设备折旧费等。间接生产费用是指与生产工艺没有直接联系，间接用于产品生产的各项费用，如机物料消耗、车间管理人员工资和车间厂房折旧费等。

2. 生产费用按计入产品成本的方法分类

计入产品成本的各项生产费用，按计入产品成本的方法，可以分为直接计入费用（一般称为直接费用）和间接计入（或称分配计入）费用（一般称为间接费用）。直接计入费用是指可以分清哪种产品所耗用、可以直接计入某种产品成本的费用。间接计入费用是指不能分清哪种产品所耗用、不能直接计入某种产品成本，而必须按照一定标准分配计入有关的各种产品成本的费用。

生产费用按与生产工艺的关系分类和按计入产品成本的方法分类之间既有区别又有联系。它们之间的联系表现在：直接生产费用在多数情况下是直接计入费用，如原料、主要材料费用大多能够直接计入某种产品成本；间接生产费用在多数情况下是间接计入费用，如机物料消耗大多需要按照一定标准分配计入有关的各种产品成本。但它们毕竟是对生产费用的两种不同分类，直接生产费用与直接计入费用、间接生产费用与间接计入费用不能等同。例如，在只生产一种产品的企业（或车间）中，直接生产费用和间接生产费用都可以直接计入这种产品的成本，因而均属于直接计入费用；又如，在用同一种原材料同时生产出几种产品的联产品生产企业（或车间）中，直接生产费用和间接生产费用都需要按照一定标准分配计入有关的各种产品成本，因而均属于间接计入费用。

此外，费用还有其他的分类方法，如按与产量的关系可分为变动费用（变动成本）和固定费用（固定成本）。对此，我们将在第 7 章中详细讲解。

2.3　成本核算的一般程序和主要会计科目

2.3.1　成本核算的一般程序

成本核算的一般程序是指对企业生产经营过程中发生的各项费用，按照成本核算的要求，逐步进行归集和分配，最后计算出各产品的成本和各项期间费用的基本程序。根据前述的成本核算的要求和费用的分类，可以将成本核算的一般程序归纳如下：

1. 确定产品成本计算对象和成本计算期

产品成本计算对象，就是生产费用归集的具体对象，即费用的承担者，通俗地讲，就是计算什么的成本。产品成本的计算过程，实际上就是将生产费用在成本计算对象中归集和分配的过程，因此，进行产品成本计算，必须首先确定成本计算对象。

成本计算期，是指每间隔多长时间计算一次成本。从理论上讲，成本计算期应当与产品的生产周期一致，但在实际工作中，成本计算期还必须考虑企业生产的特点和分期考核的要求。

关于产品成本计算对象和成本计算期问题，将在第 5 章中详细讲述。

2. 确定成本项目和费用项目

进行成本核算不仅要提供成本计算对象的总成本和单位成本以及各种期间费用的总体发生情况，而且要按照成本项目、费用项目反映它们发生的详细具体的情况，以满足成本管理的需要。因此，确定成本项目和费用项目是成本核算的重要环节。

3. 按成本计算对象及成本项目开设产品成本明细账；按照期间费用的种类及费用项目开设期间费用明细账

产品成本和期间费用的核算，是通过对企业生产经营过程中所发生的各种劳动耗费的明细核算来完成的。为此，必须按照成本计算对象和成本项目设置各种产品成本明细账，按照期间费用的种类和费用项目设置各种期间费用明细账。对于成本核算应设置的主要会计科目，将在下一节中讲解。

4. 正确地归集和分配各种费用，登记产品成本明细账和期间费用明细账

成本的核算过程，实际上就是费用的归集和分配过程。这一过程的基本程序是：

（1）对企业的各项支出进行严格的审核和控制，并按照国家的有关规定确定其是否应计入产品成本、期间费用，以及应计入产品成本还是期间费用。也就是说，要在对各项支出的合理性、合法性进行严格审核、控制的基础上，做好前述费用界限划分的第一个方面和第二个方面两方面的工作。

（2）正确处理费用的跨期摊提工作。包括将本月实际支出而应该留待以后月份摊销的费用正确地进行核算；将以前月份开支的需要跨期摊销的费用中应由本月负担的份额，正确地摊入本月的成本；将本月尚未开支但应由本月负担的费用，预提计入本月的成本。也就是说，要做好前述第三个方面费用界限的划分工作。

（3）将应计入本月产品成本的各项生产费用，在各种产品之间按照成本项目进行分配和归集，计算出按成本项目反映的各种产品的成本。这是本月生产费用

在各种产品之间横向的分配和归集，是前述第四个方面费用界限的划分工作。

（4）对于月末既有完工产品又有在产品的产品，将该种产品的生产费用（月初在产品生产费用与本月生产费用之和）在完工产品与月末在产品之间进行分配，计算出该种产品的完工产品成本和月末在产品成本。这是生产费用在同种产品的完工产品与月末在产品之间纵向的分配和归集，是前述第五个方面费用界限的划分工作。

2.3.2　成本核算的主要会计科目

为了进行成本核算，企业一般应设置"基本生产成本""辅助生产成本""制造费用""销售费用""管理费用""财务费用""长期待摊费用"等科目。如果需要单独核算废品损失，还应设置"废品损失"科目。

1. "基本生产成本"科目

基本生产是指为完成企业主要生产目的而进行的产品生产。为了归集基本生产所发生的各种生产费用，计算基本生产产品成本，应设置"基本生产成本"科目。该科目借方登记企业为进行基本生产而发生的各种费用；贷方登记转出的完工入库的产品成本；余额在借方，表示基本生产的在产品成本，即基本生产在产品占用的资金。

"基本生产成本"科目应按产品品种或产品批别、生产步骤等成本计算对象设置产品成本明细分类账（或称基本生产明细账、产品成本计算单），账内按产品成本项目分设专栏或专行。其格式详见表2-1和表2-2。

表2-1　　　　　　　　　　　产品成本明细账

车间名称：第一车间
产品名称：甲产品

单位：元

月	日	摘要	产量（件）	成本项目			成本合计
				直接材料	直接人工	制造费用	
6	30	本月生产费用		60 000	12 000	18 000	90 000
6	30	本月完工产品成本	1 000	60 000	12 000	18 000	90 000
6	30	完工产品单位成本		60	12	18	90

表2-2　　　　　　　　　　　产品成本明细账

车间名称：第一车间
产品名称：乙产品

单位：元

月	日	摘要	产量（件）	成本项目			成本合计
				直接材料	直接人工	制造费用	
5	31	在产品费用		15 000	6 000	9 000	30 000
6	30	本月生产费用		75 000	29 000	44 000	148 000
6	30	生产费用合计		90 000	35 000	53 000	178 000

续前表

月	日	摘要	产量（件）	成本项目			成本合计
				直接材料	直接人工	制造费用	
6	30	本月完工产品成本	2 000	72 000	27 300	41 340	140 640
6	30	完工产品单位成本		36	13.65	20.67	70.32
6	30	在产品费用		18 000	7 700	11 660	37 360

如果企业生产的产品品种较多，为了按照产品成本项目（或者既按车间又按成本项目）汇总反映全部产品总成本，还可以设置基本生产成本二级账。基本生产成本二级账的格式详见表 2-3。

表 2-3　　　　　　　　基本生产成本二级账

车间名称：第一车间　　　　　　　　　　　　　　　　　　单位：元

月	日	摘要	成本项目			成本合计
			直接材料	直接人工	制造费用	
5	31	在产品费用	15 000	6 000	9 000	30 000
6	30	本月生产费用	135 000	41 000	62 000	238 000
6	30	生产费用合计	150 000	47 000	71 000	268 000
6	30	本月完工产品成本	132 000	39 300	59 340	230 640
6	30	在产品费用	18 000	7 700	11 660	37 360

2. "辅助生产成本"科目

辅助生产是指为基本生产服务而进行的产品生产和劳务供应。辅助生产所提供的产品和劳务，有时也对外销售，但这不是它的主要目的。为了归集辅助生产所发生的各种生产费用，计算辅助生产所提供的产品和劳务的成本，应设置"辅助生产成本"科目。该科目的借方登记为进行辅助生产而发生的各种费用；贷方登记完工入库产品的成本或分配转出的劳务成本；余额在借方，表示辅助生产在产品的成本，即辅助生产在产品占用的资金。

"辅助生产成本"科目应按辅助生产车间和生产的产品、劳务分设明细分类账，账中按辅助生产的成本项目或费用项目分设专栏或专行进行明细登记。

3. "制造费用"科目

为了核算企业为生产产品和提供劳务而发生的各项制造费用，应设置"制造费用"科目。该科目的借方登记实际发生的制造费用；贷方登记分配转出的制造费用；除季节性生产企业外，该科目月末应无余额。

"制造费用"科目，应按车间、部门设置明细分类账，账内按费用项目设立专栏进行明细登记。

4. "废品损失"科目

需要单独核算废品损失的企业，应设置"废品损失"科目。该科目的借方登记不可修复废品的生产成本和可修复废品的修复费用；贷方登记废品残料回收的价值、应收的赔款以及转出的废品净损失；该科目月末应无余额。

"废品损失"科目应按车间设置明细分类账，账内按产品品种分设专户，并按成本项目设置专栏或专行进行明细登记。

5. "销售费用"科目

为了核算企业在产品销售过程中所发生的各项费用以及为销售本企业产品而专设的销售机构的各项经费，应设置"销售费用"科目。该科目的借方登记实际发生的各项产品销售费用；贷方登记期末转入"本年利润"科目的产品销售费用；期末结转后该科目应无余额。

"销售费用"科目的明细分类账，应按费用项目设置专栏，进行明细登记。

6. "管理费用"科目

为了核算企业行政管理部门为组织和管理生产经营活动而发生的各项管理费用，应设置"管理费用"科目。该科目的借方登记发生的各项管理费用；贷方登记期末转入"本年利润"科目的管理费用；期末结转后该科目应无余额。

"管理费用"科目的明细分类账，应按费用项目设置专栏，进行明细登记。

7. "财务费用"科目

为了核算企业为筹集生产经营所需资金而发生的各项筹资费用，应设置"财务费用"科目。该科目的借方登记发生的各项财务费用；贷方登记应冲减财务费用的利息收入、汇兑收益以及期末转入"本年利润"科目的财务费用；期末结转后该科目应无余额。

"财务费用"科目的明细分类账，应按费用项目设置专栏，进行明细登记。

8. "长期待摊费用"科目

为了核算企业已经支出，但摊销期限在一年以上（不含一年）的各项费用，应设置"长期待摊费用"科目。该科目的借方登记实际支付的各项长期待摊费用；贷方登记分期摊销的长期待摊费用；该科目的余额在借方，表示企业尚未摊销的各项长期待摊费用的摊余价值。

"长期待摊费用"科目应按费用种类设置明细分类账，进行明细核算。

结合本节所讲述的成本核算的一般程序和成本核算的主要会计科目，图2-1列示的成本核算账务处理的基本程序图对成本核算的账务处理做了一个概括性的介绍，并从账务处理的角度进一步讲解成本核算的一般程序。

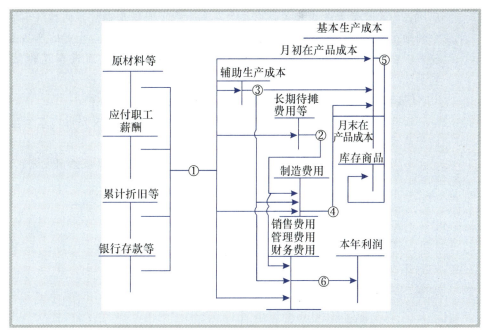

图 2-1　成本核算账务处理的基本程序图

说明：
①各项要素费用的分配。
②跨期摊提费用的摊销和预提。
③分配辅助生产费用。
④分配制造费用。
⑤结转完工产品成本。
⑥结转各项期间费用。

思考题

1. 在成本核算中如何贯彻"算管结合，算为管用"的要求？
2. 正确计算产品成本应该正确划分哪些费用的界限，防止哪些错误的做法？
3. 为了正确计算产品成本，应该做好哪些基础工作？
4. 简述费用按经济内容的分类。
5. 简述费用按经济用途的分类。
6. 何为成本项目？为什么要设置成本项目？设置成本项目应遵循什么原则？
7. 简述生产费用按与生产工艺的关系和按计入产品成本方法的分类，以及二者之间的关系。
8. 简述成本核算的一般程序。
9. 什么是基本生产成本二级账？其作用如何？

案例题

［资料］中南公司是一个能源消耗较多的企业，能源方面的费用在产品成本

中所占的比重很大。该公司设有三个基本生产车间以及锅炉车间和汽车运输队两个辅助生产部门。其中三个基本生产车间的规模都比较大，生产的产品品种都比较多；在两个辅助生产部门中，锅炉车间的规模较大，而汽车运输队的规模较小。

[要求] 根据该公司的上述情况讨论以下问题：

1. 为了给成本管理提供较为详细的产品成本资料，该公司的基本生产车间的产品成本账以及账中的成本项目应如何设置？

2. 从简化核算的角度出发，辅助生产部门的成本核算应如何设账？

C 第 3 章
Chapter 3 费用在各种产品以及期间费用之间的归集和分配

学习目标

1. 理解选择费用横向分配标准时应遵循的原则，掌握各项要素费用、待摊费用和预提费用分配的方法以及账务处理过程。

2. 掌握辅助生产费用各种分配方法的适用情况及优缺点、具体应用，以及在不同方法下的账务处理过程。

3. 掌握制造费用的特点以及制造费用的各种分配方法。

4. 掌握可修复和不可修复废品损失的核算方法及账务处理过程；了解停工损失的会计核算过程。

3.1 各项要素费用的分配

3.1.1 要素费用分配概述

各项要素费用应按其用途和发生地点进行分配和归集。下面我们从企业成本核算一般应设置的会计科目和产品成本项目出发，就要素费用分配的内容概述如下。

（1）对于基本生产车间直接用于产品生产①，并且专设成本项目的各项费用，即专设成本项目的直接生产费用，如构成产品实体的原材料费用、产品生产工人的薪酬费用等，应记入"基本生产成本"科目，并直接记入或分配记入有关产品成本明细账的相关成本项目，即凡是能够根据原始凭证直接认定是某种产品消耗的费用，应直接记入该种产品成本明细账的相关成本项目，凡是几种产品共同耗用，不能直接确认各该产品消耗数额的费用，则应采用适当的方法，在有关产品之间进行分配，根据分配结果登记有关产品的成本明细账的相关成本项目。

---

① 在下面的叙述中，没有明确说明的产品生产均是指基本生产的产品生产，不是指辅助生产的产品生产。

（2）对于基本生产车间直接用于产品生产，但没有专设成本项目的各项费用（如机器设备的折旧费用）以及间接用于产品的费用（如车间管理人员的薪酬费用）应先记入"制造费用"科目及其所属明细账有关的费用项目，然后通过一定的分配程序，转入或分配转入"基本生产成本"科目及其所属明细账的相关成本项目。

（3）一般来说，辅助生产车间也应设置"制造费用"明细账。但是，如果辅助生产车间很小、发生的制造费用很少，而且辅助生产车间不对外提供产品或劳务，为了简化核算，也可以不设"制造费用"明细账。因此，对于用于辅助生产的费用，应视不同情况分别进行处理：1）若辅助生产车间设有"制造费用"明细账，则其费用的处理可以比照上述基本生产车间费用的处理办法进行；2）若辅助生产车间未设"制造费用"明细账，则对于直接或间接用于辅助生产的各项费用，均记入"辅助生产成本"科目及其所属明细账的相关费用项目。[①] 对辅助生产费用应按照其用途、采用一定的方法进行分配。

（4）对于上述费用中的各项间接计入费用，应该选择适当的方法进行分配。分配方法适当，是指分配所依据的标准与分配对象有比较密切的联系，因而分配结果比较合理，而且分配标准的资料比较容易取得，计算比较简便。分配间接计入费用的标准主要有：1）成果类，如产品的重量、体积、产量、产值等；2）消耗类，如生产工时、生产工资、机器工时、原材料消耗量或原材料费用等；3）定额类，如定额消耗量、定额费用等。分配费用的计算公式可以概括为：

$$费用分配率 = \frac{待分配费用总额}{分配标准总额}$$

$$某分配对象应分配的费用 = 该对象的分配标准额 \times 费用分配率$$

（5）对企业经营管理过程中发生的用于产品销售的费用、行政管理部门的费用，以及为筹集生产经营所需资金等而发生的筹资费用等各项期间费用，不计入产品成本，而应分别记入"销售费用""管理费用""财务费用"的总账科目及其所属明细账的相关费用项目，然后转入"本年利润"科目，计入当期损益。

各项要素费用的分配是通过编制各种费用分配表进行的，根据分配表据以登记各种成本、费用科目及其所属明细账。

3.1.2　材料费用的分配

企业生产经营过程中领用的各种材料，包括原料及主要材料、半成品、辅助材料、包装物、修理用备件、低值易耗品等，无论是外购还是自制，都应根据审核后的领退料凭证，按照材料的具体用途进行分配和归集。

1. 原材料费用的分配

直接用于产品生产、构成产品实体的原料和主要材料费用，例如，纺织生产

---

① 下面我们在对费用分配的账务处理进行讲解时，除特殊说明外，均假设企业辅助生产车间设有"制造费用"明细账。

用的原棉、冶炼用的矿石、机械生产用的钢材等，应借记"基本生产成本"科目，并直接或分配记入有关产品的成本明细账的"直接材料"成本项目。这些原料和主要材料通常是按产品分别领用，其费用属于直接计入费用，可根据领退料凭证直接记入某种产品的成本明细账的"直接材料"成本项目。原料和主要材料也存在不能分产品领用，几种产品共同耗用的情况，例如化工生产中几种产品耗用的原料。这些原材料费用属于间接计入费用，应采用适当的分配方法，分配记入各有关产品明细账的"直接材料"成本项目。

由于原料和主要材料的耗用量一般与产品的重量、体积有关，因而原料和主要材料费用一般可以按产品的重量或体积比例分配。例如，各种铁铸件所用的原料生铁，可以按铁铸件的重量比例分配；各种木器所用的主要材料木材，可以按木器净用木材的体积比例分配。在材料消耗定额比较准确的情况下，原料和主要材料费用也可以按照产品的材料定额消耗量的比例或材料定额费用的比例分配。

（1）按原材料定额消耗量比例分配原材料费用。其计算分配的程序是：第一，计算各种产品原材料定额消耗量；第二，计算单位原材料定额消耗量应分配的原材料实际消耗量（即原材料消耗量分配率）；第三，计算出各种产品应分配的原材料实际消耗量；第四，计算出各种产品应分配的原材料实际费用。其计算公式如下：

$$1)\,某种产品原材料定额消耗量 = 该种产品实际产量 \times 单位产品原材料定额消耗量$$

$$2)\,原材料消耗量分配率 = \frac{原材料实际消耗总量}{各种产品原材料定额消耗量之和}$$

$$3)\,某种产品应分配的原材料实际消耗量 = 该种产品的原材料定额消耗量 \times 原材料消耗量分配率$$

$$4)\,某种产品应分配的实际原材料费用 = 该种产品应分配的原材料实际消耗量 \times 材料单价$$

例 3-1

长江公司生产甲、乙两种产品，共同耗用 A 材料（主要材料）60 000 千克，每千克 10 元，共计 600 000 元。本月投产甲产品 1200 件，单件甲产品 A 材料消耗定额为 30 千克；本月投产乙产品 800 件，单件乙产品 A 材料消耗定额为 15 千克。

原材料费用分配计算如下：

（1）甲产品 A 材料定额消耗量 = 1 200 × 30 = 36 000（千克）
　　　乙产品 A 材料定额消耗量 = 800 × 15 = 12 000（千克）

（2）A 材料消耗量分配率 = 60 000 ÷（36 000 + 12 000）= 1.25

（3）甲产品应分配 A 材料数量 = 36 000 × 1.25 = 45 000（千克）
　　　乙产品应分配 A 材料数量 = 12 000 × 1.25 = 15 000（千克）

（4）甲产品应分配 A 材料费用 = 45 000 × 10 = 450 000（元）
　　　乙产品应分配 A 材料费用 = 15 000 × 10 = 150 000（元）

上述计算分配过程所提供的资料，可以用于考核原材料消耗定额的执行情况，有利于加强原材料消耗的实物管理，但分配计算的工作量较大。为了简化计算分配工作，也可以采用按原材料定额消耗量比例直接分配原材料费用的方法。其计算分配的程序是：第一，计算各种产品原材料定额消耗量；第二，计算单位原材料定额消耗量应分配的原材料费用（即原材料消耗量的费用分配率）；第三，计算各种产品应分配的原材料实际费用。仍以上例资料计算分配如下：

    1）甲产品 A 材料定额消耗量＝1 200×30＝36 000（千克）

        乙产品 A 材料定额消耗量＝800×15＝12 000（千克）

    2）A 材料费用分配率＝$\dfrac{原材料实际费用总额}{各种产品原材料定额消耗量之和}$

        ＝600 000÷（36 000＋12 000）＝12.5

    3）甲产品应分配 A 材料费用＝36 000×12.5＝450 000（元）

        乙产品应分配 A 材料费用＝12 000×12.5＝150 000（元）

上述两种分配方法计算结果相同，但后一种分配方法不能提供各种产品原材料实际消耗量资料，不利于加强原材料消耗的实物管理。

（2）按原材料定额费用比例分配原材料费用。在生产多种产品或多种产品共同耗用多种原材料费用的情况下，为了简化核算，也可以采用按原材料定额费用比例分配原材料费用。其计算分配的程序是：第一，计算各种产品原材料定额费用；第二，计算单位原材料定额费用应分配的原材料实际费用（即原材料费用分配率）；第三，计算出各种产品应分配的原材料实际费用。其计算公式如下：

    1）某种产品某种原材料定额费用＝$\begin{matrix}该种产品\\实际产量\end{matrix}×\begin{matrix}单位产品该种\\原材料费用定额\end{matrix}$

    2）原材料费用分配率＝$\dfrac{各种产品原材料实际费用总额}{各种产品原材料定额费用之和}$

    3）某种产品应分配的实际原材料费用＝$\begin{matrix}该种产品各种\\原材料定额费用之和\end{matrix}×\begin{matrix}原材料\\费用分配率\end{matrix}$

 例3-2

某企业生产甲、乙两种产品，共同领用 A，B 两种主要材料，共计 37 620 元。本月投产甲产品 150 件，乙产品 120 件。甲产品材料消耗定额：A 材料 6 千克，B 材料 8 千克；乙产品材料消耗定额：A 材料 9 千克，B 材料 5 千克。A 材料计划单价 10 元，B 材料计划单价 8 元。

甲、乙产品应分配的材料费用计算如下：

（1）甲、乙产品材料定额费用。

    甲产品：A 材料定额费用＝150×6×10＝9 000（元）

           B 材料定额费用＝150×8×8＝9 600（元）

           甲产品材料定额费用合计 18 600 元

    乙产品：A 材料定额费用＝120×9×10＝10 800（元）

           B 材料定额费用＝120×5×8＝4 800（元）

           乙产品材料定额费用合计 15 600 元

（2）材料费用分配率。

材料费用分配率＝37 620÷（18 600＋15 600）＝1.1

（3）甲、乙产品应分配材料实际费用。

甲产品应分配材料费用＝18 600×1.1＝20 460（元）
乙产品应分配材料费用＝15 600×1.1＝17 160（元）

直接用于产品生产、有助于产品形成的辅助材料的费用，应借记"基本生产成本"科目，由于其一般属于间接计入费用，应采用适当的分配方法进行分配以后，记入各种产品成本明细账的"直接材料"成本项目。对于耗用在原料和主要材料上的辅助材料费用，如油漆、染料、电镀材料等费用，应按照原料、主要材料耗用量的比例进行分配；对于与产品产量直接相关的辅助材料费用，如某些包装材料费用，可以按照产品产量进行分配；对于消耗定额比较准确的辅助材料，其费用也可以按照产品定额消耗量或定额费用的比例分配。

直接用于辅助生产的原材料费用，应借记"辅助生产成本"科目及其所属明细账的"直接材料"成本项目。基本生产车间和辅助生产车间间接用于（与生产工艺没有直接联系，下同）产品生产（或劳务供应）的原材料费用、用于组织和管理企业生产经营活动的材料费用以及用于产品销售的材料费用，应分别借记"制造费用""管理费用""销售费用"科目及其明细账的相关费用项目。已领用的各种原材料费用的总额，应贷记"原材料"科目。

各种材料费用的分配是通过编制原材料费用分配表进行的，原材料费用分配表是按车间、部门和原材料的类别，根据归类后的领退料凭证和其他有关资料编制的。原材料费用分配表的格式及举例详见长江公司 20××年6月原材料费用分配表（见表 3-1）。

表 3-1

原材料费用分配表
20××年 6 月

应借科目		直接计入 金额（元）	分配计入		材料费用 合计（元）
			定额消耗量 （千克）	分配金额（元） （分配率 12.5）	
基本生产成本	甲产品	15 200	36 000	450 000	465 200
	乙产品	117 400	12 000	150 000	267 400
	小计	132 600	48 000	600 000	732 600
辅助生产成本	供水	42 000			42 000
	运输	22 000			22 000
	小计	64 000			64 000
制造费用	基本生产车间	5 000			5 000
	供水车间	2 000			2 000
	运输车间	1 500			1 500
	小计	8 500			8 500
管理费用		2 000			2 000
销售费用		1 800			1 800
合计		208 900		600 000	808 900

根据原材料费用分配表编制会计分录，据以登记有关总账和明细账。编制会计分录如下：

借：基本生产成本——甲产品	465 200
——乙产品	267 400
辅助生产成本——供水	42 000
——运输	22 000
制造费用——基本生产车间	5 000
——供水车间	2 000
——运输车间	1 500
管理费用	2 000
销售费用	1 800
贷：原材料	808 900

上述原材料费用是按实际成本进行核算分配的。在原材料费用按计划成本进行核算分配的情况下，对于计入产品成本和期间费用等的原材料费用计划成本，还应该分配材料成本差异额。

2. 燃料费用的分配

燃料实际上也是原材料的一部分，但是，如果燃料费用在产品成本中所占比重较大，为了加强对能源耗费的分析和考核，应增设"燃料"会计科目，同时在成本项目中与动力费用一起增设"直接燃料和动力"成本项目，以单独提供燃料和动力方面的会计核算资料。燃料费用的分配与原材料费用的分配程序和方法相同。直接用于产品生产的燃料，在只生产一种产品或者是按照产品分别领用的情况下，其费用属于直接计入费用，如果不能按产品分别领用，而是几种产品共同耗用的燃料费用，则属于间接计入费用，对其应采用适当的方法，在有关产品之间进行分配。燃料费用可以按照产品的重量、体积、所耗燃料的数量等标准进行分配，也可以按燃料的定额消耗量或定额费用比例等进行分配。

直接用于产品生产的燃料费用，应借记"基本生产成本"科目及其所属明细账的"直接燃料和动力"成本项目；直接用于辅助生产的燃料费用，应借记"辅助生产成本"科目及其所属明细账的"直接燃料和动力"成本项目。如果企业未单独设置"直接燃料和动力"成本项目，则直接用于产品生产和辅助生产的燃料费用，应分别借记"基本生产成本"和"辅助生产成本"科目及其所属明细账的有关成本项目（如"直接材料"成本项目）。间接用于产品生产和辅助生产的燃料费用、用于组织和管理企业生产经营活动的燃料费用以及用于产品销售的燃料费用，应分别借记"制造费用""管理费用""销售费用"等科目及其所属明细账的有关费用项目。已领用的燃料费用总额，应贷记"燃料"科目，不设"燃料"科目的，则应贷记"原材料"科目。

3. 低值易耗品摊销

低值易耗品是指企业能够多次使用，但不符合固定资产定义，不能作为固定资产核算的劳动资料，包括工具、管理用具、玻璃器皿以及在经营过程中周转使用的包装容器等。低值易耗品的收入、发出、摊销和结存的核算，是通过设立"低值易耗品"总账科目及按其类别、品种、规格设置明细账进行的。低值易耗品的日常核算一般按照实际成本进行，在按计划成本进行核算时，还应在"材料成本差异"总账科目下设置"低值易耗品成本差异"二级科目。

低值易耗品的核算可分为在库和在用两个阶段。在库阶段核算与原材料核算相同。这里主要讲述低值易耗品在用及摊销的核算。在用低值易耗品是指车间、部门从仓库领用，直到报废以前整个使用过程中的低值易耗品。低值易耗品在使用中的实物状态基本不变，其价值应该采用适当的摊销方法计入产品成本或期间费用。但是，低值易耗品摊销额在产品成本中所占比重较小，又没有专设成本项目，因此，基本生产车间和辅助生产车间耗用的低值易耗品摊销，应计入制造费用；用于组织和管理企业生产经营活动的低值易耗品摊销，应计入管理费用；用于产品销售的低值易耗品摊销，则应计入销售费用。

低值易耗品的摊销方法通常有一次摊销法、分次摊销法和五五摊销法。

（1）一次摊销法。一次摊销法，即一次转销法或一次计入法。采用这种方法领用时，将其全部价值一次计入当月（领用月份）产品成本、期间费用等，借记"制造费用""管理费用"等科目，贷记"低值易耗品"科目。报废时，将报废的低值易耗品的残料价值作为当月低值易耗品摊销额的减少，冲减有关的成本、费用，借记"原材料"等科目，贷记"制造费用""管理费用"等科目。

 例 3-3

某工业企业基本生产车间领用的低值易耗品采用一次摊销法，某月该车间领用生产工具一批，其实际成本为 600 元；以前月份领用的另一批生产工具在本月报废，残料验收入库，作价 30 元。

编制会计分录如下：

（1）领用生产工具时。

　　借：制造费用　　　　　　　　　　　　　　　　　　　　600
　　　　贷：低值易耗品　　　　　　　　　　　　　　　　　　　600

（2）报废生产工具残料入库时。

　　借：原材料　　　　　　　　　　　　　　　　　　　　　　30
　　　　贷：制造费用　　　　　　　　　　　　　　　　　　　　　30

一次摊销法的核算比较简便，但由于低值易耗品的使用期一般不止一个月，因而采用这种方法会使各月成本、费用负担不太合理，还会产生账外财产，不便于实行价值监督。这种方法一般适用于单位价值较低、使用期限较短、一次领用数量不多以及容易破损的低值易耗品。

（2）分次摊销法。分次摊销法是将低值易耗品的价值，根据其使用期限的长短，分月平均摊销的方法。在分次摊销法下，应在"低值易耗品"总账科目下分设"在库""在用""摊销"三个二级科目。从仓库领出交使用部门时，借记"低值易耗品——在用"科目，贷记"低值易耗品——在库"科目；各月摊销其价值时，借记"制造费用""管理费用"等科目，贷记"低值易耗品——摊销"科目。报废低值易耗品时，收回的残料价值可作为冲减有关费用处理，借记"原材料"科目，贷记"制造费用""管理费用"等科目；同时注销其累计已摊销额，借记"低值易耗品——摊销"科目，贷记"低值易耗品——在用"科目。如果低值易耗品按计划成本进行日常核算，领用时按计划成本计价，月末，应调整分配所领用低值易耗品的成本差异。

 例 3-4

某工业企业铸造车间 1 月领用专用模具一批，其实际成本为 48 000 元，该批低值易耗品在一年内按月平均摊销（即每月摊销额为 48 000÷12＝4 000 元）；该年 12 月末该批低值易耗品报废残料入库，价值 1 000 元。

编制会计分录如下：

（1）领用时。

借：低值易耗品——在用		48 000
贷：低值易耗品——在库		48 000

（2）各月（1—12 月）摊销低值易耗品价值时。

借：制造费用		4 000
贷：低值易耗品——摊销		4 000

（3）12 月该批专用模具报废时。

借：原材料		1 000
贷：制造费用		1 000
借：低值易耗品——摊销		48 000
贷：低值易耗品——在用		48 000

采用分次摊销法，各月成本、费用负担的低值易耗品摊销额比较合理，但核算工作量较大。这种方法一般适用于单位价值较高、使用期限较长而不易损坏的低值易耗品，如多次反复使用的专用工具等。

（3）五五摊销法。五五摊销法也称"五成法"，是指在领用低值易耗品时，摊销其价值的一半，报废时再摊销其价值的另一半。在这种方法下的低值易耗品二级科目的设置与分次摊销法下的相同。从仓库领出交使用部门时，借记"低值易耗品——在用"科目，贷记"低值易耗品——在库"科目；同时，按其价值的50%计算摊销额，借记"制造费用""管理费用"等科目，贷记"低值易耗品——摊销"科目。低值易耗品报废时，按入库残料的价值，借记"原材料"科目，按报废低值易耗品原有价值的 50%减去残值后的差额，借记"制造费用""管理费用"等科目，按低值易耗品原有价值的 50%，贷记"低值易耗品——摊销"科目。此外，还应将报废低值易耗品的价值及其累计摊销额注销，借记"低值易耗品——摊销"科目，贷记"低值易耗品——在用"科目。如果低值易耗品按计划成本进行日常核算，月末也要调整分配所领用低值易耗品的计划成本，分配成本差异。

从上述可知，在按计划成本进行低值易耗品日常核算的情况下，"低值易耗品"总账科目的月末余额，就是月末低值易耗品（包括在库和在用）按计划成本反映的摊余价值，再加上或减去"材料成本差异——低值易耗品成本差异"科目的余额，就是月末低值易耗品按实际成本反映的摊余价值。

低值易耗品采用五五摊销法的优点是能够对在用低值易耗品实行价值监督；各月成本、费用负担低值易耗品的摊销额比较合理。但其核算工作量比较大。因此，该种方法适用于各月领用和报废低值易耗品的数量比较均衡、各月摊销额相差不多的低值易耗品。

低值易耗品五五摊销法的举例见例 3-16。

3.1.3　外购动力费用的分配

外购动力费用是指企业从外部购买的各种动力，如电力、热力等所支付的费用。外购动力有的直接用于产品生产，如生产工艺用电力；有的间接用于产品生产，如生产单位（车间或分厂）照明用电力；有的则用于经营管理，如企业行政管理部门照明用电力和取暖等。外购动力费用的分配，在企业各车间、部门有计量仪器记录的情况下，应以仪器所示的耗用数量为分配标准进行费用的分配；在没有计量仪器的情况下，要按照一定的标准进行费用的分配。以电力费用为例，企业各车间、部门以及车间的产品动力用电和照明用电一般都分别装有电表，因此，它们之间电费的分配应以用电度数为依据进行分配，而车间的产品动力用电，一般不按产品分别安装电表，因而车间动力用电费用在各种产品之间一般按产品的生产工时比例、机器工时比例、定额耗电量比例或其他比例分配。

动力（以电力为例）费用分配的计算公式如下：

$$电力费用分配率 = \frac{电力费用总额}{各车间、部门动力和照明用电度数之和}$$

$$某车间、部门照明用电力费用 = \frac{该车间、部门}{照明用电度数} \times \frac{电力费用}{分\ 配\ 率}$$

$$某车间动力用电力费用 = 该车间动力用电度数 \times 电力费用分配率$$

$$某车间动力用电力费用分配率 = \frac{该车间动力用电力费用}{该车间各种产品生产工时(或机器工时)之和}$$

$$某产品分配动力用电力费用 = \frac{该车间某产品生产}{工时(或机器工时)} \times \frac{该车间动力用}{电力费用分配率}$$

直接用于产品生产的动力费用，应借记"基本生产成本"科目及其所属产品成本明细账的"直接燃料和动力"成本项目；直接用于辅助生产的动力费用，应借记"辅助生产成本"科目及其所属明细账的"直接燃料和动力"成本项目。间接用于产品生产和辅助生产的动力费用、用于组织和管理企业生产经营活动的动力费用、用于销售产品的动力费用等，应分别借记"制造费用""管理费用""销售费用"等科目及其所属明细账的有关费用项目。

如果企业未单独设置"直接燃料和动力"成本项目，则直接用于产品生产和辅助生产的动力费用，也借记"制造费用"及其所属明细账的有关费用项目。

企业的外购动力费用总额应根据相关的转账凭证或付款凭证贷记"应付账款"科目或"银行存款"科目。

 例3-5

长江公司20××年6月应付外购动力价款29 250元，增值税进项税额3 802.5元，合计33 052.5元。各车间、部门的电表所计量的用电度数共计73 125度，其中，直接用于产品生产的耗电42 750度，没有分产品安装电表，按规定，电费按产品的机器工时比例分配，甲产品机器工时为5 550小时，乙产品机器工时3 000小时。（其他方面的耗电度数见表3-2外购动力费用分配表。）该企业设有"直接燃料和动力"成本项目。外购动力费用通过"应付账款"科目核算。

表3-2中有关数据的计算如下：

（1）耗电度数分配率的计算。

$$度数分配率＝\frac{29\ 250}{73\ 125}＝0.4$$

（2）甲、乙产品动力费用分配的计算。

$$动力费用分配率＝\frac{17\ 100}{5\ 550＋3\ 000}＝2$$

$$甲产品动力费用＝5\ 550×2＝11\ 100（元）$$

$$乙产品动力费用＝3\ 000×2＝6\ 000（元）$$

表3-2

外购动力费用分配表

20××年6月

应借科目		成本或费用项目	机器工时（分配率：2）	度数（分配率：0.4）	金额（元）
基本生产成本	甲产品	直接燃料和动力	5 550		11 100
	乙产品	直接燃料和动力	3 000		6 000
	小计		8 550	42 750	17 100
辅助生产成本	供水	直接燃料和动力		7 500	3 000
	运输	直接燃料和动力		5 000	2 000
	小计			12 500	5 000
制造费用	基本生产车间	水电费		5 625	2 250
	供水车间	水电费		3 750	1 500
	运输车间	水电费		2 500	1 000
	小计		5 875	11 875	

续前表

应借科目	成本或 费用项目	机器工时 （分配率：2）	度数 （分配率：0.4）	金额（元）
管理费用	水电费		4 500	1 800
销售费用	水电费		1 500	600
合计	水电费		73 125	29 250

根据外购动力费用分配表编制的会计分录如下：

借：基本生产成本——甲产品 　　　　　　　　　　　 11 100.00
　　　　　　　　　——乙产品 　　　　　　　　　　　　6 000.00
　　辅助生产成本——供水 　　　　　　　　　　　　　 3 000.00
　　　　　　　　　——运输 　　　　　　　　　　　　　2 000.00
　　制造费用——基本生产车间 　　　　　　　　　　　 2 250.00
　　　　　　——供水车间 　　　　　　　　　　　　　　1 500.00
　　　　　　——运输车间 　　　　　　　　　　　　　　1 000.00
　　管理费用 　　　　　　　　　　　　　　　　　　　 1 800.00
　　销售费用 　　　　　　　　　　　　　　　　　　　　 600.00
　　应交税费——应交增值税（进项税额） 　　　　　　 3 802.50
　　　贷：应付账款 　　　　　　　　　　　　　　　　 33 052.50

3.1.4　职工薪酬的分配

职工薪酬是指企业为获得职工提供的服务或解除劳动关系而给予的各种形式的报酬或补偿。职工薪酬包括短期薪酬、离职后福利、辞退福利和其他长期职工福利等，内容较多，这里我们只介绍短期薪酬的分配。短期薪酬是指企业在职工提供相关服务的年度报告期间结束后 12 个月内需要全部予以支付的职工薪酬。

1．工资费用的计算与分配

这里的工资费用是指短期薪酬中构成工资总额的部分，包括职工工资、奖金、津贴和补贴、加班加点工资和特殊情况下支付的工资等，除此之外的短期薪酬，归为其他短期薪酬。

（1）计时工资和计件工资的计算。在短期薪酬中，构成工资总额的部分，是其基本内容，它是计算和提取各种社会保险费、住房公积金以及工会经费和职工教育经费等的依据。而工资总额中的计时工资和计件工资又是构成工资总额的主要内容，需要采用一定的方法进行计算，因此，需要对此问题单独加以介绍。

1）工资计算的原始记录。为了正确进行工资的计算，必须建立健全工资计算的原始记录。这些原始记录主要有：

a．工资卡。工资卡又称职工工资目录，它应按每一职工设置，主要记录职工的工资级别和工资标准、工龄及享受的津贴等内容。

b．考勤记录。考勤记录是登记和反映每一职工出勤情况的原始记录，它是计算职工计时工资的基本依据，同时也是企业进行劳动管理的重要依据。

c. 产量记录。产量记录是登记和反映每个工人或集体（如班组）在出勤时间内完成的产品数量、质量和生产产品所用工时数量的原始记录。产量记录是企业计算计件工资的原始记录。

2）计时工资的计算。职工的计时工资，是根据考勤记录中登记的每一职工出勤或缺勤日数，按规定的工资标准计算的。工资按其计算时间的不同，有按月计算的月薪，按日计算的日薪或按小时计算的小时工资。企业固定职工的计时工资一般以月薪计算，临时职工的计时工资大多以日薪计算，也有以小时工资计算的。下面只介绍月薪制下职工计时工资的计算。

采用月薪制，不论各月日历天数多少，每月的标准工资相同，即在月薪制下，不论当月日历天数多少，只要职工该月出全勤，即可领取固定的月标准工资。如果发生缺勤情况可以按以下公式计算应付标准工资：

应付标准工资＝月标准工资－应扣缺勤工资

应扣缺勤工资＝缺勤日数×日工资率×缺勤扣款比例

或   应付标准工资＝出勤日数×日工资率＋应发缺勤工资

应发缺勤工资＝缺勤日数×日工资率×（1－缺勤扣款比例）

为了按照职工出勤或缺勤计算应付的月工资，还应根据月标准工资计算日工资率，即每日平均工资。

在实际工作中，由于各月的日历天数不同，为了简化工资的计算工作，日工资率一般按以下两种方法之一计算：第一，每月固定按30日计算，日工资率按月工资标准除以30求得；第二，每月按固定365日减去104个双休日和11个法定节假日，再除以12个月算出的月平均工作日数20.83日计算，以月工资标准除以20.83日算出日工资率。此外，应付的月工资，可以按日工资率乘以出勤日数计算，也可以按月标准工资扣除缺勤工资（即日工资率乘以缺勤日数）计算。

综上所述，应付工资一般有四种计算方法：a. 按30日计算日工资率，按缺勤日数扣月工资；b. 按30日计算日工资率，按出勤日数计算月工资；c. 按20.83日计算日工资率，按缺勤日数扣月工资；d. 按20.83日计算日工资率，按出勤日数计算月工资。采用哪一种方法由企业自行确定，确定以后不应随意变动。

在按30日计算日工资率的企业中，由于节假日也算工资，因而出勤期间的节假日，也按出勤日计算工资。事假、病假等缺勤期间的节假日，也按缺勤日扣工资。在按20.83日计算日工资率的企业中，节假日不算、不扣工资。

 例3-6

假定某工业企业某工人的月工资标准为3 124.5元。某月，该工人病假3日，事假2日，周末休假9日，出勤17日。根据该工人的工龄，其病假工资按工资标准的90%计算。该工人的病假和事假期间没有节假日。

按上述四种方法分别计算该工人该月的标准工资如下：

(1) 按 30 日计算日工资率，按缺勤日数扣月工资。

　　日工资率＝3 124.5/30＝104.15(元)

　　应扣缺勤病假工资＝104.15×3×(100%－90%)＝31.25(元)

　　应扣缺勤事假工资＝104.15×2＝208.3(元)

　　应付工资＝3 124.5－31.25－208.3＝2 884.95(元)

(2) 按 30 日计算日工资率，按出勤日数计算月工资。

　　应付出勤工资＝104.15×(17＋9)＝2 707.9(元)

　　应付病假工资＝104.15×3×90%＝281.21(元)

　　应付工资＝2 707.9＋281.21＝2 989.11(元)

(3) 按 20.83 日计算日工资率，按缺勤日数扣月工资。

　　日工资率＝3 124.5/20.83＝150(元)

　　应扣缺勤病假工资＝150×3×(100%－90%)＝45(元)

　　应扣缺勤事假工资＝150×2＝300(元)

　　应付工资＝3 124.5－45－300＝2 779.5(元)

(4) 按 20.83 日计算日工资率，按出勤日数计算月工资。

　　应付出勤工资＝150×17＝2 550(元)

　　应付病假工资＝150×3×90%＝405(元)

　　应付工资＝2 550＋405＝2 955(元)

3) 计件工资的计算。计件工资可以分为个人计件工资和集体计件工资两种。下面分别介绍这两种计件工资的计算。

a. 个人计件工资的计算。职工的计件工资，应根据产量记录中登记的每一工人的产品产量，乘以规定的计件单价计算。这里的产量包括不是由于工人本人过失造成的不合格品产量（如料废产品数量）。由于工人本人过失造成的不合格品（如工废产品），不支付工资，有的还应由工人赔偿损失。同一工人在月份内可能从事计件工资单价不同的各种产品的生产，因而计件工资的计算公式为：

$$应付工资＝\sum 月内每种产品的产量×该种产品的计件单价$$

产品的计件单价是根据工人生产单位产品所需要的工时定额和该级工人每小时的工资率计算求出的。

例 3-7

假定 A，B 两种产品都由三级工加工。A 产品的工时定额为 30 分钟；B 产品的工时定额为 18 分钟。三级工的小时工资率为 15 元。

A，B 两种产品的计件工资单价应计算如下：

　　A 产品计件单价＝15×30/60＝7.5(元)

　　B 产品计件单价＝15×18/60＝4.5(元)

从产品计件单价的计算公式可以看出，同一工人如果生产计件单价不同的各种产品，为了简化计算工作，也可以根据每一个人完成的产品定额工时总数和工人所属等级的小时工资率计算计件工资。其计算结果与按上述公式计算的结果应该相同。

例3-8

沿用例3-7的资料。假定某三级工共加工A产品300件，B产品700件。

按上述公式计算的计件工资为：

应付工资＝300×7.5＋700×4.5＝5 400(元)

该工人完成的产品定额工时为：

A产品定额工时＝300×30/60＝150(小时)

B产品定额工时＝700×18/60＝210(小时)

该工人完成产品定额工时总数＝150＋210＝360(小时)

根据该工人完成的产品定额工时总数和小时工资率计算的计件工资为：

应付工资＝360×15＝5 400(元)

以上两种方法计算结果相同，但由于产量记录中记有每种产品的定额工时数，而且每一工人完成的各种产品的定额工时数可以加总，因而后一种方法比较简便。

b. 集体计件工资的计算。按生产小组等集体计件工资的计算方法与上述相同。但是，集体计件工资还要在集体内部各工人之间按照贡献大小进行分配。由于工人的级别或工资标准一般体现工人劳动的质量和技术水平，工作日数一般体现劳动数量，因而集体内部大多按每人的工资标准和工作日数（或工时数）乘积进行分配。

例3-9

假定某工业企业某生产小组集体完成若干项生产任务，按照一般计件工资的计算方法算出并取得集体工资13 680元。该小组由3个不同等级的工人组成，每人的姓名、等级、日工资率、出勤日数，以及按日工资率和出勤日数计算的工资额（即集体计件工资内部的分配标准）如表3-3所示。

表3-3 集体计件工资分配标准

集体单位：×生产组　　　　　　　　　20××年×月　　　　　　　　　金额单位：元

工人姓名	等级	工资标准（日工资率）	出勤日数	按日工资率和出勤日数计算的工资额
王青	六	160	22	3 520
李明	五	140	22	3 080
赵亮	四	120	21	2 520
合计	—	—	65	9 120

该生产小组内部工资分配计算如下：

生产小组内部工资分配率＝13 680/9 120＝1.5

王青应分工资＝3 520×1.5＝5 280(元)

李明应分工资＝3 080×1.5＝4 620(元)

赵亮应分工资＝2 520×1.5＝3 780(元)

3 人所分工资＝5 280＋4 620＋3 780＝13 680(元)

计时工资和计件工资以外的属于组成工资总额的各种奖金、津贴、补贴、加班加点工资，以及特殊情况下支付的工资，应按照国家和企业有关规定计算，此处不再详述。

(2) 工资费用的分配。工资费用的分配是指将企业职工的工资作为一种费用，按照其用途和发生部门进行的归集和分配。企业生产经营所发生的工资费用，应计入产品成本或期间费用。

直接进行产品生产的生产工人工资，应记入"基本生产成本"科目及所属明细账的"直接人工"成本项目。其中生产工人的计件工资，属于直接计入费用，根据工资结算凭证(产量记录)直接记入某种产品成本的"直接人工"成本项目。生产工人的计时工资一般属于间接计入费用，但是在只生产一种产品时，属于直接计入费用可以直接记入该种产品成本的"直接人工"成本项目；在生产多种产品时，则属于间接计入费用，应按照产品的实际生产工时比例或定额生产工时比例等分配标准分配后再记入各种产品成本明细账"直接人工"成本项目。需要指出的是，按照产品的实际生产工时比例分配生产工人的薪酬费用，能够将产品所分配的薪酬费用与劳动生产率联系起来。某种产品如果单位产品耗用的生产工时减少，说明劳动生产率提高，其所分配的职工薪酬费用就应减少。相反，如果单位产品耗用的生产工时增加，说明劳动生产率降低，其所分配的职工薪酬费用就应增加。因此，按产品的实际生产工时比例分配生产工人薪酬费用比较合理。但是，如果取得各种产品的实际生产工时数据比较困难，而各种产品的单件定额工时比较准确，也可以按产品的定额工时比例，分配生产工人薪酬费用。按生产工时(实际或定额)比例分配生产工人薪酬费用的计算公式如下：

$$工资费用分配率＝\frac{某车间生产工人计时工资总额}{该车间各种产品生产工时(实际或定额)总额}$$

$$某产品应分配计时工资＝\binom{该产品生产工时}{(实际或定额)}×\binom{工资费用}{分\quad配\quad率}$$

 例 3-10

长江公司生产甲、乙两种产品。两种产品的生产均采用计时工资制度。甲、乙产品计时工资共计 320 000 元。甲、乙产品生产工时分别为 12 500 小时和 7 500 小时。

按生产工时比例分配计算如下：

工资费用分配率＝320 000/(12 500＋7 500)＝16

甲产品分配工资费用＝12 500×16＝200 000(元)

乙产品分配工资费用＝7 500×16＝120 000(元)

直接用于辅助生产的工资费用，应借记"辅助生产成本"科目及其所属明细账的"直接人工"成本项目；间接用于产品生产和辅助生产的工资费用（如车间管理人员和辅助人员等的工资费用）、企业行政管理部门人员的工资费用、企业专设的销售机构人员的工资费用，应分别借记"制造费用""管理费用""销售费用"等科目及其所属明细账的有关费用项目。已分配的工资费用的总额应贷记"应付职工薪酬"科目。

　　工资费用分配是通过编制工资费用分配表进行的，根据工资费用分配表编制会计分录，登记有关总账和明细账。

　例 3 - 11

　　长江公司 20××年 6 月工资费用分配表如表 3 - 4 所示。

表 3 - 4　　　　　　　　　　　　工资费用分配表

20××年 6 月　　　　　　　　　　　　　　金额单位：元

应借科目		成本或费用项目	直接计入	分配计入			工资费用合计
				生产工时（小时）	分配率	分配金额	
基本生产成本	甲产品	直接人工	0	12 500	16	200 000	200 000
	乙产品	直接人工	0	7 500	16	120 000	120 000
	小计		0	20 000		320 000	320 000
辅助生产成本	供水	直接人工	48 000				48 000
	运输	直接人工	32 000				32 000
	小计		80 000				80 000
制造费用	基本生产车间	职工薪酬	20 000				20 000
	供水车间	职工薪酬	10 000				10 000
	运输车间	职工薪酬	10 000				10 000
	小计		40 000				40 000
管理费用		职工薪酬	60 000				60 000
销售费用		职工薪酬	30 000				30 000
合计			210 000			320 000	530 000

　　根据工资费用分配表编制的会计分录如下：

　　借：基本生产成本——甲产品　　　　　　　　　　　　200 000
　　　　　　　　　　——乙产品　　　　　　　　　　　　120 000
　　　　辅助生产成本——供水　　　　　　　　　　　　　48 000
　　　　　　　　　　——运输　　　　　　　　　　　　　32 000
　　　　制造费用——基本生产车间　　　　　　　　　　　20 000
　　　　　　　——供水车间　　　　　　　　　　　　　　10 000
　　　　　　　——运输车间　　　　　　　　　　　　　　10 000
　　　　管理费用　　　　　　　　　　　　　　　　　　　60 000
　　　　销售费用　　　　　　　　　　　　　　　　　　　30 000
　　　贷：应付职工薪酬　　　　　　　　　　　　　　　　530 000

2.　其他短期薪酬的分配

其他短期薪酬包括职工福利费、各种社会保险费、住房公积金、工会经费、职工教育经费、短期带薪缺勤、利润分享计划等。

企业发生的其他短期职工薪酬费用应比照工资费用，按其用途和发生部门进行归集和分配。

 例 3 - 12

假定长江公司 20××年 6 月其他短期薪酬费用分配如表 3-5 所示。

表 3-5　　　　　　　　　　其他短期薪酬费用分配表

20××年 6 月　　　　　　　　　　　　　　　　　单位：元

应借科目		成本或费用项目	其他短期薪酬
基本生产成本	甲产品	直接人工	80 000
	乙产品	直接人工	48 000
	小计		128 000
辅助生产成本	供水	直接人工	19 200
	运输	直接人工	12 800
	小计		32 000
制造费用	基本生产车间	职工薪酬	8 000
	供水车间	职工薪酬	4 000
	运输车间	职工薪酬	4 000
	小计		16 000
管理费用		职工薪酬	24 000
销售费用		职工薪酬	12 000
合计			212 000

根据其他短期薪酬费用分配表编制的会计分录如下：

```
借：基本生产成本——甲产品                          80 000
            ——乙产品                          48 000
    辅助生产成本——供水                          19 200
            ——运输                          12 800
    制造费用——基本生产车间                        8 000
        ——供水车间                           4 000
        ——运输车间                           4 000
    管理费用                                  24 000
    销售费用                                  12 000
    贷：应付职工薪酬                             212 000
```

需要说明的是，以上我们只讲述了短期职工薪酬费用的计算与分配问题，对于其他应计入本期成本、费用的职工薪酬费用也应按照其用途进行分配，计入相关的产品成本或期间费用。

3.1.5　固定资产折旧费用的分配

固定资产在长期使用过程中保持实物形态不变，但其价值随着固定资产的损耗而逐渐减少，这部分由于损耗而减少的价值应该以折旧费用的形式计入产品成本或期间费用。企业生产单位（车间或分厂）固定资产的折旧费用应计入产品成本，企业管理部门、销售部门固定资产的折旧费用则应计入期间费用。固定资产的折旧应按其使用车间、部门等进行汇总，并进行相应的会计处理。

在这里需要指出的是，企业生产某种产品往往需要使用多种机器设备，而某种机器设备可能生产多种产品。因此，机器设备的折旧费用虽是直接用于产品生产的费用，但一般属于分配工作比较复杂的间接计入费用。为了简化成本计算工作，没有专门设立成本项目，而是与生产车间的其他固定资产折旧费用一起借记"制造费用"科目，对于企业行政管理部门和专设销售机构的固定资产折旧费用，则分别借记"管理费用""销售费用"等科目，对于固定资产折旧总额，应贷记"累计折旧"科目。

按照企业会计准则的规定，企业应对所有固定资产计提折旧，但是，已提足折旧仍继续使用的固定资产和单独计价入账的土地除外。在确定计提折旧范围时，还应注意以下几点：

（1）固定资产应按月计提折旧。为了简化折旧的计算工作，当月增加的固定资产当月不计提折旧，从下月起计提折旧；当月减少的固定资产当月照提折旧，从下月起停止计提折旧。

（2）固定资产应自达到预定可使用状态时开始计提折旧，终止确认时或划分为持有待售非流动资产时停止计提折旧。已经达到预定可使用状态但尚未办理竣工决算的固定资产，应当按照估计价值确定其成本，并计提折旧；待办理竣工决算后再按实际成本调整原来的暂估价值，但不需要调整原已计提的折旧额。

（3）固定资产提足折旧后，不论能否继续使用，均不再计提折旧，提前报废的固定资产也不再补提折旧。所谓提足折旧是指已经提足该项固定资产的应计折旧额。

折旧费用的分配通过编制折旧费用分配表，企业据以编制会计分录，登记有关总账及所属明细账。折旧费用分配表格式如表3-6所示。

例3-13

长江公司20××年6月的折旧费用分配表如表3-6所示。

表3-6　　　　　　　　　折旧费用分配表

20××年6月　　　　　　　　　　　　单位：元

项目	基本生产车间	辅助生产车间		行政管理部门	专设销售机构	合计
		供水车间	运输车间			
折旧费	20 000	4 500	3 700	3 000	1 000	32 200

企业编制会计分录如下：

借：制造费用——基本生产车间 20 000
　　　　　　——供水车间 4 500
　　　　　　——运输车间 3 700
　　　管理费用 3 000
　　　销售费用 1 000
　　贷：累计折旧 32 200

3.1.6　利息费用

要素费用中的利息费用，不是产品成本的组成部分，而是期间费用中财务费用的组成部分。这里我们只介绍短期借款的利息费用的会计处理。

短期借款通常是为了满足正常生产经营的需要，其利息费用一般作为财务费用处理。

在实际工作中，银行一般于每季末收取短期借款利息，为此，按照权责发生制的要求，企业的短期借款利息一般应采用按月预提的方式进行核算。在短期借款的数额不多，各月利息费用数额不大的情况下，可以采用简化的核算方法，即于实际支付利息的月份，将其全部作为当月的财务费用，而不再采用按月预提的办法。长期借款及其利息费用的核算较为复杂，请参见《财务会计学》的相关内容，这里不再述及。

 例 3 - 14

某公司于 200×年 1 月 1 日从银行借入一笔期限为 6 个月，年利率为 6％，每季结息一次的短期借款 60 000 元，用于企业的生产经营。由于短期借款的数额不多，各月利息费用数额不大，为了简化核算，对其利息不再采取按月预提的方法，即于实际支付利息的月份，将其全部作为当月的财务费用处理。

编制的有关会计分录如下：
(1) 取得借款时。

借：银行存款 60 000
　贷：短期借款 60 000

(2) 3 月末归还短期借款利息时。

$$3 个月应付的利息 = 60\,000 \times 6\% \times \frac{3}{12} = 900(元)$$

借：财务费用 900
　贷：银行存款 900

(3) 6 月末归还短期借款本息时。

$$应按期归还本息 = 60\,000 + 900 = 60\,900(元)$$

借：短期借款	60 000
财务费用	900
贷：银行存款	60 900

按月计提利息费用的举例见例 3 - 18。

3.1.7　其他费用

其他费用是指除上述各项费用以外的费用，包括差旅费、邮递费、保险费、劳动保护费、运输费、办公费、水电费、技术转让费、业务招待费等。这些费用有的是产品成本的，有的则是期间费用的组成部分，即使是应计入产品成本的，也没有单独设立成本项目，因此，这些费用发生时，根据有关的付款凭证等，按照费用的用途进行归类，分别借记"制造费用""辅助生产成本""管理费用""销售费用"等科目，贷记"银行存款"等科目。

例 3 - 15

长江公司以银行存款支付应由 6 月份负担的有关费用 53 122 元，其中，基本生产车间的劳保费 28 422 元，供水车间的劳保费 4 000 元，运输车间的劳保费 4 000 元，专设销售机构的广告费 3 000 元、办公费 4 000 元，企业行政管理部门的办公费 9 600 元，支付金融机构的手续费 100 元。与上述各项费用相关的可抵扣增值税进项税额为 6 105 元。

编制会计分录如下：

借：制造费用——基本生产车间	28 422
——供水车间	4 000
——运输车间	4 000
管理费用	9 600
销售费用	7 000
财务费用	100
应交税费——应交增值税（进项税额）	6 105
贷：银行存款	59 227

上述的各项费用，若其支出数额较大，受益期限较长，为了正确计算各月的成本、费用，应采用按月摊销或计提的方法进行处理，以体现权责发生制原则对成本核算的要求。对此问题我们将在下一节中进行讲解。

通过对上述各种要素费用的归集、分配，已经将这些费用按照用途分别借记有关科目及其所属明细账的有关成本项目（或费用项目），如记入"基本生产成本"科目借方的费用，同时也记入了其所属明细账的"直接材料""直接燃料和动力""直接人工"等成本项目。这就是说，在成本、费用核算中，已经划分了计入产品成本和期间费用与不计入产品成本和期间费用的界限，划分了应计入产品成本还是应计入期间费用的界限，即第 2 章中所讲述的第一个方面和第二个方面的费用界限。

3.2　跨期摊提费用的归集和分配

跨期摊提费用是指费用的受益期不是或不限于支付月份，而是跨越若干个月份，因此，需要各受益月份进行摊销或计提的费用。

如前所述，为了正确划分各月份的费用界限，本月支付应由本月和以后各月负担的费用，应按一定标准分配摊销计入本月和以后各月；本月尚未支付但本月已经受益，应由本月负担的费用，应当计提计入本月。

正确地核算跨期摊提费用是费用分配中应贯彻的受益原则的要求，也是权责发生制原则在成本、费用核算中的体现。

下面我们就费用的跨期摊销和跨期计提的核算分别加以讲述。

3.2.1　费用的跨期摊销

对于本期发生（支付）的，但受益期为本月和以后各月，所以应由本月和以后各月的产品成本或期间费用共同负担的、摊销期限在一年以内的各项费用，如低值易耗品摊销、预付的房屋租金等，应在其受益期限内分月摊销，计入产品成本或期间费用。但如果其金额很小，不进行逐期摊销，对产品成本或期间费用的影响很小，那么为了简化核算，可以直接计入支付月份的产品成本或期间费用，而不再进行摊销。

在进行费用的跨期摊销时，应按照费用的用途、摊销期限和受益情况计算各月的摊销数额，并据以借记"制造费用""管理费用""销售费用"等科目及其所属明细账的相关费用项目，贷记有关反映费用摊销的科目。

 例 3-16

长江公司低值易耗品的日常收发按实际成本进行核算。20××年6月仓库发出低值易耗品一批，价值 22 140 元，领用单位及领用的低值易耗品的金额如表 3-7 所示。

表 3-7　　　　　　　　　　　低值易耗品领用表　　　　　　　　　单位：元

领用单位	领用金额
基本生产车间	9 140
供水车间	2 000
运输车间	4 000
企业管理部门	5 000
专设销售机构	2 000

长江公司对各车间、部门领用的低值易耗品采用五五摊销法进行摊销。根据以上资料编制低值易耗品摊销分配表如表 3-8 所示。

表3-8 　　　　　　　　　　　　低值易耗品摊销分配表

20××年6月　　　　　　　　　　　　　　单位：元

费用种类	应借科目	金额
低值易耗品摊销	制造费用——基本生产车间	4 570
低值易耗品摊销	制造费用——供水车间	1 000
低值易耗品摊销	制造费用——运输车间	2 000
低值易耗品摊销	管理费用	2 500
低值易耗品摊销	销售费用	1 000

编制会计分录如下：

（1）领用低值易耗品22 140元时。

　　借：低值易耗品——在用　　　　　　　　　　　　　　　　　22 140

　　　贷：低值易耗品——在库　　　　　　　　　　　　　　　　　　22 140

（2）摊销低值易耗品价值时。

　　借：制造费用——基本生产车间　　　　　　　　　　　　　　4 570

　　　　　　　　——供水车间　　　　　　　　　　　　　　　　1 000

　　　　　　　　——运输车间　　　　　　　　　　　　　　　　2 000

　　　　管理费用　　　　　　　　　　　　　　　　　　　　　　2 500

　　　　销售费用　　　　　　　　　　　　　　　　　　　　　　1 000

　　　贷：低值易耗品——摊销　　　　　　　　　　　　　　　　　11 070

　　假定长江公司上述6月份发出的低值易耗品于本年12月份全部报废，其残值收入为900元，其中基本生产车间：300元，供水车间：100元，运输车间：200元，企业管理部门：250元，专设销售机构：50元。

（3）该批低值易耗品报废时。

1）报废低值易耗品的残料入库及摊销低值易耗品价值。

　　借：原材料　　　　　　　　　　　　　　　　　　　　　　　900

　　　　制造费用——基本生产车间　　　　　　　　　　　　　　4 270

　　　　　　　　——供水车间　　　　　　　　　　　　　　　　900

　　　　　　　　——运输车间　　　　　　　　　　　　　　　　1 800

　　　　管理费用　　　　　　　　　　　　　　　　　　　　　　2 250

　　　　销售费用　　　　　　　　　　　　　　　　　　　　　　950

　　　贷：低值易耗品——摊销　　　　　　　　　　　　　　　　　11 070

2）注销该批低值易耗品。

　　借：低值易耗品——摊销　　　　　　　　　　　　　　　　　22 140

　　　贷：低值易耗品——在用　　　　　　　　　　　　　　　　　22 140

　　长期待摊费用是指企业已经发生但应由本期和以后各期负担的分摊期限在一年以上的各项费用，如以经营租赁方式租入的固定资产发生的改良支出等。

例 3－17

　　某公司 20××年 1 月以经营租赁方式租入一项固定资产为公司管理部门所用，同时为使该项固定资产能正常使用进行了改良工程，发生了改良支出 60 000 元。该项固定资产的租期为 4 年，改良后的耐用期为 5 年。

　　有关经济业务的会计分录如下：
　　（1）发生改良支出时。

　　　　借：长期待摊费用——租入固定资产改良支出　　　　　　　　60 000
　　　　　　贷：银行存款等　　　　　　　　　　　　　　　　　　　　　　　60 000
　　（2）每月摊销改良支出时。

　　　　　　每月应摊销额＝60 000÷(12×4)＝1 250(元)

　　　　借：管理费用　　　　　　　　　　　　　　　　　　　　　　　　　1 250
　　　　　　贷：长期待摊费用　　　　　　　　　　　　　　　　　　　　　　1 250

3.2.2　费用的跨期计提

　　对于本月已经受益，在以后月份才实际支付的费用，按照权责发生制和费用分配的受益原则，应在受益的各月预先进行计提，并按照用途进行分配和归集。这种费用的计提一方面会使企业的成本、费用增加，另一方面会使企业的负债增加。

　　在进行费用的跨期计提时，应按照费用的用途、恰当的计提标准计算其各月应计提数额，并据以借记"制造费用""管理费用""财务费用""销售费用"等科目及其所属明细账的相关费用项目，贷记有关的负债类科目及其所属明细账；实际支付时，借记有关的负债类科目及其所属明细账，贷记"银行存款"等科目。下面以银行短期借款的利息为例说明费用的跨期计提的核算。

　　在实际工作中，短期借款的利息一般是按季结算支付。按照权责发生制的原则，企业对于短期借款的利息一般应采用按月计提的办法进行核算，即每月月末估计当月的利息数额，计提应付的利息；季末实际支付利息时冲减已经计提的利息，实际支付的利息费用与计提利息之间的差额，调整计入季末月份的财务费用。每月计提利息费用时，借记"财务费用"科目，贷记"应付利息"科目；季末实际支付利息费用时，借记"应付利息"科目，贷记"银行存款"科目。

 例 3－18

　　长江公司 20××年 4 月 1 日从银行取得偿还期限为 6 个月，每季结息一次，年利率为 6%的短期借款 200 000 元，用于生产经营周转；该企业对此项短期借款的利息支出采用按月计提的办法进行核算。应付利息明细账和利息费用分配表如表 3-9 和表 3-10 所示。

表3-9　　　　　　　　　　　　　应付利息明细账

月	日	摘要	借方	贷方	余额	
					借或贷	金额
4	30	计提4月份利息费用		1 000	贷	1 000
5	31	计提5月份利息费用		1 000	贷	2 000
6	30	支付利息费用	3 000		借	1 000
	30	计提6月份利息费用		1 000	平	0

表3-10　　　　　　　　　　　　利息费用分配表
20××年6月　　　　　　　　　　　　　　　　　单位：元

费用种类	应借科目	余额
利息费用	财务费用	1 000

该企业取得借款的第一个季度，4月、5月、6月三个月应编制的有关会计分录如下：

（1）取得借款时。

借：银行存款　　　　　　　　　　　　　　　　　　　　　　200 000
　　贷：短期借款　　　　　　　　　　　　　　　　　　　　　　200 000

（2）4月和5月末计提利息费用时。

$$月末预提利息费用＝200\,000\times6\%\times\frac{1}{12}＝1\,000（元）$$

借：财务费用　　　　　　　　　　　　　　　　　　　　　　1 000
　　贷：应付利息　　　　　　　　　　　　　　　　　　　　　1 000

（3）6月份实际支付借款利息时。

借：应付利息　　　　　　　　　　　　　　　　　　　　　　3 000
　　贷：银行存款　　　　　　　　　　　　　　　　　　　　　3 000

（4）6月末计提利息费用时。

借：财务费用　　　　　　　　　　　　　　　　　　　　　　1 000
　　贷：应付利息　　　　　　　　　　　　　　　　　　　　　1 000

如果季末月份（6月份）的利息不再进行计提，则上述 第（3）笔业务的会计分录为：

借：财务费用　　　　　　　　　　　　　　　　　　　　　　1 000
　　应付利息　　　　　　　　　　　　　　　　　　　　　　2 000
　　贷：银行存款　　　　　　　　　　　　　　　　　　　　　3 000

通过跨期摊提费用的核算，按照权责发生原则和费用分配的受益原则，正确划分了各月的成本、费用界限，即第2章所讲述的第三个方面的费用界限。

3.3　辅助生产费用的归集和分配

　　辅助生产是指为基本生产车间、企业行政管理部门等单位服务而进行的产品生产和劳务供应。其中有的只生产一种产品或提供一种劳务，如供电、供水、供气、供风、运输等辅助生产；有的则生产多种产品或提供多种劳务，如从事工具、模具、修理用备件的制造，以及机器设备的修理等辅助生产。辅助生产提供的产品和劳务，有时也对外销售，但主要是为本企业服务。辅助生产产品和劳务成本的高低，会影响企业产品成本和期间费用的水平，因此，正确、及时地组织辅助生产费用的核算，加强对辅助生产费用的监督，对于正确计算产品成本和各项期间费用，以及节约支出、降低成本有着重要的意义。

3.3.1　辅助生产费用的归集

　　辅助生产费用的归集和分配是通过"辅助生产成本"科目进行的。"辅助生产成本"科目一般应按车间及产品或劳务的种类设置明细账，账内按成本项目设置专栏，进行明细核算。进行辅助生产发生的各项费用应记入该科目的借方。辅助生产车间的制造费用，一般应先通过"制造费用"科目进行归集，然后从该科目直接转入或分配转入"辅助生产成本"科目及所属相关明细账的"制造费用"成本项目。

　　辅助生产完工产品或劳务的成本，经过分配后从"辅助生产成本"科目的贷方转出，期末如有借方余额则为辅助生产的在产品成本。

 例 3-19

　　长江公司 20××年 6 月辅助生产成本和辅助生产车间制造费用明细账格式详见表 3-11 至表 3-14。

表 3-11　　　　　　　　　　　　辅助生产成本明细账

辅助车间：供水　　　　　　　　20××年 6 月　　　　　　　　单位：元

摘要	直接材料	直接燃料和动力	直接人工	制造费用	合计	转出
原材料费用分配表	42 000				42 000	
外购动力费用分配表		3 000			3 000	
工资费用分配表			48 000		48 000	
其他短期薪酬费用分配表			19 200		19 200	
待分配费用小计	42 000	3 000	67 200		112 200	
制造费用分配表				28 900	28 900	
辅助生产成本分配表（交互分配法）						141 100
合计	42 000	3 000	67 200	28 900	141 100	141 100

表3-12　　　　　　　　　　　辅助生产成本明细账

辅助车间：运输　　　　　　　　　20××年6月　　　　　　　　　单位：元

摘要	直接材料	直接燃料和动力	直接人工	制造费用	合计	转出
原材料费用分配表	22 000				22 000	
外购动力费用分配表		2 000			2 000	
工资费用分配表			32 000		32 000	
其他短期薪酬费用分配表			12 800		12 800	
待分配费用小计	22 000	2 000	44 800		68 800	
制造费用分配表				46 200	46 200	
辅助生产成本分配表（交互分配法）						115 000
合计	22 000	2 000	44 800	46 200	115 000	115 000

表3-13　　　　　　　　　　　制造费用明细账

辅助车间：供水　　　　　　　　　20××年6月　　　　　　　　　单位：元

摘要	机物料消耗	燃料和动力	职工薪酬	折旧费	劳保费	低值易耗品	运费	合计	转出
原材料费用分配表	2 000							2 000	
外购动力费用分配表		1 500						1 500	
工资费用分配表			10 000					10 000	
其他短期薪酬费用分配表			4 000					4 000	
折旧费用分配表				4 500				4 500	
劳保费（付款凭证×号）					4 000			4 000	
低值易耗品摊销分配表						1 000		1 000	
待分配费用小计	2 000	1 500	14 000	4 500	4 000	1 000		27 000	
辅助生产成本分配表							1 900	1 900	
制造费用分配表									28 900
合计	2 000	1 500	14 000	4 500	4 000	1 000	1 900	28 900	28 900

表3-14　　　　　　　　　　　制造费用明细账

辅助车间：运输　　　　　　　　　20××年6月　　　　　　　　　单位：元

摘要	机物料消耗	燃料和动力	职工薪酬	折旧费	劳保费	低值易耗品	水费	合计	转出
原材料费用分配表	1 500							1 500	
外购动力费用分配表		1 000						1 000	
工资费用分配表			10 000					10 000	
其他短期薪酬费用分配表			4 000					4 000	
折旧费用分配表				3 700				3 700	
劳保费（付款凭证×号）					4 000			4 000	
低值易耗品摊销分配表						2 000		2 000	
待分配费用小计	1 500	1 000	14 000	3 700	4 000	2 000		26 200	
辅助生产成本分配表							20 000	20 000	
制造费用分配表									46 200
合计	1 500	1 000	14 000	3 700	4 000	2 000	20 000	46 200	46 200

如前所述，如果有的企业辅助生产车间规模较小，发生的辅助生产费用很少，辅助生产也不对外销售产品或提供劳务，因此，不需要按照规定的成本项目计算辅助生产的成本。在这种情况下，为了简化核算工作，辅助生产车间的制造费用可以不单独设置"制造费用"明细账，即不通过"制造费用"科目进行核算，而直接借记"辅助生产成本"科目及其明细账。这时，"辅助生产成本"明细账就是按照成本项目与费用项目相结合设置专栏，而不是按成本项目设置专栏。

例 3 - 20

　　某企业有供电、供水两个辅助生产车间，因其规模很小，不设"制造费用"明细账，其辅助生产成本明细账详见表 3 - 15 和表 3 - 16。

表 3 - 15　　　　　　　　　　　　辅助生产成本明细账
辅助车间：供电　　　　　　　　　20××年×月　　　　　　　　　　单位：元

摘要	原材料	低值易耗品摊销	职工薪酬	折旧费	保险费	办公费	其他	合计	转出
原材料费用分配表	5 000							5 000	
低值易耗品摊销		4 000						4 000	
职工薪酬分配表			22 000					22 000	
折旧费用分配表				1 500				1 500	
保险费用分配表					300			300	
办公费用支出（付款凭证×号）						2 800	1 360	4 160	
辅助生产成本分配表（直接分配法）									36 960
合计	5 000	4 000	22 000	1 500	300	2 800	1 360	36 960	36 960

表 3 - 16　　　　　　　　　　　　辅助生产成本明细账
辅助车间：供水　　　　　　　　　20××年×月　　　　　　　　　　单位：元

摘要	原材料	低值易耗品摊销	职工薪酬	折旧费	保险费	办公费	其他	合计	转出
原材料费用分配表	4 000							4 000	
低值易耗品摊销		1 000						1 000	
职工薪酬分配表			18 000					18 000	
折旧费用分配表				1 200				1 200	
保险费用分配表					400			400	
办公费用支出（付款凭证×号）						2 000	400	2 400	
辅助生产成本分配表（直接分配法）									27 000
合计	4 000	1 000	18 000	1 200	400	2 000	400	27 000	27 000

　　在上述辅助生产费用的第一种归集程序中，"辅助生产成本"科目与"基本生产成本"科目一样，一般按车间以及产品和劳务设置明细账，账内按成本项目设立专栏或专行进行明细核算，辅助生产车间的制造费用，通过单独设置的"制造费用"明细账核算，然后转入"辅助生产成本"科目的借方，计入辅助生产产

品或劳务的成本。在上述第二种归集程序中，也就是辅助生产车间的制造费用不通过"制造费用"科目核算，而是直接记入"辅助生产成本"科目。辅助生产费用的两种归集程序的主要区别在于辅助生产制造费用归集程序的不同。

3.3.2 辅助生产费用的分配

在辅助生产费用的分配中，由于辅助生产车间所生产的产品和劳务的种类不同，费用转出、分配的程序也有所不同。所提供的产品，如工具、模具和修理用备件等产品成本，应在产品完工时，从"辅助生产成本"科目的贷方分别转入"低值易耗品"和"原材料"科目的借方；而提供的劳务作业，如供水、供电、供气、修理和运输等所发生的费用，则要在各受益单位之间按照所耗数量或其他比例进行分配后，从"辅助生产成本"科目的贷方转入"基本生产成本""制造费用""管理费用""销售费用"等科目的借方。辅助生产费用的分配是通过编制辅助生产费用分配表进行的。

由于辅助生产提供的产品和劳务，主要是为基本生产车间等服务的，但在某些辅助生产车间之间，也有相互提供产品或劳务的情况。这样就存在一个如何处理辅助生产车间之间费用负担的问题。如供电车间为供水车间提供电力，供水车间为供电车间提供水，这样，为了计算电力成本，就要确定水的成本，而要计算水的成本又要确定电力成本。因此，采用哪些方法来处理辅助车间之间的费用分配问题是辅助生产费用分配的特点。

辅助生产费用的分配，通常采用直接分配法、顺序分配法、交互分配法、代数分配法和计划成本分配法等。

1. 直接分配法

直接分配法，是各辅助生产车间发生的费用直接分配给除辅助生产车间以外的各受益产品、单位，而不考虑各辅助生产车间之间相互提供产品或劳务情况的一种辅助费用分配方法。

例 3-21

某企业（例 3-20 中的企业）有供水和供电两个辅助生产车间，主要为本企业基本生产车间和行政管理部门等服务，根据"辅助生产成本"明细账汇总的资料（见表 3-15、表 3-16），供电车间本月发生费用 36 960 元，供水车间本月发生费用 27 000 元。各辅助生产车间供应产品或劳务数量详见表 3-17。

表 3-17

受益单位		耗水（立方米）	耗电（度）
基本生产——A 产品			48 000
基本生产车间		24 000	8 000
辅助生产车间	供电	3 000	
	供水		12 000

续前表

受益单位	耗水（立方米）	耗电（度）
行政管理部门	2 000	4 000
专设销售机构	1 000	1 600
合计	30 000	73 600

采用直接分配法的辅助生产费用分配表详见表 3 - 18。

表 3 - 18　　　　　　　　　　**辅助生产费用分配表**
（直接分配法）　　　　　　　　　　　　　　　　　　金额单位：元

项目		供水车间	供电车间	合计
待分配辅助生产费用		27 000	36 960	63 960
供应辅助生产以外的劳务（产品）数量		27 000 立方米	61 600 度	
单位成本（分配率）		1.00 元/立方米	0.60 元/度	
基本生产——A 产品	耗用数量		48 000 度	
	分配金额		28 800	28 800
基本生产车间	耗用数量	24 000 立方米	8 000 度	
	分配金额	24 000	4 800	28 800
行政管理部门	耗用数量	2 000 立方米	4 000 度	
	分配金额	2 000	2 400	4 400
专设销售机构	耗用数量	1 000 立方米	1 600 度	
	分配金额	1 000	960	1 960
合计		27 000	36 960	63 960

表 3 - 18 中有关数据的计算过程如下：

$$单位成本（分配率）=\frac{待分配辅助生产费用}{辅助生产劳务（产品）总量 - 其他辅助生产劳务（产品）耗用量}$$

$$供水单位成本（分配率）=\frac{27\ 000}{30\ 000-3\ 000}=1.00（元/立方米）$$

$$供电单位成本（分配率）=\frac{36\ 960}{73\ 600-12\ 000}=0.60（元/度）$$

根据辅助生产费用分配表编制的会计分录如下：

借：基本生产成本——A 产品	28 800
制造费用	28 800
管理费用	4 400
销售费用	1 960
贷：辅助生产成本——供水	27 000
——供电	36 960

采用直接分配法，各辅助生产费用只是进行对外分配，且只分配一次，计算简便。当辅助生产车间相互提供产品或劳务量差异较大时，分配结果往往与实际不符，因此，这种方法只适用于在辅助生产车间内部相互提供产品或劳务不多、不进

行费用的交互分配对辅助生产成本和产品生产成本影响不大的情况下采用。

2. 顺序分配法

顺序分配法，是按照受益多少的顺序将辅助生产车间依次排列，受益少的排在前面，先将费用分配出去，受益多的排在后面，后将费用分配出去的一种辅助费用分配方法。

例如，在上述企业的供电和供水两个辅助生产车间中，供电车间耗用水的费用较少，而供水车间耗用电的费用较多，就可以按照供电、供水的顺序排列，先分配电费，然后分配水费。

 例 3 – 22

沿用例 3 – 21 的资料。按顺序分配法编制辅助生产费用分配表，详见表 3 – 19。

$$电费分配率 = \frac{36\,960}{48\,000 + 8\,000 + 12\,000 + 4\,000 + 1\,600} = 0.502\,17$$

$$水费分配率 = \frac{27\,000 + 6\,026.04}{24\,000 + 2\,000 + 1\,000} = 1.223\,2$$

根据辅助生产费用分配表编制的会计分录如下：

（1）分配电费。

借：辅助生产成本——供水		6 026.04
基本生产成本——A 产品		24 104.16
制造费用		4 017.36
管理费用		2 008.68
销售费用		803.76
贷：辅助生产成本——供电		36 960.00

（2）分配水费。

借：制造费用		29 356.80
管理费用		2 446.40
销售费用		1 222.84
贷：辅助生产成本——供水		33 026.04

3. 交互分配法

交互分配法，是对各辅助生产车间的成本费用进行交互和对外两次分配的一种辅助生产费用的分配方法。在这种方法下，首先，根据各辅助生产车间、部门相互提供的产品或劳务的数量和交互分配前的单位成本（费用分配率），在各辅助生产车间之间进行一次交互分配；其次，将各辅助生产车间、部门交互分配后的实际费用（交互分配前的费用加上交互分配转入的费用，减去交互分配转出的费用），再按提供产品或劳务的数量和交互分配后的单位成本（费用分配率），在辅助生产车间、部门以外的各受益单位之间进行分配。

表 3 - 19

辅助生产费用分配表
（顺序分配法）

金额单位：元

项目	辅助生产						基本生产				行政管理部门		专设销售机构	
	供电车间			供水车间			A 产品		基本生产车间					
车间部门	劳务（产品）量	待分配费用	分配率	劳务（产品）量	待分配费用	分配率	耗用数量	分配金额	耗用数量	分配金额	耗用数量	分配金额	耗用数量	分配金额*
车间部门	73 600 度	36 960		30 000 立方米	27 000									
分配电费	−73 600 度	−36 960	0.502 17	12 000 度	6 026.04		48 000 度	24 104.16	8 000 度	4 017.36	4 000 度	2 008.68	1 600 度	803.76
分配水费				−27 000 立方米	−33 026.04	1.223 2			24 000 立方米	29 356.8	2 000 立方米	2 446.4	1 000 立方米	1 222.84
分配金额合计								24 104.16		33 374.16		4 455.08		2 026.6

* 数字四舍五入，小数尾差计入销售费用。

例3-23

长江公司设有供水和运输两个辅助生产车间，20××年6月有关资料见表3-20。

表3-20　　　　　　　　　　　长江公司辅助生产车间资料表　　　　　　　　金额单位：元

项目		供水车间	运输车间
待分配辅助生产费用	"辅助生产成本"科目	112 200	68 800
	"制造费用"科目	27 000	26 200
	小计	139 200	95 000
劳务供应数量		139 200 立方米	100 000 公里
耗用劳务数量	供水车间		2 000 公里
	运输车间	20 000 立方米	
	基本车间	100 000 立方米	40 000 公里
	企业管理部门	10 000 立方米	10 000 公里
	专设销售机构	9 200 立方米	48 000 公里

根据表3-20所列资料，采用交互分配法分配辅助生产费用，其分配结果见表3-21。

表3-21　　　　　　　　　　　　　辅助生产费用分配表
　　　　　　　　　　　　　　　　　（交互分配法）　　　　　　　　　　　金额单位：元

项目			交互分配			对外分配		
辅助车间名称			供水	运输	合计	供水	运输	合计
待分配辅助生产费用	"辅助生产成本"科目		112 200	68 800	181 000			
	"制造费用"科目		27 000	26 200	53 200			
	小计		139 200	95 000	234 200	121 100	113 100	
劳务供应数量			139 200 立方米	100 000 公里		119 200 立方米	98 000 公里	
费用分配率（单位成本）			1	0.95		1.015 94	1.154 1	
辅助生产车间耗用	供水车间	耗用数量		2 000 公里				
		分配金额		1 900				
	运输车间	耗用数量	20 000 立方米					
		分配金额	20 000					
基本生产车间耗用		耗用数量				100 000 立方米	40 000 公里	
		分配金额				101 594	46 164	147 758
企业管理部门耗用		耗用数量				10 000 立方米	10 000 公里	
		分配金额				10 159.4	11 541	21 700.4
专设销售机构耗用		耗用数量				9 200 立方米	48 000 公里	
		分配金额				9 346.6	55 395	64 741.6
分配金额合计						121 100	113 100	234 200

表中的有关数据计算过程如下：

（1）交互分配。

$$水费的分配率 = \frac{139\ 200}{139\ 200} = 1$$

$$运输劳务的分配率 = \frac{95\ 000}{100\ 000} = 0.95$$

供水车间应分配的运费 $= 0.95 \times 2\ 000 = 1\ 900(元)$

运输车间应分配的水费 $= 1 \times 20\ 000 = 20\ 000(元)$

（2）交互分配后的实际费用。

供水车间实际费用 $= 139\ 200 + 1\ 900 - 20\ 000 = 121\ 100(元)$

运输车间实际费用 $= 95\ 000 + 20\ 000 - 1\ 900 = 113\ 100(元)$

（3）对外分配。

$$水费的分配率 = \frac{121\ 100}{119\ 200} = 1.015\ 94$$

$$运输劳务的分配率 = \frac{113\ 100}{98\ 000} = 1.154\ 1$$

基本生产车间应分配的水费 $= 1.015\ 94 \times 100\ 000 = 101\ 594(元)$

基本生产车间应分配的运输费 $= 1.154\ 1 \times 40\ 000 = 46\ 164(元)$

合计　147 758 元

企业管理部门应分配的水费 $= 1.015\ 94 \times 10\ 000 = 10\ 159.4(元)$

企业管理部门应分配的运输费 $= 1.154\ 1 \times 10\ 000 = 11\ 541(元)$

合计　21 700.4 元

专设销售机构应分配的水费 $= 1.015\ 94 \times 9\ 200 = 9\ 346.6(元)$

专设销售机构应分配的运输费 $= 1.154\ 1 \times 48\ 000 = 55\ 395(元)$

合计　64 741.6 元

根据辅助生产费用分配表（交互分配法）编制的会计分录如下：

（1）交互分配。

借：制造费用——供水车间　　　　　　　　　　　　　　　　　1 900

　　　　　　——运输车间　　　　　　　　　　　　　　　　　20 000

　　贷：辅助生产成本——供水　　　　　　　　　　　　　　　　　20 000

　　　　　　　　　　——运输　　　　　　　　　　　　　　　　　1 900

（2）结转辅助生产车间的制造费用。

借：辅助生产成本——供水　　　　　　　　　　　　　　　　　28 900

　　　　　　　　——运输　　　　　　　　　　　　　　　　　46 200

　　贷：制造费用——供水车间　　　　　　　　　　　　　　　　　28 900

　　　　　　　　——运输车间　　　　　　　　　　　　　　　　　46 200

（3）对外分配。

借：制造费用——基本生产车间　　　　　　　　　　　　　　147 758.00

管理费用   21 700.4

销售费用   64 741.6

 贷：辅助生产成本——供水   121 100

     ——运输   113 100

4. 代数分配法

  代数分配法，是通过建立多元一次联立方程并求解的方法，取得各种辅助生产产品或劳务的单位成本，进而进行辅助生产费用分配的一种辅助生产费用分配方法。采用这种分配方法，首先，应根据各辅助生产车间相互提供产品和劳务的数量，建立联立方程，并计算辅助生产产品或劳务的单位成本；其次，根据各受益单位（包括辅助生产内部和外部各单位）耗用产品或劳务的数量和单位成本，计算分配辅助生产费用。

 例 3 - 24

  沿用例 3 - 23 交互分配法下供水和运输车间的有关资料，设供水车间的供水单位成本为 x 元，运输车间的运输单位成本为 y 元。根据以上资料可以建立以下联立方程：

$$\begin{cases} (112\,200+27\,000)+2\,000y=139\,200x \\ (68\,800+26\,200)+20\,000x=100\,000y \end{cases}$$

解此联立方程，得

$$\begin{cases} x=1.016\,57 \\ y=1.153\,3 \end{cases}$$

  根据 x，y 的值以及各受益单位所耗用的水和运输劳务的数量，即可求得各受益单位应负担的费用金额（计算过程从略）。据以编制辅助生产费用分配表如表 3 - 22 所示。

表 3 - 22   **辅助生产费用分配表**
(代数分配法)

金额单位：元

项目		单位成本（分配率）	费用合计	辅助生产				基本生产车间		行政管理部门		专设销售机构	
				供水车间		运输车间							
				数量	金额	数量	金额	数量	金额	数量	金额	数量	金额
待分配辅助生产费用				139 200 立方米	139 200	100 000 公里	95 000						
费用分配	供水车间	1.016 57	141 506.6			20 000 立方米	20 331.4	100 000 立方米	101 657	10 000 立方米	10 165.7	9 200 立方米	9 352.5*
	运输车间	1.153 3	115 331.4	2 000 公里	2 306.6			40 000 公里	46 132	10 000 公里	11 533	48 000 公里	55 359.8
	合计		256 838		141 506.6		115 331.4		147 789		21 698.7		64 712.3

*尾差计入销售费用。

根据表 3-22 编制会计分录如下：

（1）向各受益单位分配辅助生产费用。

借：制造费用——供水车间	2 306.60
——运输车间	20 331.40
——基本生产车间	147 789.00
管理费用	21 698.70
销售费用	64 712.30
贷：辅助生产成本——供水	141 506.60
——运输	115 331.40

（2）结转辅助生产车间的制造费用。

借：辅助生产成本——供水	29 306.60
——运输	46 531.40
贷：制造费用——供水车间	29 306.60
——运输车间	46 531.40

采用代数分配法分配辅助生产费用，分配结果最正确。但在辅助生产车间较多的情况下，未知数较多，计算工作比较复杂，因而这种分配方法适宜在已经实现会计电算化的企业中采用。

5. 计划成本分配法

计划成本分配法是按照计划单位成本计算、分配辅助生产费用的一种方法。在这种方法下，辅助生产为各受益单位（包括其他辅助生产车间）提供的产品或劳务，一律按产品或劳务的实际耗用量和计划单位成本进行分配；辅助生产车间实际发生的费用，包括辅助生产交互分配转入的费用在内，与按计划单位成本分配转出的费用之间的差额，也就是辅助生产产品或劳务的成本差异，可以追加分配给辅助生产以外的各受益单位，为了简化计算工作，也可以全部记入"管理费用"科目。

 例 3-25

沿用例 3-23 的资料，采用计划成本分配法编制辅助生产费用分配表，详见表 3-23。

表 3-23

辅助生产费用分配表
（计划成本分配法）

金额单位：元

项目		供水车间	运输车间	合计
待分配辅助生产费用	"辅助生产成本"科目	112 200	68 800	181 000
	"制造费用"科目	27 000	26 200	53 200
	小计	139 200	95 000	234 200
供应劳务数量（单位：水——立方米，运输——公里）		139 200	100 000	—
计划单位成本		1.05	1.1	—

续前表

项目			供水车间	运输车间	合计
制造费用	供水车间	耗用数量		2 000	
		分配金额		2 200	2 200
	运输车间	耗用数量	20 000		
		分配金额	21 000		21 000
	基本生产车间	耗用数量	100 000	40 000	
		分配金额	105 000	44 000	149 000
管理费用	企业行政管理部门	耗用数量	10 000	10 000	
		分配金额	10 500	11 000	21 500
销售费用	专设销售机构	耗用数量	9 200	48 000	
		分配金额	9 660	52 800	62 460
按计划成本分配合计			146 160	110 000	256 160
辅助生产实际成本			141 400	116 000	257 400
辅助生产成本差异			−4 760	+6 000	1 240

辅助生产实际成本：

供水车间实际成本＝139 200＋2 200＝141 400（元）

运输车间实际成本＝95 000＋21 000＝116 000（元）

根据辅助生产费用分配表编制会计分录如下：

（1）按计划成本分配。

借：制造费用——供水车间 2 200

　　　　　　——运输车间 21 000

　　　　　　——基本生产车间 149 000

　　管理费用 21 500

　　销售费用 62 460

　　贷：辅助生产成本——供水 146 160

　　　　　　　　　——运输 110 000

（2）结转辅助生产车间的制造费用。

借：辅助生产成本——供水 29 200

　　　　　　　　——运输 47 200

　　贷：制造费用——供水车间 29 200

　　　　　　　——运输车间 47 200

（3）结转辅助生产成本差异。为了简化核算，辅助生产成本差异记入"管理费用"科目。

借：管理费用 1 240

　　贷：辅助生产成本——供水 4 760

　　　　　　　　　——运输 6 000

现将上例中"辅助生产成本""制造费用"科目的明细科目记录（简化格式）进行列示，如图 3-1 所示。

辅助生产成本——供水车间			
待分配费用	112 200	分配转出	146 160
转入制造费用	29 200	成本差异	4 760
合计	141 400	合计	141 400

辅助生产成本——运输车间			
待分配费用	68 800	分配转出	110 000
转入制造费用	47 200	成本差异	6 000
合计	116 000	合计	116 000

制造费用——供水车间			
待分配费用	27 000	分配转出	29 200
交互分配转入	2 200		
合计	29 200	合计	29 200

制造费用——运输车间			
待分配费用	26 200	分配转出	47 200
交互分配转入	21 000		
合计	47 200	合计	47 200

图 3-1 科目记录示意图

采用计划成本分配法，由于辅助生产车间的产品或劳务的计划单位成本有现成资料，只要有各受益单位耗用辅助生产车间的产品或劳务量，便可进行分配，从而简化和加速了分配的计算工作；按照计划单位成本分配，排除了辅助生产实际费用的高低对各受益单位成本的影响，便于考核和分析各受益单位的经济责任；还能够反映辅助生产车间产品或劳务的实际成本脱离计划成本的差异。采用该种分配方法，要求辅助生产产品或劳务的计划单位成本比较准确。

3.4 制造费用的归集和分配

企业在产品生产过程中，除产品直接耗用的各种材料费用、发生人工费用和燃料动力费用即各种专设成本项目的生产费用外，还会发生各种制造费用。为此，正确地核算制造费用，对于正确计算产品的制造成本非常重要。辅助生产的制造费用归集和分配的核算已在上一节中讲述，本节着重讲述基本生产的制造费用归集和分配的核算。

3.4.1 制造费用的归集

制造费用是指工业企业为生产产品（或提供劳务）而发生的、应计入产品成本但没有专设成本项目的各项生产费用。制造费用的大部分不是直接用于产品生产的费用，而是间接用于产品生产的费用，如机物料消耗、车间厂房的折旧费和修理费、车间照明费、水费、取暖费以及车间管理和辅助人员的薪酬费用、差旅费和办公费等。也有一部分直接用于产品生产，但管理上不要求单独核算，也不专设成本项目的费用，如机器设备的折旧费等。企业生产单位的动力费用，如果不专设成本项目也不单独核算，也应包括在制造费用中。

制造费用的内容比较复杂，应按照管理要求分别设立若干费用项目进行计划和核算，归类反映各项费用的计划执行情况。制造费用的项目有的可以按照费用的经济用途设立，如对用于车间办公方面的各项支出设立"办公费"项目；也可以按照费用的经济内容设立，如对全车间的机器设备和房屋建筑物等固定资产的折旧设立"折旧费"项目。

制造费用的核算是通过"制造费用"科目进行归集和分配的。该科目应按车间、部门设置明细账，账内按照费用项目设专栏或专行，分别反映各车间、部门各项制造费用的支出情况。制造费用发生时，根据有关的付款凭证、转账凭证和前述各种费用分配表，借记"制造费用"科目，并视具体情况，分别贷记"原材料""应付职工薪酬""累计折旧""银行存款"等科目；期末按照一定的标准进行分配时，借记"基本生产成本"等科目，贷记"制造费用"科目；除季节性生产的车间外，"制造费用"科目期末应无余额。应该指出，如果辅助生产车间的制造费用是通过"制造费用"科目单独核算的，则应比照基本生产车间发生的费用核算；如果辅助生产车间的制造费用不通过"制造费用"科目单独核算，则应全部记入"辅助生产成本"科目及其明细账的有关成本或费用项目。

 例 3 - 26

根据各种费用分配表及付款凭证登记长江公司基本生产车间制造费用明细账，详见表 3 - 24。

表 3 - 24　　　　　　　　　　　　制造费用明细账

车间名称：基本生产车间　　　　　　　20××年 6 月　　　　　　　　单位：元

摘要	机物料消耗	动力费用	职工薪酬	折旧费	水费	运费	低值易耗品	其他	合计	转出
付款凭证								28 422	28 422	
原材料费用分配表	5 000								5 000	
低值易耗品摊销分配表							4 570		4 570	
外购动力费用分配表		2 250							2 250	
工资费用分配表			20 000						20 000	
其他短期薪酬费用分配表			8 000						8 000	
折旧费用分配表				20 000					20 000	
辅助生产费用分配表					101 594	46 164			147 758	

续前表

摘要	机物料消耗	动力费用	职工薪酬	折旧费	水费	运费	低值易耗品	其他	合计	转出
制造费用分配表										236 000
合计	5 000	2 250	28 000	20 000	101 594	46 164	4 570	28 422	236 000	236 000

3.4.2　制造费用的分配

为了正确计算产品的生产成本，必须合理地分配制造费用。由于各车间制造费用水平不同，因此制造费用应该按照各车间分别进行分配，而不得将各车间的制造费用统一在整个企业范围内分配。

在只生产一种产品的车间中，该车间的全部制造费用均属于直接计入费用，可以直接计入这种产品的生产成本；在生产多种产品的车间中，对于制造费用中的直接计入费用也应直接计入各种产品的生产成本，对于制造费用中的间接计入费用则应采用适当的方法，在各种产品之间进行分配。制造费用的分配方法一般有生产工时比例法、生产工人工资比例法、机器工时比例法和按年度计划分配率分配法等。分配方法一经确定，不应随意变更。

1. 生产工时比例法

生产工时比例法是按照各种产品所用生产工人工时的比例分配制造费用的一种方法。其计算公式如下：

$$制造费用分配率 = \frac{制造费用总额}{车间产品生产工时总额}$$

$$某种产品应分配的制造费用 = 该种产品生产工时 \times 制造费用分配率$$

按生产工时比例分配，可以用各种产品实际耗用的生产工时（实用工时），如果产品的工时定额比较准确，制造费用也可以按定额工时的比例分配。其计算公式如下：

$$制造费用分配率 = \frac{制造费用总额}{车间产品定额工时总额}$$

$$某种产品应分配的制造费用 = 该种产品定额工时 \times 制造费用分配率$$

例 3-27

长江公司 20××年 6 月基本生产车间发生的制造费用总额为 236 000 元，基本生产车间甲产品生产工时为 12 500 小时，乙产品生产工时为 7 500 小时。

制造费用计算分配如下：

$$制造费用分配率 = \frac{236\ 000}{12\ 500 + 7\ 500} = 11.8$$

$$甲产品应分配制造费用 = 12\ 500 \times 11.8 = 147\ 500（元）$$

乙产品应分配制造费用＝7 500×11.8＝88 500（元）

按生产工时比例法编制制造费用分配表，详见表 3 - 25。

表 3 - 25 　　　　　　　　　　　　制造费用分配表

车间名称：基本生产车间　　　　　　　　　　　　　　　　　　　　　　　单位：元

应借科目		生产工时（小时）	分配金额（分配率：11.8）
基本生产成本	甲产品	12 500	147 500
	乙产品	7 500	88 500
合计		20 000	236 000

根据制造费用分配表，编制会计分录如下：

借：基本生产成本——甲产品　　　　　　　　　　　　　　147 500

　　　　　　　　——乙产品　　　　　　　　　　　　　　 88 500

　贷：制造费用　　　　　　　　　　　　　　　　　　　　　 236 000

按生产工时比例分配是较为常见的一种分配方法，它能将劳动生产率的高低与产品负担费用的多少联系起来，分配结果比较合理。由于生产工时是分配间接计入费用常用的分配标准之一，因此，必须正确组织好产品生产工时的记录和核算等基础工作，以保证生产工时的准确、可靠。

2. 生产工人工资比例法

生产工人工资比例法又称生产工资比例法，是以各种产品的生产工人工资的比例分配制造费用的一种方法。其计算公式如下：

$$制造费用分配率＝\frac{制造费用总额}{车间产品生产工人工资总额}$$

某种产品应分配的制造费用＝该种产品生产工人工资×制造费用分配率

由于工资费用分配表中有现成的生产工人工资的资料，因此这种分配方法核算工作很简便。这种方法适用于各种产品生产机械化程度大致相同的情况，否则会影响费用分配的合理性。例如，机械化程度低的产品，所用工资费用多，分配的制造费用也多；反之，机械化程度高的产品，所用工资费用少，分配的制造费用也少，会出现不合理情况。该分配方法与生产工时比例法原理基本相同。如果生产工人的计时工资是按照生产工时比例分配的，按照生产工人工资比例分配制造费用，实际上就是按生产工时比例分配制造费用。

3. 机器工时比例法

机器工时比例法是按照各种产品所用机器设备运转时间的比例分配制造费用的一种方法。这种方法适用于机械化程度较高的车间，因为在这种车间中，机器折旧费用、维护费用等的多少与机器运转的时间有密切的联系。采用这种方法，必须组织好各种产品所耗用机器工时的记录工作，以保证工时的准确性。该方法的计算程序、原理与生产工时比例法基本相同。

为了提高分配结果的正确性，可以将机器设备划分为若干类别，按其类别归集和分配制造费用。也可以将制造费用按性质和用途分类，如分为与机器设备使用有关的费用，以及由于管理组织生产而发生的费用，分别采用适当的方法分配制造费用。

4. 按年度计划分配率分配法

按年度计划分配率分配法，是按照年度开始前确定的全年适用的计划分配率分配费用的方法。采用这种分配方法，不论各月实际发生的制造费用为多少，每月各种产品成本中的制造费用都按年度计划确定的计划分配率分配。年度内如果发现全年制造费用的实际数和产品的实际产量与计划数产生较大的差额，应及时调整计划分配率。其计算公式如下：

$$年度计划分配率 = \frac{年度制造费用计划总额}{年度各种产品计划产量的定额工时总额}$$

$$某月某产品制造费用 = \begin{matrix}该月该种产品实际\\产量的定额工时数\end{matrix} \times \begin{matrix}年度计划\\分\ 配\ 率\end{matrix}$$

 例 3 - 28

某企业第一车间全年制造费用计划数为 200 000 元。全年各种产品的计划产量为：甲产品 4 800 件，乙产品 4 000 件。单件产品的工时定额为：甲产品 5 小时，乙产品 4 小时。6 月份实际产量为：甲产品 300 件，乙产品 200 件。本月实际发生制造费用 12 000 元。

（1）各种产品年度计划产量的定额工时。

　　甲产品年度计划产量的定额工时 = 4 800×5 = 24 000（小时）
　　乙产品年度计划产量的定额工时 = 4 000×4 = 16 000（小时）

（2）制造费用年度计划分配率。

$$制造费用年度计划分配率 = \frac{200\,000}{24\,000 + 16\,000} = 5$$

（3）各种产品本月实际产量的定额工时。

　　甲产品本月实际产量的定额工时 = 300×5 = 1 500（小时）
　　乙产品本月实际产量的定额工时 = 200×4 = 800（小时）

（4）各种产品应分配的制造费用。

　　该月甲产品分配制造费用 = 1 500×5 = 7 500（元）
　　该月乙产品分配制造费用 = 800×5 = 4 000（元）

该车间本月按计划分配率分配转出的制造费用为：

　　7 500 + 4 000 = 11 500（元）

例 3-29

假定例 3-28 中某企业第一车间的"制造费用"科目 6 月初贷方余额为 300 元，则该月制造费用的实际发生额和分配转出额登记结果如图 3-2 所示。

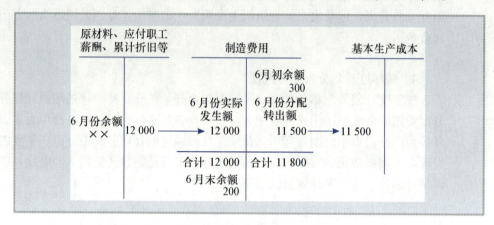

图 3-2　科目记录示意图

采用按年度计划分配率分配法时，每月实际发生的制造费用与分配转出的制造费用金额不等，因此，"制造费用"科目一般有月末余额，可能是借方余额，也可能是贷方余额。如为借方余额，表示年度内累计实际发生的制造费用大于按计划分配率分配累计的转出额，是超过计划的预付费用；如为贷方余额，表示年度内按计划分配率分配累计的转出额大于累计的实际发生额，是按照计划应付未付费用。"制造费用"科目的年末余额，就是全年制造费用的实际发生额与计划分配额的差额，一般应在年末调整计入 12 月份的产品成本。实际发生额大于计划分配额，借记"基本生产成本"科目，贷记"制造费用"科目；实际发生额小于计划分配额，则用红字冲减，或者借记"制造费用"科目，贷记"基本生产成本"科目。

这种分配方法核算工作简便，特别适用于季节性生产的车间，因为它不受淡季和旺季产量相差悬殊的影响，从而不会使各月单位产品成本中制造费用忽高忽低，便于进行成本分析。但是，采用这种分配方法要求计划工作水平较高，否则会影响产品成本计算的正确性。

无论采用哪种制造费用分配方法，都应根据分配计算的结果，编制制造费用分配表，据以进行制造费用的总分类核算和明细核算。制造费用分配后，除采用按年度计划分配率分配法的企业外，"制造费用"科目都没有月末余额。

3.5　废品损失和停工损失的核算

3.5.1　废品损失的归集和分配

生产中的废品，是指由于生产原因造成、在生产过程中或入库后发现的，不符合规定的技术标准，不能按照原定用途使用，或者需要加工修理后才能使用的在产品、半成品和产成品。废品按其报损程度和修复价值，可分为可修复废品和不可修复废品。可修复废品是指技术上、工艺上可以修复，而且所支付的修复费用在经济上合算的废品。不可修复废品是指技术上、工艺上不可修复，或者虽可修复，但所支付的修复费用在经济上不合算的废品。

废品损失是指在生产过程中发现的、入库后发现的不可修复废品的生产成本，以及可修复废品的修复费用，扣除回收的废品残料价值和应收赔款以后的损失。这里需要指出的是，经质量检验部门鉴定不需要返修可以降价出售的不合格品，其降价损失不作为废品损失，而在计算损益时体现；产品入库后由于保管不善等原因而损坏变质的损失，属于管理上的问题，作为管理费用处理而不作为废品损失；实行包退、包修、包换（三包）的企业，在产品出售以后，由于发现废品而发生的一切损失，作为销售费用处理，也不作为废品损失。质量检验部门填制并审核后的废品损失通知单，是进行废品损失核算的原始凭证。

单独核算废品损失的企业，应设置"废品损失"科目，在成本项目中增设"废品损失"成本项目。废品损失的归集和分配，应根据废品损失计算表和分配表等有关凭证，通过"废品损失"科目进行核算。"废品损失"科目应按产品设置明细账，账内按产品品种和成本项目登记废品损失的详细资料。"废品损失"科目的借方归集不可修复废品的生产成本和可修复废品的修复费用。不可修复废品的生产成本，应根据不可修复废品损失计算表，借记"废品损失"科目，贷记"基本生产成本"科目；可修复废品的修复费用，应根据各种费用分配表所列废品损失数额，借记"废品损失"科目，贷记"原材料""应付职工薪酬""辅助生产成本""制造费用"等科目。"废品损失"科目的贷方登记废品残料回收的价值、应收赔款和应由本月生产的同种合格产品成本负担的废品损失，即分别借记"原材料""其他应收款""基本生产成本"等科目，贷记"废品损失"科目。经过上述归集和分配，"废品损失"科目月末无余额。

1. 不可修复废品损失的归集与分配

为了归集和分配不可修复的废品损失，必须首先计算废品的成本。废品成本是指生产过程中截至报废时所耗费的一切费用。废品成本扣除废品的残值和应收赔款后的数额就是不可修复废品的损失。由于不可修复废品的成本与合格产品的成本是归集在一起同时发生的，因此需要采取一定的方法予以确定。一般有两种方法：一是按废品所耗实际费用计算；二是按废品所耗定额费用计算。

（1）按废品所耗实际费用计算的方法。采用这一方法，就是在废品报废时根据废品和合格品实际发生的全部费用，采用一定的分配方法，在合格品与废品之间进行分配，计算出废品的实际成本，从"基本生产成本"科目的贷方转入"废品损失"科目的借方。

　例 3-30

　　某公司第二车间本月生产甲产品 1 000 件，经验收入库发现不可修复废品 50

件；合格品生产工时为 26 600 小时，废品工时为 1 400 小时，全部生产工时为 28 000 小时；合格品机器工时为 5 747.5 小时，废品机器工时为 302.5 小时，全部机器工时为 6 050 小时。按所耗实际费用计算废品的生产成本。甲产品成本计算单（即基本生产成本明细账）所列合格品和废品的全部生产费用为：直接材料 500 000 元；直接燃料和动力 12 100 元；直接人工 336 000 元；制造费用 134 400 元，共计 982 500 元。废品残料回收入库价值 1 500 元，原材料于生产开工时一次投入。原材料费用按合格品数量和废品数量的比例分配；直接燃料和动力费用按机器工时比例分配；其他费用按生产工时比例分配。

根据上述资料，编制废品损失计算表，如表 3-26 所示。

表 3-26 不可修复废品损失计算表
（按实际成本计算）
20××年×月

产品名称：甲产品
废品数量：50 件

车间名称：第二车间   单位：元

项目	数量（件）	直接材料	生产工时（小时）	机器工时（小时）	直接燃料和动力	直接人工	制造费用	成本合计
费用总额	1 000	500 000	28 000	6 050	12 100	336 000	134 400	982 500
费用分配率		500			2	12	4.8	
废品成本	50	25 000	1 400	302.5	605	16 800	6 720	49 125
减：废品残料		1 500						1 500
废品损失		23 500			605	16 800	6 720	47 625

根据不可修复废品损失计算表，编制如下会计分录：

（1）结转废品成本（实际成本）。

借：废品损失——甲产品   49 125

　　贷：基本生产成本——甲产品——直接材料   25 000

　　　　　　　　　　　　　　——直接燃料和动力   605

　　　　　　　　　　　　　　——直接人工   16 800

　　　　　　　　　　　　　　——制造费用   6 720

（2）回收废品残料入库价值。

借：原材料   1 500

　　贷：废品损失——甲产品   1 500

（3）废品损失转入该种合格产品成本。

借：基本生产成本——甲产品——废品损失   47 625

　　贷：废品损失——甲产品   47 625

完工以后发现的废品，其单位废品负担的各项生产费用应与该单位合格品完全相同，可按合格品数量和废品的数量比例分配各项生产费用，计算废品的实际成本。按废品的实际成本计算和分配废品损失，符合实际，但核算工作量较大。

（2）按废品所耗定额费用计算的方法。这种方法也称按定额成本计算方法，是按不可修复废品的数量和各项费用定额计算废品的定额成本，再将废品的定额成本扣除废品残料回收价值，计算出废品损失，而不考虑废品实际发生的费用。

 例 3 - 31

　　长江公司 20××年 6 月基本生产车间生产的乙产品，在验收入库时发现不可修复废品 30 件，按所耗定额费用计算废品的生产成本。直接材料费用定额为 320 元，单件生产工时定额为 9 小时，单件机器工时定额为 3.5 小时。每机器工时计划的直接燃料和动力费用 2.1 元，每生产工时计划的直接人工费用和制造费用分别为：22 元和 12 元。回收废品残值 1 000 元。

　　因为不可修复废品是在完成全部生产过程后产品验收入库时发现的，所以根据以上资料计算出单件乙产品的费用定额后，就可以根据各项费用定额和不可修复废品件数计算不可修复废品的生产成本。不可修复废品的各项费用定额为：直接材料费 320 元，直接燃料和动力费用 7.35 元（2.1×3.5），直接人工费用 198 元（22×9），制造费用定额 108 元（12×9）。编制不可修复废品损失计算表，如表 3 - 27 所示。

表 3 - 27

不可修复废品损失计算表

（按定额成本计算）

20××年 6 月

产品名称：乙产品

废品数量：30 件

车间名称：基本生产车间

单位：元

项目	直接材料	直接燃料和动力	直接人工	制造费用	成本合计
费用定额	320	7.35	198	108	633.35
废品定额成本	9 600	220.50	5 940	3 240	19 000.50
减：回收残值	1 000				1 000
废品损失	8 600	220.50	5 940	3 240	18 000.50

　　根据不可修复废品损失计算表，编制如下会计分录：

　　（1）结转废品成本（定额成本）。

　　　　借：废品损失——乙产品　　　　　　　　　　　　　　19 000.50

　　　　　　贷：基本生产成本——乙产品——直接材料　　　　　9 600.00

　　　　　　　　　　　　　　　　——直接燃料和动力　　　　220.50

　　　　　　　　　　　　　　　　——直接人工　　　　　　5 940.00

　　　　　　　　　　　　　　　　——制造费用　　　　　　3 240.00

　　（2）回收废品残料价值。

　　　　借：原材料　　　　　　　　　　　　　　　　　　　　1 000

　　　　　　贷：废品损失——乙产品　　　　　　　　　　　　　1 000

　　（3）废品损失转入该种合格产品成本。

　　　　借：基本生产成本——乙产品——废品损失　　　　　18 000.50

　　　　　　贷：废品损失——乙产品　　　　　　　　　　　18 000.50

　　采用按废品所耗定额费用计算废品成本和废品损失的方法，核算工作比较简便，有利于考核和分析废品损失和产品成本。但必须具备比较准确的定额成本资料，否则会影响成本计算的正确性。

2. 可修复废品损失的归集和分配

可修复废品损失是指废品在修复过程中所发生的各项修复费用扣除回收的废品残料价值和应收赔款以后的余额。而可修复废品返修以前发生的生产费用，在"基本生产成本"科目及有关的成本明细账中不必转出，这是因为它不是废品损失。返修时发生的修复费用，应根据原材料、职工薪酬、辅助生产费用和制造费用等分配表借记"废品损失"科目，贷记有关科目。如有残值和应收赔款，根据废料交库凭证及其他有关结算凭证，贷记"废品损失"科目和借记"原材料""其他应收款"等科目。将废品净损失（修复费用减残值和赔款）从"废品损失"科目的贷方转入"基本生产成本"科目的借方及其有关成本明细账的"废品损失"成本项目。

不单独核算废品损失的企业，不设"废品损失"会计科目和"废品损失"成本项目，在回收废品残料时，借记"原材料"科目和贷记"基本生产成本"科目，并从所属有关产品成本明细账的"直接材料"成本项目中扣除残料价值。辅助生产一般不单独核算废品损失。

3.5.2　停工损失的归集和分配

停工损失是指生产车间或车间内某个班组在停工期内发生的各项费用，包括停工期内支付的生产工人的薪酬费用、所耗直接燃料和动力费，以及应负担的制造费用等。过失单位、过失人员或保险公司负担的赔款，应从停工损失中扣除。计算停工损失的时间界限，由企业主管部门规定，或由企业主管部门授权企业自行规定。为了简化核算工作，停工不满一个工作日的，可以不计算停工损失。

发生停工的原因很多，应分别不同情况进行处理。由于自然灾害引起的停工损失，应按规定转作营业外支出；其他停工损失，如季节性停工、修理期间的停工等原因发生的停工损失，应计入制造费用。停工时车间应填列停工报告单，经有关部门审核后的停工报告单，作为停工损失核算的根据。

单独核算停工损失的企业，应增设"停工损失"会计科目和"停工损失"成本项目。停工损失的归集和分配，是通过设置"停工损失"科目进行的，该科目应按车间和成本项目进行明细核算。根据停工报告单和各种费用分配表、分配汇总表等有关凭证，将停工期内发生、应列作停工损失的费用记入"停工损失"科目的借方进行归集，借记"停工损失"科目，贷记"原材料""应付职工薪酬""制造费用"等科目。该科目的贷方登记应由过失单位及过失人员或保险公司支付的赔款、属于自然灾害应计入营业外支出的损失以及本月产品成本的损失，即贷记"停工损失"科目，借记"其他应收款""营业外支出""基本生产成本"科目。"停工损失"科目月末无余额。

不单独核算停工损失的企业，不设"停工损失"会计科目和"停工损失"成本项目。停工期间发生的属于停工损失的各项费用，分别记入"制造费用"和"营业外支出"等科目。

3.6　期间费用的核算

3.6.1　期间费用及其核算内容

前已述及，期间费用是指企业在生产经营过程中发生的，与产品生产活动没有直接联系，属于某一时期发生的直接计入当期损益的费用。期间费用包括企业在产品销售过程中发生的各项费用，以及专设销售机构的各项经费；企业行政管理部门为组织和管理生产经营活动而发生的各项管理费用；企业为筹集生产经营所需资金而发生的财务费用。期间费用的核算是指销售费用的核算、管理费用的核算和财务费用的核算。

3.6.2　销售费用的归集与结转

销售费用是指企业在产品销售过程中发生的各项费用，以及销售机构的经常费用。它不计入产品的生产成本，不参与产品成本计算，也不存在分配问题，而是作为期间费用直接计入当期损益。这种费用应该按年、季、月和费用项目编制费用计划，进行分析和考核。销售费用的归集与结转是通过"销售费用"总账科目及其所属明细科目进行的。销售费用应按费用项目设置明细账，进行明细核算，用以反映和考核各项费用的支出情况。发生和支付各项产品销售费用时，借记"销售费用"科目，贷记"银行存款""库存现金""应付账款""应付职工薪酬""包装物"等科目。月末，根据"销售费用"科目和所属明细科目借方归集的各项费用，将其实际发生额全部结转至"本年利润"科目。结转以后，"销售费用"科目及其所属明细科目应无余额。

 例 3-32

根据前列长江公司的各种费用分配表和有关凭证，登记销售费用明细账，如表 3-28 所示。

表 3-28　　　　　　　　　　　　　　　销售费用明细账

20××年 6 月　　　　　　　　　　　　　　　　　　　单位：元

摘要	消耗材料	职工薪酬	折旧费	水费	电费	办公费	运输费	包装费	广告费	低值易耗品	其他	合计	转出	余额
付款凭证（货币支出）						4 000		3 000				7 000		
原材料费用分配表	1 800											1 800		

续前表

摘要	消耗材料	职工薪酬	折旧费	水费	电费	办公费	运输费	包装费	广告费	低值易耗品	其他	合计	转出	余额
外购动力费用分配表					600							600		
工资费用分配表		30 000										30 000		
其他短期薪酬费用分配表		12 000										12 000		
折旧费分配表			1 000									1 000		
低值易耗品摊销分配表										1 000		1 000		
辅助生产费用分配表				9 346.6			55 395					64 741.6		118 141.6
转账凭证转出													118 141.6	
本月合计	1 800	42 000	1 000	9 346.6	600	4 000	55 395		3 000	1 000		118 141.6	118 141.6	0

月末，将销售费用直接转入"本年利润"科目。编制会计分录如下：

借：本年利润   118 141.60

    贷：销售费用   118 141.60

3.6.3　管理费用的归集与结转

管理费用是指企业行政管理部门为组织和管理生产经营活动而发生的各项费用。它不计入产品的生产成本，不参与产品成本计算，也不存在分配问题，而是作为期间费用直接计入当期损益。这种费用应该按年、季、月和费用项目编制费用计划，进行核算和考核。

管理费用的归集和结转，是通过"管理费用"总账科目及其所属明细科目进行的。管理费用应按费用项目设置明细账，用来反映和考核各项费用的支出情况。发生或支付各项管理费用时，借记"管理费用"科目，贷记有关科目。在发生材料、产品盘盈时，抵减管理费用的金额，应借记有关科目，贷记"管理费用"科目，同时要在"管理费用"明细科目的"材料产品盘亏和毁损"专栏中用红字或负数登记。月末，结转管理费用时借记"本年利润"科目，贷记"管理费用"科目，结转以后，"管理费用"科目及其所属明细科目无余额。

例 3-33

根据前列长江公司的各种费用分配表和有关凭证，登记管理费用明细账，如

表 3-29 所示。

表 3-29　　　　　　　　　　　　**管理费用明细账**
20××年6月　　　　　　　　　　　　　　　　单位：元

摘要	消耗材料	职工薪酬	折旧费	水费	办公费	电费	低值易耗品	运费	合计	转出	余额
付款凭证（货币支出）					9 600				9 600		
原材料费用分配表	2 000								2 000		
低值易耗品摊销分配表							2 500		2 500		
外购动力费用分配表					1 800				1 800		
工资费用分配表		60 000							60 000		
其他短期薪酬费用分配表		24 000							24 000		
折旧费分配表			3 000						3 000		
辅助生产费用分配表				10 159.4				11 541	21 700.4		124 600.4
转账凭证（转出）										124 600.4	
本月合计	2 000	84 000	3 000	10 159.4	9 600	1 800	1 500	11 541	124 600.4	124 600.4	0

月末，结转管理费用直接转入"本年利润"科目。编制会计分录如下：

借：本年利润　　　　　　　　　　　　　　　　　124 600.40
　　贷：管理费用　　　　　　　　　　　　　　　　124 600.40

3.6.4　财务费用的归集与结转

财务费用是指企业为筹集生产经营活动所需的资金而发生的各项筹资费用。财务费用不计入产品的制造成本，不参与产品成本计算，也不存在分配问题，而是作为期间费用，直接计入当期损益。企业为购建固定资产而筹集资金所发生的费用，在固定资产尚未完工交付使用前发生的费用，应计入有关固定资产价值，不属于财务费用。财务费用也应该按年、季、月和费用项目编制费用计划，进行核算和考核。

财务费用的归集和结转，是通过"财务费用"总账科目和所属明细账进行的。财务费用应按费用项目设置明细账，用以反映和考核各项费用的支出情况。发生或预提利息支出时，借记"财务费用"科目，贷记"应付利息"或"银行存款"科目。在发生利息收入和汇兑收益时，应借记"银行存款"等科目，贷记"财务费用"科目。这些抵减财务费用的金额，既要记入该总账科目的贷方，又应在财务费用明细账"利息支出"和"汇兑损失"专栏中用红字或负数登记。月末结转财务费用时借记"本年利润"科目，贷记"财务费用"科目，结转以后，"财务费用"科目及所属明细账无余额。

 例3-34

根据前列长江公司的各种费用分配表和有关凭证登记财务费用明细账，如表3-30所示。

表3-30　　　　　　　　　　　财务费用明细账
　　　　　　　　　　　　　　　　　20××年6月　　　　　　　　　　　　　　单位：元

摘要	利息支出	手续费	其他	合计	转出	余额
利息费用分配表	1 000			1 000		
付款凭证（金融机构手续费）		100		100		1 100
转账凭证（转出）					1 100	0
本月合计	1 000	100		1 100	1 100	0

月末，将财务费用直接转入"本年利润"科目。编制会计分录如下：

　　借：本年利润　　　　　　　　　　　　　　　　　　　　　1 100
　　　　贷：财务费用　　　　　　　　　　　　　　　　　　　　　　1 100

✎ 思考题

1. 要素费用核算的一般程序是什么？其中专设成本项目的直接生产费用核算程序如何？其他用途的费用核算程序又如何？

2. 如何选择分配费用的适当方法？各种费用分配的标准主要有哪几类？分配间接计入费用的计算公式是如何概括的？

3. 如果原材料是间接计入费用，一般应采用哪些分配方法进行分配？如何进行分配？

4. 低值易耗品的摊销方法有哪些？其优缺点和适用范围如何？

5. 辅助生产费用分配的特点是什么？

6. 各种辅助生产费用分配方法的特点、适用范围和优缺点是什么？如何进行分配？

7. 分配辅助生产费用的方法一般有哪几种？将各种分配方法的特点和适用

范围及其核算程序进行比较说明。

8. 说明制造费用的内容和核算程序，以及"制造费用"科目与"制造费用"成本项目的关系。

9. 分配制造费用的方法一般有哪几种？比较说明各种分配方法的特点、适用范围和计算程序。

1. 某企业本月生产甲、乙两种产品共同耗用 A 材料 61 600 元，本月投产甲产品 100 件，单件甲产品 A 材料的消耗定额为 30 千克，投产乙产品 200 件，单件乙产品 A 材料的消耗定额为 20 千克。A 材料的计划单价为 8 元。

要求：按定额费用比例分配计算甲乙产品实际耗用的 A 材料费用。

2. 某企业有供水车间和运输队两个辅助生产部门。辅助生产费用的分配采用交互分配法。本月有关资料如下：

（1）有关明细账所记录的供水车间和运输队的待分配费用如下：

辅助生产成本——供水	48 000 元
——运输	42 000 元
制造费用——供水车间	12 000 元
——运输队	8 000 元

（2）辅助生产劳务和产品的供应及耗用情况如表 3-31 所示。

表 3-31

受益部门	供应部门	
	供水车间（立方米）	运输队（公里）
供水车间		10 000
运输队	800	
基本生产车间	10 000	35 000
行政管理部门	1 200	5 000
合计	12 000	50 000

要求：

（1）根据所给资料，采用交互分配法分配辅助生产费用（要写出计算分配过程）。

（2）根据分配结果编制有关会计分录（标明明细科目）。

表 3-32　　　　　　　**辅助生产费用分配表**
（交互分配法）

项目	交互分配			对外分配		
辅助生产车间名称	供水	运输	合计	供水	运输	合计
待分配辅助生产费用						
劳务供应数量						

续前表

项目			交互分配	对外分配
费用分配率（单位成本）				
辅助生产车间耗用	供水车间	耗用数量		
		分配金额		
	运输队	耗用数量		
		分配金额		
基本生产车间耗用		耗用数量		
		分配金额		
企业管理部门耗用		耗用数量		
		分配金额		
分配金额合计				

3. 某工业企业辅助生产车间的制造费用通过"制造费用"科目核算；"基本生产成本"和"辅助生产成本"明细账的成本项目中均设有"直接燃料和动力"成本项目。有关资料如表3-33所示。

表3-33　　　　　　　　　　　辅助生产费用分配表
（计划成本分配法）　　　　　　　　　　　　金额单位：元

项目		供水车间		供电车间		费用合计
		数量(立方米)	费用	数量(度)	费用	
待分配数量和费用	"辅助生产成本"科目金额		40 000		20 000	60 000
	"制造费用"科目金额		6 000		5 500	11 500
	小计	9 000	46 000	60 000	25 500	71 500
计划单位成本			5		0.5	
供水车间耗用动力电				10 000		
供水车间耗用照明电				1 000		
供电车间耗用水		1 500				
基本生产车间生产产品耗用动力电				44 000		
基本生产车间照明用电及水费		7 000		3 000		
企业管理部门照明用电及水费		500		2 000		
按计划成本分配合计						
辅助生产实际成本						
辅助生产成本差异						

要求： 采用计划成本分配法分配辅助生产费用（列出计算过程）；填制辅助生产费用分配表并编制有关会计分录。

案例题

[案例1]

[资料] 大华公司生产和销售甲、乙两种产品。该公司针对这两种产品的计

划和定额管理工作基础扎实，各项指标的计划完整，产品的各项消耗定额健全；生产车间的原始记录和业务统计工作较为完善；两种产品均设有直接材料、直接人工、直接燃料和动力以及制造费用等四个成本项目；在各项费用中，直接人工费用、直接燃料和动力费用以及制造费用都属于间接计入费用。该车间属于技术密集型生产部门，大型、先进的设备较多，自动化程度较高。

[要求] 根据该车间的上述情况讨论以下问题：

1. 生产工人的薪酬费用的分配应该采用什么标准？请说明理由。

2. 为了合理地将直接燃料和动力费用以及制造费用在两种产品之间进行分配，应该采用什么标准？请说明理由。

3. 根据大华公司上述具体情况，并结合你在有关费用分配上所选择的分配标准，在成本核算中应该为管理提供哪些方面的资料，进行哪些方面的对比分析，以便加强成本管理？

[案例 2]

[资料] 华瑞公司第一基本生产车间生产甲、乙两种产品。该车间实行计时工资制度。8 月有关资料如下：

1. 本月生产甲产品 500 件，实际耗用生产工时 4 300 小时，生产乙产品 400 件，实际耗用生产工时 3 700 小时。

2. 本月该车间为生产甲乙两种产品共发生的计时工资总额为 120 000 元。

3. 该车间甲乙两种产品的工时定额为：甲产品 8 小时，乙产品 10 小时。

[要求] 根据以上资料，分别按实际工时比例和定额工时比例计算分配生产工人的计时工资，并根据计算结果讨论以下问题：

1. 比较两种分配标准的计算结果，并分析说明造成差异的可能的原因。

2. 从简化核算和满足管理要求的角度出发，我们应如何选择生产工人计时工资的分配标准？

[案例 3]

[资料] 江南公司设有运输队和锅炉车间两个辅助生产部门，分别提供运输劳务和蒸汽产品。这两个辅助生产部门之间相互提供产品或劳务。运输队的成本按吨公里比例分配，锅炉车间的成本按供气量比例分配，该公司 2014 年 1 月有关辅助生产成本的资料如表 3-34 所示。

表 3-34

辅助生产车间名称		运输队	锅炉生产车间
待分配成本		300 000 元	100 000 元
供应的劳务数量		200 000 吨公里	20 000 立方米
耗用劳务数量	运输队		500 立方米
	锅炉车间	50 000 吨公里	
	基本生产一车间	65 000 吨公里	10 000 立方米
	基本生产二车间	80 000 吨公里	8 000 立方米
	管理部门	5 000 吨公里	1 500 立方米

[**要求**] 根据以上资料，分别用直接分配法、顺序分配法、交互分配法和代数分配法计算分配辅助生产费用，并根据计算结果讨论以下问题：

　　1. 以代数分配法下的计算结果为依据，对其他方法下计算分配结果按其准确性的高低进行排队并分析说明这种情况形成的原因。

　　2. 根据本案例的情况，从简化核算和提供全面、准确的成本信息的角度出发，对各种辅助生产费用的分配方法做出评价。

C 第 4 章
Chapter 4 生产费用在完工产品与在产品之间的归集和分配

学习目标

1. 了解在产品收发结存的日常核算和在产品清查核算的基本内容。
2. 理解在选择完工产品与在产品之间费用分配方法时应考虑的具体条件。
3. 掌握完工产品和在产品之间分配费用的各种方法的特点、适用情况、优缺点以及具体的分配计算过程。重点掌握约当产量比例法、在产品按定额成本计价法和定额比例法。

4.1 在产品数量的核算

企业发生的各项生产费用，经过在各种产品之间的分配和归集以后，应计入本月各种产品成本的生产费用，都已全部记入"基本生产成本"科目，并按成本项目记入了其所属明细账中。在各种产品的成本明细账中，期初在产品费用加上本月计入的费用，就是该种产品的全部费用。如果某种产品期末没有在产品，那么该种产品的全部生产费用就是期末在产品的成本；如果某种产品本期既有完工产品，期末又有在产品，那么就需要采用适当的方法，将该种产品的全部生产费用在本期完工产品与期末在产品之间进行分配，分别计算出完工产品成本和期末在产品成本。

月初在产品费用、本月生产费用、本月完工产品费用和月末在产品费用之间的关系，可用下列公式表示：

月初在产品费用＋本月生产费用＝本月完工产品费用＋月末在产品费用

公式左边两项是已知数，右边两项是未知数。公式左边两项费用之和，需要采用一定的分配方法在本月完工产品与月末在产品之间进行分配。要正确地进行本月完工产品与月末在产品的费用分配，就必须正确组织在产品的数量核算，取得在产品收发和结存的数量资料。

4.1.1　在产品收发结存的日常核算

在产品有广义在产品和狭义在产品之分。

广义在产品是就整个企业来说的。它是指没有完成全部生产过程、不能作为商品销售的产品。包括正在车间加工中的在产品、需要继续加工的半成品、等待验收入库的产品、正在返修和等待返修的废品等。对外销售的自制半成本属于商品产品，验收入库后不应列为在产品，不可修复废品也不包括在在产品之内。

狭义在产品是就某一生产步骤、某一生产车间来说的。它是指尚在本步骤、本车间加工中的那部分在产品和本步骤、本车间已完工但尚未转出的产品。

在产品数量的核算，应同时具备账目核算资料和实际盘点资料。为此，企业应做好在产品收发结存的日常核算工作和在产品的清查工作。这样既可以从账面上随时掌握在产品的动态，又可以查清在产品的实存数量，从而为正确计算产品成本，加强生产资金运营和在产品实物管理提供资料。企业应该根据在产品实际盘存数量计算在产品成本。如果在产品品种多、数量大，每月都要组织实地盘点确有困难的，也可以根据在产品业务核算资料的期末结存量计算在产品成本。车间在产品收发结存的日常核算通常是通过在产品收发结存账（即在产品台账）进行的，该账按车间及产品品种和在产品的名称（零部件名称）设置，提供车间各种在产品收发结存动态的业务核算资料。在产品收发结存账是根据领料凭证、在产品内部转移凭证、产品检验凭证和产品交库凭证，及时登记，最后由车间核算人员审核汇总的。在产品收发结存账如表 4-1 所示。

表 4-1　　　　　　　　　　　　在产品收发结存账
（在产品台账）

在产品名称或编号：1502　　　　　　车间名称：第一车间　　　　　　单位：件

月	日	摘要	收入		发出			结存		备注
			凭证号	数量	凭证号	合格品	废品	完工	未完工	
7	1		701	70					70	
7	2			40		60	2	18	30	
7	7			20		26		7	35	
〰	〰	〰	〰	〰	〰	〰	〰	〰	〰	〰
7	31	合计		980		934	11	15	20	

4.1.2　在产品清查的核算

对在产品的管理与固定资产及其他存货一样，应定期或不定期地进行清查，做到在产品账实相符，保证在产品的安全完整。如果车间没有建立在产品收发日常核算，每月月末都必须清查一次在产品，以便取得在产品的实际盘存资料，用来计算产品成本。清查后，应根据实际盘点数和账面资料编制在产品盘存表，列明在产品的账面数、实有数、盘盈盘亏数及其原因和处理意见等，对于报废和毁损的在产品还要登记残值。成本核算人员应对在产品盘存表进行认真审核，并报有关部门审批，同时对在产品盘盈、盘亏进行账务处理。

在产品发生盘盈时，按计划成本或定额成本借记"基本生产成本"科目，贷记"待处理财产损溢"科目；按管理权限报经批准进行处理时，则借记"待处理财产损溢"科目，贷记"管理费用"科目，冲减管理费用。

在产品发生盘亏或毁损时，在批准以前，也应先通过"待处理财产损溢"科目进行核算。在发现盘亏或毁损时，应按其成本，借记"待处理财产损溢"科目，贷记"基本生产成本"科目，冲减在产品的账面价值。毁损在产品的残值，借记"原材料""银行存款"等科目，贷记"待处理财产损溢"科目，冲减其损失。

在这里需要指出的是，根据《中华人民共和国增值税暂行条例》的规定，企业发生的非正常损失的在产品所耗用的购进货物或应税劳务的进项税额不得从销项税额中扣除。因此，非正常损失的在产品的价值应包括其成本和应负担的进项税额两部分。在产品发生非正常损失时，应按非正常损失的价值借记"待处理财产损溢"科目，按非正常损失的成本贷记"基本生产成本"科目，按非正常损失在产品应负担的增值税进项税额贷记"应交税费——应交增值税（进项税额转出）"科目。

在产品盘亏或毁损的原因查明以后，应按不同的原因及处理决定进行账务处理，借记有关科目，贷记"待处理财产损溢"科目。其中，属于定额内的合理盘亏的，一般作为管理费用列支；属于一般经营性损失的，扣除残料价值以及可以收回的保险公司赔款和过失人赔款后的剩余净损失，经批准也可以作为管理费用处理；属于管理不善造成在产品被盗、发生霉烂变质等损失以及其他非正常损失的，扣除可以收回的保险赔偿及残料价值等后的净损失，作为营业外支出处理。

 例 4 - 1

某工业企业基本生产车间在产品清查结果为：甲产品的在产品盘盈 5 件，单位定额成本 120 元。经批准：盘盈的在产品按其定额成本冲减管理费用。编制会计分录如下：

发现盘盈时：

借：基本生产成本——甲产品（5×120）	600
贷：待处理财产损溢	600

批准冲减管理费用时：

借：待处理财产损溢	600
贷：管理费用	600

 例 4 - 2

某企业乙产品的在产品盘亏 20 件，毁损 10 件，成本共计 4 000 元，毁损的在产品残料入库作价 200 元。乙产品在产品的盘亏和毁损属于非正常损失，其应

负担的增值税进项税额为 340 元。该项损失已通知保险公司，并按保险条款相关内容开始申请理赔。

（1）根据上述在产品盘亏、毁损以及残料入库等情况编制会计分录如下：

借：待处理财产损溢   4 140

原材料   200

贷：应交税费——应交增值税（进项税额转出）   340

基本生产成本   4 000

（2）财产理赔及在产品的盘亏和毁损损失批准的处理结果如下：保险公司已确认赔偿 3 000 元（款项尚未收到）；经批准非正常损失的乙产品的盘亏和毁损的净损失计入营业外支出。

借：营业外支出   1 140

其他应收款   3 000

贷：待处理财产损溢   4 140

4.2 完工产品和在产品之间分配费用的方法

完工产品和月末在产品之间分配费用，是成本核算工作中一项重要而复杂的工作，在产品结构复杂、零件种类和加工工序较多的情况下更是这样。企业应该根据在产品数量的多少、各月在产品数量变化的大小、各项费用比重的大小以及定额管理基础的好坏等具体条件，选择既合理又简便的分配方法，在完工产品与月末在产品之间分配费用。

在完工产品与月末在产品之间分配费用的方法有多种，但若将其加以归纳，大体上可以分为两种类型：第一种是将月初在产品费用与本月费用之和划分为本月完工产品费用和月末在产品费用两部分；第二种类型是先确定月末在产品费用，然后用月初在产品费用与本月费用之和减去月末在产品费用即可得到本月完工产品费用。为了便于对问题的理解，我们可以用公式将两种类型的分配方法表述如下：

$$第一种类型：\frac{月初在产品}{费\quad 用}+\frac{本月生产}{费\quad 用}=\frac{本月完工}{产品费用}+\frac{月末在产品}{费\quad 用}$$

$$第二种类型：\frac{月初在产品}{费\quad 用}+\frac{本月生产}{费\quad 用}-\frac{月末在产品}{费\quad 用}=\frac{本月完工}{产品费用}$$

完工产品和月末在产品之间分配费用通常采用的具体方法包括：不计算在产品成本法、按年初数固定计算在产品成本法、在产品按所耗直接材料费用计价法、约当产量比例法、在产品按完工产品成本计算法、在产品按定额成本计价法和定额比例法。下面分别介绍这些方法的具体应用。

4.2.1 不计算在产品成本法

采用这种分配方法时，月末虽然有在产品，但不计算在产品成本。这种分配方法适用于各月末在产品数量很小的产品。从上面的公式可以看出，本月完工产品费用的多少，取决于本月生产费用与月初和月末在产品费用的差额。如果各月月末在产品的数量很小，那么月初和月末在产品的费用就很小，月初在产品费用与月末在产品费用的差额就更小。在这种情况下，是否计算在产品成本对于完工产品成本的影响很小，为了简化核算工作，可以不计算在产品成本，即某种产品本月归集的全部生产费用就是其完工产品的成本。

4.2.2 按年初数固定计算在产品成本法

采用这种分配方法时，各月末在产品的成本固定不变。这种方法适用于在产品数量较小，或者在产品数量虽大但各月之间在产品数量变动不大的产品。这是因为，如果月末在产品数量不是很小，仍然不计算在产品成本，会使产品成本核算反映的在产品资金占用不实，不利于资金管理和对在产品实物的会计监督。由于在在产品数量较小，或者在产品数量虽大，但各月之间在产品数量变动不大这两种情况下，月初、月末在产品成本的差额都不大，是否计算各月在产品成本的差额，对完工产品成本的影响不大，因此，为了简化核算工作，同时又反映在产品占用的资金，各月在产品也可以按年初数固定计算。例如，炼铁厂、化工厂或其他有固定容器装置的在产品，数量都较稳定，就可以采用这种分配方法。采用该分配方法，某种产品本月发生的生产费用就是本月完工产品的成本。年终根据实际盘点的在产品数量，重新调整计算确定在产品成本，以免按年初数固定计算的在产品成本与实际出入过大，影响成本计算的正确性。

4.2.3 在产品按所耗直接材料费用计价法

采用这种分配方法时，只将直接材料费用在完工产品与月末在产品之间进行分配，其他费用全部由完工产品负担。也就是说，在这种方法下，某种产品全部生产费用减去月末在产品直接材料费用，就是完工产品的成本。这种分配方法适用于各月末在产品数量较大，数量变化也较大，同时直接材料费用在成本中所占比重较大的产品，如造纸、酿酒等行业的产品。

  例 4-3

某企业生产甲产品，该产品直接材料费用在产品成本中所占比重较大，完工产品与在产品之间的费用分配采用在产品按所耗直接材料费用计价法。甲产品月初在产品直接材料费用（即月初在产品费用）为 40 000 元；本月发生直接材料费用 210 000 元，直接人工费用 8 000 元，制造费用 2 000 元；完工产品 850 件，月末在产品 150 件。该种产品的直接材料费用是生产开始时一次投入的，直接材料费用按完工产品和在产品的数量比例分配。

直接材料费用分配及完工产品成本计算如下：

（1）直接材料费用分配率 $= \dfrac{40\,000 + 210\,000}{850 + 150} = 250$

（2）完工产品直接材料费用 $= 850 \times 250 = 212\,500$（元）

（3）月末在产品直接材料费用（月末在产品费用）$= 150 \times 250 = 37\,500$（元）

（4）完工产品成本 $= 212\,500 + 8\,000 + 2\,000 = 222\,500$（元）

或 $\quad\quad\quad\quad\quad\quad\quad\quad = 40\,000 + (210\,000 + 8\,000 + 2\,000) - 37\,500$

$\quad\quad\quad\quad\quad\quad\quad\quad\quad\quad = 222\,500$（元）

在这里需要说明的是，就一般情况而言，如果直接材料是在生产开始时一次投入的，单位完工产品和单位月末在产品所消耗的直接材料费用是一样的，因此，应按照完工产品与月末在产品的实际数量比例来进行直接材料费用的分配。但是，同样是直接材料在生产开始时一次投入，如果产品在加工过程中有损耗，并且这种损耗对所加工的产品的数量有影响，那么，在这种情况下，不仅单位完工产品与单位在产品所消耗的直接材料是不一样的，而且处于不同工序上的单位在产品之间，所消耗的直接材料也有可能是不一样的。因此，在这种情况下，就不能按完工产品和月末在产品的实际数量比例分配直接材料费用，而应当分别将各工序的在产品的直接材料消耗数量进行还原，折合成未经加工的直接材料数量以后，再乘以直接材料单价，计算月末在产品的直接材料费用。

 例 4 - 4

假定某纺织企业纺纱的清花工序的计划损耗率为 4%，在产品数量为 12 000千克，原棉的单价为 12 元，则

月末在产品消耗的原棉的数量 $= 12\,000 \div (1 - 4\%) = 12\,500$（千克）

月末在产品直接材料费用 $= 12\,500 \times 12 = 150\,000$（元）

4.2.4　约当产量比例法

约当产量比例法是将在产品按其完工程度折算为相当于完工产品的产量，即约当产量，然后以完工产品的产量和在产品的约当产量为依据，分配计算完工产品成本和月末在产品成本的一种方法。采用该种分配方法，在产品既要计算直接材料费用，又要计算直接人工、制造费用等其他加工费用。这种分配方法适用于月末在产品数量较大、各月末在产品数量变化也较大、产品成本中直接材料费用和加工费用比重相差不多的产品。

1. 在产品完工程度的测定和约当产量的计算

在约当产量比例法下，约当产量的一般计算公式为：

在产品约当产量＝在产品数量×完工百分比（完工率或投料率）

从以上计算公式可以看出，在约当产量比例法下，在产品完工程度的测定对于费用分配的正确性有着决定性的影响。从精细化分配费用的角度看，应针

对不同成本项目的具体情况来确定其完工率及约当产量，并在此基础上分配各项费用。但一般来说，各项加工费用是按照生产工时进行分配和归集的，因此，采用约当产量比例法时，一般可以按照生产工时投入情况来确定在产品的加工进度，即完工程度，进而计算约当产量，分配各项加工费用。直接材料的投入方式可以有多种，因此，在采用约当产量比例法时，应根据直接材料投入方式的不同以及其他具体情况来确定投料率，进而计算约当产量，分配直接材料费用。

（1）在产品投料率的测定和约当产量的计算。

如果直接材料是在生产开始时一次性投入的，可以参照上述在产品按所消耗的直接材料费用计价法中所采用的方法对直接材料费用进行分配。

如果直接材料随加工进度陆续投入，则可以分为以下三种情况：

1）直接材料随加工进度陆续投入，且直接材料投入的程度与加工进度完全一致或基本一致，这时分配直接材料费用所依据的月末在产品约当产量可以与分配加工费用所采用的在产品约当产量一致，即月末在产品的投料率可以采用分配加工费用时的完工率。

2）直接材料随加工进度陆续投入，其投料程度与加工进度不一致，则应按工序分别确定各工序在产品的投料率。在确定各工序的投料率时，一般以各工序的直接材料消耗定额为依据，投料程度按完成本工序投料的50%折算。

 例 4 - 5

某种产品需经两道工序制成，直接材料消耗定额为100千克，其中，第一道工序直接材料消耗定额为40千克，第二道工序直接材料消耗定额为60千克。月末在产品数量：第一道工序为200件，第二道工序为300件。完工产品为750件。

其计算过程和结果如表4-2所示。

表4-2

工序	本工序直接材料消耗定额	完工率（投料率）	在产品约当产量	完工产品	合计
1	40千克	$\dfrac{40\times50\%}{100}\times100\%=20\%$	$200\times20\%=40$（件）	—	—
2	60千克	$\dfrac{40+60\times50\%}{100}\times100\%=70\%$	$300\times70\%=210$（件）	—	—
合计	100千克	—	250件	750件	1 000件

直接材料是在每道工序随加工进度陆续分次投料，因此每道工序投料程度按50%折算。

3）直接材料随加工进度分工序投入，但在每一道工序则是在开始时一次投入，则也应按工序确定投料率，不过在确定各工序的投料率时，应以各工序的直接材料消耗定额为依据，投料程度按完成本工序投料的100%计算。

例 4-6

采用例 4-5 中某产品在各工序的直接材料消耗定额，但直接材料在各工序开始时一次投入。

其计算过程和结果如表 4-3 所示。

表 4-3

工序	工序开始时一次投入的直接材料消耗定额	完工率（投料率）	在产品约当产量	完工产品	合计
1	40 千克	$\dfrac{40}{100}\times100\%=40\%$	$200\times40\%=80(件)$	—	—
2	60 千克	$\dfrac{40+60}{100}\times100\%=100\%$	$300\times100\%=300(件)$	—	—
合计	100 千克	—	380 件	750 件	1 130 件

由于直接材料是在每道工序一开始就投入的，在同一工序中各件在产品直接材料的消耗定额就是该工序的消耗定额，不应按 50% 折算，最后一道工序在产品的消耗定额为完工产品的消耗定额，完工率为 100%。

（2）在产品完工率的测定和约当产量的计算。

采用约当产量比例法分配加工费用时，首先要测定在产品的完工程度（完工率），在此基础上，计算在产品的约当产量，进而进行费用的分配。测定在产品完工程度的方法一般有两种：

第一种，平均计算。即一律按 50% 作为各工序在产品的完工程度。这种方法适用于在各工序在产品数量和单位产品在各工序的加工量都相差不多的情况下采用。在这种情况下，后面各工序在产品多加工的程度可以抵补前面各工序少加工的程度，这样，全部在产品完工程度均可按 50% 平均计算。

第二种，各工序分别测定完工率。为了保证成本计算的准确性，加速成本的计算工作，可以按照各工序的累计工时定额占完工产品工时定额的比例计算，事前确定各工序在产品的完工率。其计算公式如下：

$$\text{某工序在产品完工率}=\dfrac{\text{前面各工序工时定额之和}+\text{本工序工时定额}\times50\%}{\text{产品工时定额}}$$

公式中的"本工序"，即在产品所在工序，其工时定额乘以 50%，是因为该工序中各件在产品的完工程度不同，为了简化完工率的测算工作，在产品所在工序的加工程度一律按平均完工率 50% 计算。在产品从上道工序转入下一道工序时，因上道工序已经完工，所以前面各道工序的工时定额应按 100% 计算。

例 4-7

某企业甲产品单位工时定额 10 小时，经过三道工序制成。第一道工序工时定额为 4 小时，第二道工序工时定额为 4 小时，第三道工序工时定额为 2 小时。各道工序内各件在产品加工程度均按 50% 计算。

各工序完工率计算如下：

第一道工序：$\dfrac{4 \times 50\%}{10} \times 100\% = 20\%$

第二道工序：$\dfrac{4 + 4 \times 50\%}{10} \times 100\% = 60\%$

第三道工序：$\dfrac{4 + 4 + 2 \times 50\%}{10} \times 100\% = 90\%$

根据各工序的月末在产品数量和各工序完工率，计算出月末各工序在产品的约当产量及其总数，据以分配费用。

例 4-8

假定例 4-7 中的甲产品本月完工 200 件。第一道工序的在产品 10 件，第二道工序的在产品 20 件，第三道工序的在产品 30 件。

根据各工序月末在产品的数量和各工序的完工率，分别计算各工序月末在产品的约当产量及其总数，如表 4-4 所示。

表 4-4　　　　　　　　　　　约当产量计算表
产品名称：甲　　　　　　　　　20××年×月　　　　　　　　　　　单位：件

在产品所在工序	完工率（%）	在产品数量		完工产品产量	产量合计
		结存量	约当产量		
1	20	10	2		
2	60	20	12		
3	90	30	27		
合计	—	60	41	200	241

2. 费用的具体分配方法

在约当产量比例法下，费用的具体分配方法有加权平均法和先进先出法两种。

（1）加权平均法。加权平均法是不考虑生产费用的发生与产品实物流转的对应关系，而将生产费用按月末在产品的约当产量和本月完工产品数量的比例进行分配的一种方法。这种方法的基本计算公式如下：

$$某项费用分配率 = \dfrac{该项费用总额}{完工产品数量 + 在产品约当产量}$$

$$完工产品该项费用 = 完工产品数量 \times 费用分配率$$

$$在产品该项费用 = 在产品约当产量 \times 费用分配率$$

$$= 该项费用总额 - 完工产品该项费用$$

例 4-9

甲产品完工产品与在产品之间费用的分配采用约当产量比例法（加权平均法）进行。有关资料如下：

（1）本月完工产品 1 000 件。

（2）本月月初在产品 200 件，其中第一道工序为 50 件，第二道工序为 90

件，第三道工序为 60 件。

（3）本月月末在产品 240 件，其中第一道工序为 80 件，第二道工序为 60 件，第三道工序为 100 件。

（4）甲产品的原材料在各工序陆续投入，其投料程度与加工进度不一致。甲产品的原材料消耗定额为 120 千克，其中第一道工序 60 千克，第二道工序 30 千克，第三道工序 30 千克。

（5）甲产品的工时消耗定额为 20 小时，其中第一道工序 4 小时，第二道工序 10 小时，第三道工序 6 小时。

（6）月初在产品生产费用为：直接材料费用 6 000 元，直接人工费用 2 400 元，制造费用 3 000 元；本月生产费用为：直接材料费用 36 365 元，直接人工费用 15 520 元，制造费用 20 520 元。

采用加权平均法的计算分配结果：

（1）直接材料费用的计算分配过程。

1）计算直接材料投料率。

$$(60×50\%)/120=25\%$$
$$(60+30×50\%)/120=62.5\%$$
$$(60+30+30×50\%)/120=87.5\%$$

2）计算月末在产品约当产量。

$$80×25\%=20(件)$$
$$60×62.5\%=37.5(件)$$
$$100×87.5\%=87.5(件)$$

合计　　　　　145 件

3）直接材料费用的分配。

分配率＝$(6\,000+36\,365)/(1\,000+145)=42\,365/1\,145=37$
本月完工产品直接材料费用＝$1\,000×37=37\,000(元)$
月末在产品直接材料费用＝$145×37=5\,365(元)$

（2）直接人工和制造费用的计算分配过程。

1）完工率的计算。

$$(4×50\%)/20=10\%$$
$$(4+10×50\%)/20=45\%$$
$$(4+10+6×50\%)/20=85\%$$

2）计算月末在产品约当产量。

$$80×10\%=8(件)$$
$$60×45\%=27(件)$$
$$100×85\%=85(件)$$

合计　　　　　120 件

3) 直接人工和制造费用的分配。

直接人工分配：

分配率＝(2 400＋15 520)/(1 000＋120)＝16

本月完工产品直接人工费用＝1 000×16＝16 000(元)

月末在产品直接人工费用＝120×16＝1 920(元)

制造费用分配：

分配率＝(3 000＋20 520)/(1 000＋120)＝21

本月完工产品制造费用＝1 000×21＝21 000(元)

月末在产品制造费用＝120×21＝2 520(元)

(3) 本月完工产品成本和月末在产品成本的计算。

本月完工产品成本＝37 000＋16 000＋21 000＝74 000(元)

月末在产品成本＝5 365＋1 920＋2 520＝9 805(元)

(2) 先进先出法。先进先出法是假设先投产的产品先行完工，并以此作为生产费用的流转顺序，将生产费用在完工产品与月末在产品之间进行分配的一种方法。这种方法的计算公式如下：

1) 直接材料费用的分配公式：

$$本月耗料产量＝本月完工产品数量＋月末在产品约当产量－月初在产品约当产量$$

本月直接材料分配率＝本月直接材料费用÷本月耗料产量

月末在产品直接材料费用＝月末在产品约当产量×本月直接材料分配率

$$完工产品直接材料费用＝月初在产品直接材料费用＋本月直接材料费用－月末在产品直接材料费用$$

2) 直接人工和制造费用的分配公式：

$$本月耗工时产量＝本月完工产品数量＋月末在产品约当产量－月初在产品约当产量$$

$$本月直接人工(制造费用)分配率＝本月直接人工费用(制造费用)÷本月耗工时产量$$

$$月末在产品直接人工费用(制造费用)＝月末在产品约当产量×本月直接人工费用(制造费用)分配率$$

$$完工产品直接人工费用(制造费用)＝月初在产品直接人工费用(制造费用)＋本月直接人工费用(制造费用)$$
$$－月末在产品直接人工费用(制造费用)$$

例 4 - 10

沿用例 4 - 9 的资料，采用先进先出法将生产费用在完工产品与在产品之间进行分配。

（1）直接材料费用的计算分配过程。

1）计算本期耗料产量。由于本月完工产品产量 1 000 件为已知，月末在产品分配直接材料费用的约当产量在上例中已经算出，为 145 件，这里可以借用，对于月初在产品分配直接材料费用的约当产量则需要计算。

月初在产品约当产量：

$$60×50\%/120×50＝25\%×50＝12.5（件）$$
$$(60＋30×50\%)/120×90＝62.5\%×90＝56.25（件）$$
$$(60＋30＋30×50\%)/120×60＝87.5\%×60＝52.5（件）$$

合计　　　　　　　　　　　　　　121.25 件

月末在产品约当产量：合计 145 件。

$$本期耗料产量＝1 000＋145－121.25＝1 023.75（件）$$

2）本月直接材料费用分配率＝36 365/1 023.75＝35.521 4

3）月末在产品直接材料费用＝145×35.521 4＝5 150.6（元）

4）完工产品直接材料费用＝(6 000＋36 365)－5 150.6＝37 214.4（元）

（2）直接人工费用和制造费用的计算分配过程：

1）计算本期耗工时产量。由于本期完工产品产量 1 000 件为已知，期末在产品分配直接人工费用和制造费用的约当产量在上例中已经算出，为 120 件，这里可以借用，对于月初在产品分配直接人工和制造费用的约当产量则需要计算。

月初在产品约当产量：

$$4×50\%/20×50＝10\%×50＝5（件）$$
$$(4＋10×50\%)/20×90＝45\%×90＝40.5（件）$$
$$(4＋10＋6×50\%)/20×60＝85\%×60＝51（件）$$

合计　　　　　　　　　　　　　　96.5 件

月末在产品约当产量：120 件。

$$本月耗工时产量＝1 000＋120－96.5＝1 023.5（件）$$

2）直接人工费用分配：

本月生产工资分配率＝15 520/1 023.5＝15.163 7

月末在产品直接人工费用＝120×15.163 7＝1 819.64（元）

本月完工产品直接人工费用＝(2 400＋15 520)－1 819.64＝16 100.36（元）

3）制造费用分配：

制造费用分配率＝20 520/1 023.5＝20.048 9

月末在产品制造费用＝120×20.048 9＝2 405.87（元）

本月完工产品制造费用＝(3 000＋20 520)－2 405.87＝21 114.13（元）

加权平均法的优点是，生产费用的分配过程易于理解，生产费用的计算分配工作也比较简便；其缺点是，生产费用分配所依据的约当产量单位成本（费用分配率）是一种月初在产品生产费用与本月生产费用的"混合成本"，而不是本月成本水平的体现，在上月与本月成本水平相差较大的情况下，会使上月的成本水平对本月月末在产品成本产生一定的影响，这不便于对各月产品成本的分析和考核。先进先出法避免了加权平均法的缺点，但其生产费用的计算分配工作较为复杂。

4.2.5 在产品按完工产品成本计算法

这种分配方法是将在产品视同完工产品来分配费用。适用于月末在产品已经接近完工，或者产品已经加工完毕，但尚未验收或包装入库的产品。在这种情况下，在产品成本已接近完工产品成本，为了简化核算工作，将月末在产品视同完工产品，按完工产品与在产品的数量分配费用。

 例 4 - 11

某产品月初在产品费用和本月发生费用累计数为：直接材料费用 35 000 元，直接人工费用 15 000 元，制造费用 5 000 元。完工产品 900 件，月末在产品 100 件，该产品已接近完工，月末在产品成本按完工产品成本计算。

其计算分配结果如表 4-5 所示。

表4-5　　　　　　　　　　　　　　　　　　　　　　　　　　　　　　金额单位：元

成本项目	生产费用合计	费用分配率	完工产品		月末在产品	
			数量（件）	费用	数量（件）	费用
①	②	$③=\dfrac{②}{④+⑥}$	④	⑤=④×③	⑥	⑦=⑥×③
直接材料	35 000	35	900	31 500	100	3 500
直接人工	15 000	15	900	13 500	100	1 500
制造费用	5 000	5	900	4 500	100	500
合计	55 000	—	—	49 500	—	5 500

表 4-5 中各项费用的分配率是根据各生产费用的累计数除以完工产品数量与月末在产品数量之和计算得出的；各费用分配率分别乘以完工产品数量和月末在产品数量，即求出完工产品与月末在产品分配的各项费用。

4.2.6 在产品按定额成本计价法

在产品按定额成本计价法是按照预先制定的定额成本计算月末在产品成本，然后从某种产品全部生产费用（月初在产品费用加本月生产费用）中减去月末在产品的定额成本，就是完工产品成本。也就是说，在这种方法下，每月月末在产品实际生产费用脱离定额的差异，全部计入当月完工产品成本。这种分配方法适用于定额管理基础比较好，各项消耗定额或费用定额比较准确、稳定，而且各月在产品数量变动不大的产品。

采用这种分配方法，应根据各种在产品有关定额资料以及在产品月末结存数量，计算各种月末在产品的定额成本。

 例 4 - 12

假设长江公司生产甲、乙两种产品。两种产品完工产品与月末在产品费用的分配均采用在产品按定额成本计价的方法。甲产品月末在产品50件，单件直接材料费用定额为390元（原材料在生产开始时一次投入），在产品定额机器工时（简称"机时"）200小时，定额人工工时500小时；乙产品月末在产品150件，单件直接材料费用定额为320元（原材料在生产开始时一次投入），在产品定额机器工时500小时，定额人工工时1 200小时。其他有关资料及月末在产品定额成本的计算结果如表4-6所示（长江公司甲、乙两种产品的成本计算结果见表4-9、表4-10）。

表4-6　　　　　　　　月末在产品定额成本计算表
车间名称：基本生产车间　　　　　　20××年6月

产品名称	在产品数量（件）	直接材料定额费用（元）	定额工时		直接燃料和动力（每机时2.1元）	直接人工（每工时22元）	制造费用（每工时12元）	定额成本合计（元）
			机器工时	人工工时				
甲产品	50	19 500	200	500	420	11 000	6 000	36 920
乙产品	150	48 000	500	1 200	1 050	26 400	14 400	89 850
合计	—	67 500	—	—	1 470	37 400	20 400	126 770

采用这种分配方法，月末在产品定额成本与实际成本之间的差异（脱离定额差异）全部由完工产品负担，不尽合理。如前所述，在各项消耗定额或费用定额比较准确、稳定，各月在产品数量变化不大的条件下，采用这种分配方法能够比较准确、简便地解决完工产品与月末在产品之间分配费用的问题，否则会影响产品成本计算的正确性。采用这种分配方法，如果产品成本中直接材料费用所占比重较大，为了进一步简化成本计算工作，月末在产品成本可以只按定额原材料费用计算，其他各项实际费用计入完工产品成本。也就是把在产品按所耗直接材料费用计价法，与在产品按定额成本计价法结合应用，即在产品按定额直接材料费用计价法，月末在产品只计算所耗直接材料费用，而直接材料费用又是按定额计算的。

4.2.7　定额比例法

定额比例法是产品的生产费用按照完工产品和月末在产品的定额消耗量或定额费用的比例，分配计算完工产品成本和月末在产品成本的方法。其中，直接材料费用按照直接材料定额消耗量或直接材料定额费用比例分配；直接人工费用、制造费用等各项加工费，可以按定额工时的比例分配，也可以按定额费用比例分配。

这种分配方法适用于定额管理基础较好，各项消耗定额和费用定额比较准确、稳定，各月末在产品数量变动较大的产品。因为月初和月末在产品费用之间脱离定额的差异要在完工产品与月末在产品之间按比例分配，从而提高了产品成本计算的准确性。

定额比例法计算公式如下。

公式 1：

$$消耗量分配率 = \frac{月初在产品实际消耗量 + 本月实际消耗量}{完工产品定额消耗量 + 月末在产品定额消耗量}$$

$$完工产品实际消耗量 = 完工产品定额消耗量 \times 消耗量分配率$$

$$\frac{完工产品}{费\quad用} = \frac{完\ 工\ 产\ 品}{实际消耗量} \times \frac{原材料单价（或单位工时的直接}{人工费用、单位工时的制造费用）}$$

$$月末在产品实际消耗量 = 月末在产品定额消耗量 \times 消耗量分配率$$

$$\frac{月末在产品}{费\quad用} = \frac{月末在产品}{实际消耗量} \times \frac{原材料单价（或单位工时的直接}{人工费用、单位工时的制造费用）}$$

按照公式 1 分配，既可以提供完工产品和月末在产品的实际费用资料，又可以提供实际消耗量资料，便于考核和分析各项消耗定额的执行情况。但是，在各产品所耗原材料的品种较多的情况下，采用这种分配方法工作量较大。为了简化核算工作，也可以采用下列公式计算分配。

公式 2：

$$\frac{直\ 接\ 材\ 料}{费用分配率} = \frac{月初在产品实际直接材料费用 + 本月实际直接材料费用}{完工产品定额直接材料费用 + 月末在产品定额直接材料费用}$$

$$\frac{完工产品实际}{直接材料费用} = \frac{完工产品定额}{直接材料费用} \times \frac{直\ 接\ 材\ 料}{费用分配率}$$

$$\frac{月末在产品实际}{直接材料费用} = \frac{月末在产品定额}{直接材料费用} \times \frac{直\ 接\ 材\ 料}{费用分配率}$$

或

$$= \frac{月初在产品实际}{直\ 接\ 材\ 料\ 费\ 用} + \frac{本月实际直接}{材\ 料\ 费\ 用} - \frac{完工产品实际}{直接材料费用}$$

$$\frac{某\ 项\ 加\ 工}{费用分配率} = \frac{\dfrac{月\ 初\ 在\ 产\ 品\ 该\ 项}{加工费用的实际金额} + \dfrac{本月该项加工}{费用的实际金额}}{完工产品定额工时 + 月末在产品定额工时}$$

$$\frac{完\ 工\ 产\ 品\ 应\ 负\ 担\ 的}{某项加工费用实际金额} = \frac{完\ 工\ 产\ 品}{定\ 额\ 工\ 时} \times \frac{该\ 项\ 加\ 工}{费用分配率}$$

$$\frac{月\ 末\ 在\ 产\ 品\ 应\ 负\ 担\ 的}{某项加工费用实际金额} = \frac{月末在产品}{定\ 额\ 工\ 时} \times \frac{该\ 项\ 加\ 工}{费用分配率}$$

或

$$= \frac{月初在产品该项}{实际加工费用} + \frac{本月该项实际}{加\ 工\ 费\ 用} - \frac{完工产品应负担}{该项实际加工费用}$$

例 4 - 13

　　某产品月初在产品费用为：直接材料 1 400 元；直接人工 6 000 元；制造费用 40 000 元。本月生产费用：直接材料 8 200 元；直接人工 30 000 元；制造费用 20 000 元。完工产品 4 000 件，直接材料定额费用 8 000 元；定额工时 5 000 小时。月末在产品 1 000 件，直接材料定额费用 2 000 元；定额工时 1 000 小时。完工产品与月末在产品之间，直接材料费用按直接材料定额费用比例分配，其他费用按定额工时比例分配。

　　各项费用分配计算结果如表 4 - 7 所示。

表 4 - 7　　　　　　　　　　产品成本明细账

产品名称：某产品　　　　　　　　20 × × 年 × 月　　　　　　　　金额单位：元

成本项目	月初在产品费用	本月费用	生产费用合计	费用分配率	完工产品费用 定额	完工产品费用 实际费用	月末在产品费用 定额	月末在产品费用 实际费用
①	②	③	④＝②＋③	⑤＝ $\frac{④}{⑥＋⑧}$	⑥	⑦＝⑥×⑤	⑧	⑨＝⑧×⑤
直接材料	1 400	8 200	9 600	0.96	8 000	7 680	2 000	1 920
直接人工	6 000	30 000	36 000	6	5 000*	30 000	1 000*	6 000
制造费用	40 000	20 000	60 000	10	5 000*	50 000	1 000*	10 000
合计	47 400	58 200	105 600	—	—	87 680	—	17 920

　*工时。

　　按照上述公式计算分配费用，必须取得完工产品和月末在产品的定额消耗量或定额费用资料。完工产品的直接材料定额消耗量和工时定额消耗量，可以根据完工产品的实际数量分别乘以单位产品直接材料消耗定额和工时消耗定额计算求得，在此基础上，再乘以相应的计划单价就可以计算完工产品的各项定额费用。月末在产品的直接材料定额消耗量和工时定额消耗量，可以根据月末在产品盘存表或账面所记录的在产品的结存数量，以及相应的消耗定额具体计算。但当在产品的种类和生产工序繁多时，核算工作量繁重。因此，在产品定额消耗量可采用简化的方法计算（即倒轧方法）。其计算公式如下：

$$\frac{\text{月末在产品}}{\text{定额消耗量}} = \frac{\text{月初在产品}}{\text{定额消耗量}} + \frac{\text{本月投入的}}{\text{定额消耗量}} - \frac{\text{本月完工产品}}{\text{定额消耗量}}$$

　　上述公式中月初在产品定额消耗量根据上月成本计算资料取得。本月投入的定额消耗量中的直接材料定额消耗量，根据领料凭证所列直接材料定额消耗量等数据计算求得；本月投入的工时定额消耗量，根据有关定额工时的原始记录计算求得。按照倒轧方法计算月末在产品的定额数据，可以简化计算工作，但是，在发生在产品盘盈、盘亏的情况下，计算求得的成本资料就不能如实反映产品成本的水平。为了提高成本计算的准确性，必须每隔一定时期对在产品进行一次实地盘点，根据在产品的实存数计算一次定额消耗量。

　　在掌握了月初在产品的定额消耗量（或定额费用）和定额工时、本月投入的定额消耗量（或定额费用）和定额工时，以及本月完工产品定额消耗量（或定额费用）和定额工时等资料的情况下，倒轧求出月末在产品的定额资料。可以按下列公式分配费用。

公式 3：

$$\text{费用分配率} = \frac{\text{月初在产品实际费用} + \text{本月实际费用}}{\text{月初在产品定额费用(定额工时)} + \text{本月投入定额费用(定额工时)}}$$

完工产品和月末在产品费用的计算公式同前。

例 4-13

沿用例 4-13 的资料。某产品月初在产品定额原材料费用 1 500 元，定额工时 1 500 小时。本月投入生产定额直接材料费用 8 500 元，定额工时 4 500 小时。本月实际发生的费用和完工产品定额资料同例 4-13。

各项费用分配计算结果如表 4-8 所示。

表 4-8　　　　　　　　　　　产品成本明细账
产品名称：某产品　　　　　　　　　20××年×月　　　　　　　　　金额单位：元

成本项目	月初在产品		本月投入		合计		费用分配率	完工产品		月末在产品	
	定额	实际	定额	实际	定额	实际		定额	实际	定额	实际
①	②	③	④	⑤	⑥=②+④	⑦=③+⑤	⑧=⑦/⑥	⑨	⑩=⑨×⑧	⑪=⑥-⑨	⑫=⑪×⑧
直接材料	1 500	1 400	8 500	8 200	10 000	9 600	0.96	8 000	7 680	2 000	1 920
直接人工	1 500*	6 000	4 500*	30 000	6 000*	36 000	6	5 000*	30 000	1 000*	6 000
制造费用	1 500*	40 000	4 500*	20 000	6 000*	60 000	10	5 000*	50 000	1 000*	10 000
合计	—	47 400	—	58 200	—	105 600	—		87 680	—	17 920

* 工时。

月末在产品原材料定额费用 = 1 500 + 8 500 - 8 000 = 2 000（元）
月末在产品定额工时 = 1 500 + 4 500 - 5 000 = 1 000（小时）

根据公式 3 计算分配的结果与根据公式 2 计算分配的结果是相同的，这是因为分母中，月初在产品定额消耗量（定额费用）+本月投入定额消耗量（定额费用）=完工产品定额消耗量（定额费用）+月末在产品定额消耗量（定额费用）。

采用定额比例法分配完工产品与月末在产品费用，分配结果比较准确，同时还便于将实际费用与定额费用进行比较，考核和分析定额的执行情况。

通过以上所述生产费用在各种产品之间，以及在同种产品的完工产品与月末在产品之间分配和归集以后，分别计算出各种产品的总成本和单位成本，借以考核和分析各种产品成本计划的执行情况。

根据第 3 章、第 4 章中长江公司的各种费用分配表及有关凭证，登记"基本生产成本"明细账。详见表 4-9 和表 4-10。

表4-9   **产品成本明细账**

车间名称：基本生产车间   （基本生产成本明细账）   产量：1 210件
产品名称：甲产品   20××年6月   单位：元

成本项目	月初在产品成本	本月费用	生产费用累计	月末在产品成本	产成品成本	
					总成本	单位成本
直接材料	23 400	465 200	488 600	19 500	469 100	387.69
直接燃料和动力	525	11 100	11 625	420	11 205	9.26
直接人工	13 200	280 000	293 200	11 000	282 200	233.22
制造费用	7 200	147 500	154 700	6 000	148 700	122.89
合计	44 325	903 800	948 125	36 920	911 205	753.06

表4-10   **产品成本明细账**

车间名称：基本生产车间   （基本生产成本明细账）   产量：830件
产品名称：乙产品   20××年6月   单位：元

成本项目	月初在产品成本	本月费用	不可修复废品成本	生产费用净额	月末在产品成本	产品成本	
						总成本	单位成本
直接材料	57 600	267 400	9 600	315 400	48 000	267 400	322.17
直接燃料和动力	1 260	6 000	220.5	7 039.5	1 050	5 989.5	7.22
直接人工	33 000	168 000	5 940	195 060	26 400	168 660	203.2
制造费用	18 000	88 500	3 240	103 260	14 400	88 860	107.06
废品损失				18 000.5		18 000.5	21.69
合计	109 860	529 900	19 000.5	638 760	89 850	548 910	661.34

4.3   完工产品成本的结转

工业企业生产产品发生的各项生产费用，已在各种产品之间进行了分配，在此基础上又在同种产品的完工产品和月末在产品之间进行了分配，计算出各种完工产品的成本，从"基本生产成本"科目及所属明细科目贷方转出，记入有关科目的借方。完工入库产成品的成本，借记"库存商品"科目；完工的自制材料、工具、模具等的成本，分别借记"原材料""低值易耗品"等科目，贷记"基本生产成本"科目。"基本生产成本"科目月末借方余额就是基本生产在产品的成本，即占用在基本生产过程中的生产资金。

例4-15

工业企业的完工产品，包括产成品、自制材料、工具、模具等。根据表4-9和表4-10，即甲、乙产品成本明细账（基本生产成本明细账），汇总编制产成品成本汇总表。

根据上述资料编制的产成品成本汇总表如表4-11所示。

表 4 - 11   产成品成本汇总表

20××年×月   单位：元

产品名称	直接材料	直接燃料和动力	直接人工	制造费用	废品损失	合计
甲产品	469 100	11 205	282 200	148 700	—	911 205
乙产品	267 400	5 989.5	168 660	88 860	18 000.5	548 910
合计	736 500	17 194.5	450 860	237 560	18 000.5	1 460 115

根据完工验收入库产成品的入库单及产成品成本汇总表等，编制会计分录如下：

借：库存商品   1 460 115
　　贷：基本生产成本   1 460 115

 思考题

1. 在产品数量核算有什么意义？进行完工产品与月末在产品之间的费用分配时，为什么要以在产品的数量核算为基础？

2. 完工产品与月末在产品之间分配费用的方法，一般有几种类型？

3. 确定完工产品与月末在产品之间分配费用的方法时，应考虑哪些具体条件？

4. 完工产品与在产品之间费用的分配方法有几种？它们各自的特点、适用范围、计算分配程序以及优缺点如何？

5. （1）原材料每道工序随加工进度陆续投入；（2）原材料在每道工序开始时一次投入。在上述两种情况下应该如何分别计算各道工序的完工率（投料率）？

 练习题

1. 某企业生产甲产品由三道工序制成，原材料在生产开始时一次投入。单位产品工时定额为 50 小时，第一道工序工时定额为 10 小时，第二道工序工时定额为 20 小时，第三道工序工时定额为 20 小时。各道工序在产品所完成的累计工时定额按上道工序累计工时定额加上本道工序工时定额的 50% 计算。本月甲产品完工 400 件，各道工序在产品数量：第一道工序 40 件，第二道工序 20 件，第三道工序 30 件。月初在产品及本月生产费用累计为：直接材料费用 147 000 元，直接人工费用 109 000 元，制造费用 87 200 元。

要求： 采用约当产量比例法（加权平均法）将生产费用在完工产品与在产品之间进行分配。

（1）分工序计算完工率。

（2）分工序计算在产品约当产量。

（3）计算费用分配率。

（4）计算完工产品费用和月末在产品费用。

（5）编制完工产品入库的会计分录。

2．光华公司第一生产车间生产A产品。生产A产品的原材料是在生产开始时一次投入的；A产品的加工经过两道生产工序，其中第一道工序的工时定额为4小时，第二道工序的工时定额为6小时。9月份的其他有关资料如下：

（1）产品数量资料：

1）月初在产品：第一道工序50件，第二道工序60件；

2）本月完工产品300件；

3）月末在产品：第一道工序30件，第二道工序40件。

（2）生产费用资料：

1）月初在产品生产费用：直接材料费用9 900元，直接人工费用8 320元，制造费用9 360元；

2）本月生产费用：直接材料费用23 660元，直接人工费用42 300元，制造费用52 170元。

要求：

（1）采用约当产量比例法（先进先出法）将生产费用在完工产品与在产品之间进行分配。

（2）根据所给资料和以上计算分配结果，对该车间本月和上月生产费用耗用水平作出分析说明。

3．某企业丙产品采用定额比例法分配完工产品与在产品费用，其中直接材料费用按定额直接材料费用比例分配，其他费用按定额工时比例分配。本月丙产品有关资料如表4-12所示。

表4-12　　　　　　　　　　　　　　　　　　　　　　　　　　金额单位：元

成本项目	月初在产品费用		本月生产费用	
	定额	实际	定额	实际
直接材料	5 000	5 500	45 000	47 000
直接人工	100 工时	2 000	1 100 工时	22 000
制造费用		1 500		10 500
合计		9 000		79 500

本月丙产品完工100件，单件产品定额：直接材料400元，工时10小时。

要求：

（1）采用定额比例法分配完工产品与月末在产品费用，并登记产品成本明细账。

（2）编制完工产品入库的会计分录。

 **案例题**

［案例1］

［资料］ 丰华公司第一生产车间生产甲、乙两种产品，设有直接材料、直接

人工、直接燃料和动力、制造费用等四个成本项目。两种产品消耗的原材料费用均为直接计入费用，且两种产品所消耗的原材料均是在生产开始时一次投入的；两种产品耗用的生产工人的薪酬费用、燃料和动力费用以及制造费用均为间接计入费用，其中生产工人的薪酬费用是按生产工时比例在甲、乙产品之间进行分配，燃料和动力费用以及制造费用是按机器工时比例在甲、乙产品之间进行分配。由于甲、乙两种产品均属于月末在产品数量较多、各月末在产品数量变化也较大、成本中的直接材料费用和加工费用比重相差不多的产品，因此，该企业在为这两种产品选择完工产品与在产品之间费用分配方法时拟采用约当产量比例法。但是，在讨论如果采用约当产量比例法，应如何选择在产品完工程度的衡量标准时，出现了两种不同的意见。

第一种意见：产品消耗的原材料是在生产开始时一次投入的，所以直接材料费用应按实际件数在完工产品与在产品之间进行分配；由于在费用的横向分配时（费用在甲、乙两种产品之间分配时），生产工人的薪酬费用是按生产工时比例分配的，而燃料动力费用和制造费用是按机器工时比例分配的，因此，在采用约当产量比例法在完工产品与在产品之间分配直接人工费用、直接燃料和动力费用、制造费用时，衡量在产品完工程度的标准应该是不同的，即在分配直接人工费用时衡量在产品完工程度的标准应该采用生产工时，而在分配直接燃料和动力费用以及制造费用时，应该选择机器工时作为衡量在产品完工程度的标准。

第二种意见：同意第一种意见中关于直接材料费用在完工产品与在产品之间应该按实际件数进行分配的做法，但认为在分配直接人工费用、直接燃料和动力费用、制造费用时，均可以选择生产工时作为衡量在产品完工程度的标准。

[要求] 针对以上两种意见，讨论以下问题：

1. 你认为哪一种意见更为合理？

2. 结合本案例的情况，谈谈在产品成本计算中，费用的纵向分配与横向分配之间的关系。

[案例 2]

[资料] 华夏公司用 A 材料生产甲产品，A 材料是在生产开始时一次投入的，每件甲产品 A 材料定额费用为 12 元，2014 年 1—4 月甲产品的有关资料如下（2014 年年初无在产品）：

1. 甲产品各月完工产品和月末在产品数量资料如表 4-13 所示。

表 4-13

月份	完工产品数量（件）	在产品数量（件）
1	2 000	300
2	2 200	50
3	1 800	450
4	2 100	450

2. 各月为生产甲产品投入的 A 材料的实际费用：

1 月份：26 220 元

2 月份：22 365 元

3 月份：25 347 元

4 月份：24 192 元

[要求]

1. 分别采用在产品按定额成本计价法和定额比例法进行 1—4 月份的完工产品与月末在产品直接材料费用的分配工作。

2. 按月比较两种方法下费用分配结果的差异，并结合本案例的实际情况，分析差异的形成原因。

3. 结合本案例的情况，讨论在产品按定额成本计价法和定额比例法进行费用分配各自的优缺点和适用情况。

[案例 3]

[资料] 青川公司生产和销售甲、乙、丙三种产品。这三种产品的生产均经过三道工序，其他情况如下：

1. 甲产品的在产品在三道生产工序上的数量分布均衡；在三道工序上加工所需要的定额工时为：第一道工序 2 小时，第二道工序 8 小时，第三道工序 20 小时。

2. 乙产品的在产品在三道生产工序上的数量分布较为均衡；在三道工序上加工所需要的定额工时为：第一道工序 9 小时，第二道工序 10 小时，第三道工序 11 小时。

3. 丙产品的在产品在三道生产工序上的数量分布很不均衡，尤其是分布在一、三两道工序上的在产品数量相差很多；在三道工序上加工所需要的定额工时均为 6 小时。

[要求] 根据青川公司甲、乙、丙三种产品的上述情况，讨论以下问题：

如果采用约当产量比例法将这三种产品的加工费用在完工产品与月末在产品之间进行分配，那么，它们的完工率分别应如何计算？理由何在？

C 第 5 章

Chapter 5 产品成本计算方法概述

学习目标

1. 了解生产按工艺过程特点和按生产组织特点的分类。
2. 掌握生产特点和成本管理的要求对成本计算对象、成本计算期和完工产品与在产品之间费用分配的影响。
3. 理解区分成本计算的基本方法和辅助方法的标志。

5.1 生产特点和管理要求对产品成本计算的影响

在第 2 章阐述工业企业成本核算要求时曾述及，企业应该适应生产特点和管理要求，采用适当的成本计算方法。从本章起，将讲述如何将前面几章所讲述的成本核算的要求、一般程序以及费用分配的原理和方法与企业生产特点和管理要求结合起来，具体确定计算产品成本所应采用的方法。

产品成本是在生产过程中形成的，因此生产的特点在很大程度上影响着成本计算方法的特点；另外，成本计算是为成本管理提供资料的，因此采用什么方法，提供哪些资料，必须考虑成本管理的要求。当然，成本管理的要求也脱离不开生产的特点。以上两个方面的关系说明，企业在确定产品成本计算方法时，必须从具体情况出发，同时考虑企业的生产特点和进行成本管理的要求。

不同部门、行业的生产特点千差万别，但按照工业生产的一般特点，可做如下分类。

5.1.1 生产按工艺过程特点分类

产品生产的工艺过程是指从原材料投入生产直到产成品的产出所顺序经过的各个生产阶段和环节的一系列技术工程。工业企业的生产，按其生产工艺过程的特点，可以分为单步骤生产和多步骤生产两种类型。

1. 单步骤生产

单步骤生产，亦称简单生产，是指生产工艺过程不能间断，不可能或不需要划分为几个生产步骤的生产，如发电、采掘等工业生产。这类生产由于技术上的不可间断（如发电），或由于工作地点上的限制（如采煤），通常只能由一个企业整体进行，而不能由几个企业协作进行。

2. 多步骤生产

多步骤生产，亦称复杂生产，是指生产工艺过程由若干个可以间断的、分散在不同地点、分别在不同时间进行的生产步骤所组成的生产，如纺织、钢铁、机械、造纸、服装等工业生产。多步骤生产按其产品的加工方式，又可分为连续式生产和装配式生产。连续式生产又称连续加工式生产，是指原材料投入生产后，要依次经过若干个生产步骤的连续加工，才能成为产品的生产，如纺织、钢铁等工业生产。装配式生产又称平行加工式生产，是指先将原材料分别在各个加工车间平行加工为零件、部件，然后再将零件、部件装配成产品的生产，如机械、车辆、仪表制造等工业生产。

5.1.2 生产按生产组织特点分类

生产组织方式主要是指企业生产产品品种的多少，同种产品产量的大小及其生产的重复程度。工业企业的生产，按其生产组织的特点，可以分为大量生产、成批生产和单件生产三种类型。

1. 大量生产

大量生产是指不断地重复生产相同产品的生产。在进行这种生产的企业或车间中，产品的品种较少，而且比较稳定，如采掘、纺织、面粉、化肥行业的生产。

2. 成批生产

成批生产是指按照事先规定的产品批别和数量进行的生产。在进行这种生产的企业或车间中，产品品种较多，而且具有一定的重复性，如服装、机械的生产。成批生产按照产品批量的大小，又可以分为大批生产和小批生产。大批生产，由于生产产品的批量大，往往在几个月内不断地重复生产一种或几种产品，因而其性质近似于大量生产；小批生产，由于生产产品的批量小，一批产品一般可以同时完工，因而其性质近似于单件生产。

3. 单件生产

单件生产类似于小批生产，是指根据订货单位的要求，进行个别的、特殊产品的生产，如重型机械制造和船舶制造等。在进行这种生产的企业或车间中，产品的品种多，而且很少重复。

单步骤生产和连续加工式的多步骤生产的生产组织多为大量生产。装配式的多步骤生产的生产组织，则有大量生产、成批生产和单件生产的区别。

5.1.3　生产特点和成本管理要求对产品成本计算的影响

生产特点不同，对成本进行管理的要求也不一样。而生产特点和管理要求又必然对产品成本计算产生影响。这一影响主要表现在以下几个方面。

1. 对成本计算对象的影响

生产的特点和管理的要求对成本计算的影响集中地表现在对成本计算对象确定上的影响。

从产品生产工艺过程看，单步骤生产的工艺过程不能间断，因而不可能也不需要按照生产步骤计算产品成本，只能按照产品的品种计算成本。而在多步骤生产中，为了加强各个生产步骤的成本管理，往往不仅要求按照产品的品种或批别计算成本，而且要求按照产品生产的步骤计算成本。但是，如果企业的规模较小，管理上不要求按照生产步骤考核生产费用、计算产品成本，也可以不按照生产步骤计算成本，而只按照产品品种或批别计算成本。

从产品生产组织特点看，在大量生产的情况下，企业连续不断地重复生产一种或若干种产品，因而管理上只要求（而且也只能）按照产品的品种计算成本。在大批生产的情况下，由于生产产品的批量大，往往在几个月内不断重复生产一种或若干种产品，因而往往也同大量生产一样，只要求按照产品品种计算成本。此外，在大批生产的情况下，产品的品种一般比较稳定，为了经济合理地组织生产，对于耗用量较少的零部件往往集中加以生产，以供几批产品耗用；对于耗用量较多的零部件，也可以另行分批生产。在这种情况下，零部件生产的批别与产品生产的批别往往是不一致的，因而也就不能按照产品的批别计算成本，而只能按照产品的品种计算成本。在小批、单件生产的情况下，由于其生产的产品批量小，一批产品一般可以同时完工，因而有可能按照产品的批别或件别，归集生产费用，计算产品成本。从管理要求看，为了分析和考核各批产品的成本水平，也要求按照产品批别或件别计算成本。

综上所述，在产品成本计算工作中有三种不同的成本计算对象：

（1）以产品品种为成本计算对象；

（2）以产品批别为成本计算对象；

（3）以产品生产步骤为成本计算对象。

成本计算对象的确定，是设置产品成本明细账、归集生产费用、计算产品成本的前提，是构成成本计算方法的主要标志，因而也是区别各种成本计算基本方法的主要标志。

2. 对产品成本计算期的影响

产品成本计算期的确定，主要取决于生产组织的特点。在大量、大批生产中，每月都有产品完工并销售，为了计算各月产品销售成本和利润，就要求定期按月计算产品成本。在这种情况下，成本计算期往往与产品生产周期不一致。在小批、单件生产中，各批或各件产品的生产周期是不一致的，每月也不一定都有完工产品，完工产品成本有可能在某批或某件产品完工以后计算，因而完工产品成本计算是不定期的，其成本计算期与产品的生产周期基本一致，而与核算报告期不一致。

3. 对完工产品与在产品之间费用分配的影响

由于生产特点与月末在产品的数量有着密切的联系，因而它会对完工产品与在产品之间的费用分配产生重要影响。在单步骤生产中，生产过程不能间断，生产周期也短，一般没有在产品，或者在产品数量很少，因而计算产品成本时，生产费用不必在完工产品与在产品之间进行分配。在多步骤生产中，是否需要在完工产品与在产品之间分配费用，在很大程度上取决于生产组织的特点。在大量、大批生产中，由于原材料不断投入，产品不断完工，月末经常存在为数不少的在产品，因而在计算成本时，就需要采用适当的方法，将生产费用在完工产品与在产品之间进行分配。在小批、单件生产中，在每批、每件产品完工前，产品成本明细账中所记录的生产费用就是在产品的成本；完工后，其所记费用就是完工产品的成本，因而一般不存在在完工产品与在产品之间分配费用的问题。

5.2 产品成本计算的基本方法和辅助方法

上一节概括阐述了生产特点和成本管理要求对产品成本计算的影响，并阐明了这一影响主要表现在成本计算对象的确定上。本节就是在此基础上具体阐明产品成本的各种方法以及它们与成本计算对象的关系问题。

5.2.1 产品成本计算的基本方法

为了适应不同类型生产特点和成本管理的要求，在产品成本计算工作中有三种不同的成本计算对象：产品品种、产品批别和产品的生产步骤。因而以成本计算对象为主要标志（或以其命名）的产品成本计算的基本方法也有三种。

(1) 以产品品种为成本计算对象的产品成本计算方法，称为品种法。适用于单步骤的大量生产，如发电、采掘等作业；也可用于不需要分步骤计算成本的多步骤的大量、大批生产，如小型造纸厂、水泥厂等。

(2) 以产品批别为成本计算对象的产品成本计算方法，称为分批法。适用于单件、小批的单步骤生产或管理上不要求分步骤计算成本的多步骤生产，如修理作业、专用工具模具制造、重型机械制造、船舶制造等。

(3) 以产品生产步骤为成本计算对象的产品成本计算方法，称为分步法。适用于大量、大批，且管理上要求分步计算成本的多步骤生产，如纺织、冶金、机械制造等。

这三种方法之所以称为产品成本计算的基本方法，是因为这三种方法与不同生产类型的特点有着直接联系，而且涉及成本计算对象的确定，因而是计算产品实际成本必不可少的方法。概括所有工业企业，不论哪一种生产类型，进行成本计算所采用的基本方法都不外乎这三种。

5.2.2　产品成本计算的辅助方法

除上述基本方法，在产品品种、规格繁多的工业企业中，如针织厂、灯泡厂等，为了简化成本计算工作，还应用一种简便的产品成本计算方法——分类法；在定额管理工作基础好的工业企业中，为了配合和加强定额管理，加强成本控制，更有效地发挥成本计算的分析和监督作用，还应用一种将符合定额的费用和脱离定额的差异分别核算的产品成本计算方法——定额法；为了加强成本控制、正确评价企业生产经营业绩，实现成本的标准化管理，还可以采用一种成本计算方法——标准成本法。这些方法与生产类型的特点没有直接联系，不涉及成本计算对象，它们的应用或者是为了简化成本计算工作，或者是为了加强成本管理，只要条件具备，在哪种生产类型企业都能用。因此，从计算产品实际成本的角度来说，它们不是必不可少的。基于上述情况，这些方法通称辅助方法。产品成本计算的辅助方法必须与产品成本计算的基本方法结合起来使用，不能单独使用。

需要指出的是，产品成本计算的基本方法和辅助方法的划分，是从计算产品实际成本角度考虑的，并不是因为辅助方法不重要；相反，有的辅助方法，如定额法，对于控制生产费用、降低产品成本具有重要作用。

在工业企业中，确定不同的成本计算对象，采用不同的成本计算方法，主要是为了适应企业的生产特点和管理要求，正确提供成本核算资料以加强成本管理。但是，不论什么生产类型的企业，不论采用什么成本计算方法，最终都必须按照产品品种算出产品成本。因此，按照产品品种计算成本，是产品成本计算的最起码的要求，换言之，品种法是上述基本方法中最基本的成本计算方法。

综上所述，可将产品成本计算方法归纳如图 5-1 所示。

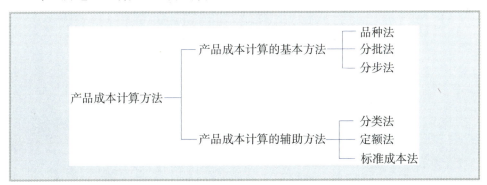

图 5-1

🖊️ 思考题

1. 为什么一个企业在确定产品成本计算方法时必须同时考虑企业的生产特点和进行成本管理的要求？

2. 生产特点和管理要求对成本计算的影响主要表现在哪些方面？

3. 什么是产品成本计算的基本方法？什么是产品成本计算的辅助方法？区分这两种方法的主要标志是什么？

4. 为什么说品种法是产品成本计算的最基本方法？

 案例题

[资料] 某火力发电厂除生产电力外还生产一部分热力。生产技术过程不能间断，没有在产品和半成品。火力发电是利用燃料燃烧所产生的高热，使锅炉里的水变成蒸汽，推动汽轮机迅速旋转，借以带动发电机转动，产生电力。火力发电厂一般设有下列基本生产分厂（车间）：（1）燃料分厂；（2）锅炉分厂；（3）汽机分厂；（4）电气分厂。由于产电兼供热，汽机分厂还划分为两个部分，即电力化部分和热力化部分。

[要求] 结合上述情况，讨论以下问题：

1. 分析和说明该厂在成本核算中应采取的成本计算方法。

2. 对于该厂生产的电力和热力应如何设置成本项目？

C 第6章

Chapter 6 产品成本计算的基本方法

学 习 目 标

1. 掌握各种成本计算方法的特点、适用范围、一般计算程序及账务处理过程。
2. 掌握简化分批法的应用条件、基本生产二级账的作用以及在生产费用分配上的特点。
3. 掌握逐步结转分步法下，各种步骤间成本结转的方法以及成本还原的必要性和还原的方法；掌握平行结转分步法下，广义在产品的含义以及生产费用在最终完工产品与广义在产品之间分配的方法。
4. 掌握逐步结转分步法和平行结转分步法各自的优缺点。

6.1　产品成本计算的品种法

6.1.1　品种法的特点和适用范围

产品成本计算的品种法，亦称简单法，是按照产品品种归集生产费用，计算产品成本的一种方法。它主要适用于大量、大批的单步骤生产，如发电、采掘等生产。在这种类型的生产中，产品的生产工艺过程不可能或者不需要划分为几个生产步骤，因而也就不可能或者不需要按照生产步骤计算产品成本。在大量、大批的多步骤生产中，如果企业或车间的规模较小，或者车间是封闭式的（即从原材料投入到产品产出的全过程，都是在一个车间内进行的），或者生产是按流水线组织的，管理上不要求按照生产步骤计算产品成本，也可以采用品种法计算产品成本，如小型水泥厂、织布厂等。此外，辅助生产的供水、供气、供电等单步骤的大量生产，也可以采用品种法计算成本。

这种方法的主要特点如下：

1. 成本计算对象

在采用品种法计算产品成本的企业或车间里，成本计算对象就是产品品种。

在品种法下，成本计算对象是产品的品种。因此，采用品种法计算产品成本，要以产品的品种为对象来设置产品成本明细账；同时应以某种产品单独耗用，还是几种产品共同耗用为标准来区分是直接计入费用还是间接计入费用。如果只生产一种产品，计算产品成本时，只需要为这种产品开设一本产品成本明细账。在这种情况下，所发生的全部生产费用都是直接计入费用，可以直接记入该产品成本明细账的有关成本项目。如果是生产多种产品，产品成本明细账就要按照产品品种分别设置，发生的生产费用中，能分得清是哪种产品耗用的，可以直接记入各该产品成本明细账的有关成本项目，分不清的则要采用适当的分配方法，在各成本计算对象之间进行分配，然后分别记入各产品成本明细账的有关成本项目。

2. 成本计算期

在大量、大批生产的企业中，由于是重复生产一种或几种产品，原材料不断投入、产成品不断产出，每月都有产品完工，因而成本计算一般是定期于每月月末进行。

3. 费用在完工产品与在产品之间的分配

（1）在单步骤生产企业中，由于生产不能间断、生产周期短，月末计算成本时，一般不存在尚未完工的在产品，或者在产品数量很小，因而可以不计算在产品成本。在这种情况下，产品成本明细账中按成本项目归集的生产费用，就是该产品的总成本，用该产品的产量去除，即可求得该产品的平均单位成本。

（2）在一些规模较小，而且管理上又不要求按照生产步骤计算成本的大量、大批的多步骤生产企业中，月末一般都有在产品，而且数量较多，这就需要将产品成本明细账中归集的生产费用，选择适当的分配方法，在完工产品与月末在产品之间进行分配，以便计算完工产品成本和月末在产品成本。

6.1.2 品种法的计算程序和账务处理举例

品种法是产品成本计算方法中最基本的方法，品种法的计算程序体现着产品成本计算的一般程序。下面通过一个具体的例子，把品种法所用的各种费用分配表和明细账都串联起来，不仅便于从中系统、全面、具体地掌握品种法的特点，而且有利于深入理解产品成本计算的基本原理。

例6-1

假定某工业企业设有一个基本生产车间，大量生产甲、乙两种产品，其生产工艺过程属于单步骤生产。根据生产特点和管理要求，确定采用品种法计算产品成本。该企业还设有供水和运输两个辅助生产车间，辅助生产车间的制造费用通过"制造费用"科目核算。该企业不单独核算废品损失，产品成本包括"直接材料""直接燃料和动力""直接人工""制造费用"四个成本项目。

下面以该企业 20××年 6 月份各项费用资料为例，说明产品成本计算的程序和相应的账务处理（本例中涉及增值税的内容从略）。

1. 根据各项费用的原始凭证和其他有关资料，编制各种费用分配表，分配各种要素费用

（1）根据 6 月份银行存款付款凭证汇总编制各项货币支出（假定全部用银行存款支付）汇总表，详见表 6-1。

表 6-1　　　　　　　　　　银行存款付款凭证汇总表　　　　　　　单位：元

应借科目			金额
总账科目	明细科目	成本或费用项目	
辅助生产成本	运输车间	直接燃料和动力	15 000
制造费用	基本生产车间	办公费 劳动保护费 其他	7 000 4 000 950
	供水车间	办公费 劳动保护费 其他	1 500 2 000 400
	运输车间	办公费 劳动保护费 其他	1 500 1 500 1 200
	小计		20 050
管理费用		办公费 差旅费 其他	8 000 5 000 3 000
	小计		16 000
合计			51 050

为了简化核算，本例均汇总编制会计分录，只列出应借、应贷的总账科目。

会计分录①：

借：辅助生产成本　　　　　　　　　　　　　　　　15 000
　　制造费用　　　　　　　　　　　　　　　　　　20 050
　　管理费用　　　　　　　　　　　　　　　　　　16 000
　　贷：银行存款　　　　　　　　　　　　　　　　　　51 050

（2）根据按原材料用途归类的领退料凭证和有关的费用分配标准，编制原材料费用分配表，详见表 6-2。

表 6-2　　　　　　　　　原材料费用分配表（分配表 1）　　　　　单位：元

应借科目			原料 及主要材料	其他材料	合计
总账科目	明细科目	成本或费用项目			
基本生产 成本	甲产品 乙产品	直接材料 直接材料	80 000 73 000	2 500 1 500	82 500 74 500
	小计		153 000	4 000	157 000

续前表

应借科目			原料及主要材料	其他材料	合计
总账科目	明细科目	成本或费用项目			
辅助生产成本	供水车间	直接材料	1 800	600	2 400
	运输车间	直接材料	1 500	300	1 800
	小计		3 300	900	4 200
制造费用	基本生产车间	机物料消耗		1 200	1 200
	供水车间	机物料消耗		700	700
	运输车间	机物料消耗		2 100	2 100
	小计			4 000	4 000
管理费用	物料消耗			1 800	1 800
合计			156 300	10 700	167 000

会计分录②：

借：基本生产成本	157 000
辅助生产成本	4 200
制造费用	4 000
管理费用	1 800
贷：原材料	167 000

（3）根据各车间、部门耗电数量、电价和有关的费用分配标准（各种产品耗用的机器工时）编制外购动力费（电费）分配表，详见表6-3。

表6-3　　　　　　　　　外购动力费（电费）分配表（分配表2）　　　　　　　　单位：元

应借科目			数量		金额
总账科目	明细科目	成本或费用项目	机器工时（分配率：2.5)	度数（单价：0.40元）	
基本生产成本	甲产品	直接燃料和动力	2 400		6 000
	乙产品	直接燃料和动力	1 600		4 000
	小计		4 000	25 000	10 000
辅助生产成本	供水车间	直接燃料和动力		5 000	2 000
	运输车间	直接燃料和动力		4 000	1 600
	小计			9 000	3 600
制造费用	基本生产车间	水电费		1 500	600
	供水车间	水电费		1 000	400
	运输车间	水电费		1 000	400
	小计			3 500	1 400
管理费用	水电费			500	200
合计				38 000	15 200

会计分录③：

借：基本生产成本	10 000
辅助生产成本	3 600
制造费用	1 400

| | 管理费用 | 200 |
| | 贷：应付账款 | 15 200 |

（4）根据各车间、部门的职工薪酬结算凭证等资料，编制职工薪酬费用分配表，详见表 6 - 4。

表 6 - 4　　　　　　　职工薪酬费用分配表（分配表 3）　　　　　单位：元

应借科目			金额
总账科目	明细科目	成本或费用项目	
基本生产成本	甲产品	直接人工	112 000
	乙产品	直接人工	56 000
	小计		168 000
辅助生产成本	供水车间	直接人工	21 000
	运输车间	直接人工	16 800
	小计		37 800
制造费用	基本生产车间	职工薪酬	14 000
	供水车间	职工薪酬	5 600
	运输车间	职工薪酬	5 600
	小计		25 200
管理费用			21 000
合计			252 000

会计分录④：

	借：基本生产成本	168 000
	辅助生产成本	37 800
	制造费用	25 200
	管理费用	21 000
	贷：应付职工薪酬	252 000

（5）根据本月应提折旧固定资产原价和月折旧率，计算本月应计提固定资产折旧额，编制折旧费用分配表，详见表 6 - 5。

表 6 - 5　　　　　　　固定资产折旧费用分配表（分配表 4）　　　　　单位：元

项目	生产车间				企业管理部门	合计
	基本生产车间	供水车间	运输车间	小计		
折旧费用	24 000	12 000	9 000	45 000	5 000	50 000

会计分录⑤：

	借：制造费用	45 000
	管理费用	5 000
	贷：累计折旧	50 000

2. 计算在产品盘盈、盘亏或毁损价值

根据在产品盘存表和其他有关资料，计算在产品盘盈、盘亏或毁损价值，并从有关费用中冲减盘盈价值，将盘亏或毁损损失计入管理费用。

乙产品的在产品毁损 6 件，按定额成本计价。在产品的单位直接材料费用定额 400 元；毁损在产品的定额工时为 120 小时，每小时直接人工费用 8.5 元；定额机器工时 22.5 小时，每机时直接燃料和动力费用 2.4 元，每机时制造费用 40 元。毁损在产品的定额成本和净损失计算，详见表 6-6。

表 6-6　　　　　　　　在产品盘亏、毁损损失计算表（分配表 5）

产品名称：乙　　　　　　　　　（按定额成本计算）

毁损数量：6 件　　　　　　　　　　　　　　　　　　　　　单位：元

项目	直接材料	直接燃料和动力	直接人工	制造费用	合计
单件（或小时、机时）费用定额	400	2.4	8.5	40	—
毁损在产品成本（6 件）	2 400	54	1 020	900	4 374
减：回收残料价值	274				274
在产品毁损损失	2 126	54	1 020	900	4 100
向过失人索赔					100
基本生产车间在产品毁损净损失					4 000

会计分录⑥（清查中发现在产品毁损 4 374 元）：

　　借：待处理财产损溢　　　　　　　　　　　　　　　　　　4 374

　　　贷：基本生产成本　　　　　　　　　　　　　　　　　　　　　4 374

会计分录⑦（回收残料 274 元，向过失人索赔 100 元；经审批，将净损失转入当月管理费用）：

　　借：原材料　　　　　　　　　　　　　　　　　　　　　　274

　　　其他应收款　　　　　　　　　　　　　　　　　　　　　100

　　　管理费用　　　　　　　　　　　　　　　　　　　　　4 000

　　　贷：待处理财产损溢　　　　　　　　　　　　　　　　　　　4 374

3. 对跨期摊提费用编制费用分配表进行分配

本月基本生产车间领用低值易耗品 3 600 元，经审批采用分次摊销法进行摊销，从本月起分 3 个月平均摊入产品成本。

会计分录⑧（本月基本生产车间领用低值易耗品 3 600 元）：

　　借：低值易耗品——在用　　　　　　　　　　　　　　　3 600

　　　贷：低值易耗品——在库　　　　　　　　　　　　　　　　　3 600

采用分次摊销法对本月基本生产车间领用的低值易耗品进行摊销（假设本月需要摊销的费用仅此一项）。低值易耗品摊销分配表如表 6-7 所示。

表 6-7　　　　　　　低值易耗品摊销分配表（分配表 6）　　　　　单位：元

费用种类	应借科目		应贷（摊销）金额
	总账科目	明细科目	
低值易耗品摊销	制造费用	基本生产车间 ——低值易耗品摊销	1 200

会计分录⑨（分月摊销时）：

借：制造费用　　　　　　　　　　　　　　　　　　　　　　　　1 200

　　贷：低值易耗品——摊销　　　　　　　　　　　　　　　　　　　1 200

4. 归集和分配辅助生产费用

（1）根据上述各种费用分配表，登记辅助生产成本明细账和辅助生产车间制造费用明细账，详见表 6-8 至表 6-11。

表 6-8　　　　　　　　　　　　　　辅助生产成本明细账

车间名称：供水车间　　　　　　　　　　　　　　　　　　　　　单位：元

月	日	摘要	直接材料	直接燃料和动力	直接人工	制造费用	合计	转出	余额
6	30	根据分配表 1	2 400				2 400		
6	30	根据分配表 2		2 000			2 000		
6	30	根据分配表 3			21 000		21 000		
6	30	待分配费用小计	2 400	2 000	21 000		25 400		25 400
6	30	根据分配表 7						48 000	
6	30	根据分配表 8				22 600	22 600		
6	30	合计	2 400	2 000	21 000	22 600	48 000	48 000	0

表 6-9　　　　　　　　　　　　　　辅助生产成本明细账

车间名称：运输车间　　　　　　　　　　　　　　　　　　　　　单位：元

月	日	摘要	直接材料	直接燃料和动力	直接人工	制造费用	合计	转出	余额
6	30	根据付款凭证汇总表		15 000			15 000		
6	30	根据分配表 1	1 800				1 800		
6	30	根据分配表 2		1 600			1 600		
6	30	根据分配表 3			16 800		16 800		
6	30	待分配费用小计	1 800	16 600	16 800		35 200		35 200
6	30	根据分配表 7						56 500	
6	30	根据分配表 8				21 300	21 300		
6	30	合计	1 800	16 600	16 800	21 300	56 500	56 500	0

（2）该企业采用直接分配法分配辅助生产费用。本月供水车间提供水 42 000 立方米，其中为运输车间供水 2 000 立方米，为基本生产车间供水 36 000 立方米，为行政管理部门供水 4 000 立方米。运输车间提供运输劳务 51 000 吨公里，其中为供水车间运输 1 000 吨公里，为基本生产车间运输 45 000 吨公里，为行政管理部门运输 5 000 吨公里。

表6-10 制造费用明细账 单位：元

车间名称：供水车间

月	日	摘要	职工薪酬	机物料消耗	水电费	折旧费	劳动保护费	办公费	其他	合计	转出	余额
6	30	根据付款凭证汇总表					2 000	1 500	400	3 900		
6	30	根据分配表1		700						700		
6	30	根据分配表2			400					400		
6	30	根据分配表3	5 600							5 600		
6	30	根据分配表4				12 000				12 000		
6	30	待分配费用小计	5 600	700	400	12 000	2 000	1 500	400	22 600		22 600
6	30	根据分配表8									22 600	
6	30	合计	5 600	700	400	12 000	2 000	1 500	400	22 600	22 600	0

表6-11 制造费用明细账 单位：元

车间名称：运输车间

月	日	摘要	职工薪酬	机物料消耗	水电费	折旧费	劳动保护费	办公费	其他	合计	转出	余额
6	30	根据付款凭证汇总表					1 500	1 500	1 200	4 200		
6	30	根据分配表1		2 100						2 100		
6	30	根据分配表2			400					400		
6	30	根据分配表3	5 600							5 600		
6	30	根据分配表4				9 000				9 000		
6	30	待分配费用小计	5 600	2 100	400	9 000	1 500	1 500	1 200	21 300		21 300
6	30	根据分配表8									21 300	
6	30	合计	5 600	2 100	400	9 000	1 500	1 500	1 200	21 300	21 300	0

根据辅助生产成本明细账和辅助生产车间制造费用明细账中的待分配费用、供水和运输车间提供劳务数量，编制辅助生产费用分配表分配辅助生产费用，如表 6‑12 所示。

表 6‑12　　　　　　　　辅助生产费用分配表（分配表 7）
（直接分配法）　　　　　　　　　　　　　　单位：元

项目		供水车间	运输车间	合计
待分配费用	"辅助生产成本"科目发生额	25 400	35 200	60 600
	"制造费用"科目发生额	22 600	21 300	43 900
	小计	48 000	56 500	104 500
供应辅助生产以外单位的劳务数量		40 000 立方米	50 000 吨公里	—
费用分配率（单位成本）		1.2	1.13	—
应借"制造费用"科目 基本生产车间	耗用数量	36 000 立方米	45 000 吨公里	—
	分配金额	43 200	50 850	94 050
应借"管理费用"科目	耗用数量	4 000 立方米	5 000 吨公里	—
	分配金额	4 800	5 650	10 450
合计		48 000	56 500	104 500

上表中费用分配率计算：

$$供水费用分配率=\frac{48\,000}{40\,000}=1.2$$

$$运输费用分配率=\frac{56\,500}{50\,000}=1.13$$

会计分录⑩：

借：制造费用——基本生产车间　　　　　　　　　　94 050
　　管理费用　　　　　　　　　　　　　　　　　　10 450
　　贷：辅助生产成本　　　　　　　　　　　　　　104 500

（3）将辅助生产费用分配表的各项分配数记入各有关明细账后，结算辅助生产车间制造费用明细账，并编制辅助生产车间制造费用分配表，将各辅助生产车间的制造费用分配转入辅助生产成本明细账，归集辅助生产费用。辅助生产车间制造费用分配表如表 6‑13 所示。

表 6‑13　　　　辅助生产车间制造费用分配表（分配表 8）　　　单位：元

应借科目		供水车间制造费用	运输车间制造费用	合计
总账科目	明细科目			
辅助生产成本	供水车间	22 600		22 600
	运输车间		21 300	21 300
合计		22 600	21 300	43 900

5. 归集和分配基本生产车间的制造费用

（1）根据上述各种费用分配表，登记基本生产车间制造费用明细账，如表 6‑14 所示。

单位：元

制造费用明细账

表6-14
车间名称：基本生产车间

月	日	摘要	职工薪酬	机物料消耗	低值易耗品摊销	折旧费	水电费	运费	办公费	劳动保护费	其他	合计	转出	余额
6	30	根据付款凭证汇总表							7 000	4 000	950	11 950		
6	30	根据分配表1		1 200								1 200		
6	30	根据分配表2					600					600		
6	30	根据分配表3	14 000									14 000		
6	30	根据分配表4				24 000						24 000		
6	30	根据分配表6			1 200							1 200		
6	30	根据分配表7					43 200	50 850				94 050		
6	30	根据分配表9											147 000	
6	30	合计	14 000	1 200	1 200	24 000	43 800	50 850	7 000	4 000	950	147 000	147 000	0

会计分录⑪：

借：辅助生产成本——供水 　　　　　22 600

　　　　　　　　——运输 　　　　　21 300

　贷：制造费用——供水车间 　　　　　22 600

　　　　　　——运输车间 　　　　　21 300

（2）根据基本生产车间制造费用明细账归集的制造费用和甲、乙产品的机器工时，编制基本生产车间制造费用分配表分配制造费用，详见表 6-15。

表 6-15　　　　　　　基本生产车间制造费用分配表（分配表 9）　　　　　　单位：元

应借科目		机器工时	分配金额 （分配率：36.75）
总账科目	明细科目		
基本生产成本	甲产品	2 400	88 200
	乙产品	1 600	58 800
合计		4 000	147 000

$$分配率 = \frac{147\,000}{4\,000} = 36.75$$

会计分录⑫：

借：基本生产成本 　　　　　147 000

　贷：制造费用——基本生产车间 　　　　　147 000

6. 登记管理费用明细账

根据上述各种费用分配表，登记管理费用明细账，归集和结转管理费用（此处从略）。

7. 登记产品成本明细账并计算产品成本

根据上述各种费用分配表和其他有关资料，登记产品成本明细账，分别归集甲、乙两种产品的生产费用，并采用适当的分配方法，分配计算甲、乙产品的完工产品成本和月末在产品成本。

（1）根据上月产品成本明细账和本月各种费用分配表，登记产品成本明细账的上月末即本月初在产品成本和本月生产费用发生额。甲、乙两种产品成本明细账详见表 6-16 和表 6-17。

表 6-16　　　　　　　　　　　产品成本明细账

产品名称：甲　　　　　　　　　　　　　　　　　　　　　　　　单位：元

月	日	摘要	产量（件）	直接材料	直接燃料和动力	直接人工	制造费用	成本合计
5	31	在产品成本（定额成本）		18 000	567	10 710	9 450	38 727
6	30	根据分配表 1		82 500				82 500
6	30	根据分配表 2			6 000			6 000
6	30	根据分配表 3				112 000		112 000
6	30	根据分配表 9					88 200	88 200
6	30	本月生产费用合计		82 500	6 000	112 000	88 200	288 700
		生产费用累计		100 500	6 567	122 710	97 650	327 427

续前表

月	日	摘要		产量（件）	直接材料	直接燃料和动力	直接人工	制造费用	成本合计
6	30	产成品成本	总成本	160	80 500	5 937	110 810	87 150	284 397
			单位成本		503.13	37.1	692.56	544.69	1 777.48
6	30	在产品成本（定额成本）			20 000	630	11 900	10 500	43 030

表6-17　　　　　　　　　　　　　　　产品成本明细账

产品名称：乙　　　　　　　　　　　　　　　　　　　　　　　　　　　　　　　　单位：元

月	日	摘要		产量（件）	直接材料	直接燃料和动力	直接人工	制造费用	成本合计
5	31	在产品成本（定额成本）			12 000	270	5 100	4 500	21 870
6	30	根据分配表1			74 500				74 500
6	30	根据分配表2				4 000			4 000
6	30	根据分配表3					56 000		56 000
6	30	根据分配表9						58 800	58 800
6	30	本月生产费用合计			74 500	4 000	56 000	58 800	193 300
6	30	生产费用累计			86 500	4 270	61 100	63 300	215 170
6	30	减：毁损在产品成本（分配表5）			2 400	54	1 020	900	4 374
6	30	生产费用净额			84 100	4 216	60 080	62 400	210 796
6	30	产成品成本	总成本	190	74 100	3 991	55 830	58 650	192 571
			单位成本		390	21.01	293.84	308.68	1 013.53
6	30	在产品成本（定额成本）			10 000	225	4 250	3 750	18 225

（2）该企业产品的消耗定额比较准确、稳定，甲、乙产品各月在产品数量变动不大，采用在产品按定额成本计价法进行完工产品与在产品之间的费用分配。根据在产品的盘存资料和费用定额资料，编制月末在产品定额成本计算表，作为分配费用的依据，详见表6-18。

表6-18　　　　　　　　　　月末在产品定额成本计算表　　　　　　　　　金额单位：元

产品名称	在产品数量（件）	直接材料费用		定额工时		直接燃料和动力费用（每机时2.4元）	直接人工费用（每工时8.5元）	制造费用（每机时40元）	定额成本合计
		费用定额	定额费用	机器工时	人工工时				
甲	40	500	20 000	262.5	1 400	630	11 900	10 500	43 030
乙	25	400	10 000	93.75	500	225	4 250	3 750	18 225

（3）计算完工产品的实际生产成本。将月末在产品的定额成本记入产品成本明细账，并从生产费用累计数（或净额）中减去月末在产品定额成本，即可计算出完工产品（产成品）的实际总成本。本月甲产品完工160件，乙产品完工190件，各种产品的总成本除以各该产品产量，即可计算出各种完工产品的单位成本。

8. 结转产成品成本

根据甲、乙产品成本明细账中的产成品成本，汇总编制产成品成本汇总表，结转产成品成本。产成品成本汇总表详见表6-19。

表6-19　　　　　　　　　　　产成品成本汇总表　　　　　　　　　　单位：元

产成品名称	单位	产品数量	直接材料	直接燃料和动力	直接人工	制造费用	成本合计
甲产品	件	160	80 500	5 937	110 810	87 150	284 397
乙产品	件	190	74 100	3 991	55 830	58 650	192 571
合计			154 600	9 928	166 640	14 580	476 968

会计分录⑬：

　　借：库存商品　　　　　　　　　　　　　　　　　　　　476 968
　　　贷：基本生产成本　　　　　　　　　　　　　　　　　　　476 968

综上所述，可以将产品成本计算的品种法账务处理的基本程序列示如图6-1所示。

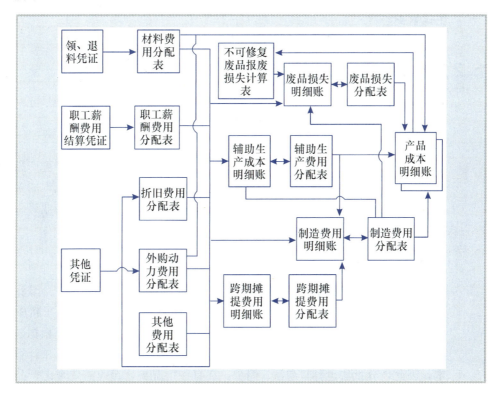

图6-1　品种法成本计算账务处理基本程序

说明：

（1）为了计算产品成本，应按照成本计算对象——产品品种设置产品成本明细账，账内按成本项目设立专栏或专行，用以归集费用和计算成本。

（2）设置长期待摊费用、辅助生产成本、制造费用、废品损失等明细账。根据各项要素费用分配表，按费用的经济用途、成本项目和费用项目在明细账中进行登记。

（3）生产费用在各种产品之间的归集和分配，是通过编制各种费用分配表进行的。根据费用分配表编制会计分录，登记总账和明细账，既登记应借科目，又登记本科目及明细账的贷方转出数。

（4）将记入产品成本明细账的各项生产费用汇总，如果月末有未完工在产品，还要将归集的全部费用在完工产品与在产品之间进行纵向分配，计算完工产品成本和月末在产品成本。

从上述例题中可以看出，品种法的计算程序体现了产品成本计算的一般程序。这一程序与第2章所列成本核算账务处理程序图之间的区别主要是：在学习第2章时，尚未学习成本计算具体账表的名称、结构和登记方法，因而成本计算程序只能用会计科目的对应关系来表示；本章已经学习了这些账表的名称、结构和登记方法，因而可以用这些账表之间的关系来表示。学习时，应将两者联系起来，以加深对产品成本计算一般程序、品种法以及产品成本计算与一般会计核算关系的理解。

　　上述例题还表明，产品成本计算实际上就是会计核算中成本费用科目的明细核算。为了正确计算各种产品成本，必须正确编制各种费用分配表和归集、分配各项费用的会计分录，并且按照平行登记的规则，既登记有关的总账科目，又登记各该总账科目所属的明细账。最后，将各种生产费用归集、分配到基本生产成本科目及其所属的各种产品成本明细账中，计算各种产品的总成本和单位成本。

6.2　产品成本计算的分批法

6.2.1　分批法的特点和适用范围

　　产品成本计算的分批法，是按照产品的批别归集生产费用，计算产品成本的一种方法。它主要适用于小批、单件，管理上不要求分步骤计算成本的多步骤生产，如重型机械、船舶、精密工具仪器制造业，以及服装业、印刷业等。这种方法的主要特点如下：

1. 成本计算对象

　　在分批法下，成本计算对象是产品的批别（单件生产为件别），因此，采用分批法计算产品成本，要以产品的批别（或件别）为对象来设置产品成本明细账。在小批和单件生产中，产品的种类和每批产品的数量，大多是根据购买单位的订单规定的，因而按批、按件计算产品成本，往往也就是按照订单计算产品成本，因此，分批法也称订单法。但是，在有些情况下，企业需要考虑产品订单的具体情况、生产组织的合理性以及成本考核、分析的要求，并据此来决定生产组织和成本计算的批别。比如，在下列情况下，企业就不是完全按照订单来组织生产和进行产品成本计算的。

　　（1）在一张订单中规定有几种产品。在这种情况下，为了考核和分析各种产品的成本计划的执行情况，便于加强生产管理，应将这一订单按产品品种划分批别来组织生产和进行成本计算。

　　（2）在一张订单中虽然只有一种产品，但其数量较大而且要求分批交货。在这种情况下，为了便于生产上的一次集中投料，并满足用户分批交货的要求，也可以分为几批组织生产和进行成本计算。

（3）同一时期的不同订单中有相同的产品，而且数量都不多。在这种情况下，为了经济合理地组织生产，也可以将几张订单合为一批来组织生产和进行成本计算。

（4）大型、复杂的单件产品。对于大型、复杂的单件产品（如大型船舶），由于其价值大、生产周期长，也可以按照产品的组成部分分批组织生产和进行成本计算。

在上述情况下，成本计算的对象，就不是购货单位的订单，而是企业生产计划部门签发下达的生产任务通知单。在生产任务通知单中应对该批生产任务进行编号，称为产品批号或生产令号。会计部门应根据产品批号设立产品成本明细账，进行成本计算。

在分批法下，应以某批产品单独耗用，还是几批产品共同耗用为标准来区分是直接计入费用还是间接计入费用。对于直接计入费用应直接记入有关产品成本明细账的相关成本项目，对于间接计入费用，应选择适当的分配标准在有关批别之间进行分配，将分配结果分别记入有关成本明细账的相关成本项目。由于分批法下可能存在多个成本计算对象，间接计入费用多，为了提高成本计算的正确性，应合理选择间接计入费用的分配标准。

2. 成本计算期

在分批法下，由于每批产品的生产成本总额只有在其全部完工后（完工月份的月末）才能最终计算确定，因而完工产品的成本计算是不定期的，即其成本计算期与产品的生产周期基本一致，而与会计报告期不一致。

3. 费用在完工产品与在产品之间的分配

在单件生产中，产品完工前，产品成本明细账中所记录的生产费用，都是在产品成本；产品完工时，产品成本明细账中所记录的生产费用，就是完工产品的成本，因而在月末计算成本时，不存在完工产品与在产品之间费用分配的问题。

在小批生产中，由于产品批量较小，批内产品一般都能同时完工，或者在相距不久的时间内全部完工。月末计算成本时，或是全部已经完工，或是全都没有完工，因而一般也不存在完工产品与在产品之间费用分配的问题。但如批内产品有跨月陆续完工的情况，在月末计算成本时，一部分产品已完工，另一部分产品尚未完工，这时就有必要在完工产品与在产品之间分配费用，以便计算完工产品成本和月末在产品成本。如果批内产品跨月陆续完工的情况不多，月末完工产品数量占批量比重较小时，可以采用按计划单位成本、定额单位成本或近期相同产品的实际单位成本计算完工产品成本，从产品成本明细账中转出，剩余数额即为在产品成本。在该批产品全部完工时，还应计算该批产品的实际总成本和单位成本，但对已经转账的完工产品成本，不作账面调整。这样做主要是为了计算先交货产品的成本。这种分配方法核算工作简单，但分配结果不甚准确。因而，如果批内产品跨月陆续完工情况较多，月末完工产品数量占批量比重较大时，为了提高成本计算的准确性，应采用适当的方法，在完工产品与月末在产品之间分配费用，计算完工产品成本和月末在产品成本。为了使同一批产品尽量同时完工，避免跨月陆续完工的情况，减少完工产品与月末在产品之间分配费用的工作，在合理组织生产的前提下，可以适当缩小产品的批量。

6.2.2　分批法计算程序举例

 例6-2

某工业企业根据购买单位订单小批生产甲、乙两种产品，采用分批法计算产品成本。20××年7月生产情况和生产费用支出情况的资料如下：

（1）本月生产成品的批号：

3020：A产品10台，5月投产，本月全部完工。

3040：A产品15台，6月投产，本月完工10台。

4021：B产品10台，本月投产，计划8月完工，本月提前完工2台。

（2）生产费用支出情况。

1）各批产品的月初在产品费用详见表6-20。

表6-20　　　　　　　　　　　　　　　　　　　　　　　　　　　　　　　　　　单位：元

批号	直接材料	直接燃料和动力	直接人工	制造费用	合计
3020	45 000	3 500	24 000	21 000	93 500
3040	87 000	4 220	30 040	23 000	144 260

2）根据费用分配表，汇总各批产品本月发生的生产费用，详见表6-21。

表6-21　　　　　　　　　　　　　　　　　　　　　　　　　　　　　　　　　　单位：元

批号	直接材料	直接燃料和动力	直接人工	制造费用	合计
3020		1 500	15 000	13 000	29 500
3040		1 600	17 000	14 500	33 100
4021	35 000	2 000	20 000	15 000	72 000

（3）计算本月各批别产品的成本。

1）3020批A产品，本月已全部完工，产品成本明细账中所归集的全部费用即为该批产品的总成本。

2）3040批A产品，本月完工数量较大，其完工产品与月末在产品之间的费用分配采用约当产量比例法。由于原材料是在生产开始时一次投入的，其费用按照完工产品和在产品实际数量分配；其他费用按约当产量比例分配。在产品的完工程度为40%。

3）4021批B产品，本月完工数量为2台。为简化核算，这2台B产品的成本按计划成本转出，每台计划成本为：直接材料费用3 510元，直接燃料费用300元，直接人工费用2 800元，制造费用2 100元，合计8 710元。

根据上述各项资料，登记各批产品成本明细账，详见表6-22至表6-24。

表 6 - 22　　　　　　　　　　　产品成本明细账

投产日期：5 月
完工日期：7 月

产品批号：3020　　　　购货单位：先锋公司
产品名称：A　　　　　　　批量：10 台

单位：元

摘要	直接材料	直接燃料和动力	直接人工	制造费用	合计
月初在产品费用	45 000	3 500	24 000	21 000	93 500
本月费用		1 500	15 000	13 000	29 500
累计	45 000	5 000	39 000	34 000	123 000
完工产品成本					
完工产品单位成本	4 500	500	3 900	3 400	12 300

表 6 - 23　　　　　　　　　　　产品成本明细账

投产日期：6 月

产品批号：3040　　　　购货单位：江北公司　完工日期：8 月（本月完工 10 台）
产品名称：A　　　　　　　批量：15 台

单位：元

摘要	直接材料	直接燃料和动力	直接人工	制造费用	合计
月初在产品费用	87 000	4 220	30 040	23 000	144 260
本月费用		1 600	17 000	14 500	33 100
累计	87 000	5 820	47 040	37 500	177 360
完工产品成本	58 000	4 850	39 200	31 250	133 300
完工产品单位成本	5 800	485	3 920	3 125	13 330
月末在产品费用	29 000	970	7 840	6 250	44 060

表 6 - 23 中有关数据计算如下：

完工产品直接材料费用 = 87 000 ÷ (10 + 5) × 10 = 58 000(元)

月末在产品直接材料费用 = 87 000 ÷ (10 + 5) × 5 = 29 000(元)

月末在产品约当产量 = 5 × 40% = 2(台)

完工产品直接燃料和动力费用 = 5 820 ÷ (10 + 2) × 10 = 4 850(元)

月末在产品直接燃料和动力费用 = 5 820 ÷ (10 + 2) × 2 = 970(元)

完工产品直接人工费用 = 47 040 ÷ (10 + 2) × 10 = 39 200(元)

月末在产品直接人工费用 = 47 040 ÷ (10 + 2) × 2 = 7 840(元)

完工产品制造费用 = 37 500 ÷ (10 + 2) × 10 = 31 250(元)

月末在产品制造费用 = 37 500 ÷ (10 + 2) × 2 = 6 250(元)

表 6 - 24　　　　　　　　　　　产品成本明细账

投产日期：7 月

产品批号：4021　　　　购货单位：江南公司　完工日期：8 月（本月完工 2 台）
产品名称：B　　　　　　　批量：10 台

单位：元

摘要	直接材料	直接燃料和动力	直接人工	制造费用	合计
本月费用	35 000	2 000	20 000	15 000	72 000
单台成本	3 510	300	2 800	2 100	8 710
完工 2 台成本	7 020	600	5 600	4 200	17 420
月末在产品费用	27 980	1 400	14 400	10 800	54 580

6.2.3　简化的分批法

在小批、单件生产的企业或车间中，如果同一月份投产的产品批数很多，几十批甚至上百批，且月末未完工的批数也较多，如机械制造厂或修配厂，将当月发生的间接计入费用全部分配给各批产品，而不管各批产品是否已经完工，费用分配的核算工作将非常繁重。因此，在这类企业或车间中还采用一种简化的分批法。

在简化分批法下，仍应按照产品批别设立产品成本明细账，但在各批产品完工之前，账内只需按月登记直接计入费用（如直接材料费用）和生产工时。每月发生的间接计入费用，不是按月在各批产品之间进行分配，而是先将其在基本生产成本二级账中，按成本项目分别累计起来，只有在有产品完工的那个月份，才对完工产品按照其累计工时的比例，分配间接计入费用，计算完工产品成本；而全部产品的在产品应负担的间接计入费用，则以总数反映在基本生产成本二级账中，不进行分配，不分批计算在产品成本。因此，这种方法可称为不分批计算在产品成本的分批法。

各批完工产品应负担的间接计入费用，一般是按照全部产品累计间接计入费用分配率和各该批完工产品累计生产工时的比例进行计算分配的。有关计算公式如下：

$$\frac{\text{全部产品累计间接}}{\text{计入费用分配率}} = \frac{\text{全部产品累计间接计入费用}}{\text{全部产品累计工时}}$$

$$\frac{\text{某批完工产品应}}{\text{负担的间接计入费用}} = \frac{\text{该批完工产品}}{\text{累计工时}} \times \frac{\text{全部产品累计间接}}{\text{计入费用分配率}}$$

 例6-3

某工业企业小批生产多种产品，由于产品批数多，为了简化成本计算工作，采用简化的分批法——不分批计算在产品成本的分批法计算成本。该企业9月的产品批号有：

2010：甲产品6件，7月投产，本月完工。

2011：甲产品8件，8月投产，尚未完工。

2041：乙产品12件，8月投产，本月完工2件。

2061：丙产品4件，9月投产，尚未完工。

该企业设立的基本生产成本二级账如表6-25所示。

表6-25　　　　　　　　　　基本生产成本二级账
（各批产品总成本）　　　　　　　　　　单位：元

月	日	摘要	直接材料	生产工时（小时）	直接人工	制造费用	合计
8	31	在产品	30 120	62 000	596 250	901 500	1 527 870
9	30	本月发生	24 100	101 500	1 038 750	1 142 250	2 205 100
	30	累计数	54 220	163 500	1 635 000	2 043 750	3 732 970

续前表

月	日	摘要	直接材料	生产工时（小时）	直接人工	制造费用	合计
	30	全部产品累计间接	—	—	10	12.5	—
		计入费用分配率					
	30	本月完工产品转出	10 365	41 460	414 600	518 250	943 215
	30	在产品	43 855	122 040	1 220 400	1 525 500	2 789 755

在表 6-25 基本生产成本二级账中，8 月 31 日在产品的生产工时和各项费用系上月末根据上月的生产工时和生产费用资料计算登记；本月发生的原材料费用和生产工时，应根据本月原材料费用分配表、生产工时记录，与各批产品成本明细账平行登记；本月发生的各项间接计入费用，应根据各该费用分配表汇总登记。全部产品累计间接计入费用分配率计算如下：

$$直接人工费用累计分配率 = \frac{1\ 635\ 000}{163\ 500} = 10$$

$$制造费用累计分配率 = \frac{2\ 043\ 750}{163\ 500} = 12.5$$

本月完工转出产品的直接材料费用和生产工时，应根据各批产品的产品成本明细账中完工产品的直接材料费用和生产工时汇总登记；完工产品的各项间接计入费用，可以根据账中完工产品工时分别乘以各项费用的累计分配率计算登记，也可以根据各批产品成本明细账中完工产品的各该费用分别汇总登记。以账中累计行的各栏数字分别减去本月完工产品转出数，即为 9 月末在产品的直接材料费用、生产工时和各项间接计入费用。月末在产品的直接材料费用和生产工时，也可以根据各批产品成本明细账中月末在产品的直接材料费用和生产工时分别汇总登记；各项间接计入费用也可以根据其生产工时分别乘以各项费用累计分配率计算登记。两者计算结果应该相符。

该企业设立的各批产品成本明细账详见表 6-26 至表 6-29。

表 6-26　　　　　　　　　　　　　　　产品成本明细账

产品批号：2010　　　　购货单位：万里工厂　　　　投产日期：7 月
产品名称：甲　　　　　批量：6 件　　　　　　　　完工日期：9 月
　　　　　　　　　　　　　　　　　　　　　　　　单位：元

月	日	摘要	直接材料	生产工时	直接人工	制造费用	合计
7	31	本月发生	5 800	5 430			
8	31	本月发生	1 130	8 870			
9	30	本月发生	1 210	16 700			
	30	累计数及累计间接	8 140	31 000	10	12.5	
		计入费用分配率					
	30	本月完工产品转出	8 140	31 000	310 000	387 500	705 640
	30	完工产品单位成本	1 356.67		51 666.67	64 583.33	117 606.67

表 6-27　　　　　　　　　　　产品成本明细账

投产日期：8 月
完工日期：

产品批号：2011　　　　购货单位：兴华公司
产品名称：甲　　　　　　批量：8 件　　　　　　　　单位：元

月	日	摘要	直接材料	生产工时	直接人工	制造费用	合计
8	31	本月发生	9 840	19 070			
9	30	本月发生	2 980	42 080			

表 6-28　　　　　　　　　　　产品成本明细账

投产日期：8 月
完工日期：9 月完成 2 件

产品批号：2041　　　　购货单位：大恒公司
产品名称：乙　　　　　　批量：12 件　　　　　　　单位：元

月	日	摘要	直接材料	生产工时	直接人工	制造费用	合计
8	31	本月发生	13 350	28 630			
9	30	本月发生		14 140			
	30	累计数及累计间接计入费用分配率	13 350	42 770	10	12.5	
	30	本月完工产品（2 件）转出	2 225	10 460	104 600	130 750	237 575
	30	完工产品单位成本	1 112.5		52 300	65 375	118 787.5
	30	在产品	11 125	32 310			

表 6-29　　　　　　　　　　　产品成本明细账

投产日期：9 月
完工日期：

产品批号：2061　　　　购货单位：东方集团
产品名称：丙　　　　　　批量：4 件　　　　　　　　单位：元

月	日	摘要	直接材料	生产工时	直接人工	制造费用	合计
9	30	本月发生	19 910	28 580			

在上述各批产品成本明细账中，对于没有完工产品的月份，只登记直接材料费用（直接计入费用）和生产工时，如 2011 批、2061 批两批产品；对于有完工产品的月份，包括批内产品全部完工或部分完工，除登记本月发生的直接材料费用和生产工时及其累计数外，还应根据基本生产成本二级账登记各项累计间接计入费用的分配率以及完工产品转出成本等内容。2010 批产品，月末全部完工，因而其产品成本明细账中累计的直接材料费用和生产工时，就是完工产品的直接材料费用和生产工时，以其生产工时分别乘以各项累计间接计入费用分配率，即为完工产品应分配的各项间接计入费用。2041 批产品，月末部分完工、部分在产，因而还应在完工产品与在产品之间分配费用。该种产品所耗原材料在生产开始时一次投入，因而直接材料费用按完工产品与在产品的数量比例分配，完工产品直接材料费用 2 225 元（13 350/12×2）；完工产品工时 10 460 小时系按工时定额计算。

综上所述，简化的分批法与一般的分批法相比较，具有以下特点：

　　（1）在简化分批法下，必须设置基本生产二级账，用以登记各批产品的全部生产费用（包括直接计入费用和间接计入费用）以及各批产品的生产工时；而各批产品的成本明细账，平时（没有完工产品的月份）只登记直接计入费用和生产工时。

　　（2）在有产品完工的月份，根据基本生产二级账提供的资料（全部各批产品的累计的间接计入费用和累计的工时），按照上述公式计算累计间接计入费用分配率，并根据累计间接计入费用分配率和各批产品的完工产品所耗用的生产工时向各批产品的完工产品分配间接计入费用。这样，根据各批产品的完工产品应分担的直接计入费用和由上述向其分配来的间接计入费用即可计算出各批完工产品的成本。

　　（3）对于各批产品的在产品，则不分别向它们分配间接计入费用，它们应负担的间接计入费用只以总数反映在基本生产二级账中，即不分批计算在产品成本。可见，采用这种方法，可以简化费用的分配和登记工作，月末未完工的批数越多，核算工作就越简化。

　　由上述可以看出，在简化分批法下，各批产品之间分配间接计入费用的工作与完工产品和在产品之间分配间接计入费用的工作，即生成费用的横向分配和纵向分配工作，都是利用累计间接计入费用分配率，到产品完工时合并在一起进行的，也就是说，各项累计间接计入费用分配率，是各批完工产品之间，全部完工产品与全部在产品之间，以及某批产品的完工产品与其在产品之间分配各该项间接计入费用的依据。

　　前已述及，这种简化的分批法适用于同一月份投产的产品批数很多，且月末未完工批数也较多的企业。如果月末未完工的批数不多，则不宜采用。因为在这种情况下，绝大多数批号的产品仍然要分配登记各项间接计入费用，核算工作减少不多。另外，由于在这种方法下间接计入费用累计计算分配率，因而这种方法在各月间接计入费用水平相差悬殊的情况下也不宜采用。例如，前几个月的间接计入费用水平低而本月高，某批产品本月投产当月完工，这时，按累计间接计入费用分配率分配计算该批完工产品成本，就会产生不应有的偏低现象。

6.3　产品成本计算的分步法

6.3.1　分步法的特点和适用范围

　　产品成本计算的分步法，是按照产品的生产步骤归集生产费用，计算产品成本的一种方法。它适用于大量、大批管理上要求分步计算成本的多步骤生产。在多步骤生产的企业中，例如，纺织企业的生产可分为纺纱、织布等步骤，冶金企业的生产可分为炼铁、炼钢、轧钢等步骤，机械制造企业的生产可分为铸造、加工、装配等步骤，为了加强成本管理，往往不仅要求按照产品品种归集生产费用，计算产品成本，而且还要求按照产品的生产步骤归集生产费用，计算各步骤产品成本，提供反映各种产品及其各生产步骤成本计划执行情况的资料。这种方法的主要特点如下：

1. 成本计算对象

在分步法下，成本计算对象是产品的生产步骤。因此，采用分步法计算产品成本，要以产品的生产步骤为对象来设置产品成本明细账。具体说来，如果只生产一种产品，成本计算对象就是该种产成品及其所经过的各生产步骤，产品成本明细账应该按照产品的生产步骤设立；如果生产多种产品，成本计算对象则应是各种产成品及其经历的各生产步骤，产品成本明细账应该按照每种产品的各个生产步骤设立。

在分步法下，应以某种产品的某一生产步骤单独耗用，还是产品的多个生产步骤共同耗用为标准来区分是直接计入费用还是间接计入费用。对于直接计入费用应直接记入有关产品成本明细账的相关成本项目，对于间接计入费用，应选择适当的分配标准在有关生产步骤之间进行分配，将分配结果分别记入有关产品成本明细账的相关成本项目。

在实际工作中，产品成本计算的步骤与实际生产步骤不一定完全一致。采用分步法计算产品成本时，应根据管理的要求，并本着简化计算工作的原则来确定成本计算对象。也就是说，可以只对管理上有必要分步计算成本的生产步骤，单独列为成本计算对象，单独计算其成本，管理上不要求单独计算成本的生产步骤，则可以与其他生产步骤合并作为成本计算对象，合并计算成本。还需要指出的是，分步计算成本与分车间计算成本，有时也不相同。例如，在按生产步骤设立车间的企业中，一般来讲，分步计算成本也就是分车间计算成本。但是，如果企业生产规模很小，管理上不要求分车间计算成本，也可以将几个车间合并为一个步骤计算成本。相反，如果企业生产规模很大，车间内又分成几个生产步骤，而管理上又要求分步计算成本，就应该在车间内再分步计算成本。

2. 成本计算期

在大量、大批的多步骤生产中，由于生产过程较长，可以间断，而且往往都是跨月陆续完工，因此，成本计算一般都是按月、定期进行，即在分步法下，成本计算期与会计报告期一致，而与产品的生产周期不一致。

3. 费用在完工产品与在产品之间的分配

由于大量、大批多步骤生产的产品往往跨月陆续完工，月末各步骤一般都存在未完工的在产品。因此，在计算成本时，还需要采用适当的分配方法，将汇集在各种产品、各生产步骤产品成本明细账中的生产费用，在完工产品与在产品之间进行分配，计算各产品、各生产步骤的完工产品成本和在产品成本。

4.　各步骤之间成本的结转

由于产品生产是分步骤进行的，上一步骤生产的半成品是下一步骤的加工对象，因此，为了计算各种产品的产成品成本，还需要按照产品品种，结转各步骤成本。也就是说，与其他成本计算方法不同，在采用分步法计算产品成本时，在各步骤之间还有个成本结转问题。这是分步法的一个重要特点。

由于各个企业生产工艺过程的特点和成本管理对各步骤成本资料的要求（要不要计算半成品成本）不同，以及对简化成本计算工作的考虑，各生产步骤成本的计算和结转采用两种不同的方法：逐步结转法和平行结转法。因而，产品成本计算的分步法也就相应地分为逐步结转分步法和平行结转分步法两种。

6.3.2　逐步结转分步法

逐步结转分步法是按照产品的生产步骤逐步计算并结转半成品成本，最后算出产成品成本的一种分步法。因此，这种方法亦称计列半成品成本的分步法。在采用分步法计算成本的大量大批、多步骤生产中，由于下列原因，成本管理需要提供各个生产步骤的半成品成本资料：

（1）各生产步骤所生产的半成品不仅供本企业进一步加工，而且经常作为商品出售。为了计算外售半成品的盈亏和全面考核、分析产品成本计划的执行情况，就需要计算这些半成品的成本。例如，钢铁企业最终的产成品是各种钢材，但生铁、钢锭也经常作为商品出售，所以不仅要计算各种钢材的成本，还需要计算生铁、钢锭的成本。纺织企业也是如此，不仅需要计算成品布的成本，还需要计算棉纱等的成本。

（2）有的半成品虽然不一定对外销售，但要进行同行业成本的评比，因而也要计算这种半成品的成本。例如，作为化肥工业成本评比重要指标之一的半成品合成氨的成本就是如此。

（3）有些半成品，为本企业几种产品所耗用，为了分别计算各种产品的成本也要计算半成品的成本。例如，造纸企业的纸浆就是如此。

（4）在实行厂内经济核算或责任会计的企业中，为了全面考核和分析各生产步骤等内部单位的生产耗费和资金占用水平，需要随半成品实物在各个生产步骤之间的转移，逐步计算并结转半成品成本。

综上所述，逐步结转分步法是在大量、大批、多步骤生产的企业中为了计算半成品成本而采用的一种分步法。

在逐步结转分步法下，各步骤所耗用的上一步骤半成品的成本，要随着半成品实物的转移，从上一步骤的产品成本明细账转入下一步骤相同产品的产品成本明细账中，以便逐步计算各步骤的半成品成本和最后步骤的产成品成本。这一计算程序如图 6-2 所示。

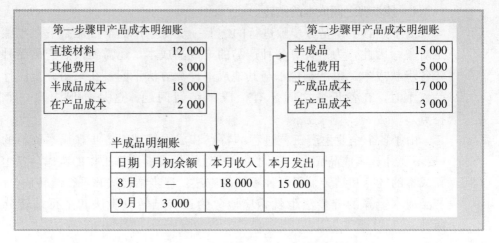

图6-2　逐步结转分步法计算程序图

在图6-2中，第一步骤完工半成品在验收入库时应根据完工转出的半成品成本编制借记"自制半成品"科目，贷记"基本生产成本"科目的会计分录；第二步骤领用时，再编制相反的会计分录。如果半成品完工后不通过半成品库收发，而直接转入下一步骤，半成品成本应在各步骤的产品成本明细账之间直接结转，不编制上述分录。

从图6-2的计算程序中可以看出，采用这种分步法，每月月末，各项生产费用（包括所耗上一步骤半成品成本）在各步骤产品成本明细账中归集以后，如果该步骤既有完工的半成品（最后步骤为产成品），又有正在加工中的在产品，为了计算完工的半成品（最后步骤为产成品）和正在加工中的在产品成本，还应将各步骤产品成本明细账中归集的生产费用，采用适当的分配方法，在完工半成品（最后步骤为产成品）与正在加工中的在产品之间进行分配，然后通过半成品的逐步结转，在最后一个步骤的产品成本明细账中，计算出完工产成品成本。

上述计算程序表明，每一个步骤都是一个品种法，逐步结转分步法实际上是品种法的多次连续应用。

采用逐步结转分步法，按照结转的半成品成本在下一步骤产品成本明细账中的反映方式，又可以分为综合结转和分项结转两种方法。

1. 综合结转法

综合结转法的特点是将各步骤所耗用的上一步骤半成品成本，综合记入各该步骤的产品成本明细账"直接材料"或专设的"半成品"项目中。

综合结转，可以按照半成品的实际成本结转，也可以按照半成品的计划成本（或定额成本）结转。

（1）半成品按实际成本综合结转。采用这种结转方法，各步骤所耗上一步骤的半成品费用，应根据所耗半成品的实际数量乘以半成品的实际单位成本计算。

由于各月所产半成品的实际单位成本不同，因而所耗半成品实际单位成本的计算，可根据企业的实际情况，选择适当的存货计价方法（如先进先出法、全月一次加权平均法等）对半成品进行计价结转。

为了提高各步骤成本计算的及时性，在半成品月初余额较大，本月所耗半成品全部或者大部分是以前月份所生产的情况下，本月所耗半成品费用也可按上月末半成品的单位成本计算。

 例 6 - 4

假定甲产品生产分三个步骤，由第一车间、第二车间、第三车间分别进行。三个车间产品所耗的原材料或半成品均是在生产开始时一次投入的。半成品通过半成品库收发。第二车间、第三车间所耗半成品费用按全月一次加权平均单位成本计算。三个车间的完工产品与月末在产品之间的费用分配采用约当产量比例法。各步骤之间的成本结转采用综合逐步结转分步法计算产品成本。根据半成品和产成品交库单以及在产品盘点、统计资料汇总的产品的有关实物量和在产品的完工程度资料见表 6 - 30。

表 6 - 30　　　　　　　　产品的有关实物量和在产品的完工程度资料

项目	第一车间	第二车间	第三车间
月初在产品数量（件）	400	300	300
本月投产数量（件）	1 800	1 700	1 700
本月完工产品数量（件）	2 000	1 800	1 800
月末在产品数量（件）	200	200	200
在产品完工程度	50%	50%	50%

（1）根据上月第一车间产品成本明细账所记录的月末在产品成本和本月的各种生产费用分配表登记第一车间产品成本明细账中"本月费用"一行的有关数据；根据表 6 - 30 所提供的有关第一车间的资料，将第一车间的月初在产品成本与本月费用的合计，采用约当产量比例法进行分配，计算出本月完工半成品成本和月末在产品成本，并据以登记产品成本明细账。第一车间产品成本明细账见表 6 - 31。

表 6 - 31　　　　　　　　第一车间产品成本明细账　　　　　　　　单位：元

项目		直接材料	直接人工	制造费用	合计
月初在产品成本		48 000	10 200	15 000	73 200
本月费用		227 000	78 000	96 300	401 300
	合计	275 000	88 200	111 300	474 500
产品产量（件）	完工产品产量	2 000	2 000	2 000	—
	在产品约当产量	200	100	100	—
	合计	2 200	2 100	2 100	—
单位成本（费用分配率）		125	42	53	220
转出半成品成本		250 000	84 000	106 000	440 000
在产品成本		25 000	4 200	5 300	34 500

第一车间成本明细账中有关完工半成品与月末在产品费用分配的数据计算如下：

$$直接材料费用分配率 = \frac{275\,000}{2\,000 + 200} = 125$$

完工半成品应分配的直接材料费用＝2 000×125＝250 000（元）

在产品应分配的直接材料费用＝200×125＝25 000（元）

分配直接人工费用和制造费用的在产品约当产量：

200×50％＝100（件）

$$直接人工费用分配率＝\frac{88\ 200}{2\ 000＋100}＝42$$

完工半成品应分配的直接人工费用＝2 000×42＝84 000（元）

在产品应分配的直接人工费用＝100×42＝4 200（元）

$$制造费用分配率＝\frac{111\ 300}{2\ 000＋100}＝53$$

完工半成品应分配的制造费用＝2 000×53＝106 000（元）

在产品应分配的制造费用＝100×53＝5 300（元）

根据第一车间的半成品交库单所列交库数量和甲产品成本明细账中完工转出的半成品成本，编制下列会计分录：

借：自制半成品　　　　　　　　　　　　　　　　　　　　　　　440 000

　　贷：基本生产成本　　　　　　　　　　　　　　　　　　　　　440 000

根据计价后的第一车间的半成品交库单和第二车间领用单，登记自制半成品明细账，详见表6-32。

表6-32　　　　　　　　　　　　自制半成品明细账

甲半成品（1）　　　　　　　　　　　　　　　　　　　　　　　　　　单位：元

月份	月初余额		本月增加		合计			本月减少	
	数量（件）	实际成本	数量（件）	实际成本	数量（件）	实际成本	单位成本	数量（件）	实际成本
1	200	46 200	2 000	440 000	2 200	486 200	221	1 700	375 700
2	500	110 500							

$$加权平均单位成本＝\frac{46\ 200＋440\ 000}{200＋2\ 000}＝221（元）$$

本月减少＝1 700×221＝375 700（元）

根据第二车间半成品领用单（单中按所列领用数量和自制半成品明细账中单位成本计价），编制下列会计分录：

借：基本生产成本　　　　　　　　　　　　　　　　　　　　　　375 700

　　贷：自制半成品　　　　　　　　　　　　　　　　　　　　　375 700

（2）根据各种生产费用分配表、半成品领用单登记第二车间甲产品成本明细账中"本月费用"一行的有关数据；根据表6-30所提供的有关资料，将第二车间的月初在产品成本与本月费用的合计数，采用约当产量比例法进行分配，计算出完工半成品成本与月末在产品成本，并据以登记产品成本明细账。第二车间产品成本明细账详见表6-33。

表6-33　　　　　　　　　　　第二车间产品成本明细账　　　　　　　　　　单位：元

项目		半成品	直接人工	制造费用	合计
月初在产品成本		70 300	7 940	8 420	86 660
本月费用		375 700	64 260	82 780	522 740
合计		446 000	72 200	91 200	609 400
产品产量	完工产品产量	1 800	1 800	1 800	—
	在产品约当产量	200	100	100	—
	合计	2 000	1 900	1 900	—
单位成本（分配率）		223	38	48	309
转出半成品成本		401 400	68 400	86 400	556 200
月末在产品成本		44 600	3 800	4 800	53 200

　　第二车间成本明细账中其他有关完工半成品与月末在产品费用分配的数据计算如下：

$$半成品费用分配率 = \frac{446\,000}{1\,800 + 200} = 223$$

完工半成品应分配的半成品费用＝1 800×223＝401 400(元)

在产品应分配的半成品费用＝200×223＝44 600(元)

　　分配直接人工费用和制造费用的在产品约当产量：

200×50％＝100(件)

$$直接人工费用分配率 = \frac{72\,200}{1\,800 + 100} = 38$$

完工半成品应分配的直接人工费用＝1 800×38＝68 400(元)

在产品应分配的直接人工费用＝100×38＝3 800(元)

$$制造费用分配率 = \frac{91\,200}{1\,800 + 100} = 48$$

完工半成品应分配的制造费用＝1 800×48＝86 400(元)

在产品应分配的制造费用＝100×48＝4 800(元)

　　根据第二车间的半成品交库单所列交库数量和第二车间甲产品成本明细账中完工转出的半成品成本，编制下列会计分录：

　　借：自制半成品　　　　　　　　　　　　　　　　　　　　556 200

　　　　贷：基本生产成本　　　　　　　　　　　　　　　　　　556 200

　　根据第二车间计价后的半成品交库单和第三车间领用半成品的领用单，登记自制半成品明细账，详见表6-34。

表6-34　　　　　　　　　　　自制半成品明细账

甲半成品（2）　　　　　　　　　　　　　　　　　　　　　　　　单位：元

月份	月初余额		本月增加		合计			本月减少	
	数量（件）	实际成本	数量（件）	实际成本	数量（件）	实际成本	单位成本	数量（件）	实际成本
1	300	94 800	1 800	556 200	2 100	651 000	310	1 700	527 000
2	400	124 000							

$$加权平均单位成本 = \frac{94\,800 + 556\,200}{300 + 1\,800} = 310(元)$$

$$本月减少 = 1\,700 \times 310 = 527\,000(元)$$

根据第三车间半成品领用单（单中按所列领用数量和自制半成品明细账中单位成本计价），编制下列会计分录：

借：基本生产成本 527 000

贷：自制半成品 527 000

（3）根据各种生产费用分配表、半成品领用单登记第三车间甲产品成本明细账中"本月费用"一行的有关数据；根据表6-30所提供的有关资料，将第三车间的月初在产品成本与本月费用的合计数，采用约当产量比例法进行分配，计算出本月完工产品成本和月末在产品成本，并据以登记产品成本明细账。第三车间产品成本明细账详见表6-35。

表6-35　　　　　　　　　　第三车间产品成本明细账　　　　　　　　　单位：元

项目		半成品	直接人工	制造费用	合计
月初在产品成本		95 000	7 200	8 640	110 840
本月费用		527 000	63 100	78 760	668 860
合计		622 000	70 300	87 400	779 700
产品产量	完工产品产量	1 800	1 800	1 800	—
	在产品约当产量	200	100	100	—
	合计	2 000	1 900	1 900	—
单位成本		311	37	46	394
完工产品成本		559 800	66 600	82 800	709 200
月末在产品成本		62 200	3 700	4 600	70 500

第三车间成本明细账中其他有关完工产品与月末在产品费用分配的数据计算如下：

$$半成品费用分配率 = \frac{622\,000}{1\,800 + 200} = 311$$

完工产品应分配的半成品费用 = 1 800 × 311 = 559 800(元)

在产品应分配的半成品费用 = 200 × 311 = 62 200(元)

分配直接人工费用和制造费用的在产品约当产量：

200 × 50% = 100(件)

$$直接人工费用分配率 = \frac{70\,300}{1\,800 + 100} = 37$$

完工产品应分配的直接人工费用 = 1 800 × 37 = 66 600(元)

在产品应分配的直接人工费用 = 100 × 37 = 3 700(元)

$$制造费用分配率 = \frac{87\,400}{1\,800 + 100} = 46$$

完工产品应分配的制造费用 = 1 800 × 46 = 82 800(元)

在产品应分配的制造费用 = 100 × 46 = 4 600(元)

根据第三车间的产成品交库单编制下列会计分录：

借：库存商品 709 200

贷：基本生产成本 709 200

（2）半成品按计划成本综合结转。采用这种结转方法，半成品日常收发的明细核算均按计划成本计价；在半成品实际成本计算出来后，再计算半成品成本差异率和差异额，调整领用半成品的计划成本。半成品收发的总分类核算则按实际成本计价。

半成品按计划成本综合结转所用账表的特点：

1）自制半成品明细账不仅要反映半成品收发和结存的数量和实际成本，而且要反映其计划成本，以及成本差异率和成本差异额。其格式详见表6-37。

2）在产品成本明细账中，对于所耗用半成品的成本，既可以直接按照调整成本差异后的实际成本登记，也可以按照计划成本和成本差异分别登记，以便分析上一步骤半成品成本差异对本步骤成本的影响。如采用后一种做法，产品成本明细账中的"半成品"项目应分设"计划成本""成本差异""实际成本"三栏。其格式详见表6-38。

 例6-5

假定乙产品的生产分两个步骤，分别由第一车间、第二车间进行，采用逐步结转分步法计算产品成本。两个车间产品所耗的原材料或半成品均是在生产开始时一次投入的。半成品通过半成品库收发。第二车间所耗半成品费用按计划成本综合结转。两个车间的完工产品与月末在产品之间的费用分配采用在产品按定额成本计价法。

乙产品的成本计算过程如下：

（1）根据各种生产费用分配表登记第一车间乙产品成本明细账"本月费用"一行的有关数据；将第一车间月初在产品成本与本月费用的合计数，采用在产品按定额成本计价法进行分配，计算出月末在产品成本和本月完工半成品成本，并据以登记产品成本明细账（分配计算过程从略）。第一车间乙产品成本明细账见表6-36。

表6-36 产品成本明细账

第一车间：乙产品 单位：元

摘要	产量（件）	直接材料	直接人工	制造费用	成本合计
月初在产品（定额成本）		45 000	14 400	18 000	77 400
本月费用		455 500	236 440	296 800	988 740
合计		500 500	250 840	314 800	1 066 140
完工转出半成品	1 000	451 000	235 000	295 000	981 000
单位成本		451	235	295	981
月末在产品（定额成本）		49 500	15 840	19 800	85 140

（2）根据第一车间的半成品交库单所列交库数量和乙产品成本明细账中完工转出的半成品成本，编制下列会计分录：

借：自制半成品 981 000

贷：基本生产成本 981 000

（3）根据本月交库乙半成品的实际成本、乙半成品的计划单位成本、第一车间半成品交库单记录的乙半成品交库数量、第二车间半成品领用单记录的乙半成品领用数量以及月初乙半成品的数量、计划成本和实际成本等资料计算本月乙半成品的成本差异率，并据以计算第二车间领用乙半成品应负担的成本差异。乙半成品明细账的格式详见表 6-37。

表 6-37　　　　　　　　　　自制半成品明细账

计划单位成本：970 元

乙半成品　　　　　　　　　　　　　　　　　　　　　　　　　　　　单位：元

项目			1月	2月
月初余额	数量（件）	①	50	50
	计划成本	②	48 500	48 500
	实际成本	③	47 685	48 985
本月增加	数量（件）	④	1 000	
	计划成本	⑤	970 000	
	实际成本	⑥	981 000	
合计	数量（件）	⑦＝①＋④	1 050	
	计划成本	⑧＝②＋⑤	1 018 500	
	实际成本	⑨＝③＋⑥	1 028 685	
	成本差异	⑩＝⑨－⑧	10 185	
	成本差异率	⑪＝⑩/⑧×100%	＋1%	
本月减少	数量（件）	⑫	1 000	
	计划成本	⑬	970 000	
	实际成本	⑭＝⑬＋⑬×⑪	979 700	

$$\text{半成品成本差异率}=\frac{\text{月初结存半成品成本差异}+\text{本月入库半成品成本差异}}{\text{月初结存半成品计划成本}+\text{本月入库半成品计划成本}}\times100\%$$

$$=\frac{-815+11\,000}{48\,500+970\,000}\times100\%=\frac{10\,185}{1\,018\,500}\times100\%=+1\%$$

发出半成品成本差异＝发出半成品计划成本×半成品成本差异率
$$=970\,000\times1\%=9\,700（元）$$

发出半成品实际成本＝发出半成品计划成本＋发出半成品成本差异
$$=970\,000+9\,700=979\,700（元）$$

（4）根据各种生产费用分配表、半成品领用单（包括领用的数量、计划成本、成本差异和实际成本等数据）登记第二车间乙产品成本明细账"本月费用"一行的有关数据；将第二车间月初在产品成本与本月费用的合计数，采用在产品按定额成本计价法进行分配，计算月末在产品成本和本月完工产成品成本，并据以登记产品成本明细账（分配计算过程从略）。第二车间乙产品成本明细账见表 6-38。

表 6 - 38   产品成本明细账

第二车间：乙产成品   单位：元

摘要	产量 (件)	半成品			直接 人工	制造费用	成本合计
		计划成本	成本差异	实际成本			
月初在产品 (定额成本)		97 000	—	97 000	18 000	22 500	137 500
本月费用		970 000	9 700	979 700	295 000	370 000	1 644 700
合计		1 067 000	9 700	1 076 700	313 000	392 500	1 782 200
完工转出产成品	1 000	970 000	9 700	979 700	292 000	366 250	1 637 950
单位成本		970	9.7	979.7	292	366.25	1 637.95
月末在产品 (定额成本)		97 000	—	97 000	21 000	26 250	144 250

　　与按实际成本综合结转半成品成本方法相比较，按计划成本综合结转半成品成本具有以下优点：

　　第一，可以简化和加速成本核算工作。按计划成本结转半成品成本，可以简化和加速半成品收发的凭证计价和记账工作；半成品成本差异率如果不是按半成品品种，而是按类计算，可以省去大量的计算工作；如果月初半成品存量较大，本月耗用的半成品大部分甚至全部是以前月份生产的，本月所耗半成品成本差异的调整也可以根据上月半成品成本差异率计算。这样，不仅简化了计算工作，各步骤的成本计算也可以同时进行，从而加速产品成本的核算工作。

　　第二，便于各步骤进行成本的考核和分析。按计划成本结转半成品成本，在各步骤的产品成本明细账中，可以分别反映所耗半成品的计划成本、成本差异和实际成本，因而在分析各步骤产品成本时，可以剔除上一步骤半成品成本变动对本步骤产品成本的影响，有利于分清经济责任，考核各步骤的经济效益。如果各步骤所耗半成品的成本差异，不调整计入各步骤的产品成本，而是直接调整计入最后的产成品成本，不仅可以进一步简化和加速各步骤的成本计算工作，而且由于各步骤产品成本中不包括上一步骤半成品成本变动的影响，因而便于分清各步骤的经济责任，从而便于各步骤产品成本的考核和分析。

　　（3）综合结转的成本还原。采用综合结转法结转半成品成本，各步骤所耗的上一步骤生产的半成品的成本是以综合成本的形式在"半成品"或"直接材料"成本项目中反映的。在这种半成品成本结转方法下，最终计算出来的产成品成本，不能提供按原始成本项目反映的成本资料；而且在成本计算步骤较多的情况下，表现在产成品成本中的绝大部分费用是最后一个步骤所消耗的半成品费用。而其他费用只是耗费的最后一个步骤的费用。显然，不能据以从整个企业角度分析和考核产品成本的构成及其水平。因此，在管理上要求从整个企业角度分析和考核产品成本的构成及其水平时，还应将综合结转算出的产成品成本进行成本还原，计算出按原始成本项目反映的产成品成本。成本还原，就是从最后一个步骤起，把本月产成品成本中所耗上一步骤半成品的综合成本逐步进行成本还原，直到求得按原始成本项目（直接材料、直接人工、制造费用）反映的产成品成本资料。

例6-6

　　假定甲产品由两个生产步骤组成，第一生产步骤生产的半成品，不通过半成品库收发，而直接由第二生产步骤领用，半成品成本在各步骤的产品成本明细账之间直接结转。其各步骤逐步结转如图6-3所示。

第一步骤		第二步骤	
甲产品成本明细账		甲产品成本明细账	
		半成品	2 000
直接材料	1 000		
直接人工	600	直接人工	400
制造费用	400	制造费用	200
半成品成本	2 000	产成品成本	2 600

图6-3　半成品成本直接结转图

　　图6-3中甲产品第二步骤所耗半成品费用，恰好是第一步骤生产的半成品成本，两者可以抵销。如要进行成本还原，方法很简单，只要将所耗半成品成本忽略不计，而将两个步骤的直接材料、直接人工和制造费用分别汇总即可。这样，还原后的成本构成为：直接材料1 000元，直接人工1 000元（600＋400），制造费用600元（400＋200），合计2 600元。但在实际工作中，各步骤半成品的结转往往通过半成品库收发，而且上一步骤所产半成品数量与下一步骤所耗半成品数量往往不相等，因而上一步骤所产半成品成本与下一步骤所耗半成品费用不能抵销，这就需要进行专门的成本还原。

　　要进行成本还原必须首先确定按照怎样的成本结构进行还原。通常采用的成本还原方法是：按照本月所产半成品的成本结构进行还原。成本还原的具体方法有以下两种：

　　1）计算半成品各成本项目占其总成本的比重，并按该比重进行成本还原。在这种方法下，还原分配率的基本计算公式为：

$$还原分配率 = \frac{上一步骤完工半成品各成本项目的金额}{上一步骤完工半成品的成本合计}$$

例6-7

　　沿用例6-4的资料。对第三车间甲产品成本明细账中算出的本月产成品成本中所耗上一车间半成品费用559 800元进行成本还原。本例需要进行两次成本还原：第一次成本还原按照第二车间产品成本明细账中算出的本月所产该种半成品成本556 200元的成本构成对559 800元进行成本还原；第二次成本还原，针对第一次成本还原中所计算出的综合性成本项目按照第一车间本月所产的半成品的成本结构，即440 000元的成本结构进行成本还原，直至求出按原始成本项目反映的甲产品的产成品成本资料。

　　根据三个车间产品成本明细账的有关资料，编制产品成本还原计算表，如表

6 - 39 所示。

表 6 - 39 产品成本还原计算表 产量：1 800 件
金额单位：元

项目	成本项目	还原前产品成本	本月生产半成品成本	还原分配率	半成品成本还原	还原后总成本	还原后单位成本
按第二步骤半成品成本结构进行还原	直接材料						
	半成品	559 800	401 400	0.721 683	403 998	403 998	224.44
	直接人工	66 600	68 400	0.122 977	68 843	135 443	75.25
	制造费用	82 800	86 400	0.155 34	86 959	169 759	94.31
	合计	709 200	556 200		559 800	709 200	394
按第一步骤半成品成本结构进行还原	直接材料		250 000	0.568 182	229 544	229 544	127.52
	半成品	403 998					
	直接人工	135 443	84 000	0.190 909	77 127	212 570	118.1
	制造费用	169 759	106 000	0.240 909	97 327	267 086	148.38
	合计	709 200	440 000			709 200	394

2）计算需要还原的半成品综合成本占本月所产该种半成品总成本的比例，并按此比例进行成本还原。其成本还原分配率的计算公式为：

$$还原分配率 = \frac{需要还原的半成品综合成本}{上一步骤本月所产该种半成品的成本合计}$$

在这里需要指出的是，以上公式中所称的需要还原的半成品综合成本，如果只需要进行一次成本还原，则其是指产成品成本中所耗用的上一步骤的半成品成本，如果需要进行两次成本还原，则除上述含义外，还指经过第一次成本还原后需要继续进行成本还原的半成品综合成本，如果需要进行两次以上的成本还原，以此类推。

 例 6 - 8

沿用 6 - 4 的资料。求出半成品综合成本占本月所产该种半成品总成本的比例，并按此比例进行成本还原。

成本还原过程和还原的结果如表 6 - 40 所示。

表 6 - 40 产品成本还原计算表 产量：1 800 件
金额单位：元

项目	成本项目	还原前产品成本	本月生产半成品成本	还原分配率	半成品成本还原	还原后总成本	还原后单位成本
按第二步骤半成品成本结构进行还原	直接材料						
	半成品	559 800	401 400	559 800÷556 200 =1.006 472 5	403 998	403 998	224.44
	直接人工	66 600	68 400		68 843	135 443	75.25
	制造费用	82 800	86 400		869 59	169 759	94.31
	合计	709 200	556 200			709 200	394

续前表

项目	成本项目	还原前产品成本	本月生产半成品成本	还原分配率	半成品成本还原	还原后总成本	还原后单位成本
按第一步骤半成品成本结构进行还原	直接材料		250 000	403 998÷440 000 =0.918 177 3	229 544	229 544	127.53
	半成品	403 998					
	直接人工	135 443	84 000		77 127	212 570	118.09
	制造费用	169 759	106 000		97 327	267 086	148.38
	合计	709 200	440 000		403 998	709 200	394

说明：在以上两个成本还原计算表中有些数字不完全相符是计算过程中尾差造成的。

以上两种成本还原方法所得到的结果是一样的，因为成本还原所采用的条件是一样的，只是计算的方法有所不同。

需要指出的是，由于以前月份所产半成品的成本构成与本月所产半成品的成本构成不可能完全一致，因此，在各月所产半成品的成本构成变动较大的情况下，按照上述方法进行成本还原，对还原结果的准确性就会有较大的影响。在这种情况下，如果半成品的定额成本或计划成本比较准确，为了提高还原结果的准确性，产成品所耗半成品费用可以按定额成本或计划成本的成本构成进行还原。

综上可以看出，采用综合结转法逐步结转半成品成本，从各步骤的产品成本明细账中可以看出各步骤产品所耗上一步骤半成品费用的水平和本步骤加工费用的水平，从而有利于各生产步骤的管理。但如果管理上要求提供按原始成本项目反映的产成品成本资料，就需要进行成本还原。如果生产多种产品，成本还原工作繁重。因此，这种结转方法只在管理上要求计算各步骤完工产品所耗半成品费用，而不要求进行成本还原的情况下采用。

2. 分项结转法

分项结转法的特点是将各步骤所耗用的上一步骤半成品成本，按照成本项目分项转入各该步骤产品成本明细账的各个成本项目中。如果半成品通过半成品库收发，在自制半成品明细账中登记半成品成本时也要按照成本项目分别登记。

分项结转，既可以按照半成品的实际成本结转，也可以按照半成品的计划成本结转，然后按成本项目分项调整成本差异。由于后一种做法计算工作量较大，因而一般多采用按实际成本分项结转的方法。

例6-9

假定甲产品生产分两个步骤，分别由第一、第二两个车间进行。第一车间生产的半成品，交半成品库验收；第二车间按所需数量从半成品库领用，所耗半成品费用按全月一次加权平均法单位成本计算。两个车间的月末在产品均按定额成本计价。

成本计算程序如下：

第一，根据各种生产费用分配表、半成品交库单和第一车间月初和月末在产品定额成本资料，登记第一车间甲产品成本明细账，如表 6-41 所示。

表 6-41　　　　　　　　　　　　　　产品成本明细账

第一车间：甲半成品　　　　　　　　　　　　　　　　　　　　　　　　　　　　单位：元

摘要	产量（件）	直接材料	直接人工	制造费用	成本合计
月初在产品成本（定额成本）		36 000	16 000	20 000	72 000
本月费用		270 600	178 500	223 500	672 600
合计		306 600	194 500	243 500	744 600
完工转出半成品	900	269 700	177 900	222 750	670 350
月末在产品成本		36 900	16 600	20 750	74 250

根据第一车间的半成品交库单所列交库数量和甲产品成本明细账中完工转出的半成品成本，编制下列会计分录：

借：自制半成品　　　　　　　　　　　　　　　　　　　　　　　　 670 350
　　贷：基本生产成本　　　　　　　　　　　　　　　　　　　　　　 670 350

第二，根据计价后的半成品交库单和第二车间领用半成品的领用单，登记自制半成品明细账，如表 6-42 所示。

表 6-42　　　　　　　　　　　　　　自制半成品明细账

甲半成品　　　　　　　　　　　　　　　　　　　　　　　　　　　　　　　　单位：元

月份	摘要	数量（件）	实际成本			
			直接材料	直接人工	制造费用	成本合计
1	月初余额	450	136 650	92 100	108 000	336 750
	本月增加	900	269 700	177 900	222 750	670 350
	合计	1 350	406 350	270 000	330 750	1 007 100
	单位成本		301	200	245	746
	本月减少	870	261 870	174 000	213 150	649 020
	月末余额	480	144 480	96 000	117 600	358 080

表 6-42 中甲半成品单位成本的各成本项目，都是按全月一次加权平均法计算的。根据第二车间半成品领用单（单中按所列领用数量和自制半成品明细账中单位成本计价），编制下列会计分录：

借：基本生产成本　　　　　　　　　　　　　　　　　　　　　　　 649 020
　　贷：自制半成品　　　　　　　　　　　　　　　　　　　　　　　 649 020

第三，根据各种生产费用分配表、第二车间半成品领用单、自制半成品明细账、第二车间产成品交库单、第二车间在产品定额成本等资料，登记第二车间甲产品成本明细账，如表 6-43 所示。

表6-43   产品成本明细账

第二车间：甲产成品   单位：元

摘要	产量(件)	直接材料	直接人工	制造费用	成本合计
月初在产品成本（定额成本）		40 500	51 660	61 500	153 660
本月本步骤生产费用			144 500	180 300	324 800
本月耗用半成品费用		261 870	174 000	213 150	649 020
合计		302 370	370 160	454 950	1 127 480
完工转出产成品成本	875	263 370	323 750	398 125	985 245
产成品单位成本		300.99	370	455	1 125.99
月末在产品成本（定额成本）		39 000	46 410	56 825	142 235

根据第二车间的产成品交库单所列产成品交库数量和以上第二车间产品成本明细账中完工转出产成品成本，编制下列会计分录：

  借：库存商品   985 245

    贷：基本生产成本   985 245

  采用分项结转法逐步结转半成品成本，可以较直接、准确地提供按原始成本项目反映的产成品成本资料，便于从整个企业角度考核和分析产品成本计划的执行情况，不需要进行成本还原。但是，这种方法的成本结转工作比较复杂，而且在各步骤完工产品成本中看不出所耗上一步骤半成品的费用和本步骤加工费用的水平，不便于进行完工产品成本分析。因此，这种结转方法一般适用于管理上不要求分别提供各步骤完工产品所耗半成品费用和本步骤加工费用资料，但要求按原始成本项目反映产品成本的企业。

  综上所述，逐步结转分步法的优缺点可以概括如下：

  第一，逐步结转分步法的成本计算对象是企业产成品及其各步骤的半成品，这就为分析和考核企业产品成本计划和各生产步骤半成品成本计划的执行情况，以及正确计算半成品销售成本提供了资料。

  第二，不论是综合结转还是分项结转，半成品成本都是随着半成品实物的转移而结转，各生产步骤产品成本明细账中的生产费用余额，反映了留存在各个生产步骤的在产品成本，因而还能为在产品的实物管理和生产资金管理提供资料。

  第三，采用综合结转法结转半成品成本时，由于各生产步骤产品成本中包括所耗上一步骤半成品成本，从而能全面反映各步骤完工产品中所耗上一步骤半成品费用水平和本步骤加工费用水平，有利于各步骤的成本管理。采用分项结转法结转半成品成本时，可以直接提供按原始成本项目反映的产品成本，满足企业分析和考核产品成本构成及其水平的需要，而不必进行成本还原。

  第四，逐步结转分步法的核算工作比较复杂，核算工作的及时性也较差：如果采用综合结转法，需要进行成本还原；如果采用分项结转法，结转的核算工作量大；如果半成品按计划成本结转，还要计算和调整半成品成本差异；如果半成品按实际成本结转，各步骤则不能同时计算成本，成本计算的及时性差。因此，应用这一方法时，必须从实际出发，根据管理要求，权衡利弊，做到既满足管理要求，提供所需的各种资料，又能简化核算工作。

6.3.3　平行结转分步法

在采用分步法计算成本的大量、大批、多步骤生产的企业中，有的企业（如这种生产类型的机械制造业）各生产步骤所产半成品的种类很多，但不需要计算半成品成本。在这种情况下，为了简化和加速成本计算工作，可以采用平行结转分步法计算产品成本。

平行结转分步法，也称不计列半成品成本分步法，在这种方法下，不计算各步骤所产半成品的成本，也不计算各步骤所耗上一生产步骤的半成品成本，而只计算本步骤发生的各项其他费用以及这些费用应计入产成品的份额；将某一产品的各生产步骤应计入产成品的份额平行结转、汇总，即可计算出该种产品的产成品成本。具体说来，平行结转分步法的特点是：

（1）各生产步骤不计算半成品成本，只计算本步骤所发生的费用。也就是说，在平行结转分步法下，除第一步骤生产费用中包括所耗用的直接材料和各项加工费用外，其他各步骤不计算所耗上一生产步骤的半成品成本，而只计算本步骤发生的其他各项费用。

（2）不论半成品实物在各步骤之间直接转移，还是通过半成品库收发，半成品的成本都不随实物转移而结转，都不进行总分类核算。

（3）为了计算各生产步骤发生的费用中应计入产成品成本的份额，必须将每一生产步骤的费用划分为耗用于产品的部分和尚未最后制成的在产品的部分。这里的在产品是指广义的在产品，它包括：1）尚在本步骤加工中的在产品；2）本步骤已完工转入半成品库的半成品；3）已从半成品库转到以后各生产步骤进一步加工、尚未最后制成的半成品。

（4）将某一产品的各生产步骤应计入产成品的份额平行结转、汇总，即可计算出该种产品的产成品成本。

平行结转分步法的成本计算程序如图 6-4 所示。

如何正确确定各步骤生产费用中应计入产成品成本的份额，即每一生产步骤的生产费用如何正确地在完工产成品和广义在产品之间进行分配，是采用这一方法时能否正确计算产成品成本的关键所在。为此，各企业应根据具体情况，选用第 4 章 4.2 节所述的在完工产品和在产品之间分配费用的某种方法进行这种费用的分配。在实际工作中，通常是采用在产品按定额成本计价法或定额比例法。因为采用这两种方法，作为分配费用标准的定额资料比较容易取得。如产成品的定额消耗量或定额费用，可以根据产成品数量乘以消耗定额或费用定额计算；由于广义在产品的实物分散在各生产步骤和半成品库，具体的盘存、计算工作比较复杂，但其定额消耗量或定额费用可以采用前述的倒轧方法计算，因而也较为简便。

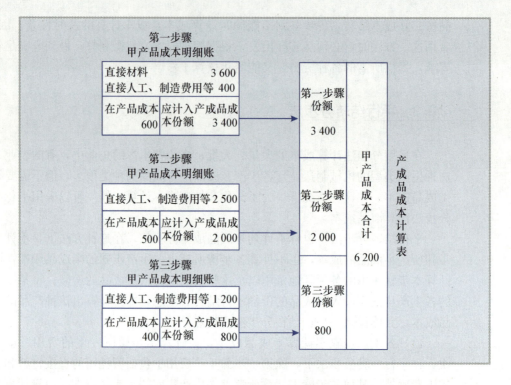

图 6-4   平行结转分步法计算程序图

    例 6-10

　　某企业生产乙产品，生产费用在完工产品与在产品之间的分配采用定额比例法，其中直接材料费用按定额直接材料费用比例分配；其他各项费用均按定额工时比例分配。

　　其成本核算程序如下：

　　第一，有关乙产品的定额资料详见表 6-44。

表 6-44   乙产品定额资料

项目	月初在产品		本月投入		本月产成品				
	定额直接材料费用（元）	定额工时	定额直接材料费用（元）	定额工时	单件定额		产量（件）	定额直接材料费用（元）	定额工时
					直接材料费用(元)	工时			
第一车间	80 000	6 000	400 000	54 000	400	50	1 100	440 000	55 000
第二车间		5 000		42 000		40			44 000
合计	80 000	11 000	400 000	96 000	400	90	1 100	440 000	99 000

　　第二，根据乙产品的定额资料、各种生产费用分配表和产成品交库单，登记第一车间、第二车间的产品成本明细账，详见表 6-45 和表 6-46。

表 6 - 45　　　　　　　　　　　　　　　产品成本明细账

第一车间：乙产品　　　　　　　　　　　　　　　　　　　　　　　　　　　　　单位：元

摘要	产成品产量（件）	直接材料		定额工时	直接人工	制造费用	成本合计
		定额	实际				
月初在产品		80 000	79 800	6 000	54 000	49 000	182 800
本月生产费用		400 000	424 200	54 000	516 000	401 000	1 341 200
合计		480 000	504 000	60 000	570 000	450 000	1 524 000
费用分配率			1.05		9.5	7.5	
产成品成本中本步骤份额	1 100	440 000	462 000	55 000	522 500	412 500	1 397 000
月末在产品		40 000	42 000	5 000	47 500	37 500	127 000

表 6 - 46　　　　　　　　　　　　　　　产品成本明细账

第二车间：乙产品　　　　　　　　　　　　　　　　　　　　　　　　　　　　　单位：元

摘要	产成品产量（件）	直接材料		定额工时	直接人工	制造费用	成本合计
		定额	实际				
月初在产品				5 000	45 000	36 000	81 000
本月生产费用				42 000	401 500	340 000	741 500
合计				47 000	446 500	376 000	822 500
费用分配率					9.5	8	—
产成品成本中本步骤份额	1 100			44 000	418 000	352 000	770 000
月末在产品				3 000	28 500	24 000	52 500

账中数字计算及登记方法如下：

（1）直接材料定额费用和定额工时，根据前列乙产品定额资料计算登记。月末没有盘点在产品，月末在产品定额资料，是根据月初在产品定额资料、本月投入产品定额资料和产成品定额资料，采用倒轧的方法计算求得的。其计算公式如下：

$$\begin{array}{l}月末在产品定额\\直接材料费用\end{array}=\begin{array}{l}月初在产品直接\\材料定额费用\end{array}+\begin{array}{l}本月投入产品的\\直接材料定额费用\end{array}$$
$$-\begin{array}{l}本月完工产品的\\直接材料定额费用\end{array}$$

$$\begin{array}{l}月末在产品\\定额工时\end{array}=\begin{array}{l}月初在产品\\定额工时\end{array}+\begin{array}{l}本月投入产品的\\定额工时\end{array}-\begin{array}{l}本月完工产品的\\定额工时\end{array}$$

以第一车间直接材料定额费用和定额工时计算为例：

$$\begin{array}{l}月末在产品定额\\直接材料费用\end{array}=80\ 000+400\ 000-440\ 000=40\ 000（元）$$

$$月末在产品定额工时=6\ 000+54\ 000-55\ 000=5\ 000（小时）$$

（2）本月生产费用，即本月各步骤为生产乙产品所发生的各项生产费用，应根据各种生产费用分配表登记。由于原材料是在生产开始时一次投入，采用平行结转分步法在各生产步骤间不结转半成品成本，因而只有第一车间有直接材料费用（定额和实际），第二车间则没有本月耗用的直接材料费用。

（3）费用分配率的计算。采用定额比例法在完工产品与在产品之间分配费用，应首先计算费用分配率，其中直接材料费用按直接材料定额费用比例分配；其他各项费用均按定额工时比例分配。本例各项费用分配率及产成品成本中各步骤份额的计算如下。

以第一车间为例：

$$直接材料费用分配率=\frac{79\,800+424\,200}{440\,000+40\,000}=1.05$$

$$产成品成本中第一车间\atop直接材料费用份额=440\,000\times1.05=462\,000（元）$$

$$月末在产品直接材料费用=40\,000\times1.05=42\,000（元）$$

或

$$=79\,800+424\,200-462\,000=42\,000（元）$$

$$直接人工分配率=\frac{54\,000+516\,000}{55\,000+5\,000}=9.5$$

$$产成品成本中第一车间直接人工费用份额=55\,000\times9.5=522\,500（元）$$

$$月末在产品直接人工费用=5\,000\times9.5=47\,500（元）$$

或

$$=54\,000+516\,000-522\,500=47\,500（元）$$

$$制造费用分配率=\frac{49\,000+401\,000}{55\,000+5\,000}=7.5$$

$$产成品成本中第一车间制造费用份额=55\,000\times7.5=412\,500（元）$$

$$月末在产品制造费用=5\,000\times7.5=37\,500（元）$$

或

$$=49\,000+401\,000-412\,500=37\,500（元）$$

第三，将第一车间、第二车间产品成本明细账中应计入产成品成本的份额，平行结转、汇总记入乙产品成本汇总表，详见表6-47。

表6-47　　　　　　　　　　乙产品成本汇总表

20××年×月　　　　　　　　　　　　　　　　单位：元

项目	产量（件）	直接材料	直接人工	制造费用	成本合计
第一车间成本份额	1 100	462 000	522 500	412 500	1 397 000
第二车间成本份额	1 100		418 000	352 000	770 000
合计		462 000	940 500	764 500	2 167 000
单位成本		420	855	695	1 970

在平行结转分步法下，生产费用在最终完工产品与广义在产品之间的分配是最为关键的问题。在上述例题中，生产费用在最终完工产品与广义在产品之间的分配采用的是定额比例法，在实际工作中也常常采用约当产量比例法。下面我们举例说明在平行结转分步法下，采用约当产量比例法（加权平均法）将生产费用在最终完工产品与广义在产品之间进行分配的计算过程。

例6-11

A产品的生产分两个步骤进行，第一生产步骤将原材料加工成半成品，第二生产步骤将第一生产步骤生产的半成品加工成产成品。其成本计算采用平行结转分步法。6 月份有关 A 产品的资料如下：

（1）A 产品实物量及在产品完工程度资料如表 6 - 48 所示。

表 6 - 48　　　　　　　A 产品实物量及在产品完工程度资料　　　　　　单位：件

项目	第一生产步骤	第二生产步骤
月初在产品结存	150	250
本月投入或转入	1 000	1 050
本月完工并转出	1 050	1 000
月末在产品结存	100	300
完工程度	40％	50％

（2）第一生产步骤所需要的原材料及第二生产步骤所需要的半成品均在每个生产步骤开始时一次投入；两个生产步骤的直接人工费用和制造费用随加工进度发生。上述各项费用在完工产品（应计入产成品份额）和月末在产品（广义在产品）之间的分配均采用约当产量比例法。

（3）各步骤月初在产品成本和本月生产费用分别见表 6 - 49 和表 6 - 50。

表 6 - 49　　　　　　　　　月初在产品成本摘录表

产品名称：A　　　　　　　　　　　　　　　　　　　　　　　　单位：元

项目	直接材料	直接人工	制造费用	合计
第一生产步骤	204 000	126 750	133 250	464 000
第二生产步骤		58 500	61 500	120 000

表 6 - 50　　　　　　　　　本月生产费用摘录表

产品名称：A　　　　　　　　　　　　　　　　　　　　　　　　单位：元

项目	直接材料	直接人工	制造费用	合计
第一生产步骤	496 000	382 450	402 750	1 281 200
第二生产步骤		384 250	392 750	777 000

根据以上资料，生产费用在完工产品与广义在产品之间的分配计算过程如下：

第一生产步骤的费用分配如下：

（1）直接材料费用分配。

$$分配率 = \frac{204\,000 + 496\,000}{1\,000 + (100 + 300)} = 500$$

$$应计入产成品的份额 = 1\,000 \times 500 = 500\,000(元)$$

$$月末在产品成本 = 400 \times 500 = 200\,000(元)$$

（2）直接人工费用分配。

$$分配率 = \frac{126\,750 + 382\,450}{1\,000 + (100 \times 40\% + 300)} = 380$$

$$应计入产成品的份额＝1\,000\times380＝380\,000（元）$$
$$月末在产品成本＝340\times380＝129\,200（元）$$

（3）制造费用分配。

$$分配率＝\frac{133\,250＋402\,750}{1\,000＋(100\times40\%＋300)}＝400$$
$$应计入产成品的份额＝1\,000\times400＝400\,000（元）$$
$$月末在产品成本＝340\times400＝136\,000（元）$$

第二生产步骤的费用分配如下：

（1）直接人工费用分配。

$$分配率＝\frac{58\,500＋384\,250}{1\,000＋300\times50\%}＝385$$
$$应计入产成品的份额＝1\,000\times385＝385\,000（元）$$
$$月末在产品成本＝150\times385＝57\,750（元）$$

（2）制造费用分配。

$$分配率＝\frac{61\,500＋392\,750}{1\,000＋300\times50\%}＝395$$
$$应计入产成品的份额＝1\,000\times395＝395\,000（元）$$
$$月末在产品成本＝150\times395＝59\,250（元）$$

根据以上资料和分配计算结果登记各生产步骤产品成本明细账，如表 6－51、表 6－52 所示。

表 6－51　　　　　　　　　　　产品成本明细账

第一生产步骤　　　　　　　　　　　　　　　　　　　　　　　　单位：元

项目	直接材料	直接人工	制造费用	合计
月初在产品成本	204 000	126 750	133 250	464 000
本月费用	496 000	382 450	402 750	1 281 200
合计	700 000	509 200	536 000	1 745 200
应计入产成品成本份额	500 000	380 000	400 000	1 280 000
月末在产品成本	200 000	129 200	136 000	465 200

表 6－52　　　　　　　　　　　产品成本明细账

第二生产步骤　　　　　　　　　　　　　　　　　　　　　　　　单位：元

项目	直接人工	制造费用	合计
月初在产品成本	58 500	61 500	120 000
本月费用	384 250	392 750	777 000
合计	442 750	454 250	897 000
应计入产成品成本份额	385 000	395 000	780 000
月末在产品成本	57 750	59 250	117 000

根据第一生产步骤和第二生产步骤的产品成本明细账汇总计算、平行登记 A 产成品成本汇总表（见表 6-53）。

表 6-53　　　　　　　　　　　　产成品成本汇总表

产品名称：A

产量：1 000 件
单位：元

项目	直接材料	直接人工	制造费用	合计
第一生产步骤成本份额	500 000	380 000	400 000	1 280 000
第二生产步骤成本份额	—	385 000	395 000	780 000
产成品总成本	500 000	765 000	795 000	2 060 000
单位成本	500	765	795	2 060

平行结转分步法与逐步结转分步法相比较，具有以下优点：

（1）在平行结转分步法下，各步骤可以同时计算产品成本，然后将应计入完工产品成本的份额平行结转、汇总计入产成品成本，不必逐步结转半成品成本，可以简化和加速成本计算工作。

（2）在平行结转分步法下，一般是按成本项目平行结转、汇总各步骤成本中应计入产成品成本的份额，因而能够直接提供按原始成本项目反映的产成品成本资料，不必进行成本还原。

但是，由于采用这一方法各步骤不计算也不结转半成品成本，因而存在以下缺点：

（1）不能提供各步骤半成品成本资料及各步骤所耗上一步骤半成品费用资料，因而不能全面地反映各步骤生产耗费的水平，不利于各步骤的成本管理。

（2）由于各步骤间不结转半成品成本，使半成品实物转移与费用结转脱节，不能为各步骤在产品的实物管理和资金管理提供资料。

从以上对比分析中可以看出，平行结转分步法的优缺点正好与逐步结转分步法的优缺点相反。因此，平行结转分步法只适宜在半成品种类较多、逐步结转半成品成本工作量较大、管理上又不要求提供各步骤半成品成本资料的情况下采用；采用时应加强各步骤在产品收发存的数量核算，以便为在产品的实物管理和资金管理提供资料，弥补这一方法的不足。

 思考题

1. 品种法、分批法和分步法各自的主要特点是什么？它们在适用范围上有何不同？

2. 如何理解品种法是产品成本计算基本方法中的最基本方法？

3. 如何理解简化分批法的主要特点、适用情况和应用条件？

4. 以简化分批法为例，如何理解简化成本计算的意义和原则？

5. 逐步结转分步法与平行结转分步法各自适用于什么情况？

6. 与逐步结转分步法相比较，平行结转分步法具有哪些优缺点？

 练习题

1. 分批法

某公司生产组织属于小批单件生产，采用分批法计算产品成本。本月（6
月）投产的 502 批甲产品 20 台，计划下月完工，本月末提前完工 8 台。502 批
甲产品本月发生下列费用：直接材料费用 48 000 元，直接人工费用 27 000 元，
制造费用 18 000 元。

该批产品的直接材料是在生产开始时一次投入的。8 台完工产品完成的定额
工时为 400 小时，12 台在产品完成的定额工时为 500 小时。

要求：

（1）将生产费用在完工产品与月末在产品之间进行分配，计算完工产品与月
末在产品的成本，其中直接材料费用按实际台数进行分配，其他费用按定额工时
比例进行分配。

（2）根据以上有关资料和计算分配结果登记 502 批甲产品的成本明细账。

2. 简化分批法

某工业企业生产组织属于小批生产，产品批数多，而且月末有许多批号未完
工，因而采用简化分批法计算产品成本。有关资料如下：

（1）9 月份生产批号有：

9420：甲产品 5 件，8 月投产，9 月 20 日全部完工。

9421：乙产品 10 件，8 月投产，9 月完工 6 件。

9422：丙产品 5 件，8 月末投产，尚未完工。

9423：丁产品 6 件，9 月初投产，尚未完工。

（2）各批号 9 月末累计的直接材料费用（原材料在生产开始时一次投入）和
工时见产品成本明细账。

（3）9 月末，全部产品累计直接材料费用、累计工时、累计直接人工费用和
累计制造费用见基本生产成本二级账。

（4）9 月末，完工产品工时为 1 300 小时，其中甲产品 500 小时，乙产品
800 小时。

要求：

（1）计算累计间接费用分配率。

（2）计算各批完工产品成本。

（3）根据以上计算结果登记基本生产成本二级账（见表 6-54）和各批产品
成本明细账（见表 6-55 至表 6-58）。

表 6 - 54　　　　　　　　　　　　　基本生产成本二级账

月	日	摘要	直接材料	工时	直接人工	制造费用	合计
9	30	月末累计	76 000	2 300	34 500	46 000	156 500

表 6 - 55　　　　　　　　　　　　　产品成本明细账

产品批号：9420　　　　　　　　　　　　　　　　　　　　　　　投产日期：

产品名称：甲　　　　　　　　产品批量：5 件　　　　　　　　　完工日期：

月	日	摘要	直接材料	工时	直接人工	制造费用	合计
9	30	月末累计	20 000	500			

表 6 - 56　　　　　　　　　　　　　产品成本明细账

产品批号：9421　　　　　　　　　　　　　　　　　　　　　　　投产日期：

产品名称：乙　　　　　　　　产品批量：10 件　　　　　　　　　完工日期：

月	日	摘要	直接材料	工时	直接人工	制造费用	合计
9	30	月末累计	30 000	1 000			

表 6 - 57　　　　　　　　　　　　　产品成本明细账

产品批号：9422　　　　　　　　　　　　　　　　　　　　　　　投产日期：

产品名称：丙　　　　　　　　产品批量：5 件　　　　　　　　　完工日期：

月	日	摘要	直接材料	工时	直接人工	制造费用	合计
9	30	月末累计	15 000	400			

表 6 - 58　　　　　　　　　　　　　产品成本明细账

产品批号：9423　　　　　　　　　　　　　　　　　　　　　　　投产日期：

产品名称：丁　　　　　　　　产品批量：6 件　　　　　　　　　完工日期：

月	日	摘要	直接材料	工时	直接人工	制造费用	合计
9	30	月末累计	11 000	400			

3. 逐步结转分步法（按实际成本综合结转）

某厂大量生产甲产品。生产分为两个步骤，分别由第一、第二两个车间进行。第一车间为第二车间提供半成品，第二车间将半成品加工成产成品。该厂为了加强成本管理，采用分步法按照生产步骤（车间）计算产品成本。有关资料如下：

（1）该厂本月（10月）第一车间和第二车间发生的生产费用（不包括所耗半成品的费用）见产品成本明细账。

（2）该厂的完工产品与月末在产品之间的费用分配，采用在产品按定额成本计算法，第一车间、第二车间的月初、月末在产品定额成本见产品成本明细账（见表6-59和表6-61）。

（3）本月初半成品库结存半成品400件，其实际总成本为10 200元。本月第一车间完工入库半成品500件，第二车间从半成品库领用半成品700件。出库半成品单位成本按加权平均法计算。

本月完工入库产成品350件。

要求：

（1）根据上述资料，计算、结转本月完工甲半成品成本，并登记产品成本明细账（见表6-59）和自制半成品明细账（见表6-60）。

（2）计算本月出库甲半成品的单位成本和总成本。

（3）按实际成本综合结转甲半成品成本，计算产成品成本，并登记自制半成品明细账和产品成本明细账（见表6-61）。

（4）编制结转半成品成本和产成品成本的会计分录。

（5）将第二车间产成品成本中的半成品费用，按第一车间所产半成品成本的结构进行成本还原，计算按原始成本项目反映的产成品成本（见表6-62）。

表6-59　　　　　　　　　　　产品成本明细账

产品名称：甲半成品
产量：500件

车间名称：第一车间　　　　　　　20××年10月　　　　　　　单位：元

成本项目	月初在产品定额费用	本月费用	生产费用合计	完工半成品成本	月末在产品定额费用
直接材料	2 000	6 500	8 500		2 100
直接人工	1 200	3 200	4 400		1 800
制造费用	2 500	6 500	9 000		3 000
合计	5 700	16 200	21 900		6 900
单位成本	—	—	—		—

表6-60　　　　　　　　　　　自制半成品明细账

半成品名称：甲半成品　　　　　　　　　　　　　　　　　单位：元

月份	月初余额		本月增加		合计			本月减少	
	数量（件）	实际成本	数量（件）	实际成本	数量（件）	实际成本	单位成本	数量（件）	实际成本
10	400	10 200	500					700	
11	200								

表 6-61   **产品成本明细账**

产品名称：甲产品
产量：350 件

车间名称：第二车间   20××年 10 月   单位：元

成本项目	月初在产品定额费用	本月费用	生产费用合计	产成品成本		月末在产品定额费用
				总成本	单位成本	
半成品	6 000	19 600	25 600			5 000
直接人工	1 500	4 000	5 500			1 600
制造费用	3 000	9 000	12 000			2 500
合计	10 500	32 600	43 100			9 100

表 6-62   **逐步结转分步法综合结转的产品成本还原计算表**

项目	还原分配率	半成品	直接材料	直接人工	制造费用	成本合计
还原前产成品成本	×					
本月所产半成品成本	×					
成本还原						
还原后产成品成本	×					

4. 平行结转分步法

某企业采用平行结转分步法计算乙产品成本。5 月份有关资料如下：

（1）乙产品实物量及在产品完工程度资料如表 6-63 所示。

表 6-63   **乙产品实物量及在产品完工程度资料**   单位：件

项目	第一生产步骤	第二生产步骤
月初在产品结存	200	250
本月投入或转入	2 000	2 100
本月完工并转出	2 100	2 150
月末在产品结存	100	200
完工程度	50%	50%

（2）第一生产步骤所需要的原材料和第二生产步骤所需要的半成品均在每一生产步骤开始时一次投入；两个生产步骤的直接人工费用和制造费用随加工进度发生。

（3）各步骤月初在产品成本和本月发生的费用分别见表 6-64 和表 6-65。

表 6-64   **月初在产品成本摘录表**

产品名称：乙   单位：元

项目	直接材料	直接人工	制造费用	合计
第一生产步骤	5 400	2 100	1 200	8 700
第二生产步骤		2 400	1 600	4 000

表6-65　　　　　　　　　　　**本月生产费用摘录表**

产品名称：乙　　　　　　　　　　　　　　　　　　　　　　　　　　　单位：元

项目	直接材料	直接人工	制造费用	合计
第一生产步骤	53 400	26 700	18 000	98 100
第二生产步骤		35 850	20 900	56 750

要求：

（1）采用约当产量比例法（加权平均法）在完工产品与广义在产品之间分配费用。

（2）登记各步骤产品成本明细账并编制完工产品成本计算表。

案例题

[**案例1**]

[**资料**]中兴公司生产和销售甲、乙两种产品。两种产品的生产都属于大量、大批的多步骤生产，其中乙产品的半成品种类较多。两种产品的生产已经定型，针对这两种产品的计划和定额管理工作的基础都很扎实，各项消耗定额比较准确、稳定；甲产品的各月末在产品数量稳定，乙产品的各月末在产品数量变动较大。

甲产品的半成品除供本企业加工甲产品所用外，还对外销售，需要计算半成品成本；乙产品则不需要计算半成品成本。

另外，从企业内部管理的要求看，均要求两种产品分步骤归集费用，计算成本。其中，甲产品不仅需要从整个企业角度考核和分析其成本构成情况，而且需要严格进行分步骤的成本管理，即要求各步骤成本核算所提供的资料能够较为清晰地反映各步骤的工作业绩和经济责任。乙产品则主要要求从整个企业角度考核和分析其成本构成情况。

[**要求**]根据该公司的上述情况讨论以下问题：

1．从既满足管理的需要又要加速和简化成本计算工作的要求出发，这两种产品最适合采用什么样的成本计算方法？

2．如果你选择了某种成本计算方法，请详细说明在该种方法下成本计算都包括哪些方面的工作。

3．这两种产品的完工产品与月末在产品之间的费用分配适合采用什么样的方法？

4．如果你选择某种完工产品与月末在产品之间的费用分配方法，请详细说明在该种方法下分配费用所需要的有关资料应如何取得。

[**案例2**]

[**资料**]华兴公司是小批单件生产企业，20××年年初无在产品，该年1—3月份产品投产、完工以及发生的生产工时和间接计入费用情况如下：

1．1月份的有关情况。

（1）产品投产及完工情况。

1）投产甲产品 18 件，批号为 1101；投产乙产品 16 件，批号为 1201；投产丙产品 10 件，批号为 1301；投产丁产品 8 件，批号为 1401。

2）1101 批甲产品完工 2 件（工时 300 小时）。

（2）生产工时及间接计入费用发生情况。

1）发生间接计入费用 84 000 元。

2）耗用生产工时 3 500 小时，其中，1101 批甲产品 1 800 小时，1201 批乙产品 700 小时，1301 批丙产品 600 小时，1401 批丁产品 400 小时。

2．2 月份的有关情况。

（1）产品投产及完工情况。

1）投产丙产品 15 件，批号为 2301；投产丁产品 10 件，批号为 2401。

2）1101 批甲产品完工 8 件（工时 1 200 小时），1201 批乙产品完工 8 件（工时 1 040 小时），1301 批丙产品 10 件全部完工。

（2）生产工时及间接计入费用发生情况。

1）发生间接计入费用 72 000 元。

2）耗用生产工时 3 600 小时，其中，1101 批甲产品 500 小时，1201 批乙产品 800 小时，1301 批丙产品 900 小时，1401 批丁产品 300 小时，2301 批丙产品 600 小时，2401 批丁产品 500 小时。

3．3 月份的有关情况。

（1）产品投产及完工情况。

1）投产乙产品 15 件，批号为 3201；投产丁产品 10 件，批号为 3401。

2）1101 批甲产品剩余的 8 件全部完工，1201 批乙产品剩余的 8 件全部完工，1401 批丁产品 8 件全部完工。

（2）生产工时及间接计入费用发生情况。

1）发生间接计入费用 60 000 元。

2）耗用生产工时 4 000 小时，其中，1101 批甲产品 400 小时，1201 批乙产品 600 小时，1401 批丁产品 1 300 小时，2301 批丙产品 500 小时，2401 批丁产品 400 小时，3201 批乙产品 500 小时，3401 批丁产品 300 小时。

　　［要求］

1．采用一般分批法（间接计入费用当月分配法）和简化分批法（间接计入费用累计分配法），计算 1 月份投产的 4 批产品从投产到最终全部完工应负担的间接计入费用，并对计算结果进行比较，计算二者的差异。

2．讨论两种方法的计算结果存在差异的原因。

3．从本案例所揭示的问题出发，对简化分批法的适用情况进行讨论。

第 7 章

Chapter 7 产品成本计算的辅助方法

学 习 目 标

1. 掌握分类法和定额法的特点、计算程序、适用范围、应用条件及优缺点。
2. 掌握联产品、副产品和等级产品成本的计算。
3. 掌握标准成本法的特点，成本差异的计算、分析与账务处理，以及标准成本法与定额法的异同。
4. 理解在什么情况下可以同时采用几种成本计算方法；计算一种产品成本时，在什么情况下可以结合采用几种不同的成本计算方法。

7.1 产品成本计算的分类法

7.1.1 分类法的特点

产品成本计算的分类法，是按产品类别归集生产费用，计算产品成本的一种方法。

在一些工业企业中，生产的产品品种、规格繁多，若按产品的品种、规格归集生产费用，计算产品成本，则成本计算工作极为繁重。在这种情况下，如果可以将不同品种、规格的产品按照一定标准进行分类，为了简化成本计算工作，就可以采用分类法来计算产品成本。

分类法的特点是：按照产品的类别归集生产费用、计算成本；类内不同品种（或规格）产品的成本按照一定的分配方法分配确定。

7.1.2 分类法的计算程序

分类法的计算程序如下：

（1）根据产品所用原材料和工艺技术过程的不同，将产品划分为若干类，按照产品的类别开设产品成本明细账，按类归集产品的生产费用，计算各类产品的成本。

（2）选择合理的分配标准，分别将每类产品的成本，在类内的各种产品间进行分配，计算每类产品中各种产品的成本。

假定某企业产品品种、规格繁多，但可以按一定标准将其分为甲、乙、丙三类产品。其中甲类包括 A，B 两种产品；乙类包括 C，D 两种产品；丙类包括 E，F，G 三种产品。产品成本明细账的设置以及分类法成本计算的一般程序如图 7-1 所示。

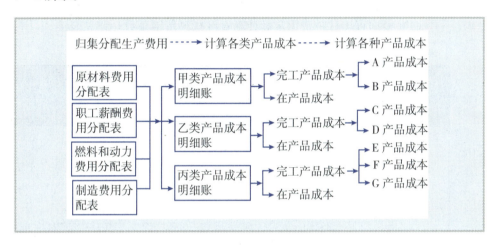

图 7-1　分类法成本计算程序图

说明：计算各种产品成本应该包括其完工产品成本和在产品成本，为了简化计算，这里只计算各种完工产品成本，而在产品成本不再分到每种产品。

同类产品内各种产品之间分配费用的标准，一般有定额消耗量、定额费用、售价以及产品的体积、长度和重量等。在选择费用的分配标准时，主要应考虑与产品生产耗费的关系，即应选择与产品各项耗费有密切联系的分配标准。

在类内各种产品之间分配费用时，各成本项目可以按同一个分配标准进行分配；为了使分配结果更为合理，也可以根据各成本项目的性质，分别按照不同的分配标准进行分配。例如，直接材料费用可以按照直接材料定额消耗量或直接材料定额费用比例进行分配，直接人工等其他费用可以按照定额工时比例进行分配。

此外，为了简化分配工作，可以将分配标准折算成相对固定的系数，按照固定的系数在类内各种产品之间分配费用。确定系数时，一般是在类内选择一种产量较大、生产比较稳定或规格折中的产品作为标准产品，将这种产品的系数定为 1；再用其他各种产品的分配标准额分别与标准产品的分配标准额相比较，计算出其他各种产品的分配标准额与标准产品的分配标准额的比率，即系数。在分类法中，按照系数分配类内各种产品成本的方法，也叫系数法。系数一经确定，在一定时期内应保持相对稳定。在实际工作中，也采用按照标准产品产量比例分配类内各种产品成本的方法，即将各种产品的产量按照系数进行折算，折算成标准产品产量，然后，按照标准产品产量的比例分配类内各种产品成本，这也是一种系数分配法。

下面举例介绍分类法下类内各种产品成本的分配问题。

例7-1

某企业生产的甲、乙、丙三种产品的结构、所用原材料和工艺过程基本相同，合并为一类（A类），采用分类法计算成本。类内各种产品之间分配费用的标准为：直接材料费用按各种产品的直接材料费用系数分配，直接材料费用系数按直接材料费用定额确定；其他费用按定额工时比例分配。

与甲、乙、丙三种产品成本计算有关的数据以及成本计算过程如下：

（1）根据直接材料费用定额计算直接材料费用系数，详见表7-1。

表7-1 单位：元

产品名称	单位产品直接材料费用				直接材料费用系数
	原材料名称或编号	消耗定额（千克）	计划单价	费用定额	
甲（标准产品）	1011	200	0.5	100	1
	2021	100	0.8	80	
	3112	170	1	170	
	小计			350	
乙	1011	180	0.5	90	280÷350＝0.8
	2021	50	0.8	40	
	3112	150	1	150	
	小计			280	
丙	1011	250	0.5	125	385÷350＝1.1
	2021	100	0.8	80	
	3112	180	1	180	
	小计			385	

（2）按产品类别（A类）开设产品成本明细账。根据各项生产费用分配表登记产品成本明细账，计算该类产品成本（完工产品与在产品之间的费用分配采用在产品按定额成本计价法），详见表7-2。

表7-2 产品成本明细账

产品名称：A类　　　　　　　　20××年×月　　　　　　　　单位：元

摘要	直接材料	直接人工	制造费用	成本合计
月初在产品成本	19 950	8 000	12 000	39 950
本月费用	896 300	52 930	72 645	1 021 875
生产费用合计	916 250	60 930	84 645	1 061 825
产成品成本	892 800	49 500	67 500	1 009 800
月末在产品成本	23 450	11 430	17 145	52 025

（3）分配计算甲、乙、丙三种产品的产成品成本。根据各种产品的产量、原材料费用系数和工时消耗定额，分配计算A类甲、乙、丙三种产品的产成品成本，详见表7-3。

表 7-3 　　　　　　　　　　各种产成品成本计算表
20××年×月
金额单位：元

项目 ①	产量（件）②	直接材料费用系数 ③	直接材料费用总系数 ④=②×③	工时消耗定额 ⑤	定额工时 ⑥=②×⑤	直接材料 ⑦=④×分配率	直接人工 ⑧=⑥×分配率	制造费用 ⑨=⑥×分配率	成本合计 ⑩
分配率						360	11	15	
甲产品	1 000	1	1 000	1.8	1 800	360 000	19 800	27 000	406 800
乙产品	750	0.8	600	2	1 500	216 000	16 500	22 500	255 000
丙产品	800	1.1	880	1.5	1 200	316 000	13 200	18 000	348 000
合计			2 480		4 500	892 800	49 500	67 500	1 009 800

表 7-3 中各种费用分配率的计算如下：

$$直接材料费用分配率 = \frac{892\ 800}{2\ 480} = 360$$

$$直接人工费用分配率 = \frac{49\ 500}{4\ 500} = 11$$

$$制造费用分配率 = \frac{67\ 500}{4\ 500} = 15$$

在表 7-3 所示的产品成本计算表中，各项费用的合计数是分配对象，它应该根据该类产品成本明细账中产成品成本一行中的数字填列。表中直接材料费用分配率，应根据直接材料费用合计数除以直接材料费用总系数的合计数计算填列；直接材料费用分配率分别乘以各种产成品的直接材料费用总系数，即可求得各种产成品的直接材料费用。

在表 7-3 中的直接人工费用、制造费用的分配率，则应根据各该项费用的合计数，分别除以定额工时的合计数计算填列；以各该项费用分配率，分别乘以各种产成品的定额工时，即可求得各种产成品的各该项费用。

7.1.3　分类法的适用范围、优缺点和应用条件

1. 分类法的适用范围

分类法与生产的类型无直接关系，它可以在各种类型的生产中应用，即凡是产品品种、规格繁多，又可以按照一定标准划分为若干类别的企业或车间，均可以采用分类法计算成本。例如，钢铁厂生产的各种型号和规格的生铁、钢锭和钢材，针织厂生产的各种类别和规格的针织品，灯泡厂生产的各种类别和瓦数的灯泡，食品厂生产的各种饼干和面包，等等。它们的生产类型有所不同，但都可以采用分类法计算成本。

有些工业企业，特别是化工企业，对同一原料进行加工，可以同时生产出几种主要产品。例如，原油经过提炼，可以同时生产出各种汽油、煤油和柴油等产品，这些联产品，所用原料和工艺技术过程相同，可以归为一类，因而最适宜采用分类法计算成本。

此外，企业可能生产一些零星产品，如为协作单位生产少量的零部件，或自制少量材料和工具等。这些零星产品虽然所用原材料和工艺过程不一定完全相近，但其品种规格多，且数量少，费用比重小。为了简化核算工作，也可以把它们归为一类，采用分类法计算成本。

应当指出的是，有些工业企业，特别是轻工企业，有时可能生产出品种相同但质量不同的产品。如果这些产品所用的原材料和工艺技术过程完全相同，质量上的差别是由工人操作造成的，那么，这些质量等级不同的产品的单位成本应该相同，而不能把分类法原理应用到这些产品的成本计算中去，也就是说，不能按照它们的不同售价分配费用，为不同等级的产品确定不同的单位成本，否则就会掩盖次级产品由于售价较低造成的损失，不利于企业加强成本管理，提高产品质量。如果不同质量的产品，是由于所用原材料的质量或工艺技术上的要求不同而产生的，那么，这些产品应是同一品种不同规格的产品，可以归为一类，采用分类法计算成本。

2. 分类法的优缺点和应用条件

采用分类法计算产品成本，领料单、工时记录等原始凭证和原始记录可以只按产品类别填列，在各种费用分配表中可以只按产品类别分配费用，产品成本明细账可以只按产品类别开设，这不仅能简化成本计算工作，而且能够在产品品种、规格繁多的情况下，分类掌握产品成本的情况。但是，由于在类内各种产品成本的计算中，不论是间接计入费用还是直接计入费用，都是按一定的分配标准或比例进行分配的，因而计算结果有一定的假定性。因此，在分类法下，产品的分类和分配标准（或系数）的选定是否适当是一个关键问题。在产品的分类上，应以所耗原材料和工艺技术过程是否相近为标准。因为所耗原材料和工艺技术过程相近的各种产品，其成本水平也往往接近。在对产品进行分类时，类距既不能定得过小，使成本计算工作复杂化；也不能定得过大，造成成本计算上的"大锅烩"，影响成本计算的准确性。在产品结构、所耗原材料或工艺技术发生较大变动时，应及时修订分配系数，或另选分配标准，以保证成本计算的准确性。

7.1.4　联产品、副产品和等级产品成本的计算

1. 联产品成本的计算

联产品是指使用同种原材料，经过同一加工过程，同时生产出的各种主要产品。例如，炼油厂用原油经过同一生产过程加工提炼出汽油、煤油和柴油等产品；奶制品厂可同时生产出牛奶、奶油等产品。联产品所经过的同一加工过程，称为联产过程；在联产过程中所发生的成本，称为联合成本。

联产品由于所用的原材料和生产过程相同，因此，只能将其归为一类，采用分类法计算成本。从最终出售的角度看，联产品的生产可以有两种情况：（1）有的联产品经过联产过程后即可出售，在这种情况下，某种联产品应分摊的联合成本就是该种联产品的全部成本。（2）有些联产品在经过联产过程分离出来后，需要进一步加工后才能出售，这些联产品的成本是分离前的成本（即应分摊的联合

成本）加上分离后的加工成本。

由上述联产品生产的特定情况所决定，联产品成本的计算可以分为两个阶段：第一阶段，采用分类法计算联合成本，即以联产品为一类汇集生产费用计算联产品的联合成本，并采用适当的方法将联合成本在各种联产品之间进行分配，计算各种联产品应分摊的联合成本；第二阶段，对于分离后还需进一步加工的联产品，还应采用适当的方法分配计算其由于继续加工而应负担的成本，从而计算其全部成本。

在联产品成本的计算中，各种联合成本的分配可以按各种联产品的产量比例、售价比例或定额成本比例等进行分配，也可以将这些分配标准预先折算为系数，再按系数进行分配。

 例 7-2

某企业生产 A，B，C 三种联产品。这三种联产品经同一生产过程加工后即可出售。本月完工产品应负担的各项费用以及产量分别见表 7-4 和表 7-5。联产品的联合成本按照各种联产品的产量比例进行分配。

表 7-4

联产品联合成本资料

20××年×月 单位：元

项目	直接材料	直接人工	制造费用	合计
联合成本	80 000	100 000	40 000	220 000

表 7-5

联产品产量资料

产品名称	产量（千克）
A 产品	5 000
B 产品	3 000
C 产品	2 000
合计	10 000

根据表 7-4 和表 7-5 的资料可以编制联合成本分配计算表，如表 7-6 所示。

表 7-6

联合成本分配计算表

20××年×月 金额单位：元

产品名称	产量（千克）	直接材料		直接人工		制造费用		合计
		分配率	分配额	分配率	分配额	分配率	分配额	
A 产品	5 000		40 000		50 000		20 000	110 000
B 产品	3 000		24 000		30 000		12 000	66 000
C 产品	2 000		16 000		20 000		8 000	44 000
合计	10 000	8	80 000	10	100 000	4	40 000	220 000

联合成本分配计算表中各项费用的分配率计算如下：

$$直接材料分配率 = \frac{80\,000}{10\,000} = 8$$

$$直接人工分配率 = \frac{100\,000}{10\,000} = 10$$

$$制造费用分配率 = \frac{40\,000}{10\,000} = 4$$

在表7-6中，利用各项费用分配率乘以各种产品的产量就可以求得各种联产品应分摊的各该项费用。

 例7-3

某企业用同一种原材料，在同一个生产工艺过程中生产出A，B，C三种联产品。企业采用系数法分配联合成本，以A产品为标准产品，以售价作为折算标准。A，B，C三种产品分离后均可以直接对外出售，其中C产品也可以作为本企业的自制半成品，继续加工成为甲产品。C产品的收发通过自制半成品库进行，其成本结转采用综合结转法，其成本结转按全月一次加权平均法计算。本月（10月）有关产品产量、单位售价和成本资料如表7-7、表7-8所示。

表7-7　　　　　　　　　　　产品产量和单位售价资料
20××年10月

产品名称	产量（件）	单位售价（元）
A产品	1 000	200
B产品	400	100
C产品	400	400

表7-8　　　　　　　　　　　分离前有关成本资料
20××年10月
　　　　　　　　　　　　　　　　　　　　　　　　　　　　单位：元

项目	直接材料	直接人工	制造费用	合计
A，B，C产品联合成本	90 000	40 000	30 000	160 000
甲产品本月应负担的加工费用		15 600	11 300	26 900
甲产品的月初在产品成本	18 000	3 400	2 700	24 100

表7-8分离前的联合成本为本月完工的A，B，C三种联产品应共同负担的成本；甲产品本月应负担的加工费用是本月用于甲产品的加工费用。

根据上述资料，首先，计算各种联产品的折算系数，并根据折算系数将各种产品的实际产量折合为标准产品产量；其次，按标准产量将联合成本在A，B，C三种联产品之间进行分配，并编制联合成本分配计算表；最后，在甲产品成本计算单中计算甲产品成本。

（1）将各种产品的实际产量按照折算系数折合成为标准产品产量。其计算结果如表7-9所示。

表7-9　　　　　　　　　　　折算系数和标准产品产量计算表
20××年10月

产品名称	产量（件）	单位售价（元）	折算系数	标准产品产量
A产品	1 000	200	1	1 000
B产品	400	100	0.5	200
C产品	400	400	2	800
合计	1 800	—	—	2 000

（2）将联合成本在 A，B，C 三种联产品之间进行分配，并编制联合成本分配计算表，如表 7 - 10 所示。

表 7 - 10　　　　　　　　　　　　联合成本分配计算表

20××年 10 月　　　　　　　　　　　　　　　　　单位：元

产品名称	标准产量（件）	直接材料		直接人工		制造费用		合计
		分配率	分配额	分配率	分配额	分配率	分配额	
A 产品	1 000		45 000		20 000		15 000	80 000
B 产品	200		9 000		4 000		3 000	16 000
C 产品	800		36 000		16 000		12 000	64 000
合计	2 000	45	90 000	20	40 000	15	30 000	160 000

根据产品的验收入库单和联合成本分配计算表，编制会计分录：

借：库存商品——A　　　　　　　　　　　　　　　　　　80 000

　　　　　——B　　　　　　　　　　　　　　　　　　16 000

　　自制半成品——C　　　　　　　　　　　　　　　　　64 000

　　贷：基本生产成本　　　　　　　　　　　　　　　　　160 000

（3）根据产品入库单登记自制半成品明细账（C 半成品），如表 7 - 11 所示。

表 7 - 11　　　　　　　　　　　　自制半成品明细账

半成品名称：C 半成品　　　　　　　　　　　　　　　　　　　　　单位：元

月份	月初余额		本月增加		合计			本月减少	
	数量（件）	实际成本	数量（件）	实际成本	数量（件）	实际成本	单位成本	数量（件）	实际成本
10	100	18 500	400	64 000	500	82 500	165	400	66 000
11	100	16 500							

根据 C 半成品领用单（生产甲产品耗用），编制会计分录：

借：基本生产成本——甲产品　　　　　　　　　　　　　　66 000

　　贷：自制半成品——C　　　　　　　　　　　　　　　　66 000

根据以上有关资料的计算结果登记甲产品成本明细账，如表 7 - 12 所示。

表 7 - 12　　　　　　　　　　　　产品成本明细账

产品名称：甲产品　　　　　　　　　　　　　　　　　　　　　　　单位：元

摘要	产量（件）	直接材料	直接人工	制造费用	成本合计
月初在产品（定额成本）		18 000	3 400	2 700	24 100
本月费用		66 000	15 600	11 300	92 900
合计		84 000	19 000	14 000	117 000
完工转出产成品	550	75 000	17 200	12 650	104 850
单位成本		136.36	31.27	23	190.63
月末在产品（定额成本）		9 000	1 800	1 350	12 150

根据甲产品的验收入库单，编制会计分录：

借：库存商品——甲产品　　　　　　　　　　　　　　　104 850
　　贷：基本生产成本　　　　　　　　　　　　　　　　　　　　104 850

2. 副产品成本的计算

有些工业企业，在生产主要产品的过程中还会附带生产出一些非主要产品，这些非主要产品称为副产品。例如，在原油的加工过程中产生的渣油、石油焦；制皂过程中产生的甘油等。

副产品虽然不是企业的主要产品，所占的费用比重不大，但它亦有一定的经济价值，因而也应该加强管理和核算。为了简化核算工作，对副产品可以不单独计算成本，而采用与分类法相似的方法计算成本。即将副产品与主产品合为一类开设成本明细账，归集它们所发生的各项生产费用，计算该类产品的总成本；然后，将副产品按照一定的方法计价，从总成本中扣除（一般是在总成本的原材料项目中扣除），以扣除后的成本作为主产品的成本。

副产品成本可以按照售价减去税金和按正常利润率计算的销售利润后的余额计价；也可以在此基础上确定固定的单价，以固定的单价计价。副产品成本的合理计价，对于正确计算主产品、副产品的成本是十分重要的。副产品成本的计价既不能过高，也不能过低，否则不仅不能准确反映副产品的成本，而且会影响主产品成本计算的准确性。

有的副产品与主产品分离后，还需要单独进行加工。例如，在制皂过程中产生的含有甘油的盐水，在与主产品分离后，还要加入某些辅助材料，经进一步加工，才能生产出甘油，在这种情况下，还应根据副产品加工生产的特点和管理的要求单独计算成本。

 例 7 - 4

某企业在生产甲产品（主产品）的过程中，还生产出可以制造乙产品（副产品）的原料。这种原料经过加工处理后即成乙产品。甲、乙产品都是单步骤的大量生产，在同一车间进行。乙产品的原料按固定单价每千克 0.5 元计价，甲、乙产品月初、月末在产品均按原料的定额费用计价。

甲、乙两种产品的成本计算程序为：

（1）分配各种生产费用。原料和辅助材料为直接计入费用，直接计入各产品成本明细账。直接人工、制造费用按生产工时比例在甲、乙两种产品之间进行分配，分配结果详见表 7 - 13。

表 7 - 13　　　　　　　　　　直接人工和制造费用分配表
20××年×月　　　　　　　　　　　　　　　　　　　　单位：元

项目	工时（小时）	直接人工	制造费用
本月发生额	1 500	9 000	12 000
分配率		6	8
甲产品	1 450	8 700	11 600
乙产品	50	300	400
合计	1 500	9 000	12 000

（2）根据有关费用分配表、产品产量月报表，以及在产品定额资料，登记甲产品成本明细账。详见表 7 - 14。

表 7 - 14　　　　　　　　　产品成本明细账

产品名称：甲产品（主产品）　　　　　　20××年×月　　　　　　　　　　单位：元

摘要	产量 （千克）	原料	辅助材料	直接人工	制造费用	成本合计
月初在产品（定额成本）		24 000				24 000
本月生产费用		485 000	3 000	8 700	11 600	508 300
扣减副产品原料12 000千克（每千克0.5元）		－6 000				－6 000
合计		503 000	3 000	8 700	11 600	526 300
产成品	20 000	478 000	3 000	8 700	11 600	501 300
单位成本		23.90	0.15	0.44	0.58	25.07
月末在产品（定额成本）		25 000				25 000

（3）根据甲产品成本明细账、有关费用分配表、产品产量月报表，以及在产品定额资料，登记乙产品成本明细账。详见表 7 - 15。

表 7 - 15　　　　　　　　　产品成本明细账

产品名称：乙产品（副产品）　　　　　　20××年×月　　　　　　　　　　单位：元

摘要	产量 （千克）	原料	辅助材料	直接人工	制造费用	成本合计
月初在产品（定额成本）		800				800
本月生产费用		6 000	400	300	400	7 100
合计		6 800	400	300	400	7 900
产成品	2 000	6 200	400	300	400	7 300
单位成本		3.10	0.20	0.15	0.20	3.65
月末在产品（定额成本）		600				600

如果副产品的加工处理时间不长，费用不多，为了简化计算工作，副产品也可以按照计划单位成本计价，而不计算其实际成本。这样，从主产品、副产品的生产费用总额中，扣除按计划单位成本计算的副产品成本后的余额，即为主产品的成本。

例7-5

假定例 7 - 4 中乙产品（副产品）的计划单位成本为 3.70 元，其中原料 3.12 元，辅助材料 0.21 元，直接人工 0.16 元，制造费用 0.21 元。

乙产品按计划单位成本计算时，登记甲产品成本明细账。详见表 7 - 16。

表 7 - 16　　　　　　　　　产品成本明细账

产品名称：甲产品（主产品）　　　　　　20××年×月　　　　　　　　　　单位：元

摘要	产量 （千克）	原料	辅助材料	直接人工	制造费用	成本合计
月初在产品（定额成本）		24 000				24 000
本月生产费用		485 000	3 400	9 000	12 000	509 400
扣减乙产品成本（计划成本）	2 000	－6 240	－420	－320	－420	－7 400

续前表

摘要	产量（千克）	原料	辅助材料	直接人工	制造费用	成本合计
合计		502 760	2 980	8 680	11 580	526 000
产成品	20 000	477 760	2 980	8 680	11 580	501 000
单位成本		23.89	0.15	0.43	0.58	25.05
月末在产品（定额成本）		25 000				25 000

　　有些工业企业，在生产过程中会产生一些废气、废液和废料（"三废"）。随着生产的发展和科学技术的不断进步，"三废"的综合利用也在发展。"三废"经利用生成副产品，也就应该按照副产品的成本计算方法计算其成本。

　　有些工业企业，除生产主要产品外，有时还为其他单位提供少量加工、修理等作业。在这些作业费用比重很小的情况下，为了简化核算，也可以比照副产品的成本计算方法，将其与主要产品合为一类归集费用，然后将这些作业按照固定价格计价，从总的生产费用中扣除，以扣除后的余额作为主要产品的成本。

　　在工业企业的基本生产车间，除生产主要产品外，还为企业内部的其他车间、部门提供少量的加工和修理作业的情况下，这些作业可以按照计划单位成本计价结算，不必计算和调整其成本差异，其成本差异由主要产品负担，从而简化成本计算工作，而且便于车间的成本考核和分析。

3. 等级产品的成本计算

　　等级产品是指品种、规格相同，但质量等级不同的产品。例如，纺织品生产中经常会出现一等品、二等品、三等品和等外品。产生不同等级品的原因是多方面的，常见原因有：技术操作不当、管理不善和原材料质量或工艺技术要求的不同。

　　如前所述，工人技术操作不当或管理不善导致的不同等级的产品，其成本不应有区别，等级产品售价不同从而导致的利润不同正说明企业在生产、管理方面存在问题，需要加以改进。因所用原材料质量不同或工艺技术要求不同而形成的等级品，如果各等级品售价相差很大，则可按单位售价等作为分配标准，计算各等级产品的成本。我们这里所说的等级产品的成本计算，就是针对后一种情况下的等级产品。

 例7-6

　　某毛巾厂20××年×月生产毛巾100 000条，由于所用原材料质量有所不同，其中一等品50 000条、二等品40 000条、三等品10 000条。以售价作为分配标准，以一等品作为标准产品，采用系数法分配共同成本。有关成本、售价资料见表7-17、表7-18。

表7-17　　　　　　　　　　产品成本明细账
20××年×月
单位：元

项目	直接材料	直接人工	直接燃料和动力	制造费用	合计
本月完工产品	675 000	230 000	80 000	115 000	1 100 000

表 7 - 18　　　　　　　　　售价资料　　　　　　　　　单位：元

项目	一等品	二等品	三等品
单位售价	20	16	12

根据上述资料，分配各等级毛巾的成本，编制等级产品成本计算表，如表 7 - 19 所示。

表 7 - 19　　　　　　　　等级产品成本计算表　　　　　　　　单位：元

等级	产量（条）	单价	系数	标准产量（总系数）	分配率	总成本	单位成本
	①	②	③	④＝①×③	⑤＝Σ⑥÷Σ④	⑥＝⑤×④	⑦＝⑥÷①
一等品	50 000	20	1	50 000		625 000	12.5
二等品	40 000	16	0.8	32 000		400 000	10
三等品	10 000	12	0.6	6 000		750 000	7.5
合计	100 000	—		88 000	12.5	1 100 000	—

根据各种毛巾的验收入库单，编制会计分录：

借：库存商品　　　　　　　　　　　　　　　　　　　　　1 100 000
　　贷：基本生产成本　　　　　　　　　　　　　　　　　　　　1 100 000

7.2　产品成本计算的定额法

7.2.1　定额法的特点

在前面介绍的成本计算方法——品种法、分批法、分步法和分类法下，生产费用的日常核算都是按照其实际发生额进行，产品的实际成本也都是根据实际生产费用计算的。因此，生产费用和产品成本脱离定额的差异及其发生的原因，只有在月末时通过实际资料与定额资料的对比、分析才能得到反映，而不能在月份内生产费用发生的当时就得到反映。这不利于加强定额管理，及时对产品成本进行控制和管理，不能更有效地发挥成本核算对于节约费用、降低成本的作用。

产品成本计算的定额法，就是为了克服上述几种成本计算方法的弱点，解决及时反映和监督生产费用和产品成本脱离定额的差异，把产品成本的计划、控制、核算和分析结合在一起，以便加强成本管理而采用的一种成本计算方法。其主要特点是：

（1）将事先制定的产品消耗定额、费用定额和定额成本作为降低成本的目标。

（2）在生产费用发生的当时，就将符合定额的费用和发生的差异分别核算，以加强对成本差异的日常核算、分析和控制。

（3）月末，在定额成本的基础上，加减各种成本差异，计算产品的实际成本，为成本的定期考核和分析提供数据。

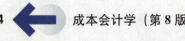

7.2.2 定额法的计算程序

定额法的一般计算程序如下：

1. 定额成本的计算

采用定额法计算产品成本，必须首先制定产品的原材料、动力、工时等消耗定额，并根据各项消耗定额和原材料的计划单价、计划直接人工费用率（计划每小时直接人工费用）或计件工资单价、计划制造费用率（计划每小时制造费用）等资料，计算产品的各项费用定额和产品的单位定额成本。

产品的定额成本与计划成本既有相同之处，又有不同之处。相同之处是：两者都是以生产耗费的消耗定额和计划单价为根据确定的目标成本。例如：

$$\frac{产品直接材料}{消\ 耗\ 定\ 额} \times \frac{原\ 材\ 料}{计\ 划\ 单\ 价} = \frac{直接材料}{费用定额}$$

$$\frac{产品生产}{工时定额} \times \frac{计\ 划\ 直\ 接}{人工费用率} = \frac{直接人工}{费用定额}$$

$$\frac{产品生产}{工时定额} \times \frac{计划制造}{费\ 用\ 率} = \frac{制造费用}{定\ \ \ \ \ 额}$$

直接人工和制造费用，通常是按生产工时比例分配计入产品成本的，因而其计划单价（计划费用率）通常是计划的每小时各该项费用额。各项费用定额的合计数，就是单位产品的定额成本或计划成本。

两者的不同之处是：计算计划成本所依据的消耗定额是计划期（一般为一年）内平均消耗定额，也称计划定额，在计划期内通常是不变的；而计算定额成本所依据的消耗定额是现行的定额，是企业在当时的生产技术条件下，在各项消耗上应达到的标准，它应随着生产技术的进步、劳动生产率的提高不断修订。此外，计算计划成本所依据的原材料等的计划单价，在计划期内通常也是不变的；而计算定额成本所依据的原材料、直接人工和制造费用的计划单价，则可能变动。因此，计划成本在计划期内通常是不变的；定额成本在计划期内则是变动的。

由上述可知，产品的定额成本，也就是根据各种有关的现行消耗定额和计划单价计算的成本。制定定额成本，可以使企业的成本控制和考核更加有效，更加符合实际，从而保证成本计划的完成。

产品单位定额成本的制定，应包括零件、部件的定额成本和产成品的定额成本，通常由计划、会计等部门共同制定。一般是先制定零件的定额成本，然后汇总计算部件和产成品的定额成本。如果产品的零部件较多，为了简化计算工作，可以不计算零件的定额成本，而是直接根据零件定额卡所列零件的原材料消耗定额、工序计划和工时消耗定额，以及原材料的计划单价、计划的直接人工费用率和计划的制造费用率等，计算部件定额成本，然后汇总计算产成品定额成本；或者根据零部件定额卡和原材料计划单价、计划的直接人工费用率和计划的制造费用率等，直接计算产成品定额成本。

需要指出的是，编制定额成本计算表时，所采用的成本项目和成本计算方法，应与编制计划成本、计算实际成本时所采用的成本项目和成本计算方法一致，以便成本考核和成本分析工作的进行。

零件定额卡和部件定额成本计算卡的格式分别见表 7 - 20 和表 7 - 21，产品定额成本计算表见表 7 - 22。

表 7 - 20　　　　　　　　　　　零件定额卡

零件编号或名称：2101　　　　　　20××年×月

材料编号或名称	计量单位	直接材料消耗定额
1301	千克	4
工序编号	工时定额（小时）	累计工时定额（小时）
1	2	2
2	4	6

表 7 - 21　　　　　　　　　　　部件定额成本计算卡

部件编号或名称：2100　　　　　　20××年×月　　　　　　　　金额单位：元

所需零件编号或名称	零件数量	直接材料费用定额						金额合计	工时定额
		1301			1302				
		数量	计划单价	金额	数量	计划单价	金额		
2101	3	12	5	60				60	18
2102	2				8	4	32	32	12
装配									4
合计				60			32	92	34

定额成本项目					定额成本合计
直接材料	直接人工		制造费用		
	计划费用率	金额	计划费用率	金额	
92	7.5	255	4	136	483

表 7 - 22　　　　　　　　　　　产品定额成本计算表

产品编号：2000　　　　　　　　产品名称：A　　　　　　　　金额单位：元

所用部件编号或名称	所用部件数量	直接材料费用定额		工时定额	
		部件	产品	部件	产品
2100	2	92	184	34	68
2200	2	110	220	30	60
装配					12
合计			404		140

产品定额成本项目					产品定额成本合计
直接材料	直接人工		制造费用		
	计划费用率	金额	计划费用率	金额	
404	7.5	1 050	4	560	2 014

2. 脱离定额差异的核算

脱离定额的差异，是指在生产过程中，各项生产费用的实际支出脱离现行定额或预算的数额。脱离定额差异的核算，就是在发生生产费用时，为符合定额的费用和脱离定额的差异分别编制定额凭证和差异凭证，并在有关的费用分配表和明细分类账中分别登记。这样，就能及时正确地核算和分析生产费用脱离定额的差异，控制生产费用支出。因此，对定额差异的核算是实行定额法的重要内容。为了防止生产费用的超支，避免浪费和损失，差异凭证填制以后，还必须按照规定办理审批手续。在有条件的企业，可以将脱离定额差异的日常核算同车间或班组经济责任制结合起来，依靠各生产环节的职工控制生产费用。

（1）直接材料费用脱离定额差异的核算。在各成本项目中，直接材料费用（包括自制半成品费用）一般占有较大比重，且属于直接计入费用，因而更有必要和可能在费用发生的当时就按产品核算定额费用和脱离定额的差异，并以不同的凭证予以反映。

直接材料脱离定额差异的核算方法，一般有限额法、切割核算法和盘存法三种。

1）限额法。为了控制材料的领用，在定额法下，原材料的领用应该实行限额领料（或定额发料）制度，符合定额的原材料应根据限额领料单等定额凭证领发。由于增加产量需要增加用料时，在追加限额手续后，也可以根据定额凭证领发。由于其他原因发生的超额用料或代用材料的用料，则应填制专设的超额领料单、代用材料领料单等差异凭证，经过一定的审批手续后领发。为了减少凭证的种类，这些差异凭证也可用普通领料单代替，但应以不同的颜色或加盖专用的戳记以示区别。在差异凭证中，应填写差异的数量、金额以及发生差异的原因。差异凭证的签发须经过一定的审批手续，其中由于采用代用材料、利用废料和材料质量低劣等原因而引起的脱离定额差异，通常由技术部门审批。对于采用代用材料和利用废料，还应在有关的限额领料单中注明，并从原定的限额中扣除。

在每批生产任务完成以后，应根据车间余料编制退料手续，退料单也是一种差异凭证。退料单中的原材料数额和限额领料单中的原材料余额，都是原材料脱离定额的节约差异。

应当指出的是，直接材料脱离定额差异是产品生产中实际用料脱离现行定额而形成的成本差异，而限额法并不能完全控制用料，上述差异凭证所反映的差异往往只是领料差异，而不一定是用料差异。这是因为，投产的产品数量不一定等于规定的产品数量；所领用原材料的数量也不一定等于原材料的实际消耗量，即期初、期末车间可能有余料。

 例 7 - 7

某限额领料单规定的产品数量为 1 000 件，每件产品的直接材料消耗定额为 5 千克（原材料在生产开始时一次投入），则领料限额为 5 000 千克；本月实际领料 4 800 千克，领料差异为少领 200 千克。

现假定有以下三种情况：

第一种情况：本期投产产品数量符合限额领料单规定的产品数量，即为 1 000 件，且期初、期末均无余料。则上述少领 200 千克的领料差异就是用料脱离定额的节约差异。

第二种情况：本期投产产品数量仍为 1 000 件，但车间期初余料为 100 千克，期末余料为 120 千克，则

$$直接材料定额消耗量＝1 000×5＝5 000（千克）$$
$$直接材料实际消耗量＝4 800＋100－120＝4 780（千克）$$
$$直接材料脱离定额差异＝4 780－5 000＝－220（千克）（节约）$$

第三种情况：本期投产产品数量为 900 件，车间期初余料为 100 千克，期末余料为 120 千克，则

$$直接材料定额消耗量＝900×5＝4 500（千克）$$
$$直接材料实际消耗量＝4 800＋100－120＝4 780（千克）$$
$$直接材料脱离定额差异＝4 780－4 500＝＋280（千克）（超支）$$

由此可见，只有投产产品数量等于规定的产品数量，且车间期初、期末均无余料，或期初、期末余料数量相等时，领料（或发料）差异才是用料脱离定额的差异。

2）切割核算法。对于某些贵重材料或经常大量使用且又需要经过在准备车间或下料工段切割后才能进一步加工的材料，如板材、棒材等，还应填制材料切割核算单。通过材料切割核算单，核算用料差异，控制用料。

材料切割核算单，应按切割材料的批别设立，在单中要填明切割材料的种类、数额、消耗定额和应切割成的毛坯数量。切割完毕后，要填写实际切割成的毛坯数量和材料的实际消耗量；然后根据实际切割成的毛坯数量和消耗定额，即可求得材料定额消耗量，再将此与材料实际消耗量相比较，即可确定脱离定额差异。材料定额消耗量、脱离定额的差异，以及发生差异的原因均应填入单中，并由主管人员签字。材料切割核算单的格式如表 7 - 23 所示。

表 7 - 23　　　　　　　　　　材料切割核算单

材料编号或名称：2105　　　材料计量单位：千克　　　　　　材料计划单价：7.50 元
产品名称：甲　　　　　　　零件编号或名称：205　　　　　　　　　　图纸号：609
切割工人工号和姓名：1631 王林　　　　　　　　　　　　　　　　机床编号：312
发交切割日期：20××年×月×日　　　　　　　　　　完工日期：20××年×月×日

发料数量		退回余料数量		材料实际消耗量		废料回收数量	
136		5		131		13.5	
单件消耗定额	单件回收废料定额	应切割成的毛坯数量	实际切割成的毛坯数量		材料定额消耗量	废料定额回收量	
10	0.5	13	12		120	6	
材料脱离定额差异		废料脱离定额差异			差异原因		责任者
数量	金额	数量	单价	金额			
11	82.50	－7.5*	1.20	－9	未按规定要求操作，因而多留了边料，减少了毛坯		切割工人

* 回收废料超过定额的差异可以冲减材料费用，故列负数；相反，低于定额的差异列正数。

采用材料切割核算单进行材料切割的核算，能及时反映材料的使用情况和发生差异的具体原因，有利于加强对材料消耗的控制和监督。在有条件的情况下，如与车间或班组的经济核算结合起来，则可以收到更好的效果。

3）盘存法。在大量生产不能按照上述方法分批核算原材料脱离定额差异的情况下，除仍要使用限额领料单等定额凭证和超额领料单等差异凭证，以便控制日常材料的实际消耗外，还应定期（按工作班、工作日或按周、旬等）通过盘存的方法核算差异。

● 根据完工产品数量和在产品盘存（实地盘存或账面结存）数量算出投产产品数量，再乘以原材料消耗定额，算出原材料定额消耗量。其中，投产产品数量的计算公式如下：

$$\text{本期投产}\atop\text{产品数量} = {\text{本期完工}\atop\text{产品数量}} + {\text{期 末}\atop\text{在产品数量}} - {\text{期 初}\atop\text{在产品数量}}$$

● 根据限额领料单、超额领料单、退料单等材料凭证以及车间余料的盘存数量，计算直接材料实际消耗量。

● 将直接材料实际消耗量与定额消耗量进行比较，进而确定原材料脱离定额的差异。

应当指出的是，按照上述公式计算本期投产产品数量，必须具备以下条件，即原材料在生产开始时一次投入，期初和期末在产品都不再耗用原材料。如果原材料是随着生产的进行陆续投入，在产品还要耗用原材料，那么上述公式中的期初和期末在产品数量应改为按直接材料消耗定额计算的期初和期末在产品的约当产量。

 例 7 - 8

生产乙产品耗用 C 材料。乙产品期初在产品为 50 件，本期完工产品为 1 000 件，期末在产品为 150 件。生产乙产品用原材料系在生产开始时一次投入，乙产品的原材料消耗定额为每件 2 千克，原材料的计划单价为每千克 10 元。限额领料单中载明的本期已实际领料数量为 2 100 千克。车间期初余料为 50 千克，期末余料为 20 千克。

有关数据计算如下：

投产产品数量＝1 000＋150－50＝1 100(件)
直接材料定额消耗量＝1 100×2＝2 200(千克)
直接材料实际消耗量＝2 100＋50－20＝2 130(千克)
直接材料脱离定额差异（数量）＝2 130－2 200＝－70(千克)（节约）
直接材料脱离定额差异（金额）＝－70×10＝－700(元)（节约）

对于直接材料的定额消耗量和脱离定额的差异，应分批或定期地按照成本计算对象进行汇总，编制直接材料定额费用和脱离定额差异汇总表。表中应填明该批或该种产品所耗各种原材料的定额消耗量、定额费用和脱离定额的差异，并分析说明差异产生的主要原因。该表既可以用来汇总反映和分析材料消耗定额的执行情况，又可以代替原材料费用分配表登记产品成本明细账，还可以报送有关领导或向群众公布，以便根据差异产生的原因采取措施，进一步挖掘降低原材料消耗的潜力。

现以丰华工厂甲产品为例，列示其 6 月份直接材料定额费用和脱离定额差异汇总表，详见表 7 - 24。

表 7 - 24　　　　　　　直接材料定额费用和脱离定额差异汇总表
产品名称：甲　　　　　　　20××年 6 月 1—30 日　　　　　　　金额单位：元

原材料类别	材料编号	单位	计划单价	定额费用		计划价格费用		脱离定额差异		差异原因
				数量	金额	数量	金额	数量	金额	
原料	1201	千克	5	6 000	30 000	6 200	31 000	+200	+1000	略
主要材料	2304	千克	4	5 000	20 000	4 500	18 000	-500	-2000	略
辅助材料	3202	千克	4	1 750	7 000	1 800	7 200	+50	+200	略
合计					57 000		56 200		-800	

自制半成品的定额消耗量、定额费用和脱离定额差异的核算方法与直接材料的相同。

（2）直接人工费用脱离定额差异的核算。在计件工资形式下，直接人工属于直接计入费用，因而其脱离定额差异的核算与直接材料的相似。凡符合定额的生产工资可反映在工票、工作班产量记录、工序进程单等产量记录中；脱离定额的差异部分，应设置"工资补付单"等差异凭证予以反映，单中也应填明差异产生的原因，并要经过一定的审批手续。在计时工资形式下，由于实际人工费用总额到月末才能确定，因此，直接人工脱离定额的差异不能在平时按照产品直接计算，只有在月末实际直接人工费用总额确定以后才能计算。

如果直接人工费用属于直接计入费用，则某种产品的直接人工费用脱离定额差异也可按下列公式计算：

$$\text{某种产品直接人工费用脱离定额的差异} = \text{该产品实际直接人工费用} - \left(\text{该产品约当的实际产量} \times \text{该产品直接人工费用定额}\right)$$

如果直接人工费用属于间接计入费用，则某种产品的直接人工费用脱离定额差异应按下列公式计算：

$$\text{计划每小时直接人工费用} = \frac{\text{某车间计划产量的定额直接人工费用总额}}{\text{该车间计划产量的定额生产工时总数}}$$

$$\text{实际每小时直接人工费用} = \frac{\text{该车间实际直接人工费用总额}}{\text{该车间实际生产工时总数}}$$

$$\text{某产品的定额直接人工费用} = \text{该产品实际完成的定额生产工时} \times \text{计划单位小时直接人工费用}$$

$$\text{某产品的实际直接人工费用} = \text{该产品实际生产工时} \times \text{实际单位小时直接人工费用}$$

$$\text{某产品直接人工费用脱离定额的差异} = \text{该产品实际直接人工费用} - \text{该产品定额直接人工费用}$$

从以上计算公式可以看出，要降低单位产品的计时直接人工费用，必须降低每小时的直接人工费用和单位产品的生产工时。为此，企业不仅要严格控制直接人工费用总额，使之不超过计划；还要充分利用工时，使生产工时总额不低于计划；并且要控制单位产品的工时耗费，使之不超过工时定额。为了降低单位产品的计时直接人工费用，在定额法下，应加强日常控制，通过核算工时脱离定额差异的方法，监督生产工时的利用情况和工时消耗定额的执行情况。为此，在日常核算中，要按照产品核算定额工时、实际工时和工时脱离定额的差异，并及时分析产生差异的原因。

 例 7 - 9

丰华厂 A 车间（该车间生产甲产品和其他产品）6 月份计划产量的定额直接人工费用为 14 800 元，计划产量的定额生产工时总数为 2 960 小时；6 月实际直接人工费用为 16 120 元，实际生产工时总数为 3 100 小时；6 月甲产品定额工时为 1 836 小时，实际生产工时为 1 807 小时。

甲产品定额直接人工费用和直接人工费用脱离定额的差异计算如下：

$$\text{计划每小时直接人工费用}=\frac{14\ 800}{2\ 960}=5(\text{元})$$

$$\text{实际每小时直接人工费用}=\frac{16\ 120}{3\ 100}=5.2(\text{元})$$

$$\text{甲产品的定额直接人工费用}=1\ 836\times5=9\ 180(\text{元})$$

$$\text{甲产品的实际直接人工费用}=1\ 807\times5.2=9\ 396.4(\text{元})$$

$$\text{甲产品直接人工费用脱离定额的差异}=9\ 396.4-9\ 180=+216.4(\text{元})$$

在定额法下，不论采用哪一种工资形式，都应根据上述核算资料，按照成本计算对象汇总编制定额生产工资和脱离定额差异汇总表。该表汇总反映产品的定额工资、实际工资、工资脱离定额的差异及其产生的原因（在计时工资形式下，还应汇总反映各种产品工时脱离定额的情况）等资料，以考核和分析各种产品工资定额的执行情况，并据以计算产品的工资费用。

（3）制造费用及其他费用脱离定额（或计划）的核算。制造费用，一般来说属于间接计入费用，在日常核算中不能按照产品直接确定制造费用脱离定额的差异，而只能根据月份的费用计划，按照费用的发生地点和费用项目，核算脱离定额的差异，据以对费用的发生进行控制和监督。对于其中的材料费用，也可以采用限额领料单、超额领料单等定额凭证和差异凭证进行控制；对生产工具、零星费用，则可采用领用手册、费用定额卡等凭证进行控制。在这些凭证中，先要填明领用的计划数，然后登记实际发生数和脱离定额的差异。对于超定额领用，也要经过一定的审批手续。

由上述可知，制造费用差异的日常核算，通常是指脱离费用定额的差异核算。各种产品应负担的制造费用脱离定额的差异，只有到月末将实际费用分配给各种产品以后，才能以其实际费用与定额费用相比较加以确定。其计算确定方法，与计时工资脱离定额差异的计算确定方法相似。其有关计算公式如下：

$$\frac{计划每小时}{制造费用} = \frac{某车间计划制造费用总额}{该车间计划产量的定额生产工时总数}$$

$$\frac{实际每小时}{制造费用} = \frac{某车间实际制造费用总额}{该车间各种产品实际生产工时总数}$$

$$\frac{某产品定额}{制造费用} = \frac{该产品实际完成的}{定额工时} \times \frac{计划每小时}{制造费用}$$

$$\frac{某产品实际}{制造费用} = \frac{该产品实际}{生产工时} \times \frac{实际每小时}{制造费用}$$

$$\frac{某产品制造费用}{脱离定额差异} = \frac{该产品实际}{制造费用} - \frac{该产品定额}{制造费用}$$

例 7 - 10

承例 7 - 9。丰华厂 A 车间 6 月份计划制造费用总额为 20 720 元，计划产量的定额生产工时总数为 2 960 小时；实际生产工时总数为 3 100 小时，实际发生制造费用为 21 545 元；6 月甲产品的定额生产工时为 1 836 小时，实际生产工时为 1 807 小时。

甲产品定额制造费用和制造费用脱离定额差异的计算如下：

$$\frac{计划每小时}{制造费用} = \frac{20\,720}{2\,960} = 7(元)$$

$$\frac{实际每小时}{制造费用} = \frac{21\,545}{3\,100} = 6.95(元)$$

$$\frac{甲产品实际}{制造费用} = 1\,807 \times 6.95 = 12\,558.65(元)$$

$$\frac{甲产品定额}{制造费用} = 1\,836 \times 7 = 12\,852(元)$$

$$\frac{甲产品制造费用}{脱离定额差异} = 12\,558.65 - 12\,852 = -293.35(元)$$

对于废品损失及其发生的原因，应采用废品通知单和废品损失计算表单独反映，其中不可修复废品的成本，应按照定额成本计算。由于产品定额成本中一般不包括废品损失，因而发生的废品损失，通常作为脱离定额差异来处理。

通过将产品的各项生产费用都分别计算出符合定额费用的部分和脱离定额差异的部分，在产品的定额成本上，加上或者减去脱离定额的差异，即可求得产品的实际成本。其计算公式如下：

$$\frac{产品实际}{成本} = \frac{产品定额}{成本} \pm \frac{脱离定额}{差异}$$

为了计算完工产品的实际成本，上述脱离定额的差异，还应在完工产品和月末在产品之间进行分配。由于采用定额法计算产品成本的企业都有现成的定额成本资料，因此脱离定额差异在完工产品与月末在产品之间的分配，大多采用定额比例法进行。如果各月在产品的数量比较稳定，也可以采用按定额成本计算在产品成本的方法，将全部差异计入完工产品成本，月末在产品不负担差异。

3. 直接材料成本差异的分配

在采用定额法计算产品成本的企业中，为了便于对产品成本进行考核和分析，材料的日常核算都应按计划成本进行。因此，日常所发生的直接材料费用，包括直接材料定额费用和直接材料脱离定额的差异，都是按照原材料的计划单位成本计算的。直接材料定额费用是定额消耗量乘以计划单价；直接材料脱离定额的差异是消耗量差异乘以计划单价。也就是说，前述的直接材料脱离定额的差异，是按计划单价反映的数量差异，即量差。因此，在月末计算产品的实际直接材料费用时，还必须考虑所耗原材料应负担的成本差异问题，即所耗原材料的价差。其计算公式如下：

$$
\begin{pmatrix} \text{某产品应分配} \\ \text{的直接材料} \\ \text{成本差异} \end{pmatrix} = \begin{pmatrix} \text{该产品的} \\ \text{直接材料} \pm \text{脱离定额} \\ \text{定额费用} & \text{差异} \end{pmatrix} \times \begin{pmatrix} \text{原材料成本} \\ \text{差异分配率} \end{pmatrix}
$$

例 7 - 11

承例 7 - 9。丰华厂甲产品 6 月份所耗直接材料定额费用为 57 000 元，脱离定额差异为节约 800 元，本月该厂车间月初、月末均无余料，领用材料全部耗用。原材料的成本差异率为节约 1%。

该产品应分配的材料成本差异为：

$$(57\,000-800) \times (-1\%) = -562(\text{元})$$

各种产品应分配的材料成本差异，一般均由各产品的完工产品成本负担，月末在产品不再负担。

在多步骤生产中采用定额法的情况下，若逐步结转半成品成本，则半成品的日常核算也应按计划成本或定额成本进行。在月末计算产品实际成本时，也应比照原材料成本差异的分配方法，计算产品所耗半成品的成本差异。

这时，产品实际成本的计算公式如下：

$$
\begin{pmatrix} \text{产品实际} \\ \text{成本} \end{pmatrix} = \begin{pmatrix} \text{按现行定额计算} \\ \text{的产品定额成本} \end{pmatrix} \pm \begin{pmatrix} \text{脱离现行} \\ \text{定额差异} \end{pmatrix} \pm \begin{pmatrix} \text{直接材料或} \\ \text{半成品成本差异} \end{pmatrix}
$$

在定额法下，为了便于考核和分析各生产步骤的产品成本，简化成本计算工作，各步骤所耗原材料和半成品的成本差异应尽量由厂部分配调整，不计入各生产步骤产品的成本。

4. 定额变动差异的核算

定额变动差异，是指因修订消耗定额或生产耗费的计划价格而产生的新旧定额之间的差额。定额变动差异与脱离定额差异是不同的。定额变动差异是定额本身变动的结果，它与生产中费用支出的节约或浪费无关；而脱离定额差异则反映生产费用支出符合定额的程度。

随着经济的发展、生产技术条件的变化、劳动生产率的提高等，企业的各项消耗定额、生产耗费的计划价格，也应随之加以修订，以保证各项定额能够准确有效地对生产经营活动进行控制和监督。在消耗定额或计划价格修订以后，定额成本也应随之及时修订。

消耗定额和定额成本一般是在月初、季初或年初定期进行修订。在定额变动的月份，其月初在产品的定额成本并未修订，仍然按照旧定额计算。因此，为了将按旧定额计算的月初在产品定额成本和按新定额计算的本月投入产品的定额成本在新定额的同一基础上相加，应该计算月初在产品的定额变动差异，以调整月初在产品的定额成本。

月初在产品定额变动差异，可以根据定额发生变动的在产品盘存数量或在产品账面结存数量和修订前后的消耗定额，计算出月初在产品消耗定额修订前和修订后的定额消耗量，进而确定定额变动差异。在构成产品的零部件种类较多的情况下，采用这种方法按照零部件和工序进行计算，工作量就会很大。为了简化计算工作，也可以按照单位产品费用的折算系数进行计算。即将按新旧定额所计算出的单位产品费用进行对比，求出系数，然后根据系数进行计算。其计算公式如下：

$$系数=\frac{按新定额计算的单位产品费用}{按旧定额计算的单位产品费用}$$

$$月初在产品定额变动差异=按旧定额计算的月初在产品费用\times(1-系数)$$

例 7 - 12

承例 7 - 9。甲产品的一些零件从本月 1 日起实行新的直接材料消耗定额，单位产品旧的直接材料费用定额为 12 元，新的直接材料费用定额为 11.4 元。该产品月初在产品按旧定额计算的直接材料定额费用为 12 000 元。

月初在产品定额变动差异的计算结果如下：

$$系数=\frac{11.4}{12}=0.95$$

$$月初在产品定额变动差异=12\,000\times(1-0.95)=600(元)$$

采用系数法来计算月初在产品定额变动差异虽然较为简便，但由于系数是按照单位产品计算，而不是按照产品的零部件计算的，因而它只适于在零部件成套生产或零部件成套性较大的情况下采用。也就是说，在零部件生产不成套或成套性较差的情况下采用系数法，就会影响计算结果的正确性。例如，某产品只是部分零部件的消耗定额做了修订，如果零部件生产不成套，月初在产品所包括的零部件又并不都是消耗定额发生变动的零部件，这时，采用上述方法计算，则会将本来不应有定额变动差异的月初在产品定额成本错误地进行了调整。

各种消耗定额的变动，一般表现为不断下降的趋势，因而月初在产品定额变动差异，通常表现为月初在产品定额成本的降低。在这种情况下，一方面应从月初在产品定额成本中扣除该项差异；另一方面，由于该项差异是月初在产品生产费用的实际支出，因此还应将该项差异计入本月产品成本。相反，若消耗定额不是下降而是提高，那么，在计算出定额变动差异后，应将此差额加入月初在产品定额成本之中，同时从本月产品成本中扣除，因为实际上并未发生这部分支出。

在有月初在产品定额变动差异时，产品实际成本的计算公式应补充为：

$$\begin{array}{l} 产\quad 品\\ 实\,际\,成\,本 \end{array} = \begin{array}{l} 按现行定额计算的\\ 产\,品\,定\,额\,成\,本 \end{array} \pm \begin{array}{l} 脱离现行\\ 定额差异 \end{array}$$

$$\pm \begin{array}{l} 直\,接\,材\,料\,或\\ 半成品成本差异 \end{array} \pm \begin{array}{l} 月初在产品\\ 定额变动差异 \end{array}$$

定额变动差异一般应按照定额成本比例，在完工产品和月末在产品之间进行分配。因为这种差异不是当月工作的结果，不应全部计入当月完工产品成本。但是，若定额变动差异数额较小，或者月初在产品本月全部完工，那么，定额变动差异也可以全部由完工产品负担，月末在产品不再负担。

在定额法下，产品实际成本的计算也应在产品成本明细账中按照成本项目分别进行。但为了适应定额法的要求，所采用的产品成本明细账以及各种费用分配表或汇总表，都应按照定额消耗量、定额费用和各种差异分设专栏或专行，以便按照前述方式，以定额成本为基础，加减各种差异计算产品实际成本。

5. 定额法举例

 例 7 - 13

承例 7-9。假设丰华厂大批量生产甲产品。该产品各项消耗定额比较准确、稳定，为了加强定额管理和成本控制，采用定额法计算产品成本。该产品由一个封闭式车间（A 车间）生产，不分步计算成本。该企业规定，该产品的定额变动差异和直接材料成本差异由完工产品成本负担；脱离定额差异按定额成本比例在完工产品与月末在产品之间进行分配。

丰华厂采用定额法计算甲产品成本所登记的产品成本明细账，详见表 7-25。

所列产品成本明细账，是在对生产耗费脱离定额差异进行日常核算和控制的基础上根据有关资料登记的，具体内容如下：

（1）月初在产品成本资料，根据上月末在产品成本资料登记。

（2）月初在产品定额变动资料，根据前述丰华工厂甲产品月初在产品定额变动差异的计算资料登记。其中，定额成本调整数，是用来调整按旧定额计算的月初在产品定额成本的（定额降低时为负数，定额提高时为正数）；定额变动差异数，是应该由本月产品成本负担的月初在产品定额变动的差异（定额降低时为正数，定额提高时为负数）。两者数额相等，但正负相反。

（3）本月生产费用中的定额成本和脱离定额差异，是根据前列的直接材料定额费用和脱离定额差异汇总表和其他有关汇总表、分配表进行登记的。

表 7 - 25

产品名称：甲　　　　　　　　　　　　　　　　　　　　产量：5 200 件

产品成本明细账

20××年 6 月　　　　　　　　　　　　　　　　　　　　单位：元

成本项目	月初在产品成本		月初在产品定额变动		本月生产费用			生产费用累计			
	定额成本 ①	脱离定额差异 ②	定额成本调整 ③	定额变动差异 ④	定额成本 ⑤	脱离定额差异 ⑥	直接材料成本差异 ⑦	定额成本 ⑧=①+③+⑤	脱离定额差异 ⑨=②+⑥	直接材料成本差异 ⑩=⑦	定额变动差异 ⑪=④
直接材料	12 000	-704.80	-600	+600	57 000	-800	-562	68 400	-1 504.80	-562	+600
直接人工	900	+35.6			9 180	+216.4		10 080	+252		
制造费用	1 260	+81.67			12 852	-293.35		14 112	-211.68		
成本合计	14 160	-587.53	-600	+600	79 032	-876.95	-562	92 592	-1 464.48	-562	+600

成本项目	差异分配率 脱离定额差异分配率 ⑫=⑨/⑧	本月完工产品成本					月末在产品成本	
		定额成本 ⑬	脱离定额差异 ⑭=⑬×⑫	直接材料成本差异 ⑮=⑩	定额变动差异 ⑯=⑪	实际成本 ⑰=⑬+⑭+⑮+⑯	定额成本 ⑱	脱离定额差异 ⑲=⑱×⑫
直接材料	-2.2%	59 280	-1 304.16	-562	+600	58 013.84	9 120	-200.64
直接人工	+2.5%	9 360	+234			9 594	720	+18
制造费用	-1.5%	13 104	-196.56			12 907.44	1 008	-15.12
成本合计	—	81 744	-1 266.72	-562	+600	80 515.28	10 848	-197.76

（4）直接材料成本差异，是根据前列直接材料成本差异分配计算资料登记的。

（5）由于脱离定额差异要在完工产品和月末在产品之间按照定额成本比例进行分配，所以要计算脱离定额差异分配率，并据以计算登记完工产品和月末在产品应负担的差异额。

（6）完工产品的定额成本，根据产成品入库单列示的产成品数量和单位定额成本计算登记；月末在产品的定额成本，可以根据该种产品各工序各种在产品的盘存数量（或账面结存数量）以及相应的消耗定额和计划单价计算求得，也可以根据定额成本累计数（第⑧栏）减去本月产成品定额成本（第⑬栏），即按倒轧的方法计算登记，两者计算的结果应相等。

（7）在将上述各项的计算结果记入成本明细账后，即可计算出完工产品的实际成本。

7.2.3　定额法的优缺点和应用条件

通过上述内容可知，定额法是将产品成本的计划工作、核算工作和分析工作有机结合起来，将事前、事中、事后反映和监督融为一体的一种产品成本计算方法和成本管理制度。

1. 定额法的主要优点

（1）通过生产耗费及其脱离定额和计划的日常核算，能够在生产耗费发生的当时反映和监督脱离定额（或计划）差异，从而有利于加强成本控制，可以及时、有效地促进生产耗费的节约，降低产品成本。

（2）由于产品实际成本是按照定额成本和各种差异分别核算的，因而便于对各项生产耗费和产品成本进行定期分析，有利于进一步挖掘降低成本的潜力。

（3）对脱离定额差异和定额变动差异的核算，还有利于提高成本的定额管理和计划管理工作的水平。

（4）由于有现成的定额成本资料，因而能够较为合理、简便地解决完工产品和月末在产品之间分配费用的问题。

2. 定额法的主要缺点

采用定额法计算产品成本比采用其他方法核算工作量要大。因为采用定额法必须制定定额成本，单独核算脱离定额差异，在定额变动时还必须修订定额成本，计算定额变动差异。

3. 定额法的应用条件

为了充分发挥定额法的作用，简化核算工作，采用定额法计算产品成本应具备以下条件：

（1）定额管理制度比较健全，定额管理工作的基础比较好。

（2）产品的生产已经定型，消耗定额比较准确、稳定。

大批、大量生产比较容易具备上述条件，但应当指出的是，定额法与生产类型并无直接联系，不论哪种生产类型，只要具备上述条件，都可以采用定额法计算产品成本。

7.3　标准成本法

7.3.1　标准成本法概述

1. 标准成本法的特点

标准成本法，也称标准成本制度，或标准成本会计，是以预先制定的标准成本为基础，将实际发生的成本与标准成本进行比较，核算和分析成本差异的一种成本计算方法，也是加强成本控制、评价经营业绩的一种成本控制制度。

标准成本法的核心是按标准成本与脱离标准成本的差异记录和反映产品成本的形成过程和结果，并借以实现对成本的控制。其主要特点包括：

（1）预先制定产品各成本项目的标准成本。

（2）按标准成本进行产品成本核算。"基本生产成本""产成品""自制半成品"科目的借贷方，均按标准成本入账。

（3）计算各成本项目实际成本与标准成本的各种成本差异，设立各种成本差异科目进行归集，并借以对产品成本进行控制和考核。

由上述特点可以看出，标准成本法并不单纯是一种成本计算方法，而是一种将成本计算和成本控制相结合，包括制定标准成本、计算和分析成本差异、处理成本差异三个环节的完整系统。

2. 标准成本的种类

标准成本的种类较多，主要包括理想标准成本、正常标准成本和现实标准成本。

（1）理想标准成本。理想标准成本是以现有生产经营条件处于最优状态为基础确定的最低水平的成本。它通常是根据理论上的生产要素耗用量、最理想的生产要素价格和可能实现的最高生产经营能力利用程度来制定的。由于这种标准成本未考虑客观存在的实际情况，提出的要求过高，很难实现，故在实际工作中较少采用。

（2）正常标准成本。它是以正常的工作效率、正常的耗用水平、正常的价格和正常的生产经营能力利用程度等条件为基础制定的标准成本。这里所谓的"正常"，一般是指过去较长时期的实际数据的平均。这种标准成本只是根据过去经验估计的，往往不能反映目前的实际水平，用它来控制成本也不够积极。

（3）现实标准成本。现实标准成本，亦称可达到标准成本，是在现有生产技术条件下进行有效经营的基础上，根据下一期最可能发生的各种生产要素的耗用量、预计价格和预计的生产经营能力利用程度而制定的标准成本。这种标准成本可以包含管理层认为短期内还不能完全避免的某些不应有的低效、失误和超量消耗。因其最切实可行，最接近实际成本，因此不仅可用于成本控制，也可以用于存货计价。标准成本法一般采用这种标准成本。

3. 标准成本的作用

标准成本的作用主要有以下几项：

（1）标准成本是有效地进行成本控制的依据。成本控制的标准有两类：一类是以历史上曾经达到的水平为依据，如上年实际成本、历史最低成本等；另一类是以应该发生的成本为依据，如各种标准成本。由于标准成本是在对实际情况认真调查分析的基础上用科学方法制定的，因此它具有客观性和科学性。由此决定了标准成本是比历史成本水平更为优越的控制依据，因为在历史成本中包含了一些偶然性和不正常因素。

（2）采用标准成本有利于责任会计的推行。标准成本不仅是编制成本预算的依据，也是分析、考核责任中心成本控制业绩的依据。

（3）标准成本是经营决策的重要依据。由于标准成本代表了成本要素的合理近似值，因而它是进行价格决策和投标议价的一项重要依据，也是其他长短期决策必须考虑的因素。

（4）采用标准成本对在产品、产成品和销货成本进行计价，可以简化成本核算的账务处理工作。

7.3.2　成本按习性的分类

在标准成本法下，从成本标准的制定、成本的控制、成本差异的计算和分析，到账户的设置和登记，都是以成本按习性分类为基础的。因此，在这里简要地介绍一下成本按习性的分类及相关问题。

成本习性（亦称成本性态），是指成本与业务量之间的依存关系。这里的业务量可以是生产或销售的产品数量，也可以是反映生产工作量的直接人工小时或机器工作小时等。研究成本与业务量之间的依存关系，考察不同类型成本与业务量之间的特定数量关系，把握业务量变动对各类成本变动的影响，对于正确进行经营决策，挖掘内部潜力，提高企业经济效益具有重要意义。

成本按其与业务量之间的依存关系，可以分为固定成本与变动成本两大类。

1. 固定成本

固定成本是指其总额在一定时期和一定业务量范围内，不受业务量增减变动影响而保持不变的成本。例如，按直线法计算的固定资产折旧、管理人员的工资、机器设备的租金等。

固定成本的概念是就其总额而言的。由于固定成本总额在一定时期和一定业务量范围内保持不变，因此随着业务量在一定范围内的增加或减少，单位业务量所分摊的固定成本就会相应地减少或增加，即从单位固定成本看，它与业务量的增减呈反比例变动。固定成本习性模型如图 7-2 和图 7-3 所示。

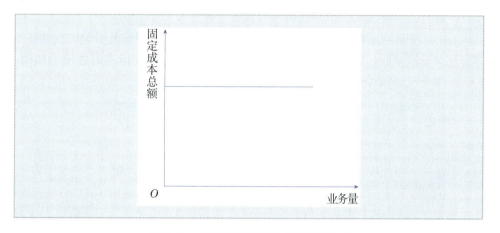

图 7-2　业务量与固定成本总额的关系

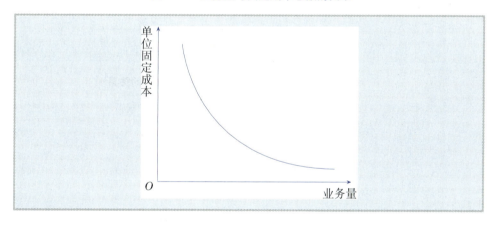

图 7-3　业务量与单位固定成本的关系

　　为了更好地对固定成本进行规划和控制，固定成本还可以进一步划分为约束性固定成本和酌量性固定成本。

　　约束性固定成本也叫经营能力成本，它是指同企业的生产经营能力的形成及其正常维护相联系的固定成本，如厂房和机器设备的折旧费、保险费、企业管理人员的基本工资等。这类成本有很大的约束性，一般在短期内很难有重大改变。酌量性固定成本也叫随意性固定成本，它是指由企业高层管理者按照经营方针的要求所确定的一定时期的预算固定成本，如广告费、研究开发费、职工培训费等。这类成本的发生及其数额的多少，服从于企业不同时期生产经营的实际需要，取决于管理层对不同费用项目所做的具体预算。因此，它随经营方针的改变而改变，只能在某个特定的预算期内存在。

　　应当指出的是，固定成本总额只在一定时期和一定业务量范围内才是固定的。这里所说的一定范围，通常称为相关范围。如果业务量超过了相关范围，固定成本也会发生变动。所以，固定成本必须和一定时期、一定业务量相联系。

2. 变动成本

变动成本是指其总额随着业务量的变动而呈正比例变动的成本。例如，直接材料、直接人工、包装材料等都属于变动成本。

变动成本的概念，也是就其总额而言的。若从单位业务量的变动成本看，它又是固定的，即它不受业务量增减变动的影响。变动成本习性模型如图7-4和图7-5所示。

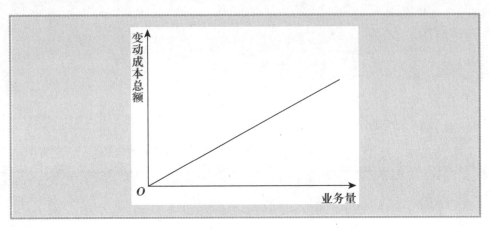

图7-4　业务量与变动成本总额的关系

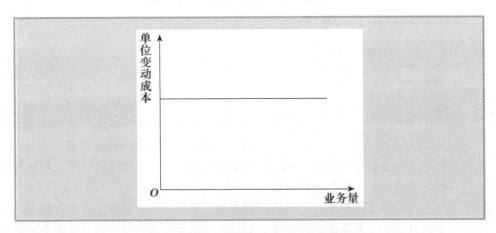

图7-5　业务量与单位变动成本的关系

应当指出的是，变动成本也存在着相关范围问题。也就是说，在相关范围之内，变动成本总额与业务量之间保持着完全的线性关系，在相关范围之外，它们之间的关系可能是非线性的。例如，企业生产产品，通常在生产的最初阶段产量较低，生产还处于不成熟状态，这样，单位产品耗费的直接材料、直接人工等费用可能较多，随着产量的增加，工人对生产过程逐渐熟悉，可能使单位产品的直接材料、直接人工等费用逐渐降低。在这一阶段，变动成本总额不一定与产量完全呈同比例变化，而是表现为小于产量增减幅度。当产量增长到相关范围时，单位产品耗用的直接材料、直接人工等费用较为稳定，从而变动成本总额与产量之间完全呈线性关系。如果产量超出相关范围继续增长，则可能出现一些新的不利因素，促使单位产品的变动成本增高。

3. 总成本习性模型

由于按成本习性分析企业的全部成本可分为固定成本和变动成本两大类，因此总成本的计算公式为：

总成本＝固定成本总额＋变动成本总额

＝固定成本总额＋单位变动成本×业务量

设 y 代表总成本，a 代表固定成本总额，b 代表单位变动成本，x 代表业务量，则上述总成本的计算公式可写成：

$$y=a+bx$$

从数学的观点看，上述公式是直线方程。式中，x 是自变量；y 是因变量；a 是常数，即截距；b 是直线的斜率。显然，若能求出公式中 a 和 b 的值，就可以利用这个直线方程来进行成本预测、成本决策和其他短期决策。所以这个公式是一个非常重要的模型。总成本习性模型如图 7-6 所示。

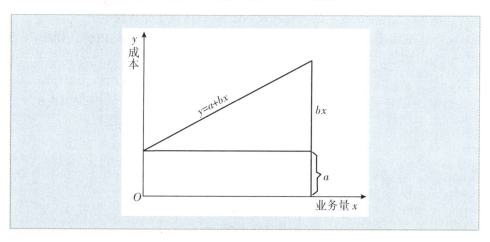

图 7-6　总成本习性模型图

标准成本法可以与完全成本法结合使用，也可以与变动成本法结合使用。西方企业一般是将其同完全成本法结合使用，本书只就这种情况对标准成本法进行讲解。

完全成本法，就是将企业的全部成本区分为生产成本（包括直接材料、直接人工和制造费用）和非生产成本（包括管理费用、销售费用等）两大类，将全部生产成本计入产品成本。完全成本法下成本类别的划分及产品成本所包含的内容，如图 7-7 所示。

变动成本法，也称直接成本法，是在计算产品生产成本和存货成本时，只包括生产过程中产品所消耗的直接材料、直接人工和变动制造费用，而把固定制造

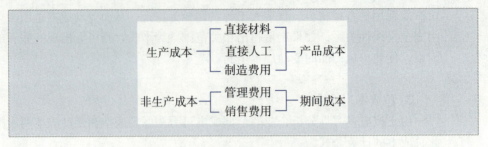

图7-7　完全成本法下成本类别的划分与产品成本所含内容关系图

费用视为期间成本全额计入当期损益的一种成本计算方法。

在变动成本法下，把固定制造费用视为期间成本全额计入当期损益的理由是：固定制造费用是为企业提供一定的生产经营条件，保持一定的生产能力而发生的，在已经形成的生产条件下，不论各期的产量如何，这些费用都会照常发生，并不随产量的增减而增减。也就是说，固定制造费用是按期间发生的，其效益会随时间的推移而消逝，不可能递延到下一个会计期间。因此，应将固定制造费用作为期间成本，在其发生时全额计入当期损益，而不应将其计入产品成本，使之随着产品的流动而流动。

在西方，变动成本法产生以后，人们把传统的成本计算方法称为完全成本法①（也称全部成本法、吸收成本法），以区别于变动成本法。

变动成本法下成本类别的划分及产品成本所包含的内容，如图7-8所示。

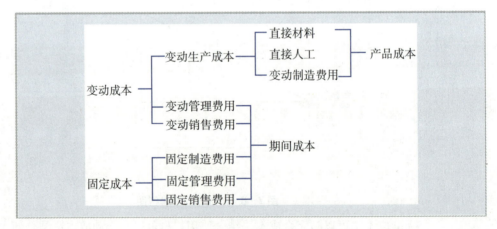

图7-8　变动成本法下成本类别的划分与产品成本所含内容关系图

在这里需要指出的是，在将标准成本法与完全成本法结合使用的情况下，也应该按照成本习性，将制造费用划分为固定制造费用与变动制造费用，并在此基础上分别制定成本标准进行成本的控制和差异的计算、分析。

---

① 本章中所提到的完全成本法，均是指西方所称的完全成本法，它相当于我国现行的制造成本法。即前面述及的我国现行的制造成本法，就是产品成本计算到制造（生产）成本为止的完全成本法。

7.3.3 标准成本的制定

标准成本一般是由会计部门会同采购部门、生产技术部门和其他有关经营管理部门，在对企业生产经营的具体条件进行分析、研究和技术测定的基础上共同制定的。产品成本一般由直接材料、直接人工和制造费用三个成本项目组成，因此，企业也应根据这些成本项目的特点，分别制定标准成本。

1. 直接材料标准成本的制定

直接材料标准成本的制定，包括直接材料用量标准的制定和直接材料价格标准的制定两个方面。

直接材料用量标准是指单位产品应该消耗的材料数量，即产品的材料消耗定额。直接材料用量标准通常应根据产品的设计、生产工艺状况，并结合企业的经营管理水平、降低材料消耗的可能性等条件制定。

由于材料价格受诸多因素的影响，直接材料价格标准的确定相对较难。一般来说，在制定直接材料价格标准时，不仅要考虑目前市价及未来市场的变化，而且要结合最佳采购批量和最佳运输方式等其他影响价格的因素。

在直接材料用量标准和价格标准确定以后，用下列公式即可求得直接材料标准成本：

直接材料标准成本＝直接材料用量标准×直接材料价格标准

 例 7 - 14

假定 M 公司甲产品耗用 A，B 两种直接材料，其直接材料标准成本如表7 - 26 所示。

表 7 - 26   甲产品标准成本卡

标准	A 材料	B 材料
用量标准（1）	15 千克	10 千克
价格标准（2）	5 元	10 元
成本标准（3）＝（1）×（2）	75 元	100 元
单位产品直接材料标准成本（4）＝$\sum$（3）	175 元	

2. 直接人工标准成本的制定

直接人工标准成本的制定，包括工时标准的制定和标准工资率的制定两个方面。

工时标准是指生产单位产品应该耗用的生产工时。这里的工时可以是直接人工工时，也可以是机器工时。工时标准应在技术测定的基础上，根据对产品直接加工所用的时间，并适当考虑正常的工作间隙加以制定。

在不同的工资制度下，标准工资率的表示形式有所不同。在计件工资制度下，标准工资率是指标准计件工资单价；在计时工资制度下，标准工资率是指单位工时标准工资率，其计算公式为：

$$标准工资率=\frac{标准工资总额}{标准总工时}$$

在工时标准和标准工资率确定以后，用下列公式即可求得直接人工标准成本：

$$直接人工标准成本=工时标准×标准工资率$$

例 7-15

例 7-14 中 M 公司甲产品直接人工标准成本计算如表 7-27 所示。

表 7-27　　　　　　　　　　直接人工标准成本计算表

项目	标准
月标准总工时（1）	12 000 小时
月标准总工资（2）	96 000 元
标准工资率(3)＝(2)/(1)	8 元/小时
单位产品工时标准（4）	6 小时
直接人工标准成本(5)＝(4)×(3)	48 元

3. 制造费用标准成本的制定

制造费用标准成本可以分为变动制造费用标准成本和固定制造费用标准成本。下面分别讲述。

（1）变动制造费用标准成本的制定。变动制造费用标准成本的制定，包括工时标准的制定和变动制造费用标准分配率的制定两个方面。其中，工时标准的含义与直接人工工时标准相同；变动制造费用标准分配率可按下列公式求得：

$$变动制造费用标准分配率=\frac{变动制造费用预算总额}{标准总工时}$$

在工时标准和变动制造费用标准分配率确定以后，用下列公式即可求得变动制造费用标准成本：

$$变动制造费用标准成本=工时标准×变动制造费用标准分配率$$

（2）固定制造费用标准成本的制定。在变动成本法下，固定制造费用作为期间成本全部计入当期损益，因而不包括在产品成本中。在完全成本法下，固定制造费用要在产品之间进行分配，因而需要制定单位产品的固定制造费用标准成本。

固定制造费用标准成本的制定，包括工时标准的制定和固定制造费用标准分配率的制定两个方面。其中，工时标准的含义与直接人工工时标准相同；固定制造费用标准分配率可以按下列公式求得：

$$固定制造费用标准分配率=\frac{固定制造费用预算总额}{标准总工时}$$

在工时标准和固定制造费用标准分配率确定以后，用下列公式即可求得固定制造费用标准成本：

$$固定制造费用标准成本＝工时标准×固定制造费用标准分配率$$

 例 7 - 16

　　沿用例 7 - 14 的资料。M 公司甲产品单位产品制造费用标准成本计算如表 7 - 28 所示。

表 7 - 28　　　　　　　　单位产品制造费用标准成本计算表

项目	标准
月标准总工时（1）	12 000 小时
变动制造费用预算总额（2）	48 000 元
变动制造费用标准分配率（3）＝（2）/（1）	4 元/小时
单位产品工时标准（4）	6 小时
变动制造费用标准成本（5）＝（4）×（3）	24 元
固定制造费用预算总额（6）	90 000 元
固定制造费用标准分配率（7）＝（6）/（1）	7.5 元/小时
固定制造费用标准成本（8）＝（4）×（7）	45 元
单位产品制造费用标准成本（9）＝（5）＋（8）	69 元

4. 标准成本卡

　　标准成本确定以后，应就不同种类、不同规格的产品编制标准成本卡。标准成本卡应分车间、分项目（在完全成本法下，一般包括直接材料、直接人工、变动制造费用和固定制造费用四个部分）反映单位产品标准成本及其所依据的材料、工时的用量标准和标准的价格、工资率（每工时的工资）、制造费用分配率（每工时应负担的制造费用）。直接材料项目应按所耗材料的种类和规格详细列明；直接人工应按不同工种、不同工资率分别列示。

 例 7 - 17

　　根据例 7 - 14 至例 7 - 16 的有关资料，填列 M 公司甲产品单位产品标准成本卡，如表 7 - 29 所示。

表 7 - 29　　　　　　　　　单位产品标准成本卡

成本项目		用量标准	标准价格	单位产品标准成本
直接材料	A	15 千克	5 元	75 元
	B	10 千克	10 元	100 元
	小计	—	—	175 元
直接人工		6 小时	8 元	48 元
变动制造费用		6 小时	4 元	24 元
固定制造费用		6 小时	7.5 元	45 元
单位产品标准成本		—	—	292 元

7.3.4 成本差异的计算和分析

成本差异是指实际成本与标准成本之间的差额。实际成本超过标准成本所形成的差异，叫作不利差异、逆差或超支；实际成本低于标准成本所形成的差异，叫作有利差异、顺差或节约。

计算分析成本差异的主要目的，在于查明差异形成的原因，以便及时采取措施消除不利差异，并为成本控制、考核和奖惩提供依据。

成本差异包括直接材料成本差异、直接人工成本差异和制造费用差异三部分。其中，制造费用差异又可分为变动制造费用差异和固定制造费用差异。下面分别讲述这些差异的计算和分析。

1. 直接材料成本差异的计算与分析

直接材料成本差异，是指一定产量产品的直接材料实际成本与直接材料标准成本之间的差额。直接材料成本差异，由直接材料价格差异和直接材料用量差异两部分构成。

直接材料价格差异，是指由于材料实际价格脱离标准价格而形成的材料成本差异。其计算公式为：

$$\text{直接材料价格差异} = \left(\text{实际价格} \times \text{实际用量}\right) - \left(\text{标准价格} \times \text{实际用量}\right)$$

$$= \left(\text{实际价格} - \text{标准价格}\right) \times \text{实际用量}$$

直接材料用量差异，是指由于材料的实际用量脱离标准用量而形成的直接材料成本差异。其计算公式为：

$$\text{直接材料用量差异} = \left(\text{标准价格} \times \text{实际用量}\right) - \left(\text{标准价格} \times \text{标准用量}\right)$$

$$= \left(\text{实际用量} - \text{标准用量}\right) \times \text{标准价格}$$

 例 7-18

M 公司制造甲产品需用 A，B 两种直接材料，标准价格分别为 5 元/千克、10 元/千克，单位产品的标准用量分别为 15 千克/件、10 千克/件；本期共生产甲产品 1 900 件，实际耗用 A 材料 28 000 千克、B 材料 20 000 千克，A，B 两种材料的实际价格分别为 4.5 元/千克、11 元/千克。

直接材料成本差异计算分析如下：

A 材料价格差异=(4.5−5)×28 000=−14 000(元)　　（有利差异）

B 材料价格差异=(11−10)×20 000=20 000(元)　　　（不利差异）

甲产品直接材料价格差异　　　　　　　　　6 000 元（不利差异）

A 材料标准用量＝1 900×15＝28 500(千克)

B 材料标准用量＝1 900×10＝19 000(千克)

A 材料用量差异＝(28 000−28 500)×5＝−2 500(元)　（有利差异）

B 材料用量差异＝(20 000−19 000)×10＝10 000(元)　（不利差异）

甲产品直接材料用量差异　　　　　　　　　　7 500 元　　（不利差异）

产品直接材料成本差异＝6 000＋7 500＝13 500(元)　　（不利差异）

在计算得出差异的基础上，可据此进一步分析原因，落实责任。

一般来说，直接材料价格差异应由采购部门负责，因为材料购买价格的高低、采购费用的高低，采购部门大体上是可以控制的。但是，决定材料价格的因素是多方面的，有些引起材料价格变动的因素会超出采购部门的控制范围。例如，因市场供求关系变化所引起的价格变动，就是采购部门所不能控制的。又如，因临时性需要进行紧急采购时，由于改变运输方式（如由陆运改为空运）而引起的价格差异，也不应由采购部门负责，而应由造成这种情况的有关部门负责。

直接材料的用量差异一般应由控制用料的生产部门负责。因为在正常情况下，产品耗用某种材料数量的多少、加工过程中必不可少的材料损耗的大小，生产部门大体上是可以控制的。但是，影响材料耗用量的因素也是多方面的。除生产部门有关人员的原因（如是否注意合理用料、是否遵守操作规程、技术的熟练程度等）会对材料用量差异的形成产生影响外，其他部门的原因也可能对材料用量差异的形成产生影响。例如，因材料质量低劣而增加了废品、因材料不符合要求而大材小用等原因引起的过量用料，就应该由采购部门负责。

总之，由影响直接材料价格差异和用量差异因素的多样性所决定，在进行直接材料成本差异分析时，应从实际出发，认真分析产生差异的具体原因，以便有针对性地采取改进措施。

2. 直接人工成本差异的计算与分析

直接人工成本差异，是指一定产量产品的直接人工实际成本与直接人工标准成本之间的差额。直接人工成本差异，由直接人工工资率差异和直接人工效率差异两部分构成。

直接人工工资率差异，是指由于直接人工的实际工资率脱离标准工资率而形成的人工成本差异。其计算公式为：

$$直接人工工资率差异 = \left(\begin{matrix} 实际 \\ 工资率 \end{matrix} \times \begin{matrix} 实际 \\ 工时 \end{matrix} \right) - \left(\begin{matrix} 标准 \\ 工资率 \end{matrix} \times \begin{matrix} 实际 \\ 工时 \end{matrix} \right)$$

$$= \left(\begin{matrix} 实际 \\ 工资率 \end{matrix} - \begin{matrix} 标准 \\ 工资率 \end{matrix} \right) \times \begin{matrix} 实际 \\ 工时 \end{matrix}$$

直接人工效率差异，是指由于直接人工实际工时脱离标准工时而形成的人工成本差异。其计算公式为：

$$\begin{pmatrix} 直接人工 \\ 效率差异 \end{pmatrix} = \begin{pmatrix} 标\quad准 \\ 工资率 \end{pmatrix} \times \begin{pmatrix} 实际 \\ 工时 \end{pmatrix} - \begin{pmatrix} 标\quad准 \\ 工资率 \end{pmatrix} \times \begin{pmatrix} 标准 \\ 工时 \end{pmatrix}$$

$$= \begin{pmatrix} 实际 \\ 工时 \end{pmatrix} - \begin{pmatrix} 标准 \\ 工时 \end{pmatrix} \times \begin{pmatrix} 标\quad准 \\ 工资率 \end{pmatrix}$$

 例 7-19

M 公司本期生产甲产品 1 900 件，只需一个工种加工，实际耗用 11 500 小时，实际工资总额 86 250 元；标准工资率为每小时 8 元，单位产品的工时耗用标准为 6 小时。

直接人工成本差异计算分析如下：

标准工时＝1 900×6＝11 400（小时）

实际工资率＝$\dfrac{86\,250}{11\,500}$＝7.5（元/小时）

直接人工工资率差异＝(7.5－8)×11 500＝－5 750（元）（有利差异）

直接人工效率差异＝(11 500－11 400)×8＝800（元）　　（不利差异）

直接人工成本差异　　　　　　　　　－4 950 元（有利差异）

如果生产一种产品需经几个工种加工，则应先对每个工种进行上述的计算分析，然后加总。

工资率差异的形成原因主要有工资的调整，直接生产工人升级或降级，出勤率的变化，等等。其成因较为复杂，一般应由劳动人事部门或生产部门负责。

人工效率差异形成的原因主要有工人技术的熟练程度和责任感，加工设备的完好程度，作业计划安排是否周密，工作环境是否良好，动力供应情况，等等。人工效率差异的责任基本上应由生产部门承担，但也可能有一部分应由其他部门承担。例如，因材料质量不好而影响生产效率，从而产生的人工效率差异就应该由供应部门负责。

3. 变动制造费用差异的计算与分析

变动制造费用差异，是指一定产量产品的实际变动制造费用与标准变动制造费用之间的差额。变动制造费用差异，由变动制造费用耗费差异和变动制造费用效率差异两部分组成。

在成本差异分析中，变动制造费用耗费差异类似于材料价格差异和直接人工工资率差异；变动制造费用效率差异类似于材料用量差异和直接人工效率差异。计算公式如下：

$$\begin{pmatrix} 变动制造费用 \\ 耗\quad费\quad差\quad异 \end{pmatrix} = \begin{pmatrix} 实\quad际 \\ 分配率 \end{pmatrix} \times \begin{pmatrix} 实际 \\ 工时 \end{pmatrix} - \begin{pmatrix} 标\quad准 \\ 分配率 \end{pmatrix} \times \begin{pmatrix} 实际 \\ 工时 \end{pmatrix}$$

$$= \begin{pmatrix} 实\quad际 \\ 分配率 \end{pmatrix} - \begin{pmatrix} 标\quad准 \\ 分配率 \end{pmatrix} \times \begin{pmatrix} 实际 \\ 工时 \end{pmatrix}$$

$$\begin{aligned}\text{变动制造费用效率差异} &= \left(\begin{array}{c}\text{标准}\\\text{分配率}\end{array}\times\begin{array}{c}\text{实际}\\\text{工时}\end{array}\right) - \left(\begin{array}{c}\text{标准}\\\text{分配率}\end{array}\times\begin{array}{c}\text{标准}\\\text{工时}\end{array}\right)\\&= \left(\begin{array}{c}\text{实际}\\\text{工时}\end{array}-\begin{array}{c}\text{标准}\\\text{工时}\end{array}\right)\times\begin{array}{c}\text{标准}\\\text{分配率}\end{array}\end{aligned}$$

例 7 - 20

　　M公司本期生产甲产品1 900件，实际耗用人工工时11 500小时，实际发生变动制造费用40 250元，单位产品的工时耗用标准为6小时，变动制造费用标准分配率为每一直接人工工时4元。

　　对变动制造费用差异分析如下：

　　　　标准工时＝1 900×6＝11 400(小时)

　　　　变动制造费用实际分配率＝$\dfrac{40\,250}{11\,500}$＝3.5(元/小时)

　　　　变动制造费用耗费差异＝(3.5－4)×11 500＝－5 750(元)　（有利差异）

　　　　变动制造费用效率差异＝(11 500－11 400)×4＝400(元)　（不利差异）

　　　　变动制造费用差异　　　　　　　　　　　　　－5 350元　（有利差异）

　　变动制造费用是一个综合性费用项目，对其差异应结合构成变动制造费用的具体明细项目作进一步的分析。在实际工作中，通常根据变动制造费用弹性预算的明细项目，结合同类项目的实际发生数进行对比分析，从而找出差异的原因及责任归属。

　　应当指出的是，变动制造费用效率差异实际上反映的是产品制造过程中的工时利用效率问题，在分析时应结合直接人工效率差异进行分析。

4. 固定制造费用差异的计算与分析

　　固定制造费用差异，是指一定期间的实际固定制造费用与标准固定制造费用之间的差额，其计算公式为：

$$\begin{aligned}\text{固定制造费用成本差异} &= \begin{array}{c}\text{实际固定}\\\text{制造费用}\end{array} - \begin{array}{c}\text{实际产量标准}\\\text{固定制造费用}\end{array}\\&= \begin{array}{c}\text{实际固定}\\\text{制造费用}\end{array} - \begin{array}{c}\text{实际}\\\text{产量}\end{array}\times\begin{array}{c}\text{工时}\\\text{标准}\end{array}\times\begin{array}{c}\text{标准费用}\\\text{分配率}\end{array}\\&= \begin{array}{c}\text{实际固定}\\\text{制造费用}\end{array} - \begin{array}{c}\text{实际产量}\\\text{标准工时}\end{array}\times\begin{array}{c}\text{标准费用}\\\text{分配率}\end{array}\end{aligned}$$

　　由于固定制造费用总额一般不受产量变动的影响，因此，产量变动会对单位产品所负担的固定制造费用产生影响。这就是说，实际产量与设计生产能力规定的产量或预算规定的产量的差异会对产品应负担的固定制造费用产生影响。所以，固定制造费用差异的分析方法与其他费用成本差异的分析方法有所不同。固定制造费用的成本差异分析方法主要有两差异分析法和三差异分析法两种。

（1）两差异分析法。两差异分析法将固定制造费用成本差异区分为耗费差异和能量差异两种成本差异。

固定制造费用耗费差异是指实际固定制造费用与固定制造费用预算总额之间的差异。固定制造费用预算总额是按预算产量和工时标准、标准费用分配率事前确定的固定制造费用。该成本差异的计算公式为：

$$
\begin{aligned}
\text{固定制造费用}\atop\text{耗费差异} &= \text{实际固定}\atop\text{制造费用} - \text{固定制造费用}\atop\text{预算总额} \\
&= \text{实际固定}\atop\text{制造费用} - \text{预算}\atop\text{产量} \times \text{工时}\atop\text{标准} \times \text{标准费用}\atop\text{分配率} \\
&= \text{实际固定}\atop\text{制造费用} - \text{预算产量}\atop\text{标准工时} \times \text{标准费用}\atop\text{分配率}
\end{aligned}
$$

固定制造费用能量差异是指由于设计或预算的生产能力利用程度的差异而导致的成本差异，也就是实际产量标准工时脱离设计或预算产量标准工时而产生的成本差异。其计算公式为：

$$
\text{固定制造费用}\atop\text{能量差异} = \left(\text{预算产量}\atop\text{标准工时} - \text{实际产量}\atop\text{标准工时}\right) \times \text{标准费用}\atop\text{分配率}
$$

 例 7-21

M公司本月甲产品预算产量为2 000件，实际产量为1 900件；固定制造费用预算总额为90 000元，实际发生固定制造费用为91 800元；预算总工时为12 000小时，实际耗用工时为11 500小时；工时标准为6小时，固定制造费用标准分配率为每小时7.5元。

根据以上资料，固定制造费用成本差异计算如下：

固定制造费用耗费差异＝91 800－90 000＝1 800（元）（不利差异）

固定制造费用能量差异＝（12 000－1 900×6）×7.5

＝（12 000－11 400）×7.5

＝4 500（元）（不利差异）

（2）三差异分析法。三差异分析法是将固定制造费用的成本差异区分为耗费差异、能力差异和效率差异三种成本差异。其中，耗费差异与两差异分析法中相同，其计算公式仍为：

$$
\text{固定制造费用}\atop\text{耗费差异} = \text{实际固定}\atop\text{制造费用} - \text{固定制造费用}\atop\text{预算总额}
$$

能力差异是指实际产量实际工时脱离预算产量标准工时而引起的生产能力利用程度差异而导致的成本差异。其计算公式为：

$$
\text{固定制造费用}\atop\text{能力差异} = \left(\text{预算产量}\atop\text{标准工时} - \text{实际产量}\atop\text{实际工时}\right) \times \text{标准费用}\atop\text{分配率}
$$

效率差异是指因生产效率差异导致的实际工时脱离标准工时而产生的成本差异。其计算公式为：

$$\begin{array}{l}\text{固定制造费用} \\ \text{效　率　差　异}\end{array}=\left(\begin{array}{c}\text{实际产量} \\ \text{实际工时}\end{array}-\begin{array}{c}\text{实际产量} \\ \text{标准工时}\end{array}\right)\times\begin{array}{c}\text{标准费用} \\ \text{分　配　率}\end{array}$$

例 7 - 22

沿用例 7 - 21 的资料。采用三差异分析法，计算固定制造费用成本差异。

固定制造费用成本差异计算如下：

固定制造费用耗费差异＝91 800－90 000＝1 800(元)(不利差异)

固定制造费用能力差异＝(12 000－11 500)×7.5＝3 750(元)(不利差异)

固定制造费用效率差异＝(11 500－1 900×6)×7.5

　　　　　　　　　　＝(11 500－11 400)×7.5

　　　　　　　　　　＝750(元)(不利差异)

由以上可以看出，三差异分析法的能力差异与效率差异之和，等于两差异分析法的能量差异。因此，采用三差异分析法，能够较清楚地说明生产能力利用程度和生产效率高低所导致的成本差异情况，便于分清责任。

固定制造费用也是一个综合性的费用项目，因此，为了较准确地查明差异产生的原因，必须将固定制造费用各项目的预算数与其实际发生数进行对比，以便逐项分析原因和责任。

固定制造费用耗费差异的出现有外部原因，但大多数是内部原因，如临时购置固定资产，超计划雇用管理人员及辅助生产人员，研究开发费、培训费的增加等。

固定制造费用能力差异的出现主要是由于产销数量引起的，如经济萧条、产品定价过高造成销路不好和开工不足，或原材料、能源供应不足造成生产能力利用不充分。

固定制造费用效率差异出现的原因与直接人工效率差异的形成原因相同，主要应由人事部门和管理部门负责。

7.3.5　标准成本法的账务处理

1. 标准成本法账务处理的特点

标准成本法的账务处理具有以下几方面的特点。

(1)"生产成本""库存商品"等科目可以只登记标准成本，设置各种成本差异科目，分别核算各种差异。在标准成本法下，"生产成本""库存商品"科目，无论是借方还是贷方均登记实际产量的标准成本，至于各种差异，则可另设各个成本差异科目进行核算。

对于直接材料成本差异，应设置"材料价格差异"和"材料用量差异"两个科目；对于直接人工成本差异，应设置"直接人工工资率差异"和"直接人工效率差异"两个科目；对于变动制造费用差异，应设置"变动制造费用耗费差异"和"变动制造费用效率差异"两个科目；对于固定制造费用差异，应设置"固定制造费用耗费差异"、"固定制造费用能力差异"和"固定制造费用效率差异"三个科目（在两差异分析法下，只需设"固定制造费用耗费差异"和"固定制造费用能量差异"两个科目。在以下的账务处理中，我们采用三差异分析法）。各种不利差异，应分别记入有关差异科目的借方；各种有利差异，应分别记入有关差异科目的贷方。

材料价格差异的核算有两种方法。第一种方法是：在购入材料时就计算其价格差异，将材料的标准成本记入"原材料"科目，而将其价格差异记入"材料价格差异"科目。在这种情况下，"材料价格差异"科目核算的是购入材料的价格差异。第二种方法是：购入材料时将其实际成本记入"原材料"科目，生产领用材料时才计算价格差异，将领用材料的标准成本由"原材料"科目转入"生产成本"科目，而将价格差异由"原材料"科目转入"材料价格差异"科目。在这种情况下，"材料价格差异"科目核算的是领用材料的价格差异。对于材料价格差异的核算本节采用第二种方法。

（2）会计期末对成本差异进行处理。期末分析计算各种成本差异后，要对其进行处理。成本差异的处理方法有以下两种：

第一种方法是将本期的各种成本差异，按标准成本的比例分配给期末在产品、期末库存产成品和本期已售产品。采用这种方法的理由是：本期发生的成本差异与上述三者均有关系，这样分配差异后，资产负债表中的"在产品"项目和"产成品"项目以及利润表中的本期已售产品成本均反映的是实际成本。

第二种方法是将本期发生的各种差异全部计入当期损益。在这种处理方法下，资产负债表中的"在产品"项目和"产成品"项目只反映标准成本。采用这种方法的理由是：本期发生的成本差异是本期成本控制的结果，应当全部体现在本期的损益之中，只有这样，才能使各期的利润如实地反映各期生产经营工作的全部效益，标准成本才是真正的正常成本，因此，期末资产负债表中的"在产品"项目和"产成品"项目以标准成本反映能较为如实地反映资产的价值，避免了繁杂的成本差异分配工作，使产品成本的计算大为简化。但是，如果标准成本已经陈旧，显得过高或过低，那么第二种方法则会使会计报表反映失实。这时，必须对标准成本进行修订，以使其符合实际。西方企业一般都采用第二种方法，在下面的举例中，我们也采用第二种方法进行账务处理。

2. 账务处理举例

例7-23

沿用例7-18至例7-22的资料。假设M公司"生产成本"和"库存商品"科目均无期初余额，本期投产的1900件甲产品已全部完工，并已全部出售，每件售价为400元。（涉及增值税的内容略。）

（1）领用材料及将直接人工费用、变动制造费用、固定制造费用计入产品成本的会计分录（购入材料以及实际支付以上各该项费用时的会计分录从略）。

1) 领用材料的会计分录。根据例 7-18，投产 1 900 件甲产品的直接材料的有关数据如下：

直接材料标准成本:(5×15＋10×10)×1 900＝332 500(元)
直接材料实际成本:4.5×28 000＋11×20 000＝346 000(元)
直接材料价格差异: 6 000 元（不利差异）
直接材料用量差异: 7 500 元（不利差异）

根据以上数据编制会计分录如下：
①借：生产成本   332 500
　　材料价格差异   6 000
　　材料用量差异   7 500
　贷：原材料   346 000

2) 将直接人工费用计入产品成本的会计分录。根据例 7-19，投产 1 900 件甲产品的直接人工费用的有关数据如下：

直接人工标准成本：8×6×1 900＝91 200(元)
直接人工实际成本: 86 250 元
直接人工工资率差异: －5 750 元（有利差异）
直接人工效率差异: 800 元（不利差异）

根据以上数据编制会计分录如下：
②借：生产成本   91 200
　　直接人工效率差异   800
　贷：应付职工薪酬   86 250
　　直接人工工资率差异   5 750

3) 将变动制造费用计入产品成本的会计分录。根据例 7-20，变动制造费用有关数据列示如下：

标准变动制造费用：4×6×1 900＝45 600(元)
实际变动制造费用: 40 250 元
变动制造费用耗费差异: －5 750 元（有利差异）
变动制造费用效率差异: 400 元（不利差异）

根据以上数据编制会计分录如下：
③借：生产成本   45 600
　　变动制造费用效率差异   400
　贷：变动制造费用   40 250
　　变动制造费用耗费差异   5 750

4) 将固定制造费用计入产品成本的会计分录。根据前述的例 7-22，固定制造费用的有关数据列示如下：

标准固定制造费用：7.5×6×1 900＝85 500(元)
实际固定制造费用: 91 800 元

固定制造费用耗费差异：　　　　　　1 800 元（不利差异）

固定制造费用能力差异：　　　　　　3 750 元（不利差异）

固定制造费用效率差异：　　　　　　 750 元（不利差异）

根据以上数据编制会计分录如下：

④借：生产成本　　　　　　　　　　　　　　　　　　　　　85 500

　　　固定制造费用耗费差异　　　　　　　　　　　　　　　 1 800

　　　固定制造费用能力差异　　　　　　　　　　　　　　　 3 750

　　　固定制造费用效率差异　　　　　　　　　　　　　　　　 750

　　贷：固定制造费用　　　　　　　　　　　　　　　　　　　91 800

（2）结转完工入库产品标准成本的会计分录。完工入库 1 900 件甲产品的标准成本为：

　　直接材料　　　　　　　　　　　332 500 元

　　直接人工　　　　　　　　　　　 91 200 元

　　变动制造费用　　　　　　　　　 45 600 元

　　固定制造费用　　　　　　　　　 85 500 元

　　合计　　　　　　　　　　　　　554 800 元

会计分录为：

⑤借：库存商品　　　　　　　　　　　　　　　　　　　　554 800

　　贷：生产成本　　　　　　　　　　　　　　　　　　　　554 800

（3）销售产品的会计分录为：

⑥借：应收账款　　　　　　　　　　　　　　　　　　　　760 000

　　贷：主营业务收入　　　　　　　　　　　　　　　　　　760 000

　　销售收入＝400×1 900＝760 000（元）

（4）结转已售产品标准成本。

⑦借：主营业务成本　　　　　　　　　　　　　　　　　　554 800

　　贷：库存商品　　　　　　　　　　　　　　　　　　　　554 800

（5）结转本期各项成本差异。本期各项成本差异的汇总结果详见表 7-30。

表 7-30　　　　　　　　　　　　成本差异汇总表　　　　　　　　　单位：元

科目	不利差异	有利差异
材料价格差异	6 000	
材料用量差异	7 500	
直接人工工资率差异		5 750
直接人工效率差异	800	
变动制造费用耗费差异		5 750
变动制造费用效率差异	400	
固定制造费用耗费差异	1 800	
固定制造费用能力差异	3 750	
固定制造费用效率差异	750	
合计	21 000	11 500
差异净额	9 500	

根据表 7-30，编制结转各种成本差异的会计分录：

⑧借：主营业务成本 9 500

　　直接人工工资率差异 5 750

　　变动制造费用耗费差异 5 750

　　贷：材料价格差异 6 000

　　　　材料用量差异 7 500

　　　　直接人工效率差异 800

　　　　变动制造费用效率差异 400

　　　　固定制造费用耗费差异 1 800

　　　　固定制造费用能力差异 3 750

　　　　固定制造费用效率差异 750

本例中的各项会计分录登账的结果（销售产品的会计分录，即第⑥项会计分录从略），如图 7-9 所示。

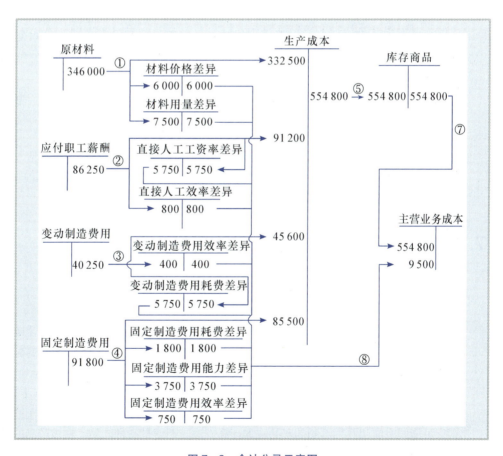

图 7-9　会计分录示意图

说明：①将直接材料费用计入产品成本；②将直接人工费用计入产品成本；③将变动制造费用计入产品成本；④将固定制造费用计入产品成本；⑤结转完工产品成本；⑦结转已销产品成本；⑧结转各项成本差异。

7.3.6　标准成本法与定额法的比较

如前所述，标准成本法是西方企业所采用的一种将成本计算与成本控制结合在一起，由一个包括制定标准成本、计算和分析成本差异以及处理成本差异三个环节所组成的完整系统。它与我国一些企业所采用的定额法既有相同之处，又有许多区别。从总体上看，两者具有基本相同的功能和实施环节，都要事先制定产品应该发生的成本，以此作为控制成本的依据，并据以计算和分析成本差异，追查产生差异的原因，落实责任，以便采取措施，挖掘潜力，降低产品成本。

两者的主要区别有以下几个方面：

（1）定额法要计算产品的实际成本，而在标准成本法下，一般只计算产品的标准成本，不计算产品的实际成本。这是标准成本法与定额法以及其他成本计算方法的根本区别。

（2）在定额法下，对成本差异的核算较为简单，只核算各成本项目的成本差异，且不为各种成本差异单独设置会计科目，而与定额成本在同一个成本明细账中进行核算。在标准成本法下，对成本差异的核算较细，要为各种成本差异专门设置许多总账科目进行核算，并详列于利润表中。

（3）在定额法下，要将成本差异在各种产品之间、完工产品与在产品之间进行分配；在标准成本法下，对成本差异的处理，企业一般采用前述的第二种方法，即将各种成本差异全部计入当期损益。

此外，在定额法下，计算和分析成本差异所依据的定额成本都是现行的；而在标准成本法下，计算和分析成本差异所依据的标准成本多种多样，如现实标准成本、正常标准成本和理想标准成本等。

7.4　各种成本计算方法的实际应用

7.4.1　各种成本计算方法实际应用概述

第 6 章讲述了三种产品成本计算的基本方法——品种法、分批法和分步法，本章的前三节讲述了为简化成本计算工作而采用的分类法以及为加强成本控制而采用的定额法和标准成本法。这是几种典型的成本计算方法。

在实际工作中，一个企业可能有若干个车间，一个车间可能生产若干种产品，这些车间或产品的生产类型和管理要求并不一定相同，因而在一个企业或车间中，就有可能同时应用几种不同的产品成本计算方法。即使是一种产品，在该产品的各个生产步骤，各种半成品和各个成本项目之间，生产类型或管理要求也不一定相同，因而在一种产品的成本计算中，也有可能将几种成本计算方法结合起来应用。

1. 几种产品成本计算方法同时应用

在下列情况下，一个企业或车间往往同时采用几种成本计算方法。

（1）一个企业的各个生产车间的生产类型不同，可以采用不同的成本计算方法。

例如，基本生产车间和辅助生产车间的生产类型不同：基本生产车间大批量、多步骤生产某种产品，而辅助生产车间大批量、单步骤生产水、电、气等，在这种情况下，对基本生产车间可以采用分步法计算产品成本，而对辅助生产车间则可以采用品种法计算产品成本。即使同为基本生产车间，若生产类型不同，也可以采用不同的成本计算方法。例如，第一车间、第二车间为两个封闭式的基本生产车间，第一车间大批量、单步骤生产 A 产品，第二车间小批量、单件生产 B 产品。在这种情况下，可以采用品种法计算 A 产品成本，采用分批法计算 B 产品成本。

（2）一个企业的各生产车间的生产类型相同，但管理上的要求不同，可以采用不同的成本计算方法。

例如，第一车间、第二车间两个基本生产车间分别大批量、多步骤生产 A，B 两种产品，管理上要求分步骤计算 A 产品成本，而对 B 产品则并不要求分步骤计算成本。在这种情况下，对 A 产品应采用分步法计算其成本，对 B 产品则可以采用品种法计算其成本。

（3）一个车间生产多种产品，由于各种产品的生产类型或管理上的要求不同，可以采用不同的成本计算方法。

例如，一个基本生产车间生产 A，B 两种产品，A 产品已经定型，可以大批量进行生产，而 B 产品正处于小批量试制阶段。在这种情况下，A 产品可以采用品种法计算产品成本，B 产品则应采用分批法计算产品成本。

2. 几种产品成本计算方法结合应用

计算一种产品的成本，在下列情况下，往往结合采用几种成本计算方法。

（1）一种产品的不同生产步骤，由于生产特点和管理要求不同，可以采用不同的成本计算方法。

例如，在小批量、单件生产的机械厂，最终产品是经过铸造、机械加工、装配等相互关联的生产阶段完成的。就其最终产品来看，产品成本的计算应采用分批法，但从其产品生产的各阶段来看，铸造车间可以采用品种法计算铸件的成本；加工、装配车间则可采用分批法计算各批产品的成本；而铸造和加工、装配车间之间，则可采用逐步结转分步法结转铸件的成本；如果在加工和装配车间之间要求分步骤计算成本，但加工车间所产半成品种类较多，又不外售，不需要计算半成品成本，则在加工和装配车间之间可以采用平行结转分步法结转成本。这样，该厂就在分批法的基础上，结合采用了品种法和分步法，在分步法中还结合采用了逐步结转和平行结转的方法。

（2）在一种产品的不同零部件之间，由于管理上的要求不同，也可以采用不同的成本计算方法。

例如，某种产品由若干种零部件组装而成，其中不外售的零部件一般不要求单独计算成本；经常外售的零部件，管理上要求计算零部件成本，则应按照这些零部件的生产类型和管理要求，采用适当的成本计算方法单独计算成本。

（3）一种产品的不同成本项目，可以采用不同的成本计算方法。

例如，在大批量、多步骤生产某种产品，且该产品原材料费用比重较大的情况下，原材料费用可以采用逐步结转分步法，分步骤计算该产品的原材料费用；其他成本项目的比重较小，则可以采用品种法等适当的成本计算方法，不分步计算该产品的其他成本项目的费用。

另外，分类法和定额法，是为了简化成本计算工作和加强定额管理而采用的两种辅助方法，它们与生产类型的特点没有直接联系，在各种类型的生产中都可以应用，但必须与基本的成本计算方法，即品种法、分批法、分步法，结合起来应用。例如，食品厂所生产的各种饼干（单步骤大量生产）的成本，可以采用品种法和分类法相结合的方法计算：先采用品种法计算饼干这一类产品的成本，然后再采用分类法分配计算其中各种饼干的成本。又如，在大批量、多步骤生产的企业中，若消耗定额比较准确、稳定，定额管理基础较好，就可以在采用分步法的基础上，结合定额法来计算产品成本。

总之，在实际工作中，应根据企业不同的生产特点和管理要求，并考虑到企业的规模和管理水平等具体条件，从实际出发，对各种成本计算方法加以灵活运用。

7.4.2　各种成本计算方法实际应用举例

例 7-24

某工业企业设有两个基本生产车间。第一车间利用外购原料生产 A 半成品。第二车间利用 A 半成品和外购材料（主要材料）加工生产甲产品。半成品通过半成品库收发。甲产品已经定型，是可以大量生产的产品，消耗定额比较准确、稳定，因而在采用分步法的基础上结合定额法来计算成本：先计算第一车间 A 半成品的成本，再按照定额法的要求计算第二车间甲产品的成本。

该厂所用原料按实际成本进行核算，所用材料按计划成本进行明细核算，按实际成本进行总分类核算。该厂的半成品成本按计划成本综合结转（在甲产品的成本项目中加设"半成品"项目），按实际成本进行总分类核算。材料成本差异（本月材料成本差异率为 -1%）和半成品成本差异，计入各车间的产成品成本。

在 A 半成品的成本中，直接材料费用所占比重很大，因而月末在产品按所耗原材料的实际费用计价。直接材料费用在完工半成品和月末在产品之间，按完工半成品和月末在产品的重量比例分配。本月完工交库半成品 71 000 千克，月末在产品 5 000 千克。

该厂规定，甲产品的月初在产品定额变动差异和原材料、半成品成本差异，均由产成品成本负担，脱离定额差异按定额成本比例在产成品和月末在产品之间分配。本月甲产品的产成品为 820 件。

第二车间甲产品的定额成本和脱离定额差异的资料如下：

该车间甲产品 9 月末 100 件在产品的定额总成本（按 9 月旧定额计算）和脱

离定额差异如表 7-31 所示。

表 7-31 单位：元

成本项目	定额成本	脱离定额差异
半成品	138 000	−3 061.5
直接材料	31 000	−155.2
直接燃料和动力	1 600	+1.18
直接人工	12 000	+1 214.1
制造费用	12 800	+1 356.08
成本合计	195 400	−645.34

说明：月初在产品定额工时为 4 000 小时。

从本月（10 月）1 日起，修改产品设计，第二车间产品修订消耗定额：半成品消耗定额由每件 92 千克降为 90 千克（每千克计划成本 15 元未变），材料消耗定额由每件 62 千克降为 60 千克（每千克计划成本 5 元未变）。其他消耗定额没有变更。

本月 1 日第二车间甲产品开始实行新的单位定额成本如表 7-32 所示。

表 7-32 甲产品单位定额成本表
20××年 10 月 1 日起执行 金额单位：元

成本项目	消耗定额	计划单位成本（单价）	费用定额
半成品	90 千克	15 元/千克	1 350
直接材料	60 千克	5 元/千克	300
直接燃料和动力		0.4 元/小时	20
直接人工		3 元/小时	150
制造费用		3.2 元/小时	160
定额成本合计			1 980

说明：甲产品定额工时为 50 小时。

第二车间甲产品所用的半成品和材料，均在生产开始时一次投入。本月甲产品投产件数为 800 件。本月用于甲产品的定额工时共为 39 600 小时。

根据甲产品的投产件数、原材料消耗定额和原材料计划单位成本计算的原材料定额费用，根据甲产品领用原材料的定额凭证、差异凭证、车间余料盘存资料和原材料计划单位成本计算的原材料计划价格费用，以及根据以上两者计算的原材料脱离定额差异如表 7-33 所示。

表 7-33 直接材料定额费用和脱离定额差异汇总表
20××年 10 月 投产数量：800 件
车间名称：第二车间 产品名称：甲 金额单位：元

材料类别和名称	计量单位	计划单位成本	消耗定额	定额费用		计划价格费用		脱离定额差异	
				数量	金额	数量	金额	数量	金额
主要材料	千克	5	60	48 000	240 000	47 600	238 000	−400	−2 000

说明：本表是汇编原材料发出汇总表的依据之一。

根据本月全厂生产费用的发生情况编制各种费用分配表（与管理费用、销售费用等有关的部分以及涉及增值税的内容从略）。

（1）根据本月付款凭证汇总编制各项货币支出汇总表，详见表7-34。

表7-34

货币支出汇总表

（假定均以银行存款支付）

20××年10月

单位：元

费用项目	第一车间	第二车间	合计
水费	1 600	3 000	4 600
劳动保护费	2 400	5 000	7 400
办公费	1 000	3 000	4 000
其他	2 000	7 670	9 670
合计	7 000	18 670	25 670

根据表7-34编制会计分录如下：

借：制造费用　　　　　　　　　　　　　　　　　　　　　　　25 670

　　贷：银行存款　　　　　　　　　　　　　　　　　　　　　　25 670

（2）根据原材料的领退料凭证和本月材料成本差异率等资料，编制原材料发出汇总表，详见表7-35。

表7-35

原材料发出汇总表

20××年10月

材料成本差异率：－1%

单位：元

原材料用途			原料 实际成本	主要材料 计划成本	主要材料 成本差异	主要材料 实际成本	辅助材料 计划成本	辅助材料 成本差异	辅助材料 实际成本	实际成本合计
产品用料	A半成品耗用		935 000				32 000	－320	31 680	966 680
	甲产品耗用	定额		240 000						
		差异		－2 000						
		实际		238 000	－2 380	235 620				235 620
	合计		935 000	—	—	235 620	—		31 680	1 202 300
车间一般耗用	第一车间耗用	机物料消耗					7 000	—		
		劳动保护费					2 000			
		小计					9 000	－90	8 910	8 910
	第二车间耗用	机物料消耗					35 000	—		
		劳动保护费					9 000			
		小计					44 000	－440	43 560	43 560
	合计						—		52 470	52 470
总计			935 000	—	—	235 620	—	—	84 150	1 254 770

根据表7-35编制会计分录如下：

借：基本生产成本　　　　　　　　　　　　　　　　　　　　　1 202 300

　　制造费用　　　　　　　　　　　　　　　　　　　　　　　52 470

贷：原材料　　　　　　　　　　　　　　　　　　　　　　　1 254 770

　　（3）根据各车间耗电数量、电价编制电费汇总分配表，详见表7—36。

表 7 - 36　　　　　　　　　　　　　电费汇总分配表
20××年 10 月

电力用途		度数	电费（分配率：0.2）
动力	第一车间	55 220	11 044
	第二车间	80 500	16 100
	小计	135 720	27 144
车间照明	第一车间	2 400	480
	第二车间	5 000	1 000
	小计	7 400	1 480
合计		143 120	28 624

　　根据表 7 - 36 编制会计分录如下：
　　　借：基本生产成本　　　　　　　　　　　　　　　　　　　　27 144
　　　　　制造费用　　　　　　　　　　　　　　　　　　　　　　 1 480
　　　　贷：应付账款　　　　　　　　　　　　　　　　　　　　　28 624

　　（4）根据各车间的职工薪酬结算凭证等资料编制职工薪酬汇总分配表，详见表 7 - 37。

表 7 - 37　　　　　　　　　　职工薪酬费用汇总分配表
20××年 10 月　　　　　　　　　　　　　　　　单位：元

车间	生产工人	管理人员	合计
第一车间	36 480	2 736	39 216
第二车间	116 280	9 348	125 628
合计	152 760	12 084	164 844

　　根据表 7 - 37 编制会计分录如下：
　　　借：基本生产成本　　　　　　　　　　　　　　　　　　　152 760
　　　　　制造费用　　　　　　　　　　　　　　　　　　　　　 12 084
　　　　贷：应付职工薪酬　　　　　　　　　　　　　　　　　　164 844

　　（5）根据本月应计提固定资产原价和月折旧率，计算本月应计提固定资产折旧，编制折旧费用汇总分配表，详见表 7 - 38。

表 7 - 38　　　　　　　　　　　折旧费用汇总分配表
20××年 10 月　　　　　　　　　　　　　　　　单位：元

车间	折旧费用
第一车间	15 000
第二车间	50 000
合计	65 000

　　根据表 7 - 38 编制会计分录如下：
　　　借：制造费用　　　　　　　　　　　　　　　　　　　　　 65 000
　　　　贷：累计折旧　　　　　　　　　　　　　　　　　　　　 65 000

（6）根据在产品的盘点情况和其他有关资料，计算在产品盘盈、盘亏或毁损。

本月末，第二车间对甲产品的在产品进行了盘点。其账面数量为 60 件（已加工的定额工时共 770 小时），实存数量为 58 件（已加工的定额工时共 700 小时），盘亏和毁损 2 件（已加工的定额工时为 70 小时）。盘亏和毁损的在产品按定额成本计价。

报经批准，残料计价 92 元，验收入库，盘亏和毁损的损失计入当月的管理费用。盘亏和毁损在产品的定额成本和净损失的计算，详见表 7-39。

表 7-39　　　　　　　　　　在产品盈亏和毁损损失计算表
20××年 10 月　　　　　　　　　定额工时：70
车间名称：第二车间　　　　产品名称：甲　　　毁损数量：2　　　　单位：元

成本项目	半成品	直接材料	直接燃料和动力	直接人工	制造费用	成本合计
单件或单位小时费用定额	1 350	300	0.4	3	3.2	
定额总成本	2 700	600	28	210	224	3 762
减：残料价值	—	—	—	—	—	92
在产品净损失						3 670

根据表 7-39 对于清查中发现的盘亏和毁损的在产品应编制会计分录如下：

1）盘亏和毁损的在产品应按其定额成本编制会计分录。

借：待处理财产损溢　　　　　　　　　　　　　　　　　　3 762
　　贷：基本生产成本　　　　　　　　　　　　　　　　　　　3 762

2）根据回收的残料以及经批准计入当月管理费用的净损失编制会计分录。

借：原材料　　　　　　　　　　　　　　　　　　　　　　92
　　管理费用　　　　　　　　　　　　　　　　　　　　3 670
　　贷：待处理财产损溢　　　　　　　　　　　　　　　　　　3 762

根据以上各种费用分配表以及有关资料登记有关账簿，计算产品成本，见表 7-40、表 7-41。

表 7-40　　　　　　　　　　制造费用明细账
车间名称：第一车间　　　　　　　　　　　　　　　　　　单位：元

月	日	摘要	职工薪酬	机物料消耗	折旧	水电费	劳动保护费	办公费	价差	其他	合计	转出	余额
10	31	货币支出汇总表				1 600	2 400	1 000		2 000	7 000		
10	31	原材料发出汇总表		7 000			2 000		−90		8 910		
10	31	职工薪酬费用汇总分配表	2 736								2 736		
10	31	折旧汇总分配表			15 000						15 000		
10	31	电费汇总分配表				480					480		
10	31	结转制造费用										34 126	
10	31	合计	2 736	7 000	15 000	2 080	4 400	1 000	−90	2 000	34 126	34 126	0

表 7 - 41　　　　　　　　　　　产品成本明细账

车间名称：第一车间　　　　　　　　产品名称：A（半成品）　　　　　　　　单位：元

月	日	摘要	直接材料	直接燃料和动力	直接人工	制造费用	合计
9	30	在产品费用	82 120				82 120
10	31	本月生产费用	966 680	11 044	36 480	34 126	1 048 330
10	31	生产费用合计	1 048 800	11 044	36 480	34 126	1 130 450
10	31	完工半成品成本（71 000 千克）	979 800	11 044	36 480	34 126	1 061 450
10	31	在产品费用（5 000 千克）	69 000				69 000

根据第一车间制造费用明细账的记录，编制结转本月第一车间制造费用的会计分录如下：

借：基本生产成本　　　　　　　　　　　　　　　　　　　　　34 126

　　贷：制造费用　　　　　　　　　　　　　　　　　　　　　　34 126

根据第一车间产品成本明细账以及 A 半成品的入库单等，编制半成品收入汇总表，详见表 7 - 42。

表 7 - 42　　　　　　　　　　　半成品收入汇总表

　　　　　　　　　　　　　　　20××年 10 月　　　　　　　计划单位成本：15 元

半成品名称：A　　　　　　　　　库名：半成品库　　　　　　　　　　单位：元

半成品来源	收入数量（千克）	计划成本	实际成本
第一车间	71 000	1 065 000	1 061 450

根据半成品收入汇总表编制会计分录如下：

借：自制半成品　　　　　　　　　　　　　　　　　　　　　1 061 450

　　贷：基本生产成本　　　　　　　　　　　　　　　　　　　1 061 450

根据本月第二车间半成品领用单，甲产品的定额资料，A 半成品的计划成本以及本月 A 半成品的成本差异率等编制半成品发出汇总表，详见表 7 - 43。

表 7 - 43　　　　　　　　　　　半成品发出汇总表

　　　　　　　　　　　　　　　20××年 10 月　　　　　　　计划单位成本：15 元

半成品名称：A　　　　　　　　　库名：半成品库　　　　　　　　　　单位：元

半成品用途		领用数量（千克）	计划成本	成本差异（差异率−0.4%）	实际成本
甲产品	定额	72 000	1 080 000	—	—
	差异	−200	−3 000	—	—
	实际	71 800	1 077 000	−4 308	1 072 692

根据半成品发出汇总表编制会计分录如下：

借：基本生产成本　　　　　　　　　　　　　　　　　　　　1 072 692

　　贷：自制半成品　　　　　　　　　　　　　　　　　　　　1 072 692

根据 A 半成品收入汇总表和发出汇总表，登记自制半成品明细账，详见表 7 - 44。

根据第二车间制造费用明细账（见表 7 - 45）的记录，编制结转本月第二车间制造费用的会计分录：

表 7-44

半成品明细账

半成品名称：A

20××年10月

计划单位成本：15 元
金额单位：元

月份	月初余额			本月增加			合计					本月减少		
	数量（千克）	计划成本	实际成本	数量（千克）	计划成本	实际成本	数量（千克）	计划成本	实际成本	成本差异	差异率（%）	数量（千克）	计划成本	实际成本
10	3 000	45 000	44 110	71 000	1 065 000	1 061 450	74 000	1 110 000	1 105 560	−4 440	−0.4	71 800	1 077 000	1 072 692
11	2 200	33 000	32 868											

表 7-45

制造费用明细账

车间名称：第二车间

单位：元

月	日	摘要	职工薪酬	机物料消耗	折旧	水电费	劳动保护费	办公费	价差	其他	合计	转出	余额
10	31	货币支出汇总表				3 000	5 000	3 000		7 670	18 670		
10	31	原材料发出汇总表		35 000			9 000		−440		43 560		
10	31	职工薪酬费用汇总分配表	9 348								9 348		
10	31	折旧汇总表分配表			50 000						50 000		
10	31	电费汇总分配表				1 000					1 000		
10	31	结转制造费用										122 578	
10	31	合计	9 348	35 000	50 000	4 000	14 000	3 000	−440	7 670	122 578	122 578	0

借：基本生产成本　　　　　　　　　　　　　　　　　　　122 578

　　贷：制造费用　　　　　　　　　　　　　　　　　　　　122 578

根据本月定额变动情况（见表 7 - 32）和期初在产品数量（100 件）计算月初在产品定额调整，见表 7 - 46。

表 7 - 46　　　　　　　　　　　月初在产品定额调整计算表

20××年 10 月

车间名称：第二车间　　　　　　　　　　　产品名称：甲

成本项目	计划单价	单件定额变更				在产品数量(件)	定额调整	
		变更前数量（千克）	变更后数量（千克）	变更数量（千克）	变更金额（元）		数量（千克）	金额（元）
半成品	15	92	90	—2	—30	100	—200	—3 000
直接材料	5	62	60	—2	—10	100	—200	—1 000
合计	—	—	—		—40	—	—	—4 000

根据本月开始执行的新定额及产成品数量计算产成品定额总成本，见表7—47。

表 7 - 47　　　　　　　　　　　产成品定额总成本计算表

20××年 10 月

车间名称：第二车间　　　　　　产品名称：甲　　　产量：820 件　　　　　　　单位：元

成本项目	半成品	直接材料	直接燃料和动力	直接人工	制造费用	成本合计
单位成本	1 350	300	20	150	160	1 980
总成本	1 107 000	246 000	16 400	123 000	131 200	1 623 600

根据本例前述有关资料及本例中的各种费用分配表、计算表中的资料，登记甲产品成本明细账，见表 7 - 48。

根据第二车间甲产品成本计算单编制结转完工甲产品成本的会计分录：

借：库存商品　　　　　　　　　　　　　　　　　　　　1 609 801

　　贷：基本生产成本　　　　　　　　　　　　　　　　　　1 609 801

表 7 - 48
车间名称：第二车间　产量：820 件
产品名称：甲

产品成本明细账

20××年 10 月

单位：元

成本项目	月初在产品 定额成本	月初在产品 脱离定额差异	月初在产品定额变更 定额调整	月初在产品定额变更 定额变更差异	本月生产费用 定额成本	本月生产费用 脱离定额差异	本月生产费用 价差	生产费用合计 定额成本	生产费用合计 脱离定额差异	生产费用合计 价差	生产费用合计 定额变更差异
半成品	138 000	−3 061.5	−3 000	+3 000	1 080 000	−3 000	−4 308	1 215 000	−6 061.5	−4 308	+3 000
直接材料	31 000	−155.2	−1 000	+1 000	240 000	−2 000	−2 380	270 000	−2 155.2	−2 380	+1 000
直接燃料和动力	1 600	+1.18			15 840	+260		17 440	+261.18		
直接人工	12 000	+1 214.1			118 800	−2 520		130 800	−1 305.9		
制造费用	12 800	+1 356.08			126 720	−4 142		139 520	−2 785.92		
合计	195 400	−645.34	−4 000	+4 000	1 581 360	−11 402	−6 688	1 772 760	−12 047.34	−6 688	+4 000

成本项目	差异率（%） 脱离定额差异	在产品亏损 定额成本	产成品成本 定额成本	产成品成本 脱离定额差异	产成品成本 价差	产成品成本 定额变更差异	产成品成本 实际成本	月末在产品 定额成本	月末在产品 脱离定额差异
半成品	−0.5	2 700	1 107 000	−5 535	−4 308	+3 000	1 100 157	105 300	−526.5
直接材料	−0.8	600	246 000	−1 968	−2 380	+1 000	242 652	23 400	−187.2
直接燃料和动力	+1.5	28	16 400	+246			16 646	1 012	+15.18
直接人工	−1	210	123 000	−1 230			121 770	7 590	−75.9
制造费用	−2	224	131 200	−2 624			128 576	8 096	−161.92
合计	—	3 762	1 623 600	−11 111	−6 688	+4 000	1 609 801	145 398	−936.34

**思考题**

1. 简述分类法的特点和计算程序。
2. 在什么情况下适合或必须采用分类法计算产品成本？
3. 简述分类法的优缺点和使用时应注意的问题。
4. 简述定额法的特点和计算程序。
5. 简述定额法的主要优点和应用条件。
6. 在什么情况下可以同时采用几种不同的成本计算方法？
7. 计算一种产品的成本，在什么情况下可以结合采用几种不同的成本计算方法？

**练习题**

1. 大华工厂生产甲、乙、丙三种产品，这三种产品的原材料和生产工艺相近，因而归为一类产品，采用分类法计算成本。

该类产品的消耗定额比较准确、稳定，各月在产品数量波动不大，因而月末在产品按定额成本计价。本月（10月）月初、月末在产品的定额总成本，以及本月实际发生的生产费用如表7-49所示。

表7-49
单位：元

项目	直接材料	直接人工	制造费用	合计
月初在产品定额费用	7 300	1 500	4 500	13 300
月末在产品定额费用	5 200	1 000	3 000	9 200
本月生产费用	65 100	12 250	36 750	114 100

该类产品的消耗定额及本月产量资料如表7-50所示。

表7-50

	材料消耗定额（千克）	工时消耗定额（小时）	产品产量（件）
甲	9.6	6	1 500
乙	8	7	2 000
丙	6.4	5	500

该厂各种产品成本的分配方法是：

原材料费用按事先确定的耗料系数比例分配，耗料系数根据产品的材料消耗定额，以乙产品为标准产品计算确定。其他各项费用均按定额工时比例分配。

要求：根据上述资料，采用产品成本计算中的分类法计算甲、乙、丙三种产成品的成本。

2. 某企业对甲产品采用定额法计算成本。本月有关甲产品直接材料的资料如下：

(1) 月初在产品定额费用为 1 000 元，月初在产品脱离定额差异为节约 200 元，月初在产品定额费用调整后降低 100 元。定额变动差异全部由完工产品负担。

(2) 本月定额费用为 9 000 元，本月脱离定额差异为节约 97 元。

(3) 本月原材料成本差异为超支 1%，原材料成本差异全部由完工产品成本负担。

(4) 本月完工产品的定额原材料费用为 8 100 元。

要求：

(1) 计算月末在产品的直接材料定额费用。

(2) 计算完工产品和月末在产品的直接材料实际费用（脱离定额差异按定额费用比例在完工产品和月末在产品之间分配）。

3. 某企业只生产和销售甲产品，9 月份有关资料如下：

(1) 计划工时为 15 000 小时，实际工时为 14 700 小时。

(2) 工时耗用标准为每件 2 小时，实际产量为 7 000 件。

(3) 固定制造费用标准分配率为每小时 2 元，固定制造费用实际分配率为每小时 1.8 元。

要求：

(1) 计算标准固定制造费用。

(2) 按三差异分析法计算本月固定制造费用的各项差异。

4. 某企业对第二车间生产的甲产品采用定额法计算成本，有关甲产品的其他资料如下：

(1) 甲产品是使用 A 材料，由两道工序加工而成。A 材料分工序投入（在每道工序开始时一次投入），甲产品的 A 材料消耗定额为 50 千克，其中第一道工序为 30 千克，第二道工序为 20 千克。

(2) 本月甲产品期初在产品为 200 件，其中第一道工序为 80 件，第二道工序为 120 件；本月完工产品为 2 000 件；期末在产品为 180 件，其中第一道工序为 120 件，第二道工序为 60 件。

(3) A 材料的计划单价为每千克 10 元，本月实际领用 A 材料 96 984 千克。第二车间 A 材料期初余料为 200 千克，期末余料为 100 千克。

(4) 本月甲产品期初在产品直接材料脱离定额的差异为超支 500 元。

要求：

(1) 计算甲产品在各工序的投料率，并据此计算期初、期末在产品的约当产量。

(2) 采用盘存法计算确定甲产品本月直接材料脱离定额的差异。

(3) 按定额成本比例，计算分配甲产品本月完工产品与期末在产品应负担的直接材料脱离定额差异，以及本月完工产品的直接材料实际成本。

案例题

[**案例 1**]

[**资料**] 某机械厂设有铸工、加工、装配三个基本生产车间。铸工车间生产铁铸件和铜铸件两类产品;两类铸件主要供本企业分步加工使用,部分铸件对外销售,管理上要求单独计算、考核生产成本。

加工车间将铸件毛坯加工制成零件(零件不外售),然后由装配车间装配制成甲、乙、丙三种产品。甲、乙产品为大批量生产;丙产品为小批量生产。

为了便于考核、分析企业内部各有关单位的工作业绩,在核算上要求划清各车间所耗原材料、半成品的经济责任。

[**要求**] 请你根据该厂的生产特点和管理要求,为其设计一套完整的成本计算方法。

[**案例 2**]

[**资料**] 江北食品厂大批量生产各种面包(如甜圆面包、果酱面包、维生素面包、葡萄糖面包等)和饼干(如牛奶饼干、动物饼干、巧克力饼干、苏打饼干等)。面包和饼干的生产在流水线上不间断进行,生产工艺过程不能中断。生产面包和饼干所需的原料,都按配料比例耗用。该厂为各种面包和饼干制定了较为准确的消耗定额和费用定额。面包和饼干的生产周期很短,月末在产品数量不多,又多在包装工序,原材料费用占全部生产成本的85%左右。

[**要求**] 根据江北食品厂的上述情况讨论以下问题:

1. 该厂应该选择什么成本计算方法?

2. 该厂在直接材料费用、直接人工费用和制造费用的分配上应选择什么标准?

3. 该厂在完工产品与月末在产品的费用分配上应选择什么方法?

[**案例 3**]

[**资料**] 丰北公司是一家生产塑料制品的企业,由于生产的产品品种、种类繁多,为简化核算,采用分类法计算产品成本。该公司第一生产车间的有关情况如下:

1. 产品的分类情况。

产品分为甲、乙两大类:其中甲类产品包括 A,B,C 三种产品;乙类产品包括 D,E,F 三种产品。

2. 本月材料费用情况。

甲类产品领用材料 89 100 元,其中类内产品共同耗用 68 440 元,A 产品单独耗用的专用材料费用 7 600 元,C 产品单独耗用的专用材料费用 13 060 元。

乙类产品领用材料 99 750 元,其中类内产品共同耗用 67 450 元,D 产品单独耗用的专用材料费用 26 900 元,F 产品单独耗用的专用材料费用 5 400 元。

3. 本月产品产量以及产品材料费用定额情况。

甲类：A 产品 1 000 件，材料费用定额 15 元（其中专用材料的费用定额为 8元）；B 产品 1 500 件，材料费用定额 20 元；C 产品 3 000 件，材料费用定额 12元（其中专用材料的费用定额为 5 元）。

　　乙类：D 产品 1 500 件，材料费用定额 30 元（其中专用材料的费用定额为12）；E 产品 1 000 件，材料费用定额 20 元；F 产品 1 000 件，材料费用定额 30元（其中专用材料的费用定额为 6 元）。

　　4. 本月期初期末无在产品。

　　[要求]

　　1. 根据分类法的原理，按照定额费用比例计算分配各种产品应负担的原材料费用。

　　2. 根据费用分配的一般原则，依据定额费用比例计算分配各种产品应负担的原材料费用。

　　3. 根据所给资料以及计算分配结果，在比较分析的基础上，说明两种分配结果之所以产生差异的原因以及分类法在成本计算上的假定性。

第8章
Chapter 8　其他行业成本核算

学习目标

1. 掌握农业企业的成本核算。
2. 掌握物流企业中运输成本、包装成本、仓储成本、装卸成本和配送成本的核算。
3. 掌握建筑施工企业中工程成本的核算。

8.1　农业企业成本核算

广义的农业包括农、林、牧、副、渔各业生产。狭义的农业指的是粮食作物、经济作物、饲料作物、蔬菜栽培等生产。本节所讲的农业企业成本核算是针对狭义的农业而言的。

8.1.1　生物资产与农产品

生物资产是有生命的动物或植物，一旦动植物停止其生命活动就不再是生物资产。这一界限对生物资产和农产品进行了本质的区分。农业企业的生产对象是有生命的植物。农业生产最根本的特点是将植物的自然再生产过程和人类的经济再生产过程结合在一起，生产出人类赖以生存的粮食、油料、蔬菜等基本生活资料。因此，农产品与生物资产密不可分：在农产品收获之前，其附着于生物资产上；从农产品收获时开始，就离开了生物资产这一母体。因此，农业生产的成本核算与生物资产的核算密切相关。

与农产品相关的生物资产包括消耗性生物资产和生产性生物资产。消耗性生物资产通常是一次性产出农产品，在收获农产品后该资产就不复存在。生产性生物资产能够在生产经营中长期、反复使用，在产出农产品后该资产仍然保留，并可以在未来期间继续产出农产品。不同种类的生物资产，其成本核算会存在差异。

生产性生物资产通常需要生长到一定阶段才开始具备生产的能力。根据其是否具备生产能力，可以将生产性生物资产划分为未成熟和成熟两类。前者是指尚未达到预定生产经营目的、还不能够多年连续产出农产品的生产性生物资产。后者是指已经达到预定生产经营目的、能够多年连续产出农产品的生成性生物资产。

8.1.2　农业生产的成本计算对象和成本计算期

1. 成本计算对象

农业企业生产的主要作物以每种作物为成本计算对象，单独计算其成本。农业企业生产的次要作物可以每类作物为成本计算对象，先计算出各类作物的总成本，再按一定标准确定每类中各种作物的成本。对不同收获期的同一种作物必须分别核算。企业的主要作物一般确定为小麦、水稻、大豆、玉米、棉花、糖料、烟叶等。需要补充主要农作物目录的，由企业确定。

2. 成本计算期

农作物的生产周期较长，收获期比较集中，在年度中各项费用的发生不均匀。为适应这些特点，农业企业一般一年计算一次成本。

8.1.3　农作物的成本项目和费用界限

1. 农作物的成本项目

农作物的成本按其经济用途可以划分为如下成本项目：

（1）直接材料，指农业生产中直接耗用的自产或外购的种子、种苗、肥料、农药等。

（2）直接人工，指直接从事农业生产的人员的职工薪酬费用，包括工资费用及按规定计提的职工福利费等其他薪酬费用。

（3）其他直接费用，指除直接材料、直接人工以外的其他直接支出，包括机械作业费、灌溉费、田间运输费等。

（4）间接费用，指分配计入农产品成本的间接费用，包括为组织和管理生产所发生的生产单位的管理人员工资及福利费、折旧费、水电费、办公费等。

2. 农作物的费用界限

农作物收获的具体情况不同，其成本的费用终止点的确定也不相同。计入各种农作物成本的费用界限如下：

（1）粮豆的成本，算至入仓入库或能够销售为止。从仓囤出库和场上交售发生的包装费、运杂费等作销售费用处理。

（2）不入库、入窖的鲜活产品的成本，算至销售为止；入库、入窖的鲜活产品的成本，算至入库、入窖为止。

（3）棉花的成本，算至加工成皮棉为止。打包上交过程中发生的包装费、运杂费等作销售费用处理。

（4）纤维作物、香料作物、人参、啤酒花等的成本，算至纤维等初级产品加工完成为止。

8.1.4　属于消耗性生物资产的农作物成本核算

1. 属于消耗性生物资产的农作物成本归集和分配

属于消耗性生物资产的农作物成本，应在"消耗性生物资产"科目中进行归集和分配，并按照成本计算对象设置明细账，在明细账中还应按规定的成本项目设置专栏。

为属于消耗性生物资产的农作物生产所发生的材料、人工、机械等一切费用都在"消耗性生物资产"科目的借方归集。

（1）农作物耗用的直接材料、直接人工等直接成本，借记"消耗性生物资产"科目，贷记"原材料""应付职工薪酬""库存现金""银行存款"等科目。

（2）由于机械作业所发生的机械折旧费用，可按一定标准在各种消耗性生物资产中分配，借记"消耗性生物资产——××作物"科目，贷记"累计折旧"科目。

由于消耗性生物资产在一次性产出农产品后就不复存在，因此收获的农产品成本直接从"消耗性生物资产"科目的贷方转入"农产品"科目的借方，而无须借助"农业生产成本"科目。

 例 8 - 1

20××年 3 月，某农业企业播种 60 公顷小麦和 40 公顷玉米。共播种小麦种子 6 000 千克，每千克价格 4 元。共播种玉米种子 1 200 千克，每千克价格 50 元。使用一台拖拉机翻耕土地，拖拉机原值 80 500 元，预计净残值 500 元，按工作量法计提折旧，预计可翻耕土地 8 000 公顷。租用小麦播种机的租金为 300 元，租用玉米播种机的租金为 360 元。为播种小麦的工人支付工资 800 元，为播种玉米的工人支付工资 600 元。

20××年 7 月，收获小麦时"消耗性生物资产——小麦"科目的借方金额为 35 500 元，获得的副产品麦秸的价值为 4 500 元。

20××年 3 月编制的相关会计分录如下：

（1）小麦种子金额＝4×6 000＝24 000（元）

　　玉米种子金额＝50×1 200＝60 000（元）

　　　借：消耗性生物资产——小麦　　　　　　　　　　　　　　24 000
　　　　　贷：原材料　　　　　　　　　　　　　　　　　　　　　　24 000

借：消耗性生物资产——玉米   60 000

  贷：原材料   60 000

（2）翻耕1公顷土地的拖拉机折旧额＝(80 500－500)÷8 000＝10(元)

   小麦分摊的拖拉机折旧额＝10×60＝600(元)

   玉米分摊的拖拉机折旧额＝10×40＝400(元)

借：消耗性生物资产——小麦   600

       ——玉米   400

  贷：累计折旧   1 000

（3）支付小麦播种机和玉米播种机的租金＝300＋360＝660(元)

借：消耗性生物资产——小麦   300

       ——玉米   360

  贷：银行存款   660

（4）支付工人工资＝800＋600＝1 400(元)

借：消耗性生物资产——小麦   800

       ——玉米   600

  贷：应付职工薪酬   1 400

20××年7月编制的相关分录为：

借：农产品——小麦   31 000

    ——麦秸   4 500

  贷：消耗性生物资产——小麦   35 500

2. 属于消耗性生物资产的农产品成本计算

（1）当年生大田作物的农产品成本计算。

当年生大田作物是指作物生长期不超过一年的农作物，一般是当年播种、当年收获，少部分作物也有跨年度收获的。它属于消耗性生物资产。当年生大田作物的主产品单位成本的计算公式为：

$$某作物的主产品单位成本＝\frac{某作物生产费用总额－副产品价值}{某作物的主产品产量}$$

式中，"某作物生产费用总额"系由"消耗性生物资产"科目贷方转入"农产品"科目借方的成本金额。

农作物在完成生产过程时，一般可以产出主产品和副产品两种产品。主产品是生产的主要目的，如小麦、水稻等。副产品不是生产的主要目的，而是在生产过程中附带获得的产品，如麦秸、稻草等。由于主产品和副产品是同一生产过程的结果，所以它们的各种费用是联系在一起的。因此，必须将生产费用在主产品和副产品之间进行分配，以分别确定其成本。分配方法一般有以下两种：

估价法：对副产品按市场价格进行估价，以此作为副产品成本。从生产费用总额中减去副产品价值就得到主产品成本。

比率法：先求出生产费用实际额与计划额之比，再分别以主产品和副产品的计划成本乘以这一比率就可计算出主产品和副产品的成本。

例 8-2

例 8-1 中的农业企业 20×× 年收获小麦 25 000 千克，麦秸 30 000 千克。当年实际生产费用总额 35 500 元。麦秸的市场价格为每千克 0.15 元。计算小麦的单位成本。

$$每千克小麦的成本 = \frac{35\,500 - 0.15 \times 30\,000}{25\,000} = 1.24(元)$$

（2）一次性收获的多年生作物的农产品成本计算。

多年生作物是指人参、甘蔗、剑麻、胡椒等生长期限长的经济作物。多年生作物培育年限和提供产品的年限比较长，具体有两种情况：一种是连续培育几年，一次收获产品，如人参；一种是连续培育几年，多次收获的产品，如甘蔗、剑麻、胡椒等。前者属于消耗性生物资产，后者属于生产性生物资产。收获次数不同，其成本计算方法也不同。

一次性收获的多年生作物，应按各年累计的生产费用计算成本。其主产品单位成本的计算公式为：

$$一次性收获的多年生作物主产品单位产量成本 = \frac{往年费用 + 本年累计生产费用 - 副产品价值}{主产品总产量}$$

例 8-3

某农业企业 20×1 年种植 10 亩人参，20×4 年收获鲜参 8 000 千克。种子成本 90 000 元。每亩地每年租金 6 000 元。第一年人工成本 20 000 元，第二年和第三年每年人工成本 15 000 元，第四年人工成本 22 000 元。第一年其他生产费用 2 800 元，第二年和第三年每年其他生产费用 1 500 元，第四年其他生产费用 2 200 元。计算人参的单位成本。

$$每千克人参的成本$$
$$= \frac{90\,000 + 6\,000 \times 10 \times 4 + (20\,000 + 15\,000 + 15\,000 + 22\,000) + (2\,800 + 1\,500 + 1\,500 + 2\,200)}{8\,000}$$
$$= 51.25(元)$$

（3）蔬菜的成本计算。

蔬菜的栽培按其生产技术过程不同，一般分为露地蔬菜栽培和保护地蔬菜栽培两大类。

1）露地蔬菜栽培就是在大地上栽种蔬菜，这是蔬菜栽培的主要方式。在大面积栽培大宗、主要的蔬菜时，可分别计算各种蔬菜的成本。计算的方法是：按照蔬菜的品种和规定的成本项目归集生产费用，计算各种蔬菜的总成本；分别用各种蔬菜的总成本除以各该蔬菜的实际产量，得到各种蔬菜的单位成本。露地蔬菜的成本计算方法，与大田作物农产品成本基本相同。

对于栽培面积不大的或次要的蔬菜，可以分类合并计算，即按蔬菜类别设置明细账，分类归集生产费用，采用计划成本比率法分别计算各种蔬菜的单位成本。其计算公式为：

$$计划成本分配率=\frac{该类蔬菜实际总成本}{该类蔬菜计划总成本}\times100\%$$

该类蔬菜中某种蔬菜的成本＝该种蔬菜的计划成本×计划成本分配率

 例8-4

某农业企业20××年收获了下列各种蔬菜：茄子10 000千克，每千克计划成本0.72元；白菜20 000千克，每千克计划成本0.6元；胡萝卜18 000千克，每千克计划成本0.25元。当年三种蔬菜的实际生产费用总额为22 041元。用计划成本分配率计算茄子、白菜和胡萝卜的实际单位成本。

茄子的计划成本＝0.72×10 000＝7 200（元）

白菜的计划成本＝0.6×20 000＝12 000（元）

胡萝卜的计划成本＝0.25×18 000＝4 500（元）

计划成本总额＝7 200＋12 000＋4 500＝23 700（元）

$$计划成本分配率=\frac{22\,041}{23\,700}\times100\%=93\%$$

$$每千克茄子的实际成本=\frac{7\,200\times93\%}{10\,000}=0.67（元）$$

$$每千克白菜的实际成本=\frac{12\,000\times93\%}{20\,000}=0.56（元）$$

$$每千克胡萝卜的实际成本=\frac{4\,500\times93\%}{18\,000}=0.23（元）$$

2）保护地蔬菜栽培就是利用温床和温室等防寒设备进行育苗和种植蔬菜。其成本指标，除蔬菜每千克成本以外，还有温床格日（一个温床格用一天为一个温床格日）成本和温室平方米日（温室中一平方米面积占用一天为一个温室平方米日）成本。

在温床或温室栽培蔬菜时，其所发生的费用，如能明确区分是某种蔬菜费用的，可直接计入某种蔬菜的成本。若干种蔬菜的共同性费用，如保温用的材料、燃料、辅助材料等，应按温床格日数或温室平方米日数进行分配。采用这种分配标准是由于温床或温室蔬菜的成本高低与蔬菜所占用的种植面积和生产期长短密切相关。计算公式如下：

$$\frac{某种温床蔬菜应分配}{的某项共同性费用}=\frac{该项共同性费用总额}{温床全年实际使用的温床格日数}\times\frac{该种蔬菜占}{温床格日数}$$

$$\frac{某种温室蔬菜应分配}{的某项共同性费用}=\frac{该项共同性费用总额}{温室全年实际使用的平方米日数}\times\frac{该种蔬菜占温室}{平方米日数}$$

利用温床或温室栽培各种蔬菜所发生的生产费用，当合并核算时，可按每温床格日成本或每温室平方米日成本来计算各种温床或温室蔬菜的成本。其计算公式如下：

$$每温床格日成本=\frac{温床生产费用总额}{各种温床蔬菜生长期间占用的温床格日数总和}$$

$$每温室平方米日成本=\frac{温室生产费用总额}{各种温室蔬菜生长期间占用的温室平方米日数总和}$$

 例 8 - 5

　　某农业企业的温室栽培西红柿和水萝卜两种蔬菜。西红柿占地 200 平方米，生长期 40 天，收获 10 000 千克。水萝卜占地 300 平方米，生长期 50 天，收获 50 000 千克。生产费用总额为 23 000 元。计算西红柿和水萝卜的单位成本。

$$每温室平方米日成本=\frac{23\ 000}{200\times40+300\times50}=1(元)$$

$$每千克西红柿成本=\frac{1\times200\times40}{10\ 000}=0.8(元)$$

$$每千克水萝卜成本=\frac{1\times300\times50}{50\ 000}=0.3(元)$$

8.1.5 属于生产性生物资产的农作物成本核算

1. 属于生产性生物资产的农作物成本归集和分配

　　属于生产性生物资产的农作物也就是多次收获的多年生作物。这类作物在达到预定的生产经营目的、能够连续产生农产品之前所发生的成本应在"未成熟生产性生物资产"科目中进行归集，并按照成本计算对象设置明细账，在明细账中还应按规定的成本项目设置专栏。

　　当这类作物达到预定的生产经营目的、能够连续产生农产品时，其成本从"未成熟生产性生物资产"科目的贷方转入"成熟生产性生物资产"的借方。

　　由于生产性生物资产会多次收获农产品，在较长时期内反复使用，因此成熟的生产性生物资产类似于固定资产，在存续期内需要计提折旧。每年计提的折旧借记"农业生产成本"科目，贷记"生产性生物资产累计折旧"科目。

　　在成熟生产性生物资产连续产生农产品的期间中，为了该农作物发生的生产费用，借记"农业生产成本"科目，贷记"原材料""应付职工薪酬""库存现金""银行存款"等科目。

　　农产品收获过程中发生的费用，借记"农业生产成本"科目，贷记"应付职工薪酬""银行存款"等科目。

　　属于生产性生物资产的农作物每次收获的农产品实际成本从"农业生产成本"科目的贷方转入"农产品"科目的借方。

例 8 - 6

　　某企业种植苹果树。第一年发生苹果苗成本 5 000 元，化肥、农药成本

1 600 元，人工成本 54 000 元，用银行存款支付灌溉等费用 800 元。第二年发生化肥、农药成本 1 600 元，人工成本 48 000 元，用银行存款支付灌溉等费用 600元。第三年发生化肥、农药成本 1 800 元，人工成本 48 000 元，用银行存款支付灌溉等费用 600 元。第四年发生化肥、农药成本 1 800 元，人工成本 48 000 元，用银行存款支付灌溉等费用 600 元。第五年苹果树成熟，开始挂果，预计可以结果 30 年，预计净残值为 900 元，采用直线法折旧。第五年发生化肥、农药成本 2 600 元，人工成本 72 000 元，用银行存款支付灌溉等费用 1 000 元。

  （1）第一年编制的相关会计分录为：

   借：未成熟生产性生物资产   5 000
    贷：原材料   5 000
   借：未成熟生产性生物资产   1 600
    贷：原材料   1 600
   借：未成熟生产性生物资产   54 000
    贷：应付职工薪酬   54 000
   借：未成熟生产性生物资产   800
    贷：银行存款   800

  （2）第二年编制的相关会计分录为：

   借：未成熟生产性生物资产   1 600
    贷：原材料   1 600
   借：未成熟生产性生物资产   48 000
    贷：应付职工薪酬   48 000
   借：未成熟生产性生物资产   600
    贷：银行存款   600

  （3）第三年编制的相关会计分录为：

   借：未成熟生产性生物资产   1 800
    贷：原材料   1 800
   借：未成熟生产性生物资产   48 000
    贷：应付职工薪酬   48 000
   借：未成熟生产性生物资产   600
    贷：银行存款   600

  （4）第四年编制的相关会计分录为：

   借：未成熟生产性生物资产   1 800
    贷：原材料   1 800
   借：未成熟生产性生物资产   48 000
    贷：应付职工薪酬   48 000
   借：未成熟生产性生物资产   600
    贷：银行存款   600

  （5）第五年编制的相关会计分录为：

前四年共发生成本为 212 400 元。

借：成熟生产性生物资产	212 400
贷：未成熟生产性生物资产	212 400

$$每年的折旧金额 = \frac{212\,400 - 900}{30} = 7\,050\,(元)$$

借：农业生产成本	7 050
贷：生产性生物资产累计折旧	7 050
借：农业生产成本	2 600
贷：原材料	2 600
借：农业生产成本	72 000
贷：应付职工薪酬	72 000
借：农业生产成本	1 000
贷：银行存款	1 000

第五年当年发生农业生产成本 75 600 元，加上摊销的往年费用 7 050 元，共计 82 650 元。

借：农产品	82 650
贷：农业生产成本	82 650

2. 属于生产性生物资产的农产品成本计算

多次收获的多年生作物，在提供农产品以前的费用，作为"生产性生物资产"处理，投产后按一定方法计提折旧，计入投产后各年产出农产品的成本。本年产出农产品的成本包括生产性生物资产在本年计提的折旧费用和投产后本年发生的全部生产费用。其主产品单位成本的计算公式为：

$$多次收获的多年生作物主产品单位产量成本$$
$$= \frac{往年费用本年摊销额 + 本年累计生产费用 - 副产品价值}{本年主产品产量}$$

式中的"往年费用本年摊销额"即为生产性生物资产本年折旧金额。

 例 8-7

例 8-6 中，如果第五年结苹果 8 000 千克，计算苹果的单位成本。

$$每千克苹果的成本 = \frac{7\,050 + 75\,600}{8\,000} = 10.33\,(元)$$

8.2　物流企业成本核算

8.2.1　物流企业生产经营的主要特点

物流行业是指物品从供应地向接收地的实体流动过程中，根据实际需要，将运输、仓储、装卸、搬运、包装、流通加工、配送、信息处理等基本功能有机结合，形成完整的供应链，为用户提供多功能、一体化的综合性服务的行业。运输业务是物流行业的核心，仓储业务、包装业务、装卸业务、配送业务等也是物流行业的重要组成部分。

与工业企业相比，物流企业的生产经营具有如下特点：

（1）物流企业的生产经营过程只是使劳动对象（货物和旅客）发生位置的变化，并不改变劳动对象的属性和形态，不创造新的物质产品。

（2）在运输生产过程中只消耗劳动手段（运输工具及设备），不消耗劳动对象。

（3）运输生产和消费同时进行。

（4）运输生产过程具有流动性、分散性。

（5）各种运输方式之间的替代性和协作性比较强。

（6）运输生产中所需固定资产比重大，流动资产比重小。

物流企业为了完成运输生产也需要发生各项运营成本。物流企业的运营成本中，没有像工业产品成本那样构成产品实体并占相当高比重的原材料和主要材料，而多是与运输工具使用有关的费用，如燃料、折旧等成本。

8.2.2 运输成本的核算

由于运输有多种方式，因此运输业务包括汽车运输业务、火车运输业务、飞机运输业务、轮船运输业务等。我们以汽车运输业务的成本核算为例，阐述运输成本的核算。

1. 运输成本计算对象、成本计算单位和成本计算期

（1）成本计算对象。物流企业汽车运输业务的营运车辆的车型较为复杂，为了反映不同车型的运输经济效益，通常以不同燃料和不同厂牌的营运车辆所提供的运输服务作为成本计算对象。对于以特种大型车、集装箱车、零担车、冷藏车、油罐车从事运输业务的物流企业，还应以不同类型、不同用途车辆所提供的运输服务分别作为单独的成本计算对象。

（2）成本计算单位。企业运输业务的成本计算单位是以汽车运输工作量的计量单位为依据的，货物运输工作量通常称为货物周转量，其计量单位为吨公里，它是实际运运货物的吨数与距离的乘积。在实际工作中，通常以千吨公里作为成本计算单位。集装箱车辆的成本计算单位为千标准箱公里。

（3）成本计算期。汽车运输业务的成本应按月、季、半年和年计算从年初至各期末的累计成本。营运车辆在经营跨月运输业务时，通常以行车路单签发日期所归属的月份计算其运输成本。

2. 直接材料的归集和分配

（1）燃料费用的归集和分配。物流企业各种车辆耗用的燃料应根据领料单位进行汇总，编制燃料耗用汇总表，以便于对燃料费用进行归集和分配。物流企业

确定各月燃料实际耗用数的方法有满油箱制和实地盘存制两种。实行满油箱制的物流企业，在月初、月末油箱加满的前提下，车辆当月加油的数量即为当月燃料的实际耗用数。实行实地盘存制的物流企业，应在月末实地测量车辆油箱的存油数，并根据当月的领用数，计算车辆当月实际耗用的燃料数。其计算公式如下：

$$当月实际耗用数＝月初车存数＋本月领用数－本月车存数$$

如燃料采用计划成本法时，还要相应地摊销材料成本差异。若车辆在本企业以外的油库加油，应根据加油车辆所属的部门，直接计入相关的成本费用账户。

（2）轮胎费用的归集和分配。物流企业各种车辆领用的轮胎外胎、内胎和垫带，应根据各月的领料单进行汇总，编制轮胎领用汇总表，以便于对轮胎费用进行归集和分配。

对于外胎采用一次性摊销法的物流企业，在外胎领用时，应根据外胎的领用部门记入"主营业务成本"或"营运间接费用""管理费用"等相关账户。对于外胎采用按行程摊销法的企业，则应根据外胎行驶里程的原始记录和外胎里程摊销率，编制外胎摊销费用计算表，以便于对外胎费用进行归集和分配。

3．直接人工的归集和分配

直接人工主要指车辆司机和助手的职工薪酬费用，包括工资费用和其他薪酬费用。

对于有固定车辆的司机和助手的工资，可以根据工资汇总表直接列入各成本计算对象的明细账户；对于没有固定车辆的司机和助手的工资、后备司机和助手的工资，则应按一定的标准通过分配后记入各成本计算对象的明细账户。分配标准主要有按营运货物吨位或按营运车日两种，其计算公式如下：

$$职工工资费用分配率＝\frac{应分配的司机及助手的工资总额}{总运营货物千吨公里(或总营运车日)}$$

相应的职工福利费用等其他薪酬费用直接列入各成本计算对象的明细账户。

4．其他直接费用的归集和分配

（1）养路费。物流企业向公路管理部门缴纳的车辆养路费，一般按货车吨位数计算缴纳。因此，企业缴纳的车辆养路费可以根据缴款凭证直接计入各成本计算对象的成本及有关费用。

（2）折旧费。物流企业中车辆的固定资产折旧一般采用工作量法计提。当采用工作量法时，由于外胎费用核算有两种不同的方法，因此车辆折旧的计算也有两种方法。如采用外胎价值一次摊销计入成本的方法，计提折旧时，外胎价值不必从车辆原值中扣减；如采用按行驶胎公里摊入成本的方法，则计算折旧时，外胎价值就应从车辆原值中扣减，否则会出现重复摊销的现象。

（3）其他费用。营运车辆的公路运输管理费，一般按运输收入的规定比例计算缴纳。企业缴纳的车管费可以根据交款凭证直接计入各类运输成本。

营运车辆在营运过程中因种种行车事故所发生的救援和善后费用，以及支付外单位人员的医药费、丧葬费、抚恤费、生活费等支出，扣除向保险公司收回的赔偿收入及事故对方或过失人的赔偿款后，净损失根据付款、收款凭证直接计入各类运输成本。

车辆牌照和检验费、车船税、洗车费、过桥费、轮渡费、司机途中住宿费、行车杂费等费用发生时都可以根据付款凭证直接计入各类运输成本。此外，领用随车工具及其他低值易耗品，可以根据领用凭证，一次或分次摊入各类运输成本。

5. 营运间接费用的归集和分配

物流企业运输业务的营运间接费用是运输分公司、车场、车站等部门为组织与管理运输业务过程所发生的各种间接费用，包括工资、职工福利费、折旧费、保险费、差旅费、水电费、办公费、取暖费等。在实际工作中，营运间接费用应分运输分公司、车场、车站等部门进行明细分类核算。

以上的费用一般通过"营运间接费用"科目进行核算，该科目是成本类账户，用以核算企业在物流营运过程中所发生的不能直接计入成本计算对象的各种间接费用。发生时记入借方，期末从贷方分配转入各成本计算对象，结转后无余额。

期末各部门归集的营运间接费用应按照一定标准在各成本计算对象内进行分配，分配的标准主要有直接费用或营运车日等。分配率的计算公式如下：

$$\frac{\text{营运间接}}{\text{费用分配率}}=\frac{\text{受益单位的}}{\text{直接费用金额}}\times\left(\frac{\text{营运间接}}{\text{费用总额}}\div\frac{\text{营运直接}}{\text{费用总额}}\right)$$

6. 单位运输成本的计算

物流企业汽车运输业务应负担的直接材料、直接人工、其他直接费用和营运间接费用构成了汽车运输总成本。汽车运输总成本除以运输周转量即为单位运输成本，其计算公式如下：

$$\text{单位运输成本（元/千吨公里）}=\frac{\text{运输总成本}}{\text{运输周转量（千吨公里）}}$$

物流企业月末应根据"主营业务成本——运输支出"明细账所归集的运输成本和该月实际完成的运输周转量编制汽车运输成本计算表，以反映运输总成本和单位成本。

 例 8-8

某物流企业有甲、乙两个车队。20××年 10 月份的相关情况如下：

（1）企业对燃料耗用数采用盘存制计算。甲、乙两车队月初车存汽油分别为 900 升和 1 100 升，当月分别领用汽油 10 000 升和 5 000 升，月末车存汽油分别为 600 升和 500 升。汽油的计划成本为每升 3.2 元，成本差异率为 2%。

（2）企业对轮胎采用一次摊销法。甲、乙两车队当月各领用外胎 3 个和 1 个，每个外胎的成本为 800 元。

（3）甲车队司机和助手的工资为 30 000 元，乙车队司机和助手的工资为 18 000 元。两个车队机动司机和助手的工资为 7 000 元。福利费按工资总额的 14％提取。甲车队当月营运货物 900 千吨公里，乙车队当月营运货物 500 千吨公里。

（4）企业缴纳养路费 110 000 元，其中甲车队 70 000 元，乙车队 40 000 元。

（5）甲车队计提车辆折旧费 80 000 元，乙车队计提车辆折旧费 50 000 元。

（6）甲车队发生洗车费、过桥过路费等杂费 3 200 元，乙车队发生杂费 2 200 元。

（7）企业发生营运间接费用 26 000 元。

20××年 10 月，该企业编制如下会计分录：

（1）甲车队耗用燃料的计划成本＝3.2×（900＋10 000－600）＝32 960（元）

　　甲车队耗用燃料的成本差异＝32 960×2％＝659.2（元）

　　乙车队耗用燃料的计划成本＝3.2×（1 100＋5 000－500）＝17 920（元）

　　乙车队耗用燃料的成本差异＝17 920×2％＝358.4（元）

借：主营业务成本——运输支出——甲车队（燃料）　　　　33 619.20

　　　　　　　　　　　　　　——乙车队（燃料）　　　　18 278.40

　　贷：原材料——燃料　　　　　　　　　　　　　　　　　　50 880.00

　　　　材料成本差异——燃料　　　　　　　　　　　　　　　 1 017.60

（2）借：主营业务成本——运输支出——甲车队（轮胎）　　　2 400

　　　　　　　　　　　　　　　　——乙车队（轮胎）　　　　800

　　　　贷：原材料——轮胎　　　　　　　　　　　　　　　　　3 200

（3）甲车队分摊机动司机和助手工资＝7 000÷（900＋500）×900＝4 500（元）

　　乙车队分摊机动司机和助手工资＝7 000÷（900＋500）×500＝2 500（元）

借：主营业务成本——运输支出——甲车队（工资费用）　　 34 500

　　　　　　　　　　　　　　——甲车队（其他薪酬费用）　 4 830

　　　　　　　　　　　　　　——乙车队（工资费用）　　　 20 500

　　　　　　　　　　　　　　——乙车队（其他薪酬费用）　 2 870

　　贷：应付职工薪酬　　　　　　　　　　　　　　　　　　 62 700

（4）借：主营业务成本——运输支出——甲车队（养路费）　　70 000

　　　　　　　　　　　　　　　　——乙车队（养路费）　　　40 000

　　　　贷：银行存款　　　　　　　　　　　　　　　　　　 110 000

（5）借：主营业务成本——运输支出——甲车队（折旧费）　　80 000

　　　　　　　　　　　　　　　　——乙车队（折旧费）　　　50 000

　　　　贷：累计折旧　　　　　　　　　　　　　　　　　　 130 000

（6）借：主营业务成本——运输支出——甲车队（其他费用）　 3 200

　　　　　　　　　　　　　　　　——乙车队（其他费用）　　2 200

　　　　贷：银行存款等　　　　　　　　　　　　　　　　　　5 400

$$（7）\quad \begin{array}{l}\text{甲车队当月}\\\text{直接费用}\end{array}=33\,619.2+2\,400+34\,500+4\,830+70\,000+80\,000+3\,200$$

$$=228\,549.2（元）$$

$$\begin{array}{l}\text{乙车队当月}\\\text{直接费用}\end{array}=18\,278.4+800+20\,500+2\,870+40\,000+50\,000+2\,200$$

$$=134\,648.4（元）$$

$$\begin{array}{l}\text{甲车队分配的}\\\text{营运间接费用}\end{array}=26\,000÷（228\,549.2+134\,648.4）×228\,549.2$$

$$=16\,361.01（元）$$

$$\begin{array}{l}\text{乙车队分配的}\\\text{营运间接费用}\end{array}=26\,000÷（228\,549.2+134\,648.4）×134\,648.4$$

$$=9\,638.99（元）$$

借：主营业务成本——运输支出——甲车队（营运间接费用）　16 361.01

　　　　　　　　　　　　　——乙车队（营运间接费用）　9 638.99

　　贷：营运间接费用　　　　　　　　　　　　　　　　　26 000.00

根据上述情况计算甲、乙两车队的单位运输成本如下：

$$\text{甲车队单位运输成本}=（228\,549.2+16\,361.01）÷900$$

$$=272.12（元/千吨公里）$$

$$\text{乙车队单位运输成本}=（134\,648.4+9\,638.99）÷500$$

$$=288.57（元/千吨公里）$$

8.2.3　包装成本的核算

包装是指为在流通过程中保护产品、方便运输、促进销售，按一定技术方法而采用的容器、材料及辅助物等的总体名称，也指为了达到上述目的而采用容器、材料和辅助物的过程中施加一定技术方法等的操作活动。

1. 包装成本的构成

在物流过程中，几乎大多数商品都必须经过一定的包装后才能进行流转。因而，为了方便商品的正常流转，通常企业都会发生一定的包装成本。物流企业的包装成本一般包含如下几项：

（1）包装材料费用，是指各类物资在实施包装过程中耗费在材料支出上的费用。

（2）包装机械费用，是指使用包装机械（或工具）所发生的购置费用、日常维护保养费用以及各期间的折旧费用等。

（3）包装技术费用，是指设计、实施缓冲包装、防潮包装、防霉包装等技术所支出的费用。

（4）包装人工费用，是指对实施包装作业的人员发放的计时工资、计件工资、奖金、津贴和补贴等各项费用支出。

（5）其他辅助费用，是指除了上述主要费用以外，物流企业发生的如包装标记、包装标志的印刷、栓挂物费用等支出。

2. 包装成本的核算

包装费用可能发生在不同的物流环节，也可能发生在不同的企业。根据不同的具体情况，包装费用的核算有以下几种方式可供选择：

（1）如果企业的包装收入单独核算，对于包装业务中产生的各项费用，凡是可以和包装收入配比的，直接记入"主营业务成本——包装成本"科目，不能直接配比的则应该记入"销售费用"科目。

（2）如果企业的包装收入未能单独核算，对于发生于物流环节的包装费用应区分费用的性质和项目记入"销售费用"总分类账户及其相关的明细账户。

8.2.4 仓储成本的核算

1. 仓储成本项目

仓储成本项目分为堆存直接费用和营运间接费用两项。

（1）堆存直接费用，是指仓库因仓储、保管货物而发生的直接费用。它包含工资、职工福利费、材料费、低值易耗品摊销、动力及照明费、折旧费、劳动保护费、事故损失、保险费等明细项目。

（2）营运间接费用。仓储业务和装卸业务是密不可分的，仓储与装卸业务往往与客户合签一张合同。营运间接费用是指企业的仓储装卸营运部或分公司为管理和组织仓储和装卸的营运生产所发生的管理费用和业务费用。

2. 仓储成本计算对象、成本计算单位和成本计算期

（1）成本计算对象。物流企业经营仓储业务的仓库类型复杂多样，按建筑结构可分为露天仓库、简易仓库、平房仓库、楼房仓库、立体仓库和罐式仓库等；按保管货物的特性可分为普通仓库、冷藏仓库、恒温仓库、特种危险品仓库等。仓储业务的成本计算对象为各种类型的仓库。

（2）成本计算单位。仓储业务的成本计算单位是以货物堆存量的计量单位为依据的。货物堆存量通常以重量作为成本计量单位，所以仓储业务的成本计算单位通常用堆存吨天表示，它是实际堆存货物的吨数与货物堆存天数的乘积。货物堆存量也能以面积作为成本计量单位，因此仓储业务的成本计算单位也可以用堆存平方米天表示，它是实际堆存货物的面积与堆存货物天数的乘积。在实际工作中，通常用堆存前吨天或堆存前平方米天作为仓储业务的成本计算单位。

（3）成本计算期。仓储业务的成本应按月、季、半年、年计算，从年初至各期末的累计成本。

3. 堆存成本的核算

由于仓储业务是堆存货物，因此习惯上把仓储成本称为堆存成本。仓储业务应负担的堆存直接费用和营运间接费用构成了堆存总成本。堆存总成本除以货物

堆存量即为堆存单位成本。物流企业月末应根据"主营业务成本——堆存支出"明细账所归集的堆存成本和该月实际完成的堆存量编制堆存成本计算表，以反映堆存总成本和单位成本。

（1）堆存直接费用的归集。物流企业存储货物所发生的堆存直接费用，应根据工资及福利费分配表、耗用材料汇总表、固定资产折旧费用计算表及各种发票、单据等，直接列入所属仓库或库区的成本。借记"主营业务成本——堆存支出"账户，贷记"应付职工薪酬""原材料""累计折旧""银行存款"等相关的账户。

（2）堆存间接费用的归集和分配。物流企业的营运间接费用应按营运部或分公司设明细分类账，归集营运部或分公司发生的营运间接费用，期末按营运部或分公司的堆存直接费用和装卸直接费用的比例进行分配。其计算公式如下：

$$\text{应分摊的营运间接费用} = \text{营运间接费用总额} \times \frac{\text{该部门发生的直接堆存费用}}{\text{堆存费用总额}}$$

8.2.5　装卸成本的核算

广义的装卸业务是指物流企业运用机械设备和人力为客户提供改变货物在物流同一节点内的存在状态和空间位置的服务，包括狭义的装卸和搬运。狭义的装卸是指在指定地点以人力或机械将货物装入或卸下运输设备。搬运则是指在同一场所内对货物进行水平的移动，其结果是货物横向或斜向的位移。

1. 装卸成本计算对象、成本计算单位和成本计算期

（1）成本计算对象。物流企业以运输业务或仓储业务为主的，在经营装卸业务时，可以机械作业和人工作业分别作为成本计算对象。以机械作业为主、人工作业为辅的作业活动，可不单独计算人工装卸成本。以人工作业为主、机械作业为辅的作业活动，也可以不单独计算机械装卸成本。

物流企业经营港口业务的，为了加强成本管理，可以装卸作业的主要货种作为成本计算对象。主要货种可分为石油、煤炭、矿石、木材、粮食、集装箱、杂货等。

（2）成本计算单位。装卸成本的计算单位以货物装卸量的计量单位为依据，货物装卸量通常以重量作为成本计算单位，用装卸吨表示。

集装箱装卸成本的计算单位可采用标准箱，也可采用装卸吨，两者的换算比例为：1标准箱＝10装卸吨。

（3）成本计算期。装卸成本应按月、季、半年和年计算从年初至各期末止的累计成本。

2. 装卸成本的归集和分配

物流企业的装卸费用通过"主营业务成本——装卸支出"账户进行归集与分配。该账户可按成本计算对象设置明细账，并按成本项目进行明细核算。

（1）直接人工。企业的直接人工成本可根据工资结算表等有关资料，编制职工薪酬费用汇总表，据以直接计入各类装卸成本。

（2）直接材料。

第一，燃料和动力。对于燃料和动力，企业可于每月终了根据油库转来的装卸机械领用燃料凭证计算实际消耗数量计入成本。企业耗用的电力可根据供电部门的收费凭证或企业的分配凭证直接计入成本。

第二，轮胎。物流企业装卸机械的轮胎损耗是在装卸场地操作过程中发生的，因此其轮胎费用不宜采用胎公里摊销方法处理，一般可于领用新胎时将其价值一次直接计入装卸成本。如一次集中领换轮胎数量较多，为均衡各期成本负担，可将其按月份分摊计入装卸成本。装卸机械轮胎的翻新和零星修补费用，一般在费用发生和支付时直接计入装卸成本。装卸队配属各种车辆所领用新胎及翻新和零星修补的费用，也可按上述方法计入成本。

（3）其他直接费用。

第一，折旧费。物流企业装卸机械的折旧应按规定的折旧率计提，根据固定资产折旧计算表直接计入各类装卸成本。装卸机械计提折旧适宜采用工作量法，一般按其工作时间（以台班表示）计提。

第二，其他费用。装卸机械领用的随机工具、劳保用品和装卸过程中耗用的工具，在领用时根据领用凭证可将其价值一次直接计入各类装卸成本。一次领用数额过大时，可分月摊销处理。工具的修理费用以及防暑、防寒、保健饮料、劳动保护安全措施等费用，在费用发生和支付时，可根据费用支付凭证或其他有关凭证，一次直接计入各类装卸成本。物流企业对外发生和支付装卸费时，可根据支付凭证直接计入各类装卸成本。事故损失一般于实际发生时直接计入有关装卸成本，或先通过"其他应收款——暂付赔款"账户归集，然后于月终将应由本期装卸成本负担的事故净损失结转计入有关装卸成本。

（4）营运间接费用。装卸队直接开支的管理费和业务费，可在发生和支付时，直接列入装卸成本。当按机械装卸和人工装卸分别计算成本时，可先通过"营运间接费用"账户汇集，月终再按直接费用比例分配计入各类装卸成本。

3. 装卸总成本和单位成本的计算

物流企业的装卸总成本是通过"主营业务成本——装卸支出"账户的明细账所登记的各项装卸费用总额确定的。装卸支出明细账的格式与登记方法，与前述运输支出明细账相同。

装卸业务的单位成本，以"元/千操作吨"为计算单位。其计算公式为：

$$装卸业务单位成本 = \frac{装卸业务总成本}{装卸操作总重量}$$

8.2.6 配送成本的核算

配送业务是指物流企业根据客户的要求，对货物进行储存、拣选、包装、组配等作业，并按时将组配的货物以最合理的方式送交收货人的服务。配送是物流系统中一种特殊的综合的活动形式，集装卸、储存、包装、运输等活动于一身。

1. 配送成本的构成

不同的配送模式，其成本构成差异较大。相同的配送模式下，由于配送物品的性质不同，其成本构成差异也很大。因此实际中应根据配送的具体流程归集成本。常见的配送成本包括如下项目。

(1) 配送运输费用，包括车辆费用和营运间接费用。

(2) 分拣费用，包括分拣人工费用和分拣设备费用。

(3) 配装费用，包括配装材料费用、配装人工费用和配装辅助费用。

(4) 流通加工费用，包括流通加工设备费用、流通加工材料费用和流通加工人工费用。

2. 配送成本计算对象、成本计算单位和成本计算期

(1) 成本计算对象。配送的各个环节都有各自的成本计算对象。如物流保管环节的成本计算对象是仓库，分拣及配货环节的成本计算对象是分拣及配备的货物，配送发运环节的成本计算对象是货运车辆。

(2) 成本计算单位。由于配送业务有多个成本计算对象，因此也就有多个成本计算单位。如货物保管环节的成本计算单位为堆存量，用千吨天表示；分拣配货环节的成本计算单位为分拣配货量，用千吨或千件表示；配装环节的成本计算单位为配装量，用千吨表示；运送环节的成本计算单位为货物周转量，用千吨公里表示。

(3) 成本计算期。配送业务的成本应按月、季、半年和年计算从年初至各期末止的累计成本。

3. 配送直接费用的归集

物流企业配送货物所发生的配送直接费用，应根据工资及福利费分配表、耗用材料汇总表、固定资产折旧费用计算表及各种发票、单据等，直接列入各个环节的成本。届时借记"主营业务成本——配送支出——堆存费用""主营业务成本——配送支出——分拣配货费用""主营业务成本——配送支出——配装费用""主营业务成本——配送支出——运输费用"等账户，贷记"应付职工薪酬""原材料""累计折旧""银行存款"等相关账户。

4. 营运间接费用的归集和分配

物流企业配送业务各个环节的营运间接费用，先在组织和管理这些业务的营运部门或分公司的明细账中归集。届时借记"营运间接费用——配送营运部"账户，贷记"应付职工薪酬""累计折旧"等相关账户。期末再将归集的营运间接费用按堆存、分拣及配货、配装和运输四项业务的直接费用的比例进行分配。

8.3　建筑施工企业成本核算

8.3.1　建筑施工企业生产经营的特点

建筑施工企业是国民经济中一个重要的物质生产部门，也是从事基本建设、建筑安装施工活动的基层生产单位。由于其从事行业的特殊性，建筑施工企业的生产经营有着不同于其他行业的特点。

（1）建筑产品具有固定性、单体性、多样性、形体庞大和使用寿命长等特点。

（2）建筑施工过程具有流动性、长期性、综合协作性等特点。

（3）生产经营管理具有生产经营业务不稳定、管理环境多变、机构人员变动大等特点。

8.3.2　工程成本的计算对象

工程成本的计算对象是指在工程成本计算时，应该选择什么样的工程作为目标，来归集和分配生产费用，确定实际成本。工程成本的计算对象既可以根据企业施工组织特点、所承包工程实际情况和工程价款结算办法来确定，也可以根据与施工图预算相适应的原则来确定。

一般来说，施工企业应该以每一个单位工程作为成本计算对象。但是，一个施工企业要承包多个建设项目，每个建设项目的具体情况往往很不相同：有的工程规模很大、工期很长；有的是一些规模小、工期短的零星改扩建工程；有时一个工地上有若干个结构类型相同的单位工程同时施工、交叉作业，共同耗用现场堆放的人堆材料等。因此，工程成本计算对象的确定，一般要根据与施工图预算相适应的原则，以每一个独立编制施工图预算的单位工程为依据，根据承包工程的规模大小、结构类型、工期长短以及现场施工条件等具体情况，结合企业施工组织的特点和加强成本管理的要求，确定建筑安装工程成本计算对象。具体来讲，主要有以下几种划分方法：

（1）建筑安装工程一般应以每一独立编制施工预算图的单位工程为成本计算对象。

（2）一个单位工程由几个施工单位共同施工时，各施工单位都应以同一单位工程为成本计算对象，各自核算自行完成的部分。

（3）规模大、工期长的单位工程，可以将工程划分为若干部位，以分部工程作为成本计算对象。

（4）同一建设项目中，同一施工单位、同一施工地点、同一结构类型、开竣工时间相近的若干个单位工程，可以合并作为一个成本计算对象。

（5）改建、扩建零星工程，可以将开竣工时间相近、属于同一建设项目的各个单位工程，合并作为一个成本计算对象。

（6）土石方工程、打桩工程，可以根据实际情况和管理需要，以一个单位工程为成本计算对象，或将同一施工地点的若干个工程量较小的单项工程合并作为一个成本计算对象。

（7）独立施工的装饰工程的成本计算对象应与土建工程成本计算对象一致。

（8）工业设备安装工程，可按单位工程或专业项目，如机械设备、管道、通风设备、工业筑炉的安装等作为工程成本计算对象。变电所、配电站、锅炉房等可按所、站、房等安装工程作为成本计算对象。

工程成本计算对象一经确定，在一定期限内不能随意更改，若要更改应及时通知施工企业内部相关部门，以统一工程成本的核算口径，减少因此造成的成本分析和考核上的潜在矛盾。为了集中反映各个工程成本计算对象的成本发生情况，财务部门应当为每一个成本计算对象分别设置工程成本明细账（卡），并按照成本项目设置专栏来组织核算。所有的原始记录都必须按照规定的成本计算对象写清楚，以便于归集和分配成本费用。

8.3.3　工程成本核算的会计科目

施工企业为核算和监督施工过程中各项施工费用的发生、归集和分配情况，正确计算工程成本，要设置下列总分类会计科目，在此基础上还要进行明细分类核算，以利于成本管理。

1. "工程施工"科目

"工程施工"科目核算施工企业（建筑承包商）实际发生的合同成本和合同毛利。该科目可按建造合同，分别按"合同成本""间接费用""合同毛利"进行明细核算。

企业进行合同建造时发生的人工费、材料费、机械使用费以及施工现场材料的二次搬运费、生产工具和用具使用费、检验试验费、临时设施折旧费等其他直接费用，借记本科目（合同成本），贷记"应付职工薪酬""原材料"等科目。

发生的施工、生产单位管理人员职工薪酬、固定资产折旧费、财产保险费、工程保修费、排污费等间接费用，借记本科目（间接费用），贷记"累计折旧""银行存款"等科目。会计期末，将间接费用分配计入有关合同成本，借记本科目（合同成本），贷记本科目（间接费用）。

确认合同收入、合同成本时，借记"主营业务成本"科目，贷记"主营业务收入"科目，按其差额借记或贷记本科目（合同毛利）。

合同完工时，应将该科目余额与相关工程施工合同的"工程结算"科目对冲，借记"工程结算"科目，贷记本科目。

本科目期末借方余额，反映企业尚未完工的建造合同成本和合同毛利。

2. "机械作业"科目

"机械作业"科目核算施工企业（建筑承包商）及其内部独立核算的施工单

位、机械站和运输队使用自有施工机械和运输设备进行机械作业（包括机械化施工和运输作业等）所发生的各项费用。企业及其内部独立核算的施工单位，从外单位或本企业其他内部独立核算的机械站租入施工机械发生的机械租赁费，直接在"工程施工"科目核算。

"机械作业"科目可按施工机械或运输设备的种类等进行明细核算。施工企业内部独立核算的机械施工、运输单位使用自由施工机械或运输设备进行机械作业所发生的各项费用，可按成本计算对象和成本项目进行归集。

企业发生机械作业支出时，借记本科目，贷记"原材料""应付职工薪酬""累计折旧"等科目。

会计期末，企业及其内部独立核算的施工单位、机械站和运输队为本单位承包的工程进行机械化施工和运输作业的成本，应转入承包工程的成本，借记"工程施工"科目，贷记本科目。对外单位、专项工程等提供机械作业（包括运输设备）的成本，借记"劳务成本"科目，贷记本科目。

本科目期末应无余额。

3. "辅助生产成本"科目

"辅助生产成本"科目核算施工企业（建筑承包商）所属的非独立核算的辅助生产部门为工程施工生产材料和提供劳务所发生的费用。借方登记实际发生的辅助生产费用，贷方登记生产完工验收入库的辅助生产的产品成本或者按受益对象分配结转的辅助生产费用。本科目期末借方余额表示辅助生产的在产品的成本。

4. "工程结算"科目

"工程结算"科目核算施工企业（建筑承包商）根据建造合同约定向发包方（即业主或甲方）办理工程价款结算的累计金额。贷方登记企业向发包方办理工程价款结算的金额，借方登记合同完工时与"工程施工"账户对冲的金额。本科目期末贷方余额反映尚未完工的建造合同已办理结算的累计金额。

8.3.4　工程成本的归集和分配

1. 直接材料的归集和分配

施工企业建筑安装活动中需要耗费大量的材料，材料品种多，大堆材料比重大。材料费应按照材料领用的不同情况进行归集分配。

（1）凡能点清数量和分清材料对象的，能直接用于工程的材料，如钢材、木材、水泥，通常都可分别按成本计算对象直接记入各工程成本的材料费项目中。

（2）凡能点清数量、集中配料或统一下料的，如油漆、玻璃、木材等，应在领料凭证上注明"工程集中配料"字样，月末由材料管理人员或领用部门，根据用料情况，结合材料消耗定额，编制集中配料耗用分配表，在各成本计算对象之间分配。

（3）凡不能点清数量也很难立即分清用料对象的一些大堆材料，如砖、瓦、白灰、砂石等，几个单位工程共同使用，则先由材料员或领料部门验收保管，月末实地盘点结存数量，然后根据月初结存数量与本月进料数量，倒轧本月实际用量，结合材料耗用定额，编制大堆材料耗用计算单，据以计入各成本计算对象。

（4）对于其他不能点清数量的材料，也需要采用适当的方法分配计入各工程成本材料费项目。用于辅助生产部门、机械作业部门的各种材料应分别记入"辅助生产成本""机械作业"科目的借方。

（5）实行材料节约奖的，应按材料节约的数额，直接计入各成本计算对象。

（6）成本计算期内已办理领料手续，但没有全部耗用的材料，应在期末进行盘点，填制退料单，作为办理退料的凭证，据以冲减本期材料费。工程施工后的剩余材料，应填制退料单，办理退料手续。施工过程中发生的残次料和包装物等，应尽量回收利用，并填制废料交库单估价入账，并冲减工程材料费。

（7）周转材料应根据各个工程成本计算对象在用的数量，按照规定的摊销方法计提当月的摊销额，并编制周转材料摊销计算表。

月末，财会部门必须严格审核各种领退料凭证，并根据各种领料凭证、退料凭证及材料成本差异，编制材料费分配表，计算受益对象应分配的材料费。

2．直接人工的归集和分配

人工费计入成本的方法，一般应根据企业实行的具体工资制度确定。

（1）如果施工企业采用的是计件工资制度，人工费的受益对象容易确定，根据工程任务单和工程结算汇总表，将所归集的人工费用直接计入工程成本。

（2）施工企业采用计时工资制度时，如果能够正确区分工人劳动的服务对象，就可以采用与计件工资制度下相同的方法，直接将人工费计入工程成本。如果建筑安装工人同时为多项工程工作，就需要将发生的工资在各个成本计算对象之间进行分配。分配的方法是，用当月工资总额除以工人的出勤日计算出平均日工资，然后用平均日工资乘以各工程当月实际用工数得到各工程应负担的人工费。

3．机械使用费的归集和分配

施工企业使用的施工机械可分为租赁机械和自有机械两种。施工企业各工程项目租赁施工机械而支出的租赁费和进出场费，应根据结算账单直接记入各工程成本"机械使用费"成本项目，不用通过"机械作业"明细账户进行核算。自有施工机械使用过程中发生的费用应首先按机组或单机归集，计算每台班的实际成本，然后根据各个成本计算对象的使用台班数，确定应计入各成本计算对象的机械使用费。进行机械作业所发生的各项费用的归集和分配，通过"机械作业"账户进行，并按照机械设备的类别设置明细账户，按规定的成本项目归集费用。费用项目的确定通常应和机械台班预算定额的构成内容一致，以便计算出来的台班实际成本与定额相比较。费用发生时记入"机械作业"的借方，月末根据归集的费用和设备作业时间计算各类机械的台班成本或按适当的标准分配记入各项工程成本的"机械使用费"项目，同时贷记"机械作业"科目。

分配机械使用费可以采用如下方法：

（1）按施工机械的实际台时（或完成工程量）分配机械使用费。

月末，根据各类机械明细账借方发生额及实际作业台班数计算台班成本，编制机械使用费分配表并记入"工程施工——合同成本"借方及工程成本计算单的"机械使用费"项目内，同时贷记"机械作业"账户贷方。当月"机械作业"账户发生的费用一般当月分配完毕，月末没有余额。

（2）先按施工机械的计划台时费对机械使用费进行分配，然后依据计划机械使用费与实际机械使用费之间的比值调整为实际机械使用费。

为了简化计算手续，对于各种中型机械的机械使用费，可在月终先根据机械使用月报中各种机械的工作台时（或完成工作量）合计和该种机械台时费计划数，算出当月机械使用费计划数，再计算实际机械使用费占机械使用费计划数的百分比，然后将各个成本计算对象按台时费计划数计算的机械使用费计划数按照算得的百分比进行调整。计算公式如下：

$$机械使用费计划数＝机械工作台时合计×机械台时费计划数$$

$$\genfrac{}{}{0pt}{}{某项工程应分配的}{机\ 械\ 使\ 用\ 费}＝\left(\genfrac{}{}{0pt}{}{该项工程使用的}{机械工作台时}×\genfrac{}{}{0pt}{}{机械台时费}{计\ \ 划\ \ 数}\right)×\frac{机械使用费实际数}{机械使用费计划数}$$

4. 辅助生产费用的归集和分配

施工企业一般都设置若干个非独立核算的辅助生产部门。辅助生产部门主要为工程施工服务，包括木工车间、供水站、供电站、混凝土搅拌站、运输队等。

辅助生产部门所发生的各项费用，通过"辅助生产成本"科目进行归集，并按辅助生产车间或单位、产品或劳务的品种设置二级明细账，按规定的成本项目归集费用。月末根据归集的费用计算产品、劳务的总成本和单位成本，然后按各工程和部门的受益数量分配计入各项工程成本、机械作业成本以及其他费用项目。期末借方余额为在产品成本。

5. 其他直接生产费用的归集和分配

其他直接生产费用包括材料二次搬运费、临时设施摊销费、生产工具用具使用费、检验试验费、工程定位复测费、工程点交费及场地清理费等。

施工企业发生的其他直接费用，凡是能分清成本计算对象的，应直接记入各受益工程成本计算对象下的"其他直接费用"项目中。如果是几个工程共同发生的，不能直接确定成本计算对象的其他直接费用，可以先行汇总，在"其他直接费用"明细账中归集，然后以定额用量、预算费用或工程的工料成本作为分配基数，月末或竣工时编制其他直接费用分配表分配计入各成本计算对象。

6. 间接费用的归集和分配

建筑安装工程成本中除了各项直接费用外，还包括企业所属各施工单位，如工程处、施工队、项目经理部，为施工准备、组织和管理所发生的各项费用。

间接费用属于共同费用，难以分清受益对象。为了归集和分配间接费用，企业应在"工程施工——间接费用"科目中进行核算，汇总本期发生的各种间接费用，并按费用项目进行明细核算。当间接费用发生时记入"工程施工——间接费用"科目的借方；月末将归集的间接费用采用一定的标准全数分配，借记相应工程的"工程施工——合同成本"，贷记"工程施工——间接费用"。"工程施工——间接费用"科目月末应该没有余额。

需要说明的是，有的施工企业也单设"间接费用"总账科目来核算间接费用，而不通过在"工程施工"中设置"间接费用"二级科目来核算，但其核算原理是一样的。

间接费用的分配标准因工程类别不同而有所不同。土建工程一般以工程成本的直接费用为分配标准。安装工程以人工费用为分配标准。在实际工作中，施工单位施工的工程往往既有土建工程又有安装工程，有时辅助生产单位生产的产品或劳务还会对外销售。因此施工单位的间接费用一般要经过两次分配。

间接费用的第一次分配是将发生的全部间接费用在不同类的工程、劳务和作业间进行分配。这次分配一般以各类工程、劳务和作业中的人工费为基础进行分配，其计算公式为：

$$间接费用分配率＝\frac{间接费用总额}{各类工程（劳务、作业）成本中人工费总额}×100\%$$

$$某类工程（劳务、作业）应分配的间接费用＝该类工程（劳务、作业）中的人工费×间接费用分配率$$

间接费用的第二次分配是将分配到各类工程、劳务和作业的间接费用在本类工程、劳务和作业中进行分配。这次分配一般以各个工程、劳务和作业中的直接费用或人工费用为基础进行分配。土建工程以工程的直接费用实际金额或已完工程直接费用预算金额为标准进行分配。安装工程以工程的人工费用实际金额或已完工程人工费用预算金额为标准进行分配。

另外，在实际核算工作中，对于间接费用的分配，若已给出间接费用定额，也可先计算本月实际间接费用与间接费用定额的百分比，再用该百分比对各项工程按定额计算的间接费用进行调整。

8.3.5　月末已完工程和未完工程成本的分配

施工企业的各项生产费用，在各成本计算对象之间进行归集和分配以后，应计入本月各成本计算对象的生产费用，归集在"工程施工——合同成本"借方和有关成本计算单中。这些生产费用月末应在已完工程和未完工程之间进行分配。已完工程既包括已全部竣工，不再需要进行任何施工活动的工程，即竣工工程，也包括已经完成预算定额所规定的全部工序，在本企业不再需要进行任何加工的分部分项工程。

1. 未完工程成本的计算

未完工程成本的计算，通常是由统计人员月末到施工现场实地丈量盘点未完施工实物量，并按其完成施工的程度折合为已完工程数量，根据预算单价计算未完工程成本。计算公式如下：

$$未完工程成本＝预算单价×未完工程实物量×完工程度$$
$$＝未完工程预算造价×完工程度$$

期末未完工程成本一般不负担管理费。如果未完施工工程量占当期全部工程量的比重很小或期初与期末数量相差不大，可以不计算未完工程成本。

根据计算结果填制未完施工盘点单，并计入工程成本计算单。

2. 已完工程实际成本的计算

月末未完工程成本确定后，即可根据如下公式确定当月各个成本计算对象已完工程的实际成本：

$$\frac{已完工程}{实际成本}＝\frac{月初未完}{工程成本}＋\frac{本月生产}{费\quad用}－\frac{月末未完}{工程成本}$$

根据各成本计算对象的成本计算单的实际成本，填入已完工程成本表中的实际成本栏，据此结转已完工程实际成本。

8.3.6　工程成本的结转

如果在工程竣工时确认合同收入和成本，则按已完工程实际成本借记"主营业务成本"，按合同收入贷记"主营业务收入"，按二者之差借记或贷记"工程施工——合同毛利"。同时，根据工程结算金额，借记"银行存款""应收账款"等科目，贷记"工程结算"科目。最后，对冲结平"工程施工"科目（合同成本和合同毛利）与"工程结算"科目。

在工程跨年度完工的情况下，如果分期确认工程收入和成本，则在工程完工前，每期期末按当期实际发生的工程成本借记"主营业务成本"，按当期应当确认的收入贷记"主营业务收入"，按二者之差借记或贷记"工程施工——合同毛利"。同时，根据当期结算金额，借记"银行存款""应收账款"等科目，贷记"工程结算"科目。待工程竣工后，对冲"工程施工"科目和"工程结算"科目，即按该工程累计结算金额借记"工程结算"科目，按"工程施工"中该工程的累计金额（包含合同成本和合同毛利）贷记"工程施工"科目。

 例 8-9

某建筑工程公司的第一工程处目前有甲、乙两项工程。20××年 10 月份的相关情况如下：

（1）材料费用分配表如表 8-1 所示。

表 8-1　　　　　　　　　　　　　材料费用分配表

工程成本核算对象	主要材料						水泥预制件		其他材料	
	钢材		水泥		合计		计划成本	成本差异 1%	计划成本	成本差异 －3%
	计划成本	成本差异 8%	计划成本	成本差异 2%	计划成本	成本差异				
甲工程	150 000	12 000	60 000	1 200	210 000	13 200	300 000	3 000	7 000	－210
乙工程	80 000	6 400	30 000	600	110 000	7 000	90 000	900	4 000	－120
合计	230 000	18 400	90 000	1 800	320 000	20 200	390 000	3 900	11 000	－330

（2）第一工程处发生计时工资 90 000 元，其中甲工程耗用 3 000 工时，乙工程耗用 2 000 工时。

（3）按施工机械的实际台时分配机械使用费。第一工程处的一台吊车和一台挖土机分别对甲、乙两工程实施了机械作业。当月吊车的机械使用费为 27 360 元，甲工程使用吊车 96 小时，乙工程使用吊车 56 小时。当月挖土机的机械使用费为 48 755 元，甲工程使用挖土机 80 小时，乙工程使用挖土机 119 小时。

（4）公司运输队本月发生各种费用共计 165 200 元。本月运输队总共提供 20 650 吨公里的运输服务，其中为甲工程提供 7 200 吨公里的运输服务，为乙工程提供 4 500 吨公里的运输服务。

（5）第一工程处本月发生其他直接费用 13 600 元，其中分配给甲工程 7 500 元，分配给乙工程 6 100 元。

（6）按各工程的直接成本实际数分配间接费用。第一工程处本月发生间接费用 28 000 元。

（7）甲工程包含 A，B 两个分项工程。甲工程月初未完工程成本为 276 800 元。A 工程在本月全部完工，B 工程完工 60%，B 工程的预算造价为 400 000 元。乙工程为本月新动工工程，尚未完工。假设 A 工程不是跨年度工程，在工程完工后一次性确认合同收入与成本。A 工程合同收入为 1 000 000 元。

20××年 10 月，第一工程处编制如下会计分录：

（1）甲工程耗用的材料计划成本＝210 000＋300 000＋7 000＝517 000（元）

甲工程耗用材料的成本差异＝13 200＋3 000－210＝15 990（元）

乙工程耗用的材料计划成本＝110 000＋90 000＋4 000＝204 000（元）

乙工程耗用材料的成本差异＝7 000＋900－120＝7 780（元）

借：工程施工——合同成本——甲工程（直接材料） 517 000

　　　　　　　　　　　　——乙工程（直接材料） 204 000

　　贷：原材料——主要材料 320 000

　　　　　　——结构件 390 000

　　　　　　——其他材料 11 000

借：工程施工——合同成本——甲工程（直接材料） 15 990

　　　　　　　　　　　　——乙工程（直接材料） 7 780

　　贷：材料成本差异——主要材料 20 200

　　　　　　——结构件 3 900

　　　　　　——其他材料 330

（2）甲工程分摊人工费＝90 000÷（3 000＋2 000）×3 000＝54 000（元）

乙工程分摊人工费＝90 000÷（3 000＋2 000）×2 000＝36 000（元）

借：工程施工——合同成本——甲工程（直接人工） 54 000

　　　　　　　　　　　　——乙工程（直接人工） 36 000

　　贷：应付职工薪酬 90 000

（3）甲工程分摊吊车费用＝27 360÷（96＋56）×96＝17 280（元）

乙工程分摊吊车费用＝27 360÷(96＋56)×56＝10 080(元)

甲工程分摊挖土机费用＝48 755÷(80＋119)×80＝19 600(元)

乙工程分摊挖土机费用＝48 755÷(80＋119)×119＝29 155(元)

甲工程分摊机械使用费＝17 280＋19 600＝36 880(元)

乙工程分摊机械使用费＝10 080＋29 155＝39 235(元)

借：工程施工——合同成本——甲工程（机械使用费）　　36 880

　　　　　　　　　　——乙工程（机械使用费）　　39 235

　贷：机械作业——吊车　　　　　　　　　　　　　　　27 360

　　　　　　——挖土机　　　　　　　　　　　　　　　48 755

(4) 运输费用分配率＝165 200÷20 650＝8

甲工程分配的运输费用＝8×7 200＝57 600(元)

乙工程分配的运输费用＝8×4 500＝36 000(元)

借：工程施工——合同成本——甲工程（辅助生产费用）　57 600

　　　　　　　　　　——乙工程（辅助生产费用）　36 000

　贷：辅助生产成本　　　　　　　　　　　　　　　　　93 600

(5) 借：工程施工——合同成本——甲工程（其他直接费用）　7 500

　　　　　　　　　　——乙工程（其他直接费用）　6 100

　　贷：工程施工——合同成本——其他直接费用　　　13 600

(6) 甲工程当月直接成本＝517 000＋15 990＋54 000＋36 880＋57 600＋7 500

　　　　　　　　　　＝688 970(元)

乙工程当月直接成本＝204 000＋7 780＋36 000＋39 235＋36 000＋6 100

　　　　　　　　　　＝329 115(元)

甲工程分配的间接费用＝28 000÷(688 970＋329 115)×688 970

　　　　　　　　　　＝18 948.48(元)

乙工程分配的间接费用＝28 000÷(688 970＋329 115)×329 115

　　　　　　　　　　＝9 051.52(元)

借：工程施工——合同成本——甲工程（间接费用）　18 948.48

　　　　　　　　　　——乙工程（间接费用）　9 051.52

　贷：工程施工——间接费用　　　　　　　　　　　　28 000.00

(7) 甲工程中未完工程成本＝400 000×60%＝240 000(元)

甲工程中已完工程成本＝276 800＋688 970＋18 948.48－240 000

　　　　　　　　　　＝744 718.48(元)

借：主营业务成本　　　　　　　　　　　　　　　744 718.48

　　工程施工——合同毛利　　　　　　　　　　　255 281.52

　贷：主营业务收入　　　　　　　　　　　　　　　1 000 000.00

借：应收账款　　　　　　　　　　　　　　　　　1 000 000

　贷：工程结算　　　　　　　　　　　　　　　　　1 000 000

借：工程结算　　　　　　　　　　　　　　　　　1 000 000.00

　　贷：工程施工——合同成本　　　　　　　　　　　744 718.48
　　　　　　　　——合同毛利　　　　　　　　　　　255 281.52

思考题

　　1. 生物资产与农产品有何关系？

　　2. 如何确定农业生产的成本计算对象？

　　3. 属于消耗性生物资产和生产性生物资产的农作物，其成本的归集和分配有何区别？

　　4. 多年生作物的产品成本如何计算？

　　5. 露地蔬菜栽培与保护地蔬菜栽培，其产品成本计算方法有什么区别？

　　6. 物流企业可能会涉及哪些成本？

　　7. 汽车运输成本的计算对象是什么？

　　8. 汽车运输成本包含哪些主要项目？

　　9. 如何确定建筑施工企业工程成本的计算对象？

　　10. 建筑施工企业的机械使用费通过什么科目进行归集？如何进行分配？

　　11. 工程成本如何在已完工程和未完工程之间进行分配？

练习题

　　1. 某农业企业从 2002 年开始自行营造 200 公顷橡胶树，当年发生种苗费403 000 元，平整土地和定植所使用机械的折旧费为 116 000 元，当年发生肥料及农药费 375 000 元、人员工资 830 000 元。橡胶树在 2002—2007 年 6 年间共发生管护费用 4 688 000 元，以银行存款等形式支付。2008 年橡胶树进入正常生产期。橡胶树预计净残值为 412 000 元，在 25 年内按直线法计提折旧。2008 年在养护和收获过程中发生肥料及农药费 289 000 元，人员工资 420 000 元，以银行存款支付其他生产费用 174 500 元。

　　要求：为该企业编制相关会计分录。

　　2. 某物流企业 20××年 5 月的相关情况如下：

　　(1) 企业采用满油箱制计算燃料耗用数。甲车队当月加油 12 000 升，乙车队当月加油 8 600 升，丙车队当月加油 5 000 升。汽油的成本为每升 4.2 元。

　　(2) 企业对轮胎采用一次摊销法。当月甲车队领用外胎 3 个，丙车队领用外胎 1 个。每个外胎的成本为 900 元。

　　(3) 甲车队司机和助手的工资为 36 000 元，乙车队司机和助手的工资为 28 000元，丙车队司机和助手的工资为 24 000 元。福利费按工资总额的 14% 提取。

　　(4) 甲车队计提车辆折旧费 140 000 元，乙车队计提车辆折旧费 100 000 元，丙车队计提车辆折旧费 85 000 元。

（5）企业发生洗车费、过桥过路费等杂费 60 200 元，其中甲车队 22 100 元，乙车队 21 100 元，丙车队 17 000 元。

（6）企业发生营运间接费用 58 000 元，按直接费用金额的比例进行分配。

（7）甲车队当月提供 1 100 千吨公里的运输服务，乙车队当月提供 800 千吨公里的运输服务，丙车队当月提供 600 千吨公里的运输服务。

要求： 为该企业编制 20×× 年 5 月的会计分录，并计算各车队的单位运输成本。

3. 某建筑工程公司目前有甲、乙两项工程。20×× 年 5 月的相关情况如下：

（1）甲、乙两项工程耗用钢材的计划成本分别为 80 000 元和 210 000 元，耗用水泥的计划成本分别为 50 000 元和 120 000 元，耗用其他材料的计划成本分别为 65 000 元和 18 000 元。钢材的成本差异率为 −8%，水泥的成本差异率为 −3%，其他材料的成本差异率为 2%。

（2）公司发生计时工资 150 000 元，其中，甲工程耗用 6 000 工时，乙工程耗用 4 000 工时。

（3）按施工机械的实际台时分配机械使用费。公司的一台吊车当月的机械使用费为 13 680 元，分别对甲、乙两项工程实施了机械作业，甲工程使用吊车 90 小时，乙工程使用吊车 24 小时。公司的一台挖土机当月的机械使用费为 15 755 元，全部为乙工程服务。

（4）公司运输队本月发生各种费用共计 25 600 元。本月运输队总共提供 32 000 吨公里的运输服务，其中，为甲项目提供 9 500 吨公里的运输服务，为乙项目提供 22 500 吨公里的运输服务。

（5）公司本月发生间接费用 82 000 元，按各工程的直接成本实际数进行分配。

（6）甲工程包含 A，B 两个分项工程。甲工程月初未完工程成本为 879 600 元。A 工程在本月全部完工，B 工程完工 20%，B 工程的预算造价为 600 000 元。乙工程为上月新动工的工程，尚未完工。

要求： 为该公司编制 20×× 年 5 月的会计分录。

 案例题

[资料] 欣欣农场主要从事多年生作物甘蔗的生产和当年生作物水稻的生产。甘蔗属于生产性生物资产，而水稻属于消耗性生物资产，两种作物的成本核算方法差别很大。农场分别以甘蔗和水稻两种作物作为成本计算对象，分别计算其成本。甘蔗在未提供产品前发生的整地、种植、田间管理等费用，应予以资本化，并在其提供农产品的预计年限中计提折旧；在提供产品当年发生的各项生产费用将计入当年收获的甘蔗成本中。水稻当年发生的整地、种植、田间管理等费用都将计入当年收获的水稻成本中。

[要求] 根据该农场的相关情况讨论以下问题：

1. 甘蔗和水稻的成本核算中，应设置哪些主要会计科目？

2. 甘蔗和水稻会计核算流程的区别主要体现在哪里？

3. 甘蔗和水稻的产品成本中包含的内容有什么不同？

C 第9章

成本会计前沿

学习目标

1. 了解作业成本法产生的时代背景和基本概念；掌握作业成本法的基本原理和一般程序；理解作业成本法的优点和局限性。

2. 理解估时作业成本法的基本原理和一般程序；掌握估时作业成本法对作业成本法的改进。

3. 理解质量和质量成本的概念；掌握质量成本的核算、计量与控制。

4. 理解环境成本的概念；掌握环境成本的核算和管理。

9.1 作业成本法与估时作业成本法

9.1.1 作业成本法产生的时代背景

作业成本法（activity-based costing，ABC）的基本思想最早是由美国会计学家科勒在 20 世纪 30 年代末 40 年代初提出的，对它的全面研究始于 20 世纪 80 年代，而在企业中的应用则始于 20 世纪 80 年代末期。20 世纪 80 年代初中期大批西方学者开始对传统的成本会计系统进行全面的反思，适时制对成本会计和成本管理的影响成为研究的热点。根据有关文献，首先使用"ABC"这一术语的是 1986 年美国哈佛商学院的案例系列——John Deere Component Works（A）and（B）。而首先对 ABC 给予明确解释的则是哈佛大学的青年学者罗宾·库珀（Robin Cooper）和罗伯特·卡普兰（Robert S. Kaplan）。1987—1989 年春，库珀先后发表了四篇有关 ABC 的论文，并与卡普兰联手在《哈佛商业评论》上发表了《正确计量成本才能作出正确决策》一文，这些文献奠定了 ABC 的理论基础。ABC 的本质就是要确定分配间接费用的合理基础——作业，并引导管理人员将注意力集中在发生成本的原因——成本动因上，而不仅仅是关注成本结果本身；通过对作业成本的计算和有效控制，来克服传统的以交易或数量为基础的成本系统中间接费用责任不清的缺陷，使以前的许多不可控间接费用变得可控。因此，可以说作业成本计算是一场真正的成本会计革命。

作业成本法的产生和发展有其深刻的社会经济背景。可以说，高科技的迅猛发展及其在生产经营中的广泛应用是作业成本法产生和发展的基本依据和根本动力。对此问题可以从以下两个方面来加以说明。

（1）在高科技推动下，企业生产方式和经营理念的巨大变化以及这种变化对成本会计的新要求，是作业成本法产生的基本依据和动力。

首先，高科技，如电脑辅助设计、生产自动化和管理电脑化，对传统的生产和管理模式提出了严峻的挑战，同时也产生了巨大的冲击。可以说，适应新技术革命的变化，对企业传统的生产和经营管理模式进行根本变革，是高科技时代的要求，同时高科技也为这种变革的实现提供了技术上的可能。

其次，高科技对社会生产的发展起到了极大的推动作用。20 世纪 70 年代以来，西方发达国家相继步入富裕社会，消费者的行为变得极具选择性，逐步形成买方市场。市场的这种变化对传统的生产组织形式提出了挑战：企业必须放弃大量或大批生产产品以待销售的传统做法，转而使用能对顾客多样化的、日新月异的需要迅速作出反应的弹性制造系统。

上述情况使得企业在经营理念上发生了深刻的变化，形成了新的企业观。所谓新的企业观，就是把企业看作为最终满足顾客需要设计的一系列作业的集合体，是一个由此及彼、由内到外的作业链。每完成一项作业要消耗一定的资源，而作业的产出又形成一定的价值，转移到下一项作业，依此逐步推移，直到将最终产品提供给企业外部的顾客。按照新的企业观的要求，要赢得市场，实现企业的经营目标——股东投资报酬现值的最大化，就必须最大限度地满足顾客的要求，向市场供应质优价廉（前提是低成本）、品种丰富的产品。为此，企业必须实施适时制生产方式和全面质量管理，以最大限度地消除非增值作业和产品的质量缺陷。

所谓适时制，是一种需求拉动的生产系统。在适时制生产系统下，就企业与外部顾客来说，企业只根据顾客的订单进行生产；就企业内部来说，前一生产工序只按照后一生产工序的需求进行生产。也就是说，后一生产工序对前一生产工序提出需求，以此类推，直到第一生产工序对原材料提出需求。这样，在适时制生产系统下，企业与供应商、外部顾客以及企业内部生产经营的各个环节之间都能紧密地协调配合，使得企业在供产销各个环节实现"零存货"成为可能，从而使企业的资金使用效率大大提高。

全面质量管理是企业成功实施适时制生产系统的要素之一。要满足适时制生产系统的需要，将质量管理贯穿整个生产经营过程的始终，企业的全体员工都必须参与质量工作，保证整个生产过程实现"零缺陷"，这是全面质量管理的主要特征。这是因为适时制生产系统要求企业在生产经营的各个环节都实现"零存货"，而一旦某个环节出现质量问题，将引起整个生产秩序的混乱。可见，没有全面质量管理的配合，适时制的目标就不可能实现。适时制生产系统下的全面质量管理必须从原材料供应、产品设计、生产到销售都实现"零缺陷"。为此，企业必须精心挑选供应商，并与其保持良好的合作关系，以保证原材料按质、按量、按时送到生产线，使企业的每一个部门、每一个员工都积极参与质量管理工作，树立高度的责任心，严把质量关，以保证整个生产过程实现"零缺陷"。

新的企业观的形成以及要实现新的企业观所必须实施的适时制生产方式和全面质量管理，要求必须将企业的经营管理工作深入到作业层次。企业生产方式和经营管理模式的变化，必然会要求与其相适应的成本会计系统，也必然会要求成本会计工作由以产品为中心转移到以作业为中心。

（2）间接计入费用的增加和构成内容的复杂化使作业成本法的产生成为必然。一方面，在高科技的推动下，现代企业在经营理念和生产方式上发生了巨大变化，这种变化对成本会计工作提出了新要求。另一方面，生产经营活动电脑化、自动化的实现，以及弹性制造系统、适时制生产方式和全面质量管理的实施，会使企业的间接费用大大增加，并且在构成内容上更加复杂，一些最重要的间接制造费用并不受生产数量或其连带指标的影响，许多制造费用甚至完全发生在制造过程之外，例如设计生产程序费用、组织协调生产过程费用、组织订单费用等。也就是说，现代企业生产经营环境的巨大变化使得企业的制造费用与传统的制造费用相比发生了很大的变化，它不仅包括与产量直接相关的制造费用，而且包括与产品产量相对独立的服务和后援功能的制造费用。

显然，在这种情况下，为了正确计算产品成本，提供更为广泛和相关的成本信息，以满足企业经营管理的需要，客观上就要求把成本计算的重点放到间接制造费用上。因此，对传统的间接制造费用分配方法进行根本变革，采用以作业量为成本分配基础的作业成本法，是新的技术经济环境下的必然选择。所谓作业成本法，就是从作业消耗资源、产品消耗作业，生产导致作业的发生、作业导致成本的发生这一基本认识出发，以作业量为成本分配的基础，以作业为成本计算的基本对象，旨在为企业作业管理提供更为相关、相对准确的成本信息的一种成本计算方法。

9.1.2　作业成本法的基本概念

要了解作业成本法，首先必须了解其所使用的一些特有概念。

1. 作业

"作业"是作业成本法中的最基本概念，是进行作业成本计算的核心和基础。一般认为，作业是企业为了提供一定产量的产品或劳务所消耗的人力、技术、原材料、方法和环境的集合体。通俗地讲，作业就是基于一定目的、以人为主体、消耗一定资源的特定范围内的工作。常见的作业可以分为以下四类：

（1）单位作业（unit activity）。即使单位产品受益的作业。此类作业是重复性的，每生产一单位产品就需要作业一次，所耗成本将随产品数量而变动，与产品产量成比例变动。例如，直接材料、直接人工等。

（2）批别作业（batch activity）。即使一批产品受益的作业。例如，对每批产品的检验、机器准备、原材料处理、订单处理等。这些作业的成本与产品的批数成比例变动。

（3）产品作业（product activity）。即使某种产品的每个单位都受益的作业。例如，对每一种产品编制数控规划、材料清单。这种作业的成本与产品产量及批数无关，但与产品项目成比例变动。

（4）维持性作业（sustaining activity）。即使某个机构或某个部门受益的作业，它与产品的种类和某种产品的多少无关。

2．"作业链"和"价值链"概念

与"作业"相关联的概念是"作业链"和"价值链"概念。

ABC 认为，企业管理深入到作业层次以后，现代企业实质上是一个为了满足顾客需要而建立的一系列有序的作业集合体，这形成了一个由此及彼、由内向外的作业链。作业链如图 9-1 所示。每完成一项作业都要消耗一定量的资源，而作业的产出又形成一定的价值，转移给下一项作业，按此逐步推移，直至把最终产品提供给企业外部的顾客。最终产品作为企业内部一系列需要的总产出，凝聚了在各项作业上形成并最终转移给顾客的价值。因此，作业链同时也表现为价值链，作业的推移同时也表现为价值在企业内部的逐步积累和转移，最后形成转移给外部顾客的总价值，这个总价值即是产品的成本。

图 9-1　作业链图示

3．成本动因

ABC 的核心在于把作业量与传统成本计算系统中的数量（如人工工时、机器小时）区别开来，并主张以作业量作为分配大多数间接成本的基础。1987 年库珀和卡普兰提出了"成本动因"的概念，他们认为 ABC 要把间接成本与隐藏于其后的推动力联系起来，这种推动力就是成本动因。

所谓成本动因，就是决定成本发生的那些重要的活动或事项。成本动因可以是一个事件、一项活动或作业，它支配成本行为，决定成本的产生。所以，要把间接成本分配到各产品中，就必须了解成本行为，识别恰当的成本动因。根据成本动因在资源流动中所处的位置通常可将其分为资源动因和作业动因两类。

（1）资源动因。所谓资源动因，通俗地讲，就是资源被各种作业消耗的方式和原因，它反映作业中心对资源的消耗情况，是资源成本分配到作业中心的标准。例如，如果人工方面的费用主要与从事各项作业的人数相关，就可以按照人数向各作业中心（作业成本库）分配人工方面的费用。在这里，从事各项作业的人数就是一个资源动因。

（2）作业动因。所谓作业动因，通俗地讲，就是各项作业被最终产品或劳务消耗的方式和原因。它反映产品消耗作业的情况，是作业中心的成本分配到产品中的标准。例如，如果在各种产品或劳务的每份订单上所耗用的费用基本相当，就可以按照订单份数向各种产品或劳务分配订单作业成本。在这里，订单的份数就是一项作业动因。

9.1.3　作业成本法的基本原理和一般程序

1. 作业成本法的基本原理

作业成本法下，费用的分配与归集是基于以下基本认识来进行的：

（1）作业消耗资源，产品消耗作业；

（2）生产导致作业的发生，作业导致成本的发生。

作业成本法对直接材料、直接人工等直接成本的核算与传统的成本计算方法并无不同，其特点主要体现在间接制造费用的核算上。传统成本计算方法与作业成本法在间接制造费用核算上的差别如图9-2所示。

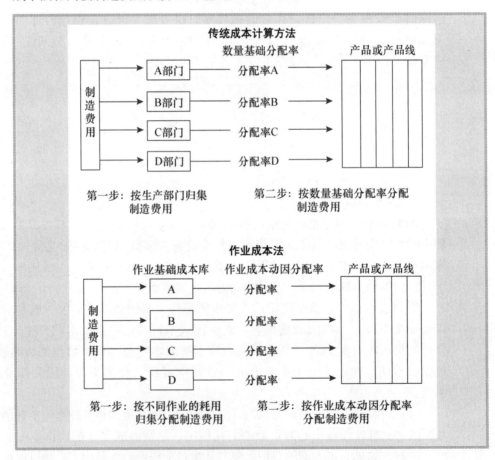

图9-2　传统成本计算方法与作业成本法的区别

通过对比可以看出，在传统的成本计算方法下，对于间接制造费用，通常是在全厂范围内采用一个费用分配率进行一次性分配，或者是先将制造费用按生产部门归集，然后再按一系列的部门分配率进行分配。至于各生产部门制造费用分配的标准，则根据各个生产部门的生产特点选择，例如，劳动密集型的部门以人工工时或人工成本作为制造费用的分配标准；机器密集型的部门以机器工时为制造费用的分配标准；以耗用原材料为主的部门则以原材料成本为制造费用的分配标准，等等。

上述传统的制造费用分配方法最显著的特点就是，假设制造费用的发生完全与生产数量相联系，因而它把直接人工工时、直接人工成本、机器工时、原材料成本或主要成本作为制造费用的分配标准。据此，我们可以说，传统的制造费用分配方法满足的只是与生产数量有关的制造费用的分配。

在作业成本法下，对制造费用的核算做了根本变革。具体体现为：（1）将制造费用由全厂统一或按部门的归集和分配，改为由若干个成本库分别进行归集和分配；（2）增加了分配标准，由按单一标准（直接人工工时或机器工时等）分配改为按引起制造费用发生的多种成本动因进行分配。

通过图 9-2 也可以看出，作业成本法下，制造费用的核算分为两步：第一步，将制造费用计入作业基础成本库中；第二步，得出和使用一系列作业成本动因分配率，将归集的成本——分配给各种产品。

由上述 ABC 制造费用分配的基本运行程序可以看出，它的正确实施主要取决于作业成本库的选择、将制造费用归集到各作业成本库的中介标准的选择以及作业成本动因的选择这三个方面的问题。

2. 作业成本法的一般程序

根据作业成本法费用的分配原理，现将作业成本法的一般程序具体说明如下：

（1）对企业生产经营过程进行详细的作业及其资源耗费分析，确认作业、主要作业和作业中心，以及成本动因，并在此基础上建立作业成本库。

这一步的实施是进行作业成本计算的关键。这是因为，只有进行这样的分析，才能描述企业的作业链，发现同质作业及其作业动因，从而将同质作业合并为作业中心，并按作业中心建立作业成本库；同时，也只有进行这样的分析，才能充分揭示资源被作业消耗的方式和原因，即资源动因。

（2）将各类资源价值耗费按资源动因分配到各作业成本库。

在将各类资源的价值耗费向作业成本库分配的过程中，如果某项耗费可以直接认定各项作业应负担的数额（在这种情况下，该类资源的价值耗费属于专属耗费），则可以进行直接分配；否则，就需要以相对科学、合理的量化依据作为标准，即按照资源动因，进行计算分配。

（3）将各作业成本库归集的成本按作业动因分配计入最终产品或劳务，计算出各种产品或劳务应负担的作业成本。

在这一步中，作业动因是将作业成本库归集的成本向产品或劳务进行分配的标准。这里所体现的规则是：产出量的多少决定着作业的耗用量，而作业耗用量的多少又决定着应负担的作业成本的多少。

（4）计算出各种产品的成本。将各种产品发生的直接成本和作业成本加以汇总，计算出各种产品的总成本和单位成本。

下面举一简例来说明作业成本法的基本程序和账务处理过程。

 例9-1

某企业第一车间本月生产甲、乙两种产品，其中甲产品技术工艺过程较为简单，生产批量较大；乙产品技术工艺过程较为复杂，生产批量较小。根据成本管理的需要，企业决定对该车间的制造费用按作业成本法的原理进行分配和归集，在此基础上，计算甲、乙两种产品的成本。本月甲、乙两种产品月初、月末均无在产品。本月两种产品的产量、直接人工工时以及单位产品应负担的各项直接生产成本（各项直接生产成本的计算分配过程从略）如表9-1所示。

表9-1　　　　　　　　　　产品产量、生产工时及生产费用表　　　　　　金额单位：元

项目	甲产品	乙产品
产量（件）	10 000	2 000
直接人工工时	4 900	1 100
单位产品直接人工成本	12	10
单位产品直接材料成本	25	25
制造费用总额	422 700	

经对形成制造费用的资源耗费进行分析，将其归为：工资（直接人工以外的工资）、折旧、电费以及办公及其他费用。形成制造费用的各项资源的金额如表9-2所示。

表9-2　　　　　　　　　　　资源项目及其金额表　　　　　　　　　　单位：元

项目	金额
工资	200 000
折旧	150 000
电费	35 200
办公及其他费用	37 500

经作业分析将形成制造费用的作业划分为：订单处理、调整准备、生产协调、质量检验、存货搬运、机器运转及维护六项。将本月各项资源耗费向各项作业成本库分配的依据，即资源动因是：

（1）各项作业的人员基本固定，因此，各项作业的人工费用可以按专属费用处理。

（2）该车间发生的折旧费用，按作业所用设备的原价的比例进行分配。

（3）由于各项作业虽然未单独装有电表，但其耗电量可以根据其所用设备、电器的功率及使用时间等数据计算求得，因此，电费按各项作业的耗电度数进行分配。

（4）办公及其他费用按作业人员的人数比例分配。

本月各项作业的资源动因数量如表 9-3 所示。

表 9-3　　　　　　　　　　　　资源动因及其数量表　　　　　　　　金额单位：元

资源类别	资源动因	资源动因数量						
		合计	订单处理	调整准备	生产协调	质量检验	存货搬运	机器运转及维护
工资	专属费用	—	—	—	—	—	—	—
折旧	设备原价	1 500 000	200 000	80 000	120 000	350 000	150 000	600 000
电费	用电度数	44 000	2 000	4 000	4 000	5 000	5 000	24 000
办公及其他费用	工人人数	50	5	8	5	12	10	10

本月甲、乙两种产品消耗的各项作业的数量如表 9-4 所示。

表 9-4　　　　　　　　　　　产品消耗作业数量表

作业	甲产品	乙产品
订单处理（份数）	54	46
调整准备（次数）	10	10
生产协调（次数）	15	10
质量检验（次数）	20	20
存货搬运（次数）	60	40
机器运转及维护（机器工时）	2 000	500

根据表 9-2 和表 9-3 的资料可以计算编制出资源耗费分配表（见表 9-5）。

表 9-5　　　　　　　　　　　　资源耗费分配表　　　　　　　　金额单位：元

资源类别	资源价值	资源动因	资源动因合计	分配率	作业成本库					
					订单处理	调整准备	生产协调	质量检验	存货搬运	机器运转及维护
工资	200 000	专属费用	—	—	25 000	30 000	30 000	45 000	35 000	35 000
折旧	150 000	设备原价	1 500 000	0.1	20 000	8 000	12 000	35 000	15 000	60 000
电费	35 200	用电度数	44 000	0.8	1 600	3 200	3 200	4 000	4 000	19 200
办公及其他费用	37 500	工人人数	50	750	3 750	6 000	3 750	9 000	7 500	7 500
作业成本合计	422 700	—	—	—	50 350	47 200	48 950	93 000	61 500	121 700

根据表 9-5 所提供的各项作业成本的资料以及表 9-4 所提供的甲、乙两种产品所消耗的各项作业量的资料，可以编制出作业成本分配率计算表（见表 9-6）。

表9-6　　　　　　　　　作业成本分配率计算表

作业成本库（作业中心）	作业成本（元）	作业成本动因	作业量			成本费用分配率（元）
			甲产品	乙产品	合计	
订单处理	50 350	订单份数	54	46	100	503.5
调整准备	47 200	调整准备次数	10	10	20	2 360
生产协调	48 950	协调次数	15	10	25	1 958
质量检验	93 000	检验次数	20	20	40	2 325
存货搬运	61 500	搬运次数	60	40	100	615
机器运转及维护	121 700	机器小时	2 000	500	2 500	48.68
合计	422 700	—	—	—	—	—

根据表9-6所提供的作业成本分配率资料和表9-4所提供的甲、乙两种产品所消耗的各项作业的数量资料，可以编制出产品作业成本（产品应负担的制造费用）计算表（见表9-7）。

表9-7　　　　　产品作业成本计算表（产品应负担的制造费用）　　　　金额单位：元

作业成本库	成本动因分配率	甲产品		乙产品		作业成本（制造费用）
		作业量	作业成本	作业量	作业成本	
订单处理	503.5	54	27 189	46	23 161	50 350
调整准备	2 360	10	23 600	10	23 600	47 200
生产协调	1 958	15	29 370	10	19 580	48 950
质量检验	2 325	20	46 500	20	46 500	93 000
存货搬运	615	60	36 900	40	24 600	61 500
机器运转及维护	48.68	2 000	97 360	500	24 340	121 700
合计	—	—	260 919	—	161 781	422 700

下面根据以上有关资料，分别计算传统成本计算方法下和作业成本法下的甲、乙两种产品的单位成本并加以比较。

传统方法下甲、乙两种产品的单位成本的计算：

制造费用分配率＝422 700÷（4 900＋1 100）＝70.45
单位甲产品应负担的制造费用＝4 900×70.45÷10 000＝34.52(元)
单位乙产品应负担的制造费用＝1 100×70.45÷2 000＝38.75(元)
甲产品单位成本＝12＋25＋34.52＝71.52(元)
乙产品单位成本＝10＋25＋38.75＝73.75(元)

作业成本法下甲、乙两种产品的单位产品成本的计算：

单位甲产品应负担的制造费用＝260 919÷10 000＝26.09(元)
单位乙产品应负担的制造费用＝161 781÷2 000＝80.89(元)
甲产品单位成本＝12＋25＋26.09＝63.09(元)
乙产品单位成本＝10＋25＋80.89＝115.89(元)

根据以上计算结果，可编制产品单位成本比较表如表9-8所示。

表9-8　　　　　　　　　　　　　产品单位成本比较表

产品	作业成本法	传统成本计算法	绝对差	相对差
甲产品	63.09	71.52	8.43	13.36%
乙产品	115.89	73.75	−42.14	−36.36%

　　通过以上比较可以明显地看出，相对于作业成本计算法，在传统的成本计算法下，批量较小、技术较复杂的乙产品的成本，在很大程度上被低估；批量大、技术上较为简单的甲产品的成本，在很大程度上被高估。这说明在传统成本计算法下，批量越大、技术越简单的产品，其成本信息被高估的可能性就越大；反之，则成本信息被低估的可能性就越大。事实上，因为以上是就产品的全部成本所进行的比较，其中包括各批产品所耗费的原材料费用和直接人工这一不可比因素，如果我们剔除这一不可比因素，仅就制造费用这一因素进行比较的话，问题会显得更突出。下面就甲产品和乙产品在不同的成本计算法下应分配的制造费用作一比较。

　　相对于作业成本法（以作业成本法的计算结果为基准），传统成本计算方法得到的相对差为：

$$甲产品：\frac{34.52-26.09}{26.09}\times100\%=32.31\%$$

$$乙产品：\frac{38.75-80.89}{80.89}\times100\%=-52.10\%$$

　　以上计算结果表明，若仅就制造费用这一可比因素进行比较，传统成本计算法的计算结果导致成本信息的歪曲程度就看得更为清楚。这一比较结果说明传统成本信息在很大程度上已经丧失了决策相关性。由本例可以看出，传统的成本计算法与作业成本计算法在制造费用分配结果上之所以会产生如此大的差距，其原因就在于两种成本计算方法在分配基础的选择上有重大差别。也就是说，在传统的成本计算方法下，是以数量为基础来分配制造费用，而且一般以工时消耗这一单一标准对所有产品分配制造费用；而在作业成本法下，是以作业量为基础来分配制造费用，即为不同的作业耗费选择相应的成本动因来向产品分配制造费用，从而使成本计算的准确性大大提高。

　　下面以上述举例的成本计算过程和所提供资料为依据，说明作业成本法下成本计算的账务处理过程。作业成本法的账务处理应该反映作业成本计算过程各个环节所发生的各项经济业务。为了便于理解，可以把作业成本计算的账务处理过程分为以下几个方面：

　　（1）直接与产品建立联系的生产费用的账务处理；

　　（2）各类资源耗费计入作用成本库的账务处理；

　　（3）将作业成本库归集的费用计入产品成本的账务处理；

　　（4）结转产品成本的账务处理。

下面以例9-1的有关资料为例说明作业成本法的主要账务处理程序。

（1）直接与产品建立联系的生产费用的账务处理。

由于本月甲、乙两种产品期初、期末均无在产品，因此根据表9-1所提供的资料可以计算出以下数据：

甲产品：

直接人工费用：$10\ 000 \times 12 = 120\ 000$（元）

直接材料费用：$10\ 000 \times 25 = 250\ 000$（元）

乙产品：

直接人工费用：$2\ 000 \times 10 = 20\ 000$（元）

直接材料费用：$2\ 000 \times 25 = 50\ 000$（元）

根据以上计算结果可以编制以下会计分录：

1）借：生产成本——甲 120 000
　　　　　　——乙 20 000
　　贷：应付职工薪酬 140 000
2）借：生产成本——甲 250 000
　　　　　　——乙 50 000
　　贷：原材料 300 000

（2）各类资源耗费分配计入作业成本库的账务处理。

根据表9-5的资料可以编制以下会计分录：

1）职工薪酬费用的分配：

借：制造费用——订单处理 25 000
　　　　——调整准备 30 000
　　　　——生产协调 30 000
　　　　——质量检验 45 000
　　　　——存货搬运 35 000
　　　　——机器运转及维护 35 000
　贷：应付职工薪酬 200 000

2）折旧费用的分配：

借：制造费用——订单处理 20 000
　　　　——调整准备 8 000
　　　　——生产协调 12 000
　　　　——质量检验 35 000
　　　　——存货搬运 15 000
　　　　——机器运转及维护 60 000
　贷：累计折旧 150 000

3）电费的分配（假设以银行存款支付）：

借：制造费用——订单处理 1 600
　　　　——调整准备 3 200

——生产协调	3 200
——质量检验	4 000
——存货搬运	4 000
——机器运转及维护	19 200
贷：银行存款	35 200

4）办公及其他费用的分配（假设以银行存款支付）：

借：制造费用——订单处理	3 750
——调整准备	6 000
——生产协调	3 750
——质量检验	9 000
——存货搬运	7 500
——机器运转及维护	7 500
贷：银行存款	37 500

（3）将作业成本库归集的费用分配计入产品成本的账务处理。

根据表 9-7 的资料可以编制以下会计分录：

1）将订单处理费用计入产品成本：

借：生产成本——甲（订单处理）	27 189
——乙（订单处理）	23 161
贷：制造费用——订单处理	50 350

2）将调整准备费用计入产品成本：

借：生产成本——甲（调整准备）	23 600
——乙（调整准备）	23 600
贷：制造费用——调整准备	47 200

3）将生产协调费用计入产品成本：

借：生产成本——甲（生产协调）	29 370
——乙（生产协调）	19 580
贷：制造费用——生产协调	48 950

4）将质量检验费用计入产品成本：

借：生产成本——甲（质量检验）	46 500
——乙（质量检验）	46 500
贷：制造费用——质量检验	93 000

5）将存货搬运费用计入产品成本：

借：生产成本——甲（存货搬运）	36 900
——乙（存货搬运）	24 600
贷：制造费用——存货搬运	61 500

6）将机器运转及维护费用计入产品成本：

借：生产成本——甲（机器运转及维护）	97 360
——乙（机器运转及维护）	24 340
贷：制造费用——机器运转及维护	121 700

（4）结转产品成本的账务处理。

甲产品的总成本：

直接材料费用：	250 000 元
直接人工费用：	120 000 元
制造费用：	260 919 元
合计	630 919 元

乙产品的总成本：

直接材料费用：	50 000 元
直接人工费用：	20 000 元
制造费用：	161 781 元
合计	231 781 元

借：库存商品——甲	630 919
——乙	231 781
贷：生产成本——甲	630 919
——乙	231 781

9.1.4 作业成本法的优点和局限性

1. 作业成本法的优点

作业成本法较之传统的成本计算方法有以下几个方面的优点：

（1）拓宽了成本核算的范围。作业成本法把作业、作业中心、顾客和市场纳入成本核算的范围，形成了以作业为核心的成本核算体系，不仅核算产品成本，而且核算作业成本和动因成本。这种以作业为核心而建立起来的由多维成本对象组成的成本核算体系，可以抓住资源向成本对象流动的关键，便于合理计算成本，有利于全面分析企业在特定产品、劳务、顾客和市场及其组合，以及各相应作业上盈利性的差别。

（2）提供了相对准确的成本信息。传统的成本计算是将成本对象所耗费的资源按单一的标准分配到成本对象。在传统成本计算方法下，假定所有的间接费用都与直接人工或机器工时或产出物数量有关，并以这些项目的数量为依据分配间接费用。但这种假定并不能反映成本对象与资源耗费之间的本质联系，因而导致了成本信息的较大歪曲。尤其是在自动化程度不断提高、人工工时日益减少的情况下，这种分配方法将导致间接费用分配的严重失真，使得产量高、复杂程度低的产品的成本高于其实际发生成本，而产量低、复杂程度高的产品的成本又低于其实际发生成本，造成对产品成本信息的极度歪曲。作业成本法能够改变传统成本计算方法中标准成本背离实际成本的事实。它从成本对象与资源耗费的因果关系着手，根据资源动因将间接费用分配到作业，再按作业动因将作业成本计入成本对象，从而揭示了资源与成本对象真正的"一对一"的本质联系，克服了传统成本计算假定的缺陷。作业成本计算分配基础的广泛化，使间接费用的分配更具精确性和合理性，克服了传统成本计算按单一的分配标准分配间接费用所造成的对成本信息的严重歪曲，提供了相对准确的成本信息。

（3）可以有效地改进企业决策。在作业成本法下，由于间接成本不是均衡地在产品间进行分配，而是通过成本动因追踪到产品，因而有助于改进产品定价决策，并为是否停产老产品、引进新产品和指导销售提供准确的信息。除了定价、资源分配及优化产品组合决策，作业成本信息也有助于对竞争对手的"价格—产量"决策做出适当反应。

（4）便于不断改进业绩评价体系。传统成本计算方法忽视了可供资源与实际需用资源之间的差异，将未使用资源和非增值作业耗费的资源也计入成本对象的成本，严重影响了业绩评价的客观性。作业成本法则关注那些使成本增加和复杂化的因素，揭示在产品之间分配间接成本时"苦乐不均"所产生的后果。在评价作业时，作业成本法的宗旨就是利用具体的作业信息，提高增值作业效率，力图规避无效作业。基于作业成本法的业绩评价体系清晰地反映了作业、资源在增加顾客价值中所起的作用，揭示了增值作业、非增值作业以及可供资源、实际使用资源和实际需用资源之间的差别，可为改进作业管理、优化资源配置提供有用信息。

（5）便于调动各部门挖掘盈利潜力的积极性。作业成本法的成本计算过程实际上是贯穿于资源流动始终的因果分析过程，便于明确与落实各部门的岗位责任，揭露存在的问题，从而推动各部门不断挖掘盈利潜力，优化经营管理，使整个企业处于不断改进的环境中。

（6）有利于企业杜绝浪费，提高经济效益。作业成本法通过对成本动因的分析，揭示了资源耗费、成本发生的前因后果，深入到作业水平指明了对企业供、产、销各个环节的基本活动进行改进与提高的途径，从而有利于消除一切可能形成的浪费，全面提高企业生产经营整体的经济效益。

2. 作业成本法的局限性

（1）对员工的访谈调查过程极耗时间且成本高昂。作业成本法往往需要对员工的时间分配进行调查。例如，调查人员可能会询问员工："你能估计出你花费在各项作业上的时间比例吗？"这个问题对于员工来说往往很难回答。员工可能会问："你指的是我昨天的工作情况吗？"调查人员则会说："最好你能回忆起过去 3 个月或 6 个月的一般情况，并由此估计出你在各项作业上所分配的时间比例。"对每一个员工都要进行这样的调查，耗时耗力。

（2）访谈调查获取的数据主观且难以证实。作业成本法下，调查人员询问员工的时间分配，这对员工来说很难客观准确地回答，因为员工每天的工作情况都不一样，在各项作业上的时间分配也就不一样。要得到一个量化的分配比例，员工只能凭主观印象，靠主观估计。每个员工根据各自的主观印象和主观估计得出的数据可能各不相同。调查人员对所获取的千差万别的主观估计数据，很难去证实其对错，判别其准确程度，最终只能将所有员工给出的数据加以平均，得出一个大致的时间分配比例。

（3）忽略了潜在的未利用生产能力。作业成本法下要求员工将自己的工作时间分配到所从事的各项作业上。一般来说，员工都会说自己把工作时间百分之百地分配到各项作业上，而不会回答说，自己只有部分工作时间在从事各项作业，而另外部分时间无所事事或者在闲聊、打盹儿、玩手机。这样得出来的调查数据就会掩盖潜在的未利用生产能力。

（4）难以反映实际情况的复杂性。作业成本法下通常将大同小异的同类业务视为相同的作业。例如，处理客户订单往往被列为一种作业，通过处理订单的数量来进行分配。但事实上，订单与订单之间可能是存在差异的，处理纸质订单与处理电子订单需要付出的努力是不同的，处理特殊订单与处理标准订单需要花费的精力也是不等的。因此，将处理客户订单视作相同的作业，就没能反映实际情况中的这些复杂性，从而导致分配结果不够准确。作业成本法下如果希望能够反映实际情况的复杂性，就必须将这些具有差异的同类业务视作不同的作业项目。比如处理客户订单这种业务就会被分为处理标准电子订单、处理标准纸质订单、处理特殊电子订单、处理特殊纸质订单等作业项目。同类业务中每增加一个不同的具体特征，作业项目就会增加很多。对每一类业务都进行这样的作业细分，势必导致作业项目呈几何级数增长，模型的复杂性也呈几何级数扩展。

（5）不能轻易更新以适应变化的环境。作业成本法下，无论是某项作业提升或降低了效率，还是增减了作业项目，员工的时间分配都将发生改变，因此都必须重新调查员工，让他们重新将自己的工作时间在所有作业项目中进行分配。例如，某客户服务部门原来有处理客户订单、发放客户报告书和回答客户咨询三项作业。所有员工将自己的工作时间在这三项作业中进行了分配。部门对所有员工的估计进行综合之后得出了平均的时间分配比例。之后，由于该部门升级了处理客户订单的软件，使得处理客户订单这项作业的效率提高了，则所有员工必须重新估计自己的工作时间在三项作业中的分配。再之后，该部门新增了对重要客户的上门走访作业，则所有员工必须重新估计自己的工作时间在四项作业中的分配。经营环境中的这些改变，都要求繁复的基础性调查工作重来一遍，这使得作业成本法很难适应变化的环境。

正因为传统的作业成本法存在上述局限性，在此基础上就出现了估时作业成本法。

9.1.5　估时作业成本法的基本原理和一般程序

估时作业成本法（time-driven activity-based costing，TDABC）是在作业成本法基础上发展起来的，其根本原理与作业成本法相似。但是，估时作业成本法不必将资源耗费分配到各项作业上，而是利用时间方程直接将资源耗费分配给成本对象。所谓时间方程，就是描述各项业务消耗时间的方程以及各个成本对象消耗时间的方程。通过节省这一程序，估时作业成本法简化了成本计算的流程。因此，估时作业成本法就是利用时间方程直接将资源耗费分配给成本对象的一种作业成本法。

估时作业成本法的一般程序如下。

1. 计算产能成本率

首先计算产能成本，即所投入的资源能力成本，如某部门或某流程提供的所有资源的成本。然后计算该部门或该流程的产能，如员工的实际工作时间。产能通常用"时间"来度量，估时作业成本法也是由此得名。最后，用总的产能成本除以该部门或该流程的产能，就得到产能成本率。

$$产能成本率 = \frac{产能成本}{实际产能}$$

2. 利用时间方程估算各成本对象所耗费的资源产能

（1）首先估计为各成本对象发生的每项业务所耗费的时间 T_i。估时作业成本法不必假设所有同类业务的时间耗费是完全相同的，而是可以根据同类业务的不同具体特征进行相应的时间估计。

例如，处理客户订单这项业务，可以根据各订单的具体特征对订单处理时间进行相应的估计。纸质订单与电子订单，标准订单与特殊订单，普通订单与加急订单，国内订单与国际订单，等等，都应有各自对应的时间估计。假设处理一份国内的普通标准电子订单需要 10 分钟，如果是纸质订单，需要额外花费 3 分钟将纸质订单录入电脑，如果是特殊订单，需要额外花费 2 分钟处理特殊条款，如果是加急订单，需要额外花费半分钟标注加急，如果是国际订单，需要额外花费 1 分钟处理汇率等事项。则处理客户订单的时间方程为：

$$处理客户订单的时间 = 10 + 3(纸质订单) + 2(特殊订单)$$
$$+ 0.5(加急订单) + 1(国际订单)$$

又如，某乳制品企业的酸奶车间为各大超市、连锁店等加工不同规格、不同品牌、不同口味的酸奶。酸奶装瓶工序中所耗用的机器加工时间，可以根据酸奶的规格、品牌、口味等特征进行相应的估计。假设酸奶分成三种规格：1 000ml，500ml，200ml。为 1 000ml 的酸奶装瓶，每分钟的传送量为 6 000ml。为 500ml 的酸奶装瓶，每分钟的传送量为 4 000ml。为 200ml 的酸奶装瓶，每分钟的传送量为 2 000ml。如果装瓶过程中转换了规格，则需要花费 10 分钟调整机器设备。如果装瓶过程中转换了品牌，则需要花费 5 分钟转换标签。如果装瓶过程中转换了口味，则需要花费 20 分钟清洗机器。那么，酸奶装瓶的时间方程为：

$$酸奶装瓶的时间 = 酸奶产量/6\,000(规格为 1\,000ml)$$
或
$$= 酸奶产量/4\,000(规格为 500ml)$$
或
$$= 酸奶产量/2\,000(规格为 200ml)$$
$$+ 10(转换规格)$$
$$+ 5(转换标签)$$
$$+ 20(转换口味)$$

（2）然后根据各成本对象发生的各类业务数量 N_i，计算成本对象耗费的产能。

$$某成本对象耗费的产能 = \sum_i T_i \times N_i$$

3. 利用产能成本率和成本对象所耗费的产能，将部门或流程的产能成本分配给各成本对象

$$某成本对象分配的成本 = 产能成本率 \times 该成本对象耗费的产能$$

例 9-2

某客户服务部门本月的经营费用是 261 690 元，包括员工工资、信息技术成本、通信成本、资产折旧等。该部门负责以下三项业务：处理客户订单、发放客户报告书和回答客户咨询。该部门雇用了 25 名员工。员工本月工作 22 天，每天工作 8 小时，其中用于休息的时间为 90 分钟，员工都按时上下班。

处理一份标准电子订单需要 10 分钟。如果是纸质订单，需要额外花费 2 分钟将纸质订单录入电脑。如果是特殊订单，需要额外花费 3 分钟处理特殊事项。发放一份客户报告书需要 9 分钟。每次回答客户咨询的时间都不相同，通过专门的信息记录系统予以记录。

某位客户本月发生标准电子订单 8 份、特殊电子订单 3 份。本月向该客户发放了 4 份客户报告书。本月回答该客户咨询两次，第一次 25 分钟，第二次 12 分钟。

（1）计算产能成本率。

$$客户服务部门本月的实际产能 = [(8 \times 60 - 90) \times 22] \times 25 = 214\,500(分钟)$$

$$产能成本率 = \frac{261\,690}{214\,500} = 1.22(元/分钟)$$

（2）处理客户订单耗用的产能 = 10 + 2(纸质订单) + 3(特殊订单)

某顾客所耗用的产能 = $10 \times 8 + (10 + 3) \times 3 + 9 \times 4 + 25 + 12 = 192$(分钟)

（3）某顾客分配的客服成本 = $1.22 \times 192 = 234.24$(元)

9.1.6　估时作业成本法对作业成本法的改进

1. 估时作业成本法的调查工作更简便易行

估时作业成本法下不需要询问每位员工花费在各项作业上的时间比例，而是通过观察来了解员工完成各项作业所需要的时间，或者通过相应的仪器记录员工完成某些作业所需要的时间。比起作业成本法下对所有员工进行访谈调查，估时作业成本法中的调查过程更加简便易行。

2. 估时作业成本法所获取的数据更加客观

估时作业成本法不需要员工对自己工作时间的分配进行主观估计，也不需要

对所有员工千差万别的估计进行没有客观依据的综合和平均。它通过观察或仪器得到员工完成每项作业所需要的时间，这个数据比较客观，也比较容易验证。

3. 估时作业成本法能反映出未利用产能，为产能效率的提升提供依据

估时作业成本法通过观察得到员工从事各项作业所需要的时间，一定期间内（如一个月）各项作业发生的数量又是可以得到的，这样就可以计算出这个期间内员工在各项作业上所花费的时间。将这个时间与这个期间内员工总的工作时间相比，就可以得出未利用的工作时间。例如，例 9-2 中，客户服务部门本月所有员工的工作时间为 214 500 分钟。如果本月员工实际处理了标准电子订单 5 500 份，特殊电子订单 2 800 份，标准纸质订单 850 份，特殊纸质订单 540 份；实际发放了客户报告书 3 200 份；实际回答客户咨询 11 420 分钟。则本月员工花费在各项作业上的实际时间 $=10 \times 5\ 500 + (10+3) \times 2\ 800 + (10+2) \times 850 + (10+3+2) \times 540 + 9 \times 3\ 200 + 11\ 420 = 149\ 920$ 分钟。则未利用产能 $= 214\ 500 - 149\ 920 = 64\ 580$ 分钟。未利用产能大约占总产能的 30.11%（64 580/214 500）。未利用产能的比例偏高，可见目前客户服务部门的工作并不饱和。客户服务部门可以考虑适当裁减人员，或者增加作业种类，比如对重要客户增加上门走访等特殊服务，以深入了解其需求。这样有助于提升客户服务部门的产能效率。

4. 估时作业成本法可以轻而易举地把不同业务类型的差异融入时间方程

估时作业成本法不需要设定作业项目，只需通过观察，了解同类业务中不同的具体特征在时间耗费上的差异，并把这种差异反映在时间方程中即可。例如，例 9-2 中，处理一份标准电子订单需要 10 分钟。如果是纸质订单，需要额外花费 2 分钟将纸质订单录入电脑，如果是特殊订单，需要额外花费 3 分钟处理特殊事项。则处理客户订单这类业务的时间用下面的时间方程就可以反映出来：

$$处理客户订单时间 = 10 + 2(纸质订单) + 3(特殊订单)$$

即使同类业务中涉及的不同的具体特征更多，也只需要在时间方程中增加项数即可。这种时间方程中项数的线性增加，对模型复杂性的影响较小。

5. 估时作业成本法可以很容易地更新模型以反映公司经营情况的变化

估时作业成本法下，如果经营情况发生了改变，不必像作业成本法一样将之前的基础性工作重新来过，而只需针对变化的部分进行局部修正即可。例如，当某项作业的效率发生改变时，只需对该项作业所耗费的时间重新进行观察、测量，而不必重新对其他作业所耗费的时间进行观察、测量；当增加了作业项目时，只需通过观察、测量，估计出新作业的时间耗费即可，而不必对之前的所有作业重新进行观察、测量。因此估时作业成本法相对来说很容易更新模型以适应变化的环境。

9.2　质量成本

9.2.1　质量的定义

字典中通常将质量定义为"优劣程度"。从经营角度来说，质量是指产品满足顾客的程度，包括设计质量和一致质量两个基本方面。设计质量衡量的是产品的功能符合顾客需求的程度。一致质量衡量的是产品的性能符合设计与生产规格的程度。为了使顾客满意，企业必须通过设计质量设计出符合顾客需求的产品，然后这些产品需要通过一致质量来达到设计标准。图 9-3 表明，产品的实际性能可能因为设计质量缺陷和一致质量缺陷而使顾客不满意。

图 9-3　质量框架图

9.2.2　质量成本的定义与分类

质量成本是指为了防止出现低质量产品而发生的成本以及由于出现了低质量产品而导致的成本。这个定义说明质量成本与控制作业和失败作业这两类作业相关。控制作业是为了预防和检查低质量产品而实施的作业，由此产生的成本叫控制成本。失败作业是为了对低质量产品作出反应而由企业或顾客实施的作业，由此产生的成本叫失败成本。

质量成本包括如下四类：

（1）预防成本。预防成本是为防止出现低质量产品而发生的成本，包括质量设计工程费用、质量流程改进费用、质量培训费用、质量审计费用、供应商评估费用、预防性设备维修费用等。当预防成本增加时，预期失败成本会减少。

（2）鉴定成本。鉴定成本是为了确定产品是否符合顾客需求而发生的成本，包括流程验收费用、产品验收费用、包装检验费用、检测设备费用、外部鉴定费用等。其中，流程验收是指抽查加工中的在产品，以确定流程是否处于控制之下、是否正在生产无缺陷的产品，如果不是，就中止该流程，直到采取纠正措施为止；产品验收是指为确定产品是否达到可接受的质量水平而从成批的产品中抽样，如果达到了可接受质量水平，就接受这批产品。

（3）内部失败成本。内部失败成本是指由于低质量产品在送达顾客之前被发

现而引起的成本，包括废品损失、返工费用、停工检验费用、重新测试费用、设
计变更费用等。

（4）外部失败成本。外部失败成本是指由于低质量产品在送达顾客之后被发
现而引起的成本，包括产品回收、折扣、保修、顾客投诉处理、顾客满意度下降
以及丢失市场份额等而导致的费用和损失。在所有质量成本中，外部失败成本是
最具破坏性的，而且最难计量。

9.2.3　质量成本核算

质量成本核算实际上是将企业的质量管理费用和质量损失按其经济内容进行
归集和分配，以综合反映生产经营过程中由于质量所引发的全部耗费。质量成本
核算有助于进行全面质量控制。目前质量成本核算尚无固定模式。企业进行质量
成本核算有两种常见的形式可供选择。

1. 非独立核算形式

非独立核算形式就是将质量成本核算纳入现有的会计核算账户体系的一种核
算形式。在这种形式下，企业在原有的会计科目表中增设"质量成本"一级科
目，同时取消"废品损失"一级科目。"质量成本"一级科目下设"预防成本"
"鉴定成本""内部失败成本""外部失败成本"四个二级科目，各二级科目下还
可按具体内容设置明细科目。

当期发生的全部质量耗费在"质量成本"科目的借方归集。质量预防成本
从"质量成本"科目的贷方转入"管理费用"科目的借方。质量鉴定成本从
"质量成本"科目的贷方转入"制造费用"科目的借方。质量内部失败成本中，
废品净损失从"质量成本"科目的贷方转入"生产成本"科目中的"废品损
失"成本项目；废品残值收入从"质量成本"科目的贷方转入"原材料"科目
的借方；应由责任人赔偿的损失从"质量成本"科目的贷方转入"其他应收
款"科目的借方；意外事故损失从"质量成本"科目的贷方转入"营业外支
出"科目的借方。质量外部失败成本从"质量成本"科目的贷方转入"销售费
用"科目的借方，或冲减当期主营业务收入。"质量成本"科目期末如有借方
余额，表示应由以后会计期间负担的质量预防成本。质量成本核算账务处理的
一般程序如图 9-4 所示。

非独立核算形式的优点包括：

（1）有利于将质量成本管理工作纳入会计管理体系的监督和控制之中，使质
量成本核算成为日常会计核算的内容之一。

（2）质量成本核算账户体系的设置与应用，有利于与责任成本体系相结合，
以考核质量成本的发生情况。

非独立核算形式的缺点包括：

（1）调整了原有的会计核算程序，增加了会计核算工作量。由于各类企业在
质量成本构成内容上差别较大，因此难以从核算制度上作出统一要求。

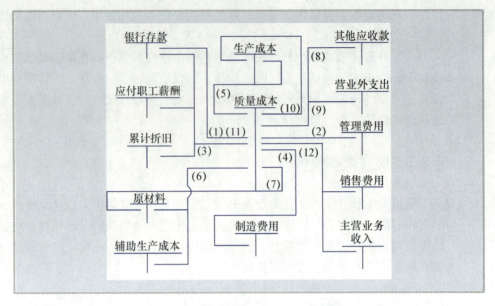

图9-4　质量成本核算账务处理程序

说明：（1）发生质量预防成本；（2）结转质量预防成本；（3）发生质量鉴定成本；（4）结转质量鉴定成本；（5）发生不可修复废品损失；（6）发生可修复废品损失；（7）结转不可修复废品残值；（8）结转废品的责任人赔偿损失；（9）结转废品的意外事故损失；（10）结转废品净损失；（11）发生外部失败成本；（12）结转外部失败成本。

（2）某些性质的质量成本，如商品折价损失，既可能是质量因素引起的，也可能有滞销等其他因素，有的停工损失也可能含有非质量因素等。这类耗费在质量成本核算中难以分清原因并单列核算。

 例9-3

某企业生产甲产品，20××年7月发生的质量成本情况如下：

（1）当月支付质量改进措施费18 000元，分6个月摊销。

（2）当月质量检测设备折旧费800元，支付检测人员工资1 800元。

（3）当月产品生产过程中，每件产品耗费直接材料80元，耗费直接人工20元，分摊制造费用20元。产品检验入库时，发现不可修复废品5件，每件残值50元，其中1件是由于搬运不当损坏，残值之外的生产成本应由责任人赔偿损失。

（4）产品检验入库时，发现可修复废品7件，平均每件修复费用30元，其中原材料耗费20元，辅助生产部门维修费10元。

（5）当月产品售价200元。售后发现次品20件，给予顾客20%的折扣。

（6）当月支付产品质量"三包"费用1 000元。

当月质量成本核算编制的会计分录如下：

（1）归集并结转质量改进措施费。

借：质量成本——预防成本　　　　　　　　　　　　　　　　　　18 000

　　贷：银行存款　　　　　　　　　　　　　　　　　　　　　　　　18 000

借：管理费用	3 000
贷：质量成本——预防成本	3 000

（2）归集并结转质量检测成本。

借：质量成本——鉴定成本	2 600
贷：累计折旧	800
应付职工薪酬	1 800
借：制造费用	2 600
贷：质量成本——鉴定成本	2 600

（3）归集不可修复废品损失。

借：质量成本——内部失败成本	600
贷：生产成本——甲产品	600
借：原材料	250
其他应收款	70
贷：质量成本——内部失败成本	320

（4）归集可修复废品损失。

借：质量成本——内部失败成本	210
贷：原材料	140
辅助生产成本	70

（5）结转废品损失成本。

本月废品损失成本＝600－320＋210＝490（元）

借：生产成本——甲产品（废品损失）	490
贷：质量成本——内部失败成本	490

（6）归集并结转次品降价损失。

借：质量成本——外部失败成本	800
贷：银行存款	800
借：主营业务收入	800
贷：质量成本——外部失败成本	800

（7）归集并结转质量"三包"费用。

借：质量成本——外部失败成本	1 000
贷：银行存款	1 000
借：销售费用	1 000
贷：质量成本——外部失败成本	1 000

综上，20××年7月，该企业"质量成本"科目借方归集各类质量成本 23 210 元，贷方结转质量成本 8 210 元，月末借方余额 15 000 元为留待以后月份摊销的质量预防成本。

2. 独立核算形式

独立核算形式就是把质量成本的核算和正常的会计核算截然分开，单独组织质量成本的核算，形成质量成本核算的独立体系。在这种情况下，可以采用统计台账的形式，由企业内部各责任单位设置"质量成本"账户，按照质量成本的各项构成内容、发生地点、责任主体、发生数额和主要原因，逐项予以登记。质量成本发生的数额有的可直接从会计核算账户中取得，例如，废品净损失费用、停工损失费用等。有的则需要从发生的生产费用中通过分析、计算和汇总取得。各内部责任单位可以根据核算结果定期编制质量成本报告，作为考评该责任单位质量成本管理业绩的依据。

独立核算形式的优点包括：

（1）不影响现有的会计核算体系，独立完整地反映质量成本情况。

（2）能较好地适应不同企业质量成本管理的特点和要求，设计相应的质量成本核算体系。

独立核算形式的缺点包括：

（1）由于独立于会计核算体系之外，因此质量成本的核算脱离了会计管理的监督和控制，使原始凭证的真实性、可靠性受到影响。

（2）需设置专职的质量成本核算部门或人员，增加了管理工作量。

9.2.4　质量成本计量

质量成本按其表现形式可分为显性质量成本和隐性质量成本。显性质量成本是指企业在生产经营过程中因为产品质量而实际发生的耗费和损失，它直接给企业带来损耗。隐性质量成本主要是指由不良质量而导致的机会成本，它间接对企业造成损失。显性质量成本包含的项目很多，预防成本、鉴定成本、内部失败成本和部分外部失败成本都属于显性质量成本。隐性质量成本包含的项目较少，外部失败成本中由于顾客满意度下降、丢失市场份额等导致的损失属于隐性质量成本。

显性质量成本可以从企业的会计记录中取得。隐性质量成本虽然项目较少，但数额可能非常大，而且在企业的会计记录中通常不予确认，因此我们需要对其进行估计。估计隐性质量成本的常用方法有如下三种。

1. 乘数法

乘数法简单地假定全部外部失败成本是得到计量的外部失败成本的一定倍数。其计算公式为：

$$全部外部失败成本 = K \times 已计量外部失败成本$$

式中，K 为乘数因子，根据经验估计确定。隐性质量成本等于全部外部失败成本与已计量外部失败成本之差。

2. 市场调查法

市场调查法常用来判断不良质量对销售和市场份额的影响。通过对顾客的调查和对企业销售人员的访谈，可以对隐性质量成本的估计提供重要参考依据，可

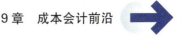

用于预计不良质量所带来的未来利润流失数。

3. 塔古奇损失函数法

塔古奇损失函数假定任一质量特性相对于目标值的偏离都会导致隐性质量成本的发生，而且当质量特性的实际值偏离目标值时，隐性质量成本以平方倍增加。其计算公式为：

$$L(y) = k(y - T)^2$$

式中，k 为企业外部失败成本结构的比例常数；y 为质量特性的实际值；T 为质量特性的目标值；L 为隐性质量成本。

运用塔古奇损失函数，必须先估计 k 值。用一个极限值相对于目标值的偏离值平方去除该极限值对应的预期隐性质量成本，可得出 k 值为：

$$k = \frac{c}{d^2}$$

式中，c 为上限或下限值对应的预期隐性质量成本；d 为上限或下限值相对于目标值的偏离值。

可以借用前两种方法——乘数法和市场调查法帮助进行 c 的估计。一旦估计出了 k 值，就可以估计质量特性相对于目标值的任何水平的偏差所导致的隐性质量成本。

9.2.5　质量成本控制

进行质量成本控制，既要考虑节约开支、降低质量成本，又要处理好质量成本与产品质量的关系，通过质量成本效益分析，结合企业的具体条件，寻求质量成本的最佳值。质量成本与产品质量之间的依存关系，是控制质量成本的关键。

1. 质量成本函数：可接受质量观点

可接受质量观点认为控制成本与失败成本之间存在此消彼长的权衡关系。当控制成本增加时，失败成本就会减少。只要失败成本的减少大于控制成本的增加，企业就应该继续加强预防或鉴定方面的努力。当任何额外的预防或鉴定成本的增加都会大于失败成本的相应减少时，这个点就代表最优的全面质量成本水平。该点是控制成本和失败成本的最佳平衡点，决定了可接受质量水平。

该理论观点如图 9-5 所示。在图 9-5 中，运用了两个成本函数：控制成本函数和失败成本函数。它还假定：当预防和鉴定作业所消耗的支出减少时，缺陷率会增加；当缺陷率增加时，失败成本会增加。从全面质量成本函数来看，在质量改进到某一点之前，全面质量成本是下降的，在该点之后，全面质量成本是上升的。这样就找出了缺陷率的最优水平，企业的质量管理都朝着这个水平努力。这个可允许的缺陷率水平就是可接受的质量水平。

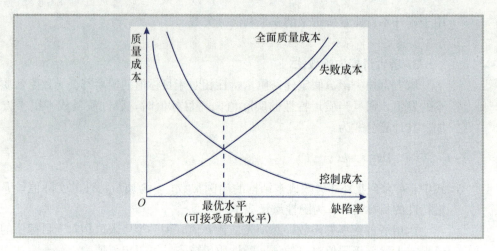

图9-5 可接受质量成本

2. 质量成本函数：零缺陷观点

可接受质量观点允许并且实际上鼓励一定的缺陷率的存在。20世纪70年代后期，可接受质量观点受到零缺陷观点的挑战。零缺陷观点最基本的主张是：把不符合质量要求的产品降为零是符合成本效益原则的。质量成本的最优水平是零缺陷。那些不符合质量要求的产品越来越少的企业，相对于那些继续采用可接受质量观点的企业，更加具有竞争力。对高度竞争环境中的企业来说，质量能提供重要的竞争优势。

从成本函数的角度看，如果企业增加其预防和鉴定成本从而降低失败成本，则随后预防和鉴定成本也能够得到削减。最初来看，控制成本和失败成本好像是一种此消彼长的关系，而实际情况表明质量成本可以实现永久的降低。

该理论观点如图9-6所示。图9-6中的质量成本函数与传统的质量成本函数有几个重大的区别。首先，当接近零缺陷状态时，控制成本并没有无限增加。其次，在接近零缺陷状态的过程中，控制成本可能先增加后降低。最后，可以努力把失败成本变为零。

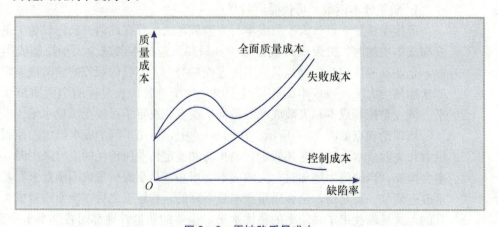

图9-6 零缺陷质量成本

在零缺陷观点下，降低质量成本的战略相当简单：（1）采取针对失败成本的措施，使它们逐渐降低为零；（2）投资于能带来质量改进的正确的预防作业；（3）根据已实现的质量改进降低鉴定成本；（4）持续评价和重新确定预防努力的方向，以获得进一步的质量改进。

上述战略是建立在如下基础之上的：（1）每一个失败都有其根本原因；（2）失败原因是可以预防的；（3）预防作业成本比其他质量相关作业成本更低。

9.3 环境成本

9.3.1 生态效益

生态效益主要是指企业能够在提供更有用的产品的同时减少对环境的负面影响，减少资源消耗的成本。首先，提高生态效益和经济业绩可以而且也应该是互补的。其次，提高环境业绩不应该再看作一种慈善和公益活动，而应该视为企业取得竞争力的活动。最后，生态效益是可持续发展的补充和支持。可持续发展指的是既满足当前需要又不危及后代需求的发展。

生态效益意味着环境业绩的改进可以促进效率的提高，效率提高的原因有以下几个方面：（1）顾客需要更清洁的产品，即生产过程中没有污染环境并且在使用和处理过程中不会造成环境恶化的产品。（2）员工更愿意为对环境负责的企业工作，因此注重环境业绩的企业更容易吸引优秀的员工并提高生产效率。（3）对环境负责的企业更容易获得外部效益，比如较低成本的资本和较低的保险费率。（4）良好的环境业绩能够产生重大的社会效益，比如促进人类健康，而这些社会效益又会提升企业形象。（5）对环境业绩的关注能促使管理人员进行革新，寻找新的机会。比如，改进环境业绩的需求可能会给原先认为是无用的废品带来新的市场。（6）减少环境成本能维持或者创造竞争优势。

9.3.2 环境成本的定义与分类

环境质量的理想状态是对环境的零破坏。对环境的破坏是指导致环境的直接恶化（比如向环境排放固体、液体和气体废弃物）或者环境的间接恶化（比如对原材料和能源的滥用）。环境成本可以指环境质量成本。与质量成本类似，环境成本是指为了防止恶劣环境的出现而发生的成本以及由于出现了恶劣的环境而导致的成本。在该定义下，环境成本可以分为环境保护成本、环境检测成本、环境内部失败成本和环境外部失败成本。而外部失败成本又可细分为已支付的外部失败成本和未支付的外部失败成本。

（1）环境保护成本。环境保护成本是指为了防止污染物的产生和对环境有破坏性的废弃物的产生而执行的作业所带来的成本。环境保护作业包括：为了控制污染而评价和挑选供应商；为了控制污染而评价和挑选设备；为了降低或消除污染而设计流程和产品；为了降低或消除污染而培训员工；开展环境研究；建立环境管理系统；审查环境风险；回收利用产品，等等。

（2）环境检测成本。环境检测成本是指为了检测企业的产品、流程或其他作业是否符合恰当的环境标准而发生的成本。环境标准包括如下三个方面：1）政府的监管法规；2）国际标准化组织制定的非强制性标准（ISO 14000）；3）企业管理层制定的环境政策。环境检测作业包括：审查环境作业，检查产品和流程，制定环境业绩指标，开展污染测试，测量污染程度，等等。

（3）环境内部失败成本。环境内部失败成本是指由于已经产生但尚未排放到环境中去的污染物和废弃物所导致的成本，是为了消除和治理已经产生的污染物和废弃物而发生的成本。环境内部失败作业有以下目标：1）确保产生的污染物和废弃物不会被排放到环境中去；2）降低产生污染物和废弃物对环境的破坏，使其符合环境标准的要求。环境内部失败作业包括：操作污染治理设备，维护污染治理设备，处置和处理有毒废弃物，回收废料，等等。

（4）环境外部失败成本。环境外部失败成本是指污染物和废弃物被排放到环境中去以后而导致的成本。已支付的外部失败成本是企业已经支付的由于排放污染物和废弃物而产生的成本。未支付的外部失败成本又叫社会成本，是由于企业排放污染物和废弃物给外部机构和人员造成的损失。涉及已支付外部失败成本的作业的例子：清理被污染的河湖，清理泄漏的石油，清理被污染的土壤，将土地恢复至原来的自然状态，处理环境破坏引起的人身和财产索赔，由于恶劣的环境声誉而造成销售损失。涉及社会成本的例子：人们由于空气污染而生病并接受治疗，湖泊环境恶化使得湖泊丧失多种功能，乱抛固体废弃物而损害生态系统。在四类环境成本中，环境外部失败成本最具破坏性。

9.3.3　环境成本核算

1. 环境成本的核算形式

与质量成本类似，环境成本的归集也可以采用非独立核算形式或独立核算形式。非独立核算形式就是在原有的会计科目表中增设"环境成本"一级科目，并下设"保护成本""检测成本""内部失败成本""外部失败成本"四个二级科目，各二级科目下还可按具体内容设置明细科目，从而把环境成本的核算与正常的会计核算结合在一起。独立核算形式就是把环境成本的核算和正常的会计核算截然分开，单独设置环境成本的账外记录，由各环境成本控制网点进行核算。

2. 环境成本的分配

（1）环境产品成本。流程和产品都是环境成本的来源。生产产品的流程可能产生排放到环境中去的固体、液体、气体污染物与废弃物，这些污染物和废弃物可能破坏环境。产品本身也可能成为环境成本的来源。在产品销售后，顾客对产品的使用和处置可能造成环境破坏，这属于环境购后成本。在大部分情况下，环境购后成本是由社会承担的，属于社会成本。有时环境购后成本也会转变为已支付的外部失败成本。产品的包装物也是产生环境成本的原因。

生产、销售和交付产品的流程所产生的环境成本以及使用和处置产品所产生的环境购后成本都属于环境产品成本。完全环境成本法将包括内部和外部所有的环境成本都分配到产品中去。完全内部成本法只将企业内部的环境成本分配到产品中去。

将环境成本分配到产品可以产生有价值的管理信息。例如，它可以揭示某种产品是否比其他产品更应该对有毒废弃物负责。这个信息可以促使企业提出新的产品设计方案，或者将生产该产品的流程设计得更有效率，对环境更有利。又如，它可以揭示当环境成本被恰当分配后，产品是否还可以盈利。这个信息可以帮助企业判断是否应该停止生产该产品，以显著地改进其环境业绩和经济效益。

（2）职能基础的环境成本分配。在大部分会计核算系统中，环境成本是隐藏于间接费用之中的。要分配环境成本，首先必须将环境成本分离出来，单独放进一个环境成本库中。职能基础的成本系统将环境成本库中的环境成本通过产量基础动因（比如直接人工工时和机器工时）分配到各种产品中。这种分配方法在产品相似时非常有效，在产品种类繁多、对环境影响的差异较大时容易造成成本歪曲。

 例 9 - 4

某企业生产甲、乙两种玻璃，每种玻璃每年各生产 50 000 块。每块甲玻璃耗费 0.4 机器工时，每块乙玻璃耗费 0.6 机器工时。生产玻璃时可能会排放出镉。为了获得镉的排放许可，企业每年支付 100 000 元的排放许可费。该许可批准企业在规定限度内排放镉。如果镉排放超标，企业就会遭到罚款。该企业每年为镉超标排放支付 50 000 元的罚款。

在职能基础的环境成本分配方法下，与镉排放相关的环境成本按照机器工时分配给甲、乙两种玻璃。

$$每机器工时负担的镉排放环境成本 = \frac{100\,000 + 50\,000}{0.4 \times 50\,000 + 0.6 \times 50\,000} = 3(元)$$

每块甲玻璃负担的镉排放环境成本 = 3×0.4 = 1.2(元)

每年甲玻璃负担的镉排放环境成本 = 1.2×50 000 = 60 000(元)

每块乙玻璃负担的镉排放环境成本 = 3×0.6 = 1.8(元)

每年乙玻璃负担的镉排放环境成本 = 1.8×50 000 = 90 000(元)

但事实上，经过技术测定发现，所有的镉都是生产甲玻璃时排放的，生产乙玻璃的过程中并未排放镉。可见，职能基础的环境成本分配方法没有考虑导致环境成本的真正动因，而是用与产量相关的标准进行分配，很可能歪曲成本数据，误导相关决策。

（3）作业基础的环境成本分配。将环境成本追溯到应为环境成本负责的产品是一个健全的环境会计核算系统的最基本要求。作业基础的成本系统将依据因果关系来分配环境成本。首先，将全部环境成本按照资源动因分配给所有与环境相关的作业。其次，用某项环境作业的成本除以该作业的作业动因总量，计算出环境作业的作业分配率。最后，根据作业分配率以及每种产品消耗的作业动因数量，将环境作业成本分配给每种产品。

 例9-5

　　某企业生产甲、乙两种产品，每年产量分别为1 000吨和2 000吨，生产过程中都会产生有毒废弃物。有毒废弃物必须经过焚化炉处理后弃置。每年与废弃物处理相关的成本如下：

废弃物搬运成本	5 000元
焚化炉启动调整成本	6 000元
焚化炉运转成本（包括折旧和动力）	24 000元
废弃物弃置成本	3 150元
合计	38 150元

　　在作业基础的环境成本分配方法下，首先，确定每种环境成本的作业动因及各种产品的作业动因数：

环境成本内容	成本动因	甲产品	乙产品
废弃物搬运成本	搬运次数	30	20
焚化炉启动调整成本	启动调整次数	8	4
焚化炉运转成本	运转小时	250	150
废弃物弃置成本	废弃物吨数	15	6

　　其次，计算环境作业分配率：

$$废弃物搬运作业分配率 = \frac{5\ 000}{30+20} = 100$$

$$焚化炉启动调整作业分配率 = \frac{6\ 000}{8+4} = 500$$

$$焚化炉运转作业分配率 = \frac{24\ 000}{250+150} = 60$$

$$废弃物弃置作业分配率 = \frac{3\ 150}{15+6} = 150$$

　　最后，分配环境成本：

环境成本内容	甲产品	乙产品
废弃物搬运成本	100×30=3 000（元）	100×20=2 000（元）
焚化炉启动调整成本	500×8=4 000（元）	500×4=2 000（元）
焚化炉运转成本	60×250=15 000（元）	60×150=9 000（元）
废弃物弃置成本	150×15=2 250（元）	150×6=900（元）
环境成本	24 250元	13 900元
产量	1 000吨	2 000吨
单位环境成本	24.25元/吨	6.95元/吨

9.3.4　环境成本管理

环境产品成本可以揭示一个企业改进产品环境效应管理的必要性。产品环境效应管理是为了减少对环境的负面影响而对产品进行设计、制造、维护和回收利用的措施。生命周期评价是改进产品环境效应管理的一种方式。生命周期评价明确了一种产品在其整个生命周期所产生的环境后果，然后寻找获得环境方面改进的机会。

如图9-7所示，产品生命周期的不同阶段可以由不同的主体控制。生命周期结合了供应商、生产商和顾客的观点，因此内部和外部环节都对评价不同产品和流程的环境后果具有重要意义。

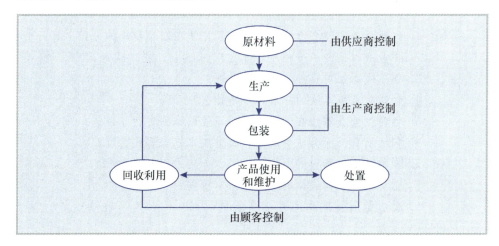

图9-7　产品生命周期阶段

生命周期评价由三个阶段组成：存货分析、效应分析和改进分析。

（1）存货分析。存货分析详细说明所需的原材料和能源投入以及由此产生的固体、液体、气体污染物和废弃物的种类与数量。它贯穿整个生命周期。在生命周期的每一个阶段都存在着如下特定的关键问题：

1）每种产品都需要什么原材料？

2）生产每种产品的能源需求是多少？

3）生产每种产品会排放出什么污染物和废弃物？

4）废弃物是否有回收利用的可能？

5）最终处置产品需要什么资源？

对这些问题的回答就构成了存货分析。在存货分析阶段，确定相应的环境成本有助于后面的效应分析。

（2）效应分析。效应分析是在存货分析所提供信息的基础上，对不同产品的环境效应进行评价。效应分析应该具体到成本评价，即确定不同产品的环境影响的财务后果。原材料成本可以直接追溯而得。能源成本和环境排放物成本可通过动因追溯得到。对于现有产品，只需确认相关的环境作业和环境作业成本，计算作业分配率，并根据作业分配率将这些成本分配到相关产品上去。如果一些能源的消耗和环境污染物的排放与产品购买后的使用有关，在采用完全环境成本法时需要将其包含在内。计算出每种产品的生命周期单位环境成本，有助于进行后续的改进分析。

（3）改进分析。改进分析的目标是减少由存货分析和效应分析所揭示的环境影响。通过经营和财务指标来评价环境影响，以便在降低环境影响的各种备选方案中进行选择。这一阶段与组织的控制系统联系起来。改进现有产品和流程的环境业绩是环境控制系统的总体目标。

 思考题

1. 作业成本法较之传统的成本计算方法在制造费用的分配上有何重要区别？

2. 作业成本法的一般程序是什么？

3. 作业成本法有哪些优点和局限性？

4. 估时作业成本法的一般程序是什么？

5. 估时作业成本法在哪些方面对作业成本法进行了改进？

6. 何为质量？何为质量成本？质量成本包含哪些内容？

7. 在非独立核算模式下，质量成本如何进行归集和分配？

8. 估计隐性质量成本的常用方法有哪些？

9. 什么是质量成本的可接受质量观点？什么是零缺陷观点？二者的区别何在？

10. 什么是环境成本？环境成本分为哪些类别？

11. 什么是环境产品成本？职能基础和作业基础下的环境成本分配有什么区别？

12. 环境成本的生命周期评价分为哪几个阶段？

练习题

1. 某服装加工厂主要有五项作业：订单、设计制样、采购、裁剪缝纫、质量控制。20××年9月生产两种产品：男衬衫和女大衣。每件男衬衫耗费直接材料60元，每件女大衣耗费直接材料210元。两种产品的相关情况如表9-9所示。

表9-9

产品	产量	订单份数	设计制样次数	采购次数	裁剪缝纫单位工时	质量抽检次数
男衬衫	500	1	2	1	4	10
女大衣	100	1	4	1	10	10

该服装加工厂该月发生加工成本（包括人工、折旧、水电等）33 000 元。根据资源动因发现每份订单需花费 1 000 元，每次设计制样需花费 2 000 元，每次采购需花费 1 000 元，裁剪缝纫每小时需花费 5 元，每次质量抽检需花费 100 元。

　　要求：用作业成本法计算该月男衬衫和女大衣的单位产品成本。

　　2. 某企业生产甲产品。20××年 5 月初"质量成本"科目借方余额 8 000 元，为质量预防成本，应在当年内分摊完毕。当月发生的质量成本情况如下。

　　（1）当月质量检测设备折旧费 500 元，支付检测人员工资 2 000 元。

　　（2）当月产品生产过程中，每件产品耗费直接材料 60 元，耗费直接人工 20 元，分摊制造费用 30 元。产品检验入库时，发现不可修复废品 8 件，每件残值 40 元。8 件废品都是由于车间漏水造成的，残值之外的生产成本应由责任人赔偿损失。

　　（3）产品检验入库时，发现可修复废品 10 件，平均每件修复费用 20 元，其中原材料耗费 10 元，辅助生产部门维修费 10 元。

　　（4）当月产品售价 200 元。售后发现次品 30 件，给予顾客 30% 的折扣。

　　（5）当月支付产品质量"三包"费用 700 元。

　　要求：为该企业编制该月与质量成本相关的会计分录。

案例题

　　[资料] 星月公司的一个车间生产两种产品：香味生日卡和普通生日卡。普通卡片的生产数量是香味卡片的 10 倍。香味卡片不仅需要加入香味，而且无论从卡片的形状、花色还是文字上都比普通卡片更加多样化。卡片成批生产。采用传统成本法得到的两种卡片的单位成本为：香味卡片 11.2 元（其中单位直接成本 8 元，单位间接费用 3.2 元），普通卡片 10.78 元（其中单位直接成本 7.5 元，单位间接费用 3.28 元）。采用作业成本法得到的两种卡片的单位成本为：香味卡片 20.8 元（其中单位直接成本 8 元，单位间接费用 12.8 元），普通卡片 9.82 元（其中单位直接成本 7.5 元，单位间接费用 2.32 元）。由此可见，相对于更加准确的作业成本法来说，传统成本法低估了产量低而复杂程度高的香味卡片的成本，高估了产量高而复杂程度低的普通卡片的成本。

　　[要求] 根据该公司的情况讨论以下问题：

　　1. 传统成本法和作业成本法得到的两种产品成本差异如此巨大，主要原因可能是什么？

　　2. 试从传统成本法与作业成本法的主要区别，阐述作业成本法产生的经济背景。

　　3. 不同成本方法得到的两种产品不同的成本数据，可能会影响公司的哪些决策？试举例说明。

C 第 10 章

成本报表与成本分析

1. 理解成本报表的作用和种类。
2. 掌握各种产品成本报表和各种费用报表的编制方法。
3. 理解成本分析的一般方法和程序。
4. 掌握全部商品产品成本计划完成情况分析、可比产品成本降低计划完成情况分析、主要产品单位成本分析、各种费用报表分析以及成本效益分析的方法。
5. 理解技术经济指标变动对成本影响的分析方法。
6. 了解作业成本分析方法。
7. 了解期中成本预报的步骤和方法。

10.1 成本报表的作用和种类

成本报表是按照企业成本管理的需要，根据产品成本和期间费用的核算资料以及其他有关资料编制的，用以反映企业一定时期产品成本、期间费用以及其他专项成本水平及其构成情况的报告文件。编制和分析成本报表是成本会计工作的一项重要内容。

10.1.1 成本报表的作用

成本报表的作用体现在如下几个方面：

（1）便于企业进行高质量的成本管理。通过成本报表分析，可以揭示影响产品成本指标和费用项目变动的因素和原因，从生产技术、生产组织和经营管理等各个方面挖掘和动员节约费用支出和降低产品成本的潜力，提高企业生产耗费的经济效益。

（2）便于企业及时进行决策。成本报表提供的实际产品成本和费用支出的资料，是企业进行成本、利润的预测与决策，编制产品成本计划和各项费用计划，制定产品价格，进行投资决策等的重要依据。

（3）便于母公司或相关主管机构（主要是对国有企业而言）评价或评估企业的成本管理效果。通过阅读和分析成本报表，可以了解企业的成本管理绩效，从而对企业管理层在成本管理方面的绩效进行评价，进而从成本管理的角度评价他们对受托责任的履行情况，评估企业产品成本核算的合理性、可靠性等。

10.1.2　成本报表的种类

成本报表按其所反映的内容可分为以下几种：

（1）反映产品成本情况的报表。主要反映企业为生产一定种类和一定数量产品所支出的生产费用的水平及其构成情况，并与计划水平、上年实际水平、历史最好水平或同行业同类产品先进水平相比较，反映产品成本的变动情况和变动趋势。属于此类成本报表的有全部产品生产成本表、主要产品单位成本表等。

（2）反映各种费用支出的报表。主要反映企业在一定时期内各种费用总额及其构成情况，并与计划（预算）水平、上年实际水平对比，反映各项费用支出的变动情况和变动趋势。属于此类成本报表的有制造费用明细表、销售费用明细表、管理费用明细表和财务费用明细表等。

（3）反映专项成本的报表。除了上述两类一般性的成本报表外，有些企业还会出于特殊目的编制专项成本报表。例如，企业为了提高产品质量管理效果，可能需要编制质量成本报表；为了提高环境成本管理效果，可能需要编制环境成本报表等。这些成本报表反映的内容可称为专项成本，属于此类成本报表的有质量成本报表、环境成本报表等。

在这里需要特别指出的是，成本报表属于内部报表，它的编报主要是为了满足企业管理层以及各部门、车间和岗位责任人对成本信息的需求。因此，成本报表在报表的种类、指标的设计以及报送的对象等方面具有很强的针对性和灵活性，在编报的日期上更注重时效性。比如，为了满足成本管理的多方面需要，除了应定期编报全面反映成本计划完成情况的报表外，还应对企业成本管理的某些重要环节、重要方面的问题提供专门的、具有针对性的报告。这些报告的格式、内容、涉及的指标可以根据实际需要而定。又如，为了加强成本的日常管理，对于成本耗费的主要指标，也可以用报表的形式，按旬、按周、按日甚至按班编报，以保证将有关成本信息及时提供给有关方面和有关人员；为了将成本管理与技术管理相结合，以深入分析成本升降的具体原因，寻求降低成本的有效方法，可以将成本指标、统计指标和技术经济指标结合起来，不定期地向有关部门和有关人员编报技术经济指标变动对成本影响的报表；为了加强成本管理工作的前瞻性，可以在成本计划的执行过程中，对成本计划能否完成进行预测，向有关部门和有关人员编报分析报告。

10.2 成本报表的编制

10.2.1 成本报表的编制方法

各种成本报表，有的反映本期产品的实际成本，有的反映本期经营管理费用的实际发生额，还有的可能反映实际成本或实际费用的累计数。为了考核和分析成本计划的执行情况，这些报表一般还反映有关的计划数和某些补充资料。

成本报表中的实际成本、费用，应根据有关的产品成本或费用明细账的实际发生额填列。表中的累计实际成本、费用，应根据本期报表的本期实际成本、费用加上上期报表的累计实际成本、费用计算填列；如果有关的明细账中记有期末累计实际成本、费用，可以直接根据有关的明细账相应数据填列。

成本报表中的计划数，应根据有关的计划填列；表中其他资料和补充资料，应按报表编制规定填列。

10.2.2 全部产品生产成本报表的编制

全部产品生产成本报表是反映企业在报告期内所生产的全部产品总成本的一种成本报表，它可以从两个不同角度进行编制和分析。

一是按产品种类编制全部产品生产成本表，反映企业在报告期所生产全部产品的总成本和各种主要产品（含可比产品和不可比产品）单位成本及总成本。利用此表可以定期、总括地考核和分析企业全部产品成本计划的完成情况和可比产品成本降低计划的完成情况，对企业产品成本工作从总体上进行评价，并为进一步分析指明方向。

二是按成本项目编制全部产品生产成本表，汇总反映企业在报告期发生的全部生产费用（按成本项目反映）和全部产品总成本。利用此表可以定期、总括地考核和分析企业全部生产费用和全部产品总成本计划的完成情况，对企业成本工作从总体上进行评价，为进一步分析指明方向。

下面举例说明按上述两个不同角度编制全部产品生产成本报表的方法。

1. 全部产品生产成本表（按产品种类反映）的编制

例 10 - 1

某企业某年 12 月份的全部产品生产成本表（按产品种类反映）如表 10 - 1 所示。

此表分为基本报表和补充资料两部分。基本报表部分应按可比产品和不可比产品分别填列。可比产品是指企业过去曾经正式生产过，有完整的成本资料可以进行比较的产品；不可比产品是指企业本年度初次生产的新产品，或虽非初次生

表 10-1
编制单位：××工厂

全部产品生产成本表（按产品种类反映）

20××年 12 月

金额单位：元

产品名称	计量单位	实际产量		单位成本				本月总成本			本年累计总成本		
		本月①	本年累计②	上年实际平均③	本年计划④	本月实际⑤=⑨÷①	本年累计实际平均⑥=⑫÷②	按上年实际平均单位成本计算⑦=①×③	按本年计划单位成本计算⑧=①×④	本期实际⑨	按上年实际平均单位成本计算⑩=②×③	按本年计划单位成本计算⑪=②×④	本年实际⑫
甲	件	40	400	86	84	85	82	3 440	3 360	3 400	34 400	33 600	32 800
乙	件	10	200	800	880	860	820	8 000	8 800	8 600	160 000	176 000	164 000
可比产品合计								11 440	12 160	12 000	194 400	209 600	196 800
丙	件	10	80		140	150	145		1 400	1 500		11 200	12 600
丁	件	5	50		400	350	420		2 000	1 750		20 000	21 000
不可比产品合计									3 400	3 250		31 200	33 600
全部产品									15 560	15 250		240 800	230 400

补充资料（本年累计实际数）：

1. 可比产品成本降低额－2 400 元（本年计划降低额为 12 800 元）。
2. 可比产品成本降低率－1.234 6%（本年计划降低率为 6.106 9%）。
3. 按现行价格计算的商品产值 460 800 元。
4. 产值成本率 50 元/百元（本年计划产值成本率 49.41 元/百元）。

产，但以前仅属试制而未正式投产的产品缺乏可比的成本资料。在成本计划中，对不可比产品只规定本年的计划成本，而对可比产品不仅规定计划成本指标，而且规定成本降低计划指标，即本年度可比产品计划成本比上年度（或以前年度）实际成本的降低额和降低率。

产品生产成本表的基本报表部分，应反映各种可比和不可比产品本月及本年累计的实际产量、实际单位成本和实际总成本。以上项目的本月数，应根据本月产品成本明细账中的有关记录填列；本年累计实际产量（第②栏）和累计实际总成本（第⑫栏）应根据本月数加上上月本表的累计数计算填列，累计实际平均单位成本（第⑥栏）应根据累计实际总成本（第⑫栏）除以累计实际产量（第②栏）计算填列。

为了反映企业当年全部产品成本计划完成情况，基本报表部分还应反映各种可比和不可比产品本月和本年累计按计划单位成本（第④栏）计算的总成本（第⑧⑪栏）。计划单位成本应根据本年成本计划填列，本月和本年累计计划总成本应根据计划单位成本分别乘以本月实际产量和本年累计实际产量计算填列。

为了计算可比产品成本降低额和降低率，基本报表部分还应反映可比产品本月和本年按上年实际平均单位成本（第③栏）计算的总成本（第⑦⑩栏）。上年实际平均单位成本应根据上年度 12 月份本表全年累计实际平均单位成本（第⑥栏）填列，本月和本年累计实际总成本应根据上年实际平均单位成本分别乘以本月实际产量和本年累计实际产量计算填列。不可比产品由于过去没有正式生产过，没有成本资料可以比较，因而不必填列第③⑦⑩栏。

补充资料部分只填列本年累计实际数。其中：

（1）可比产品成本降低额。即可比产品累计实际总成本比按上年实际平均单位成本计算的累计总成本降低的数额，超支额用负数表示。其计算公式为：

$$\text{可比产品成本降低额} = \text{可比产品按上年实际平均单位成本计算的总成本} - \text{可比产品本年累计实际总成本}$$

以表 10-1 中的资料为例计算如下：

$$\text{可比产品成本降低额} = 194\ 400 - 196\ 800 = -2\ 400（元）$$

（2）可比产品成本降低率。即可比产品本年累计实际总成本比按上年实际平均单位成本计算的累计总成本降低的比率，超支率用负数表示。其计算公式为：

$$\text{可比产品成本降低率} = \frac{\text{可比产品成本降低额}}{\text{可比产品按上年实际平均单位成本计算的总成本}} \times 100\%$$

以表 10-1 中的资料为例计算如下：

$$可比产品成本降低率 = \frac{-2\,400}{194\,400} = -1.234\,6\%$$

本年可比产品成本计划降低率 6.106 9%、计划降低额 12 800 元，根据可比产品成本降低计划填列。

（3）按现行价格计算的商品产值。根据有关的统计资料填列。

（4）产值成本率。即产品总成本与商品产值的比率，通常以每百元商品产值总成本表示。其计算公式为：

$$产值成本率（元/百元） = \frac{产品总成本}{商品产值} \times 100$$

以表 10-1 中的资料为例计算如下：

$$产值成本率 = \frac{230\,400}{460\,800} = 50(元/百元)$$

2. 全部产品生产成本表（按成本项目反映）的编制

 例 10-2

某企业某年 12 月份的全部产品生产成本表（按成本项目反映）如表 10-2所示。

表 10-2　　全部产品生产成本表（按成本项目反映）

编制单位：××工厂　　　　　20××年 12 月　　　　　单位：元

项目	本年计划数	本月实际数	本年累计实际数
生产费用：			
直接材料	122 000	9 490	108 990
直接人工	63 158	4 036	41 110
制造费用	91 871	6 623	73 120
生产费用合计	277 029	20 149	223 220
加：在产品、自制半成品期初余额	14 610	7 261	19 340
减：在产品、自制半成品期末余额	12 150	12 160	12 160
产品成本合计	279 489	15 250	230 400

表 10-2 是按成本项目汇总反映企业在报告期内发生的全部生产费用以及产品成本合计数的报表。

表 10-2 分为生产费用和产品成本两部分。生产费用部分按成本项目反映；产品成本部分是在生产费用合计数的基础上，加减期初、期末在产品和自制半成品余额计算的产品成本合计数。生产费用和产品成本可以按本年计划数、本月实际数和本年累计实际数分栏反映，以便于分析利用。如果可比产品单列，还可以增设上年实际数栏。

表内各项目的填列方法：由于全部产品包括可比产品和不可比产品，因此此表只设本年计划数、本月实际数和本年累计实际数三栏，而不设上年实际数栏。本年计划数应根据成本计划有关资料填列；本月实际数填列按成本项目反映的各种生产费用数，应根据各种产品成本明细账所记本月生产费用合计数，按成本项目分别汇总填列；本年累计实际数应根据本月实际数，加上上月本表的本年累计实际数计算填列。期初、期末在产品和自制半成品余额，应根据各种产品成本明细账的期初、期末在产品成本和各种自制半成品明细账的期初、期末余额，分别汇总填列。以生产费用合计数加上在产品、自制半成品期初余额，减去在产品、自制半成品期末余额，即可计算出产品成本合计数。

10.2.3　主要产品单位成本表的编制

主要产品是指企业经常生产、在企业全部产品中所占比重较大、能概括反映企业生产经营面貌的那些产品。主要产品单位成本表是反映企业在报告期内生产的各种主要产品单位成本水平和构成情况的一种成本报表。该表应按主要产品分别编制，是对全部产品生产成本表所列各种主要产品成本的补充说明。利用此表，可以按照成本项目分析和考核主要产品单位成本计划的执行情况；可以按照成本项目将本月实际和本年累计实际平均单位成本，与上年实际平均单位成本和历史先进水平进行对比，了解单位成本的变动情况；可以分析和考核各种主要产品的主要技术经济指标的执行情况，进而查明主要产品单位成本升降的具体原因。

主要产品单位成本表可分设产量、单位成本和主要技术经济指标三部分。

例 10 - 3

某企业 A 产品单位成本表的格式和内容详见表 10 - 3。

表 10 - 3　　　　　　　　　　主要产品单位成本表

20××年 12 月

本月计划产量：18 件
本月实际产量：10 件

产品名称：A　　　计量单位：件　　　本年累计计划产量：100 件
产品规格：××　　销售单价：900 元　　本年累计实际产量：200 件

	历史先进水平 19××年	上年实际平均	本年计划	本月实际	本年累计实际平均
单位成本项目					
直接材料（元）	554	574	574	564	569
直接燃料和动力（元）	37	52	48	40	53
直接人工（元）	81	86	82	75	78
制造费用（元）	140	142	140	145	150
产品单位成本（元）	812	854	844	824	850
主要技术经济指标					
A 材料（千克）	19	22	22	20	20
B 材料（千克）	32	34	34	32	34

表中各项数字填列方法如下：

（1）产量。本月及本年累计计划产量应根据生产计划填列；本月及本年累计实际产量应根据产品成本明细账或产成品成本汇总表填列；销售单价应根据产品定价表填列。

（2）单位成本。历史先进水平，应根据历史上该种产品成本最低年度成本表的实际平均单位成本填列；上年实际平均单位成本，应根据上年度主要产品单位成本表累计实际平均单位成本填列；本年计划单位成本，应根据本年度成本计划填列；本月实际单位成本，应根据产品成本明细账或产成品成本汇总表填列；本年累计实际平均单位成本，应根据该种产品成本明细账所记自年初至报告期末完工入库产品实际总成本除以累计实际产量计算填列。

表 10-3 中，上年实际平均、本年计划、本月实际和本年累计实际平均的单位成本，应与全部产品生产成本表（按产品种类反映）中该种产品相应的单位成本核对相符。

（3）主要技术经济指标。即该种产品主要原材料的耗用量，应根据业务技术核算资料填列。

10.2.4　各种费用报表的编制

各种费用是指企业在生产经营过程中，各个车间、部门为进行产品生产、组织和管理生产经营活动所发生的制造费用、销售费用、管理费用和财务费用。第一种属于产品成本的组成部分，后三种属于期间费用。编制上述四种费用报表的作用在于反映各项费用计划的执行情况，分析各种费用变动的原因以及对产品成本和当期损益的影响。

1. 制造费用明细表的结构和编制方法

 例 10-4

某企业 20××年 12 月份制造费用明细表的格式如表 10-4 所示。

表 10-4　　　　　　　　　　　　制造费用明细表

20××年 12 月　　　　　　　　　　　　　　　　单位：元

项目	本年计划数	上年同期实际数	本月实际数	本年累计实际数
职工薪酬	280 000	24 500	26 000	290 000
机物料消耗	45 000	4 000	4 200	48 000
低值易耗品摊销	36 000	2 700	2 500	32 000
劳动保护费	12 000	1 000	1 200	13 000
水费	3 000	240	250	3 200
电费	32 000	2 700	2 800	35 000
运输费	40 000	3 000	2 700	34 000
折旧费	48 000	3 900	4 200	50 000
办公费	24 000	1 850	1 650	22 000
其他	24 200	2 100	1 900	24 000
合计	544 200	45 990	47 400	551 200

此表按制造费用项目分别反映各项费用的本年计划数、上年同期实际数、本月实际数和本年累计实际数。其中，本年计划数应根据成本计划中的制造费用计划填列；上年同期实际数应根据上年同期制造费用明细表的本月实际数填列；本月实际数应根据制造费用总账所属各基本生产车间制造费用明细账的本月合计数汇总计算填列；本年累计实际数应根据这些制造费用明细账的本月末累计数汇总计算填列。

2. 销售费用明细表的结构和编制方法

例 10 - 5

某企业 20××年 12 月份销售费用明细表的格式如表 10 - 5 所示。

表 10 - 5　　　　　　　　　　　销售费用明细表
20××年 12 月　　　　　　　　　　　　　　　　　　单位：元

项目	本年计划数	上年同期实际数	本月实际数	本年累计实际数
职工薪酬	150 000	13 000	13 500	165 000
业务费	85 000	6 500	6 000	72 000
运输费	36 000	11 000	13 000	38 000
装卸费	24 000	2 000	18 000	23 500
包装费	42 000	3 600	4 000	41 000
保险费	30 000	2 200	2 400	32 000
展览费	40 000	3 000	3 200	42 000
广告费	40 000	3 000	3 000	36 000
产品质量保证费	32 000	2 000	3 000	31 000
折旧费	45 000	3 500	3 600	44 000
低值易耗品摊销	24 000	1 800	2 000	24 000
办公费	21 000	2 000	1 800	20 000
其他	30 000	3 000	2 000	28 000
合计	599 000	56 600	75 500	596 500

此表按销售费用项目分别反映各项费用的本年计划数、上年同期实际数、本月实际数和本年累计实际数。其中，本年计划数应根据本年销售费用计划填列；上年同期实际数应根据上年同期销售费用明细表的本月实际数填列；本月实际数应根据销售费用明细账的本月合计数填列；本年累计实际数应根据销售费用明细账的本月末累计数计算填列。

3. 管理费用明细表的结构和编制方法

例 10 - 6

某企业 20××年 12 月份管理费用明细表的格式如表 10 - 6 所示。

表 10-6　　　　　　　　　管理费用明细表

20××年 12 月　　　　　　　　　　　　　单位：元

项目	本年计划数	上年同期实际数	本月实际数	本年累计实际数
职工薪酬	420 000	32 000	36 000	450 000
物料消耗	36 000	2 500	3 600	48 000
办公费	110 000	8 000	9 500	114 000
差旅费	40 000	3 000	3 000	37 000
会议费	60 000	6 000	4 000	48 000
中介机构费	50 000	4 000	4 000	50 000
业务招待费	40 000	3 000	5 000	60 000
研究费	120 000	8 000	12 000	125 000
修理费	80 000	6 500	6 000	78 000
折旧费	45 000	4 000	4 000	44 000
低值易耗品摊销	24 000	2 100	1 800	23 000
专利转让费	36 000	2 800	3 000	36 000
其他	45 000	4 000	3 600	44 000
合计	1 106 000	85 900	95 500	1 157 000

　　此表按管理费用项目分别反映各项费用的本年计划数、上年同期实际数、本月实际数和本年累计实际数。其中，本年计划数应根据公司（总厂）或企业行政管理部门的管理费用计划填列；上年同期实际数应根据上年同期管理费用明细表的本月实际数填列；本月实际数应根据管理费用明细账的本月合计数填列；本年累计实际数应根据管理费用明细账的本月末的累计数计算填列。

4. 财务费用明细表的结构和编制方法

 例 10-7

　　某企业 20××年 12 月份财务费用明细表的格式如表 10-7 所示。

表 10-7　　　　　　　　　财务费用明细表

20××年 12 月　　　　　　　　　　　　　单位：元

项目	本年计划数	上年同期实际数	本月实际数	本年累计实际数
利息支出（减利息收入）	17 000	1 500	1 300	16 500
汇兑损失（减汇兑收益）	6 000	600	700	7 745
金融机构手续费	1 000	100	200	1 200
其他筹资费用	1 200	120	110	1 300
合计	25 200	2 320	2 310	26 745

　　此表按财务费用项目分别反映各项费用的本年计划数、上年同期实际数、本月实际数和本年累计实际数。其中，本年计划数应根据本年财务费用计划填列；

上年同期实际数应根据上年同期财务费用明细表的本月实际数填列；本月实际数应根据财务费用明细账的本月合计数填列；本年累计实际数应根据财务费用明细账本月末的累计数计算填列。

10.2.5 质量成本报表与环境成本报表

1. 质量成本报表

质量成本报表属于特殊目的专项成本报表，是根据企业质量管理的需要，按照企业实际发生的各种质量成本项目进行分类汇总和归集，以综合反映企业在一定时期内关于质量成本执行和控制情况的报表。质量成本报表应该由会计部门会同质量管理部门共同编制。

质量成本报表包括两类：第一类汇总反映全厂质量成本的实际发生数；第二类分别反映各部门的质量成本发生数及其与计划数的差额。

例 10-8

某企业 20××年 12 月份质量成本汇总表的格式如表 10-8 所示。

表 10-8

质量成本汇总表

20××年 12 月

单位：元

成本项目	明细项目	质量成本							合计
		一车间	二车间	三车间	质量科	检验科	销售科	其他	
预防成本	1. 设计工程费				1 000				1 000
	2. 流程改进费				200				200
	3. 培训费				400				400
	4. 审计费								
	5. 评估费						100		100
	6. 维修费								
	7. 其他								
	小计				1 600		100		1 700
鉴定成本	1. 验收费	10 000		2 000					12 000
	2. 包装检验费		5 000						5 000
	3. 设备检测费					1 500		2 000	3 500
	4. 外部鉴定费					5 000			5 000
	5. 其他								
	小计	10 000	5 000	2 000		6 500		2 000	25 500
内部失败成本	1. 废品损失	10 000	21 000	12 000					43 000
	2. 返工费用	2 000	1 000	2 000					5 000
	3. 停工检验费				2 000				2 000
	4. 重新测试费								
	5. 设备变更费					5 000			5 000
	6. 其他							100	100
	小计	12 000	22 000	14 000	2 000	5 000		100	55 100

续前表

| 成本项目 | 明细项目 | 质量成本 | | | | | | | 合计 |
		一车间	二车间	三车间	质量科	检验科	销售科	其他	
外部失败成本	1. 退货损失	2 000	4 000	500					6 500
	2. 折价损失								
	3. 保修损失								
	4. 赔偿损失						10 000		10 000
	5. 其他						500		500
	小计	2 000	4 000	500			10 500		17 000
质量成本合计		24 000	31 000	16 500	3 600	11 500	10 600	2 100	99 300
本期产品生产总成本		190 000	200 000	50 000	5 000	17 000	60 000	7 000	529 000
质量成本率（%）		12.63	15.5	33	72	67.65	17.67	30	18.77

　　此表按部门分别反映各项质量成本项目的实际发生数。该数据根据质量成本明细账进行归类汇总。质量管理各网点的核算人员应负责收集原始资料，进行登记、汇总，最后提供给会计部门编制凭证、登记账簿并编制质量成本汇总表。通过将预防成本、鉴定成本、内部失败成本和外部失败成本等四类成本项目进行汇总，便得到质量成本合计数。表中的本期产品生产总成本来源于生产成本明细账。质量成本率＝质量成本合计/本期产品生产总成本。质量成本率越高，表明企业的质量成本管理与控制水平越差。

 例 10 - 9

　　某企业 20××年 12 月份部门质量成本报表的格式如表 10 - 9 所示。

表 10 - 9　　　　　　　　　　　部门质量成本报表

编报单位：一车间　　　　　　　　　　20××年 12 月　　　　　　　　　　单位：元

| 成本项目 | 明细项目 | 计划数 | | 实际数 | | 差异 | | 差异原因 |
		金额	占比(%)	金额	占比(%)	金额	占比(%)	
预防成本	1. 设计工程费							
	2. 流程改进费							
	3. 培训费							
	4. 审计费							
	5. 评估费							
	6. 维修费							
	7. 其他							
	小计							
鉴定成本	1. 验收费	9 000		10 000		1 000		
	2. 包装检验费							
	3. 设备检测费							
	4. 外部鉴定费							
	5. 其他							
	小计	9 000	41.86	10 000	41.67	1 000	40	

续前表

成本项目	明细项目	计划数		实际数		差异		差异原因
		金额	占比（%）	金额	占比（%）	金额	占比（%）	
内部失败成本	1. 废品损失	8 000		10 000		2 000		
	2. 返工费用	3 000		2 000		−1 000		
	3. 停工检验费							
	4. 重新测试费							
	5. 设备变更费							
	6. 其他							
	小计	11 000	51.16	12 000	50	1 000	40	
外部失败成本	1. 退货损失	1 500		2 000		500		
	2. 折价损失							
	3. 保修损失							
	4. 赔偿损失							
	5. 其他							
	小计	1 500	6.98	2 000	8.33	500	20	
合计		21 500	100	24 000	100	2 500	100	

此表用于反映各部门的质量成本计划数、实际发生数、计划数与实际发生数之差，以及差异产生原因等情况。表中质量成本的计划数应根据计划年度企业制定的质量成本计划数逐项填列；实际数根据质量成本明细账进行归类填列；差异数应根据质量成本实际数与计划数逐项计算填列。差异栏中用金额表示的差异等于实际数减去计划数，负数表示节约，正数表示超支。占比数为各类成本项目占总质量成本之比。

2. 环境成本报表

环境成本报表也属于特殊目的专项成本报表，是根据企业环境成本管理的需要，按照企业实际发生的各种环境成本项目进行分类汇总和归集，以综合反映企业在一定时期内关于环境成本管理和控制情况的报表。

环境成本报表一般可以按照环境成本项目进行编制，用以分类反映各种环境成本项目的发生数，便于企业据此进行环境成本分析和管理。

 例 10-10

某企业 20××年 12 月份环境成本汇总表的格式如表 10-10 所示。

表 10-10　　　　　　　　　　环境成本汇总表
20××年 12 月　　　　　　　　　　　　　　单位：元

成本项目	明细项目	环境成本
环境保护成本	1. 培训费	10 000
	2. 产品设计费	5 000
	3. 设备挑选费	2 000
	4. 环境评估费	4 000
	5. 其他	100
	小计	21 100

续前表

成本项目	明细项目	环境成本
环境检测成本	1. 检查费	1 000
	2. 指标制定费	1 200
	3. 污染程度检测费	5 000
	4. 其他	800
	小计	8 000
内部失败成本	1. 污染控制设备操作费	10 000
	2. 污染控制设备维护费	5 000
	3. 废料回收费	2 000
	4. 其他	1 000
	小计	18 000
外部失败成本	1. 湖泊清理费	20 000
	2. 土地恢复治理费	10 000
	3. 赔偿损失	2 000
	4. 其他	2 000
	小计	34 000
环境成本合计		81 100
本期产品生产总成本		529 000
环境成本率（%）		15.33

　　上表按各项质量成本项目归集实际发生数。环境成本的实际发生数一般来源于原始记录和原始凭证，如环境培训费用支出单、环境污染赔偿支付单及各种台账的统计数据。通过将环境保护成本、环境检测成本、内部失败成本和外部失败成本等四类成本项目进行汇总，便得到环境成本合计数。表中的本期产品生产总成本来源于生产成本明细账。环境成本率＝环境成本合计/本期产品生产总成本。环境成本率越高，表明企业的环境成本越高。需要说明的是，此表还提供了环境成本结构的信息，企业可以根据各类环境成本的相对比重，进行有针对性的环境成本管理。

10.3 成本分析

10.3.1 成本分析的一般程序和方法

1. 成本分析的一般程序

成本分析的一般程序可以概括为以下几个步骤：

（1）明确分析的目标、要求和范围，以及需要解决的问题，在此基础上，制定科学的分析计划，周密地进行工作安排，以提高成本分析工作的效率和工作质量。

（2）广泛收集与成本分析相关的各方面的资料，并认真进行审核、整理和筛选，去粗取精，去伪存真；同时还要深入实际进行调查研究，掌握实际工作中的具体情况。这是科学地进行成本分析，得出正确结论的前提条件。

（3）从总体分析入手，深入进行项目分析，确定各种差异，并查明形成差异的影响因素及其影响程度，以及应该重点解决的问题，为进一步分析指明方向。

（4）结合企业的内外部的实际，相互联系地研究生产技术、生产组织和经营管理等方面的情况，查明各因素变动的具体原因，以便采取有效的措施，解决问题。

（5）以全面、发展的观点对企业的成本管理工作进行评价。

（6）在上述各方面、各层次成本分析和全面、客观评价企业成本管理工作的基础上，编写成本分析报告。

2. 成本报表的数量分析方法

在实践中，成本分析的方法很多，常用的有以下几种：

（1）比较分析法。比较分析法是指通过指标对比，从数量上确定差异的一种分析方法。其主要作用在于揭示客观存在的差距，为进一步分析指明方向。比较分析的基数由于分析目的不同而有所不同。实际工作中通常有以下几种形式：

1）以成本的实际指标与成本的计划或定额指标对比，分析成本计划或定额的完成情况。

2）以本期实际成本指标与前期（上期、上年同期或历史最好水平）的实际成本指标对比，观察企业成本指标的变动情况和变动趋势，了解企业生产经营工作的改进情况。

3）以本企业实际成本指标（或某项技术经济指标）与国内外同行业先进指标对比，可以在更大的范围内找出差距，推动企业改进经营管理。

比较分析法只适用于同质指标的数量对比，应用此法时要注意指标的可比性。为了使对比的指标具有可比性，可以将对比的指标作必要的调整换算。如对比费用指标，可以先将随产量变动而变化的费用计划指标按产量增减幅度进行调整，然后再同实际进行对比。与以前各期资料对比，可以都按不变价格（即按规定的某年价格）换算，或按物价、收费率等变动情况调整某些指标。但也要防止将指标的可比性绝对化。

比较分析法是经济分析中广泛应用的一种分析方法。对比的范围越广泛，就越能发现差距，越有利于企业挖掘潜力，学习和推广先进经验。

（2）比率分析法。比率分析法是指通过计算和对比经济指标的比率进行数量分析的一种方法。采用这一方法，先要把对比的数值变成相对数，求出比率，然后再进行对比分析。具体形式有以下几种：

1）相关指标比率分析。将两个性质不同但又相关的指标对比求出比率，然后再以实际数与计划（或前期实际）数进行对比分析，以便从经济活动的客观联系中，更深入地认识企业的生产经营状况。例如，将成本指标与反映生产、销售等生产经营成果的产值、销售收入、利润指标对比求出的产值成本率和成本费用利润率指标，可据以分析和比较生产耗费的经济效益。

2）构成比率分析。构成比率，是指某项经济指标的各个组成部分占总体的比重。例如，将构成产品成本的各个成本项目同产品成本总额相比，计算其占成本的比重，确定成本的构成比率；然后将不同时期的成本构成比率相比较，通过观察产品成本构成的变动，掌握经济活动情况，了解企业改进生产技术和经营管理对产品成本的影响。

3）动态比率分析。动态比率分析或称趋势分析，是将不同时期同类指标的数值对比求出比率，进行动态比较，据以分析该项指标的增减速度和变动趋势，从中发现企业在生产经营方面的成绩或不足。由于对比的标准不同，它又可分为基期指数和环比指数两种，其计算公式如下：

$$基期指数 = \frac{分析期指标数额}{固定期指标数额}$$

$$环比指数 = \frac{分析期指标数额}{前一期指标数额}$$

 例 10 − 11

假定某企业甲产品某年四个季度实际单位成本分别为 90 元、92 元、95 元、94 元。

如果以第一季度为基期，以该季度单位成本 90 元为基数，可以计算其他各季度甲产品单位成本与之相比的定基比率如下：

$$第二季度：\frac{92}{90} \times 100\% = 102\%$$

$$第三季度：\frac{95}{90} \times 100\% = 106\%$$

$$第四季度：\frac{94}{90} \times 100\% = 104\%$$

通过以上计算可以看出，甲产品单位成本第二季度、第三季度比第一季度有上升的趋势，但第四季度又有所下降。

如果分别以上季度为基期，可以计算各季度环比比率如下：

$$第二季度比第一季度：\frac{92}{90} \times 100\% = 102\%$$

$$第三季度比第二季度：\frac{95}{92} \times 100\% = 103\%$$

$$第四季度比第三季度：\frac{94}{95} \times 100\% = 99\%$$

通过以上计算可以看出，甲产品的单位成本变动趋势呈倒马鞍形，第二季度、第三季度呈上升趋势，第四季度又有所下降。

（3）连环替代法。连环替代法是用来计算几个相互联系的因素对综合经济指标变动影响程度的一种分析方法。

连环替代法的计算程序是：

（1）根据指标的计算公式确定影响指标变动的各个因素。

（2）按照一定的原则排列各影响因素的替换顺序。

（3）按照排定的因素替换顺序和各因素的基数（如计划数、定额数等）计算指标的基数。

（4）逐次以各要素的实际数替换其基数，每次替换后实际数就被保留下来；将每次替换后的计算结果与前一次替换后的计算结果进行对比，就可以顺序计算出各因素的影响程度。有几个因素就替换几次。

（5）将各因素影响程度的代数和与指标变动的差异总额（分析对象）核对相符。

在采用连环替代法计算确定各因素对综合经济指标变动的影响程度时，因素的替换顺序不同，同一因素对指标变动的影响程度就不同。因此，因素的替换顺序是一个非常重要的问题。确定各因素排列顺序的一般原则是：如果既有数量因素又有质量因素，应先查明数量因素变动的影响，后查明质量因素变动的影响；如果既有实物量因素又有价值量因素，先查明实物量因素变动的影响，后查明价值量因素变动的影响。如果有几个数量因素和几个质量因素，还应区分主要因素和次要因素，先查明主要因素变动的影响，后查明次要因素变动的影响。

下面以材料费用总额变动分析为例，说明这一分析方法的特点。

影响材料费用总额的因素很多，按其相互关系可归纳为三个：产品产量、单位产品材料消耗量和材料单价。按照各因素的相互依存关系，列成计算公式如下：

$$\frac{\text{材料费用}}{\text{总额}}=\frac{\text{产品}}{\text{产量}}\times\frac{\text{单位产品}}{\text{材料消耗量}}\times\frac{\text{材料}}{\text{单价}}$$

 例 10 - 12

某企业影响材料费用总额的各项指标的计划数和实际数资料如表 10 - 11 所示。

表 10 - 11

指标	单位	计划数	实际数	差异
产品产量	件	30	32	+2
单位产品材料消耗量	千克	20	19	-1
材料单价	元	15	17	+2
材料费用总额	元	9 000	10 336	+1 336

本例中材料费用总额计算如下：

①以计划数为基数　　　　　　　　　　　　　　$30\times20\times15=9\,000$（元）

②第一次替换　　　　　　　　　　　　　　　　$32\times20\times15=9\,600$（元）

②-①产量变动影响　　　　　　　　　　　　+600 元

③第二次替换　　　　　　　　　　　　　　　　$32\times19\times15=9\,120$（元）

③-②单位产品材料消耗量变动影响　　　　　　-480 元

④第三次替换   32×19×17＝10 336(元)

---

④－③材料单价变动影响   ＋1 216 元

合　计   ＋1 336 元

最后，通过计算可以看出，虽然单位产品材料消耗量降低使材料费用节约480 元，但由于产量增加，特别是材料单价的提高，使材料费用增加 1 336 元。进一步分析应查明材料消耗节约和材料价格提高的原因，然后才能对企业材料费用总额变动情况做出评价。

（4）差额计算法。差额计算法是连环替代法的一种简化形式。运用这一方法时，先要确定各因素实际数与计划数之间的差异，然后按照各因素的排列顺序，依次求出各因素变动的影响程度。可见，这一方法的应用原理与连环替代法一样，只是计算程序不同。仍用例 10 - 12（表 10 - 11）的数据资料，以差额计算法测定各因素影响程度如下：

1）分析对象：

       10 336－9 000＝＋1 336(元)

2）各因素影响程度：

       产量变动影响＝(＋2)×20×15＝＋600(元)

       单位产品材料消耗量变动影响＝32×(－1)×15＝－480(元)

       材料单价变动影响＝32×19×(＋2)＝＋1 216(元)

       合计   ＋1 336 元

差额计算法计算简便，应用比较广泛，特别是在影响因素只有两个时更为适用。

以上所述只是常用的几种数量分析方法。此外，还可以根据分析的目的和要求，采用分组法、指数法、图表法等其他数量分析方法。

需要指出的是，不论采用什么分析方法，都只能为进一步调查研究指明方向，而不能代替调查研究。要确定导致成本管理工作好坏的具体原因，并据以提出切实有效的建议和措施来改进工作，还必须在采用上述分析方法进行分析的基础上，深入实际调查研究。

10.3.2　全部商品产品成本计划完成情况分析

1. 按产品种类分析全部商品产品成本计划完成情况

按产品种类分析全部商品产品成本计划的完成情况，既要从总体出发，分析全部商品产品成本计划完成的总括情况，也要分析每种产品成本计划的完成情况，通过分析既可以对全部商品产品成本计划的完成情况有总括了解，也为进一步分析指明方向和重点。

例 10 - 13

根据表 10 - 1 的资料编制产品成本计划完成情况分析表，如表 10 - 12 所示。

表 10 - 12　　　　　　　　　本年累计全部产品成本计划完成情况分析表　　　　　　　单位：元

产品名称	计划总成本	实际总成本	实际比计划升降额	实际比计划升降率（%）
1. 可比产品	209 600	196 800	−12 800	−6.11
其中：甲	33 600	32 800	−800	−2.38
乙	176 000	164 000	−12 000	−6.82
2. 不可比产品	31 200	33 600	+2 400	+7.69
其中：丙	11 200	12 600	+1 400	+1.25
丁	20 000	21 000	+1 000	+5
合计	240 800	230 400	−10 400	−4.32

表 10 - 12 中的数据计算如下：

$$\begin{aligned}\text{本年累计全部产品成本实际比计划升降额}&=\text{实际总成本}-\text{计划总成本}\\&=230\,400-240\,800\\&=-10\,400（元）\end{aligned}$$

$$\begin{aligned}\text{本年累计全部产品成本计划完成率}&=\frac{\sum\left(\begin{array}{c}\text{各种产品}\\\text{实际单位成本}\end{array}\times\begin{array}{c}\text{实际}\\\text{产量}\end{array}\right)}{\sum\left(\begin{array}{c}\text{各种产品}\\\text{计划单位成本}\end{array}\times\begin{array}{c}\text{实际}\\\text{产量}\end{array}\right)}\times100\%\\&=\frac{230\,400}{240\,800}\times100\%=95.68\%\end{aligned}$$

$$\text{成本升降率}=95.68\%-100\%=-4.32\%$$

上述计算表明，本年全部产品累计实际总成本低于计划总成本 10 400 元，降低 4.32%。其中，可比产品成本实际比计划节约 12 800 元，主要是乙产品成本节约 12 000 元，甲产品成本节约 800 元；不可比产品成本实际比计划超支 2 400 元，丙、丁产品成本都超支了。值得注意的是，从表 10 - 1 可知，本月（12 月）全部产品总成本实际比计划降低了 310 元（15 250 − 15 560），降低 1.99%，主要是乙产品和丁产品成本下降所致。

2. 按成本项目分析全部商品产品成本计划完成情况

按成本项目对全部商品产品成本计划完成情况进行分析，可根据前述的全部产品生产成本表（按成本项目反映）所提供的资料以及其他有关计划、核算资料，采用比较分析法、比率分析法等方法进行。

例 10 - 2 的全部产品生产成本表（按成本项目反映）是 12 月份编制的，因而其本年累计实际数和本年计划数都是整个年度的生产费用和产品成本。分析时可采用比较分析法，将产品成本合计数、生产费用合计数及其各个成本项目费用的本年累计实际数与本年计划数进行对比分析，揭示差异，以便为进一步分析指明方向。

表 10-2 中的产品成本合计数中，本年累计实际数低于本年计划数，实际低了计划 49 089 元（230 400－279 489）。成本降低的原因是多方面的：可能是由于产品单位成本的下降；也可能是由于产品产量和产品品种构成的变动，因为各种产品单位成本降低、升高的幅度不同。进一步分析应结合有关的明细资料查明影响产品总成本变动的主要因素和因素变动的主要原因，对产品总成本的降低是否合理做出评价。

就表 10-2 中的生产费用合计数来看，本年累计实际数低于本年计划数 53 809 元（223 220－277 029），与上述产品总成本情况基本相同。当然也可能不一致，因为其中尚有期初、期末在产品和自制半成品余额的变动影响。

就表 10-2 中各个成本项目来看，直接材料、直接人工和制造费用的本年累计实际数与本年计划数相比，升降的情况和升降的幅度各不相同。分析时不能仅停留在指标数额的对比上，还应进一步查明影响指标变动的因素和原因。但由于影响各成本项目变动的因素和原因很多，因而分析的难度大，工作量也大。如果表中列有本月计划数，还可以进行本月实际数与计划数的对比分析。

对于各成本项目的费用，还可计算构成比率，并在本年累计实际数、本月实际数和本年计划数之间进行对比分析。表 10-2 中各项指标计算如下：

（1）本年计划数构成比率。

$$直接材料费用比率=\frac{122\,000}{277\,029}\times100\%=44\%$$

$$直接人工费用比率=\frac{63\,158}{277\,029}\times100\%=23\%$$

$$制造费用比率=\frac{918\,71}{277\,029}\times100\%=33\%$$

（2）本月实际数构成比率。

$$直接材料费用比率=\frac{9\,490}{20\,149}\times100\%=47\%$$

$$直接人工费用比率=\frac{4\,036}{20\,149}\times100\%=20\%$$

$$制造费用比率=\frac{6\,623}{20\,149}\times100\%=33\%$$

（3）本年累计实际数构成比率。

$$直接材料费用比率=\frac{108\,990}{223\,220}\times100\%=49\%$$

$$直接人工费用比率=\frac{41\,110}{223\,220}\times100\%=18\%$$

$$制造费用比率=\frac{73\,120}{223\,220}\times100\%=33\%$$

以本年累计实际数与本年计划数相比，生产费用中直接材料费用比率有所升高，直接人工费用的比率有所降低，而制造费用持平；以本年累计实际数与本月实际数相比，直接材料费用比率有所上升，直接人工费用比率有所下降，而制造费用比率持平。通过指标对比，只能了解指标变动的一般情况，由于各项指标变动受多种因素影响，因此分析时，还应结合调查了解的情况和明细核算资料进一步查明原因，以便对其变动的合理性做出判断。

10.3.3　可比产品成本降低计划完成情况分析

要进行可比产品成本降低计划完成情况分析，就必须取得可比产品成本降低计划指标和计划完成情况的资料。前者反映在企业的成本计划之中，后者可以从前述的产品生产成本表（按产品种类反映）中取得。

 例 10-14

假定例 10-1 中企业本年可比产品成本降低计划表如表 10-13 所示。

表 10-13　　　　　　　　　　可比产品成本降低计划表　　　　　　　　　　单位：元

可比产品	全年计划产量（件）	单位成本		总成本		计划降低指标	
		上年实际平均	本年计划	按上年实际平均单位成本计算	按本年计划单位成本计算	降低额	降低率（%）
甲	300	86	84	25 800	25 200	600	2.325 6
乙	100	800	880	80 000	88 000	-8 000	-10
合计				105 800	113 200	-7 400	-6.994 3

$$\begin{array}{l}可比产品成本\\计划降低额\end{array}=105\,800-113\,200=-7\,400(元)$$

$$\begin{array}{l}可比产品成本\\计划降低率\end{array}=\frac{-7\,400}{105\,800}\times100\%=-6.994\,3\%$$

可比产品成本降低计划的完成情况，详见根据表 10-1 编制的可比产品成本降低计划完成情况分析表，如表 10-14 所示。

表 10-14　　　　　　可比产品成本降低计划完成情况分析表　　　　　　单位：元

可比产品	总成本		计划完成情况	
	按上年实际平均单位成本计算	本期实际	降低额	降低率（%）
甲	34 400	32 800	1 600	4.651 2
乙	160 000	164 000	-4 000	-2.057 6
合计	194 400	196 800	-2 400	-1.234 6

在取得以上资料的基础上，就可以按照下面的步骤来进行分析。

（1）分析可比产品成本降低计划的完成情况，首先应确定分析对象，即将可比产品成本实际降低额、降低率指标与计划降低额、降低率指标进行对比，确定实际脱离计划的差异。

计划降低额—7 400 元　　计划降低率—6.994 3%

实际降低额—2 400 元　　实际降低率—1.234 6%

实际脱离计划的差异：

降低额＝—2 400—（—7 400）＝5 000（元）

降低率＝—1.234 6%—（—6.994 3%）＝5.759 7%

从以上计算中可以看出，可比产品成本降低计划完成，实际比计划多降低5 000 元，或5.579 7%。

（2）确定影响可比产品成本降低计划完成情况的因素和各因素的影响程度。影响可比产品成本降低计划完成情况的因素，概括起来有三个：

一是产品产量。成本降低计划是根据计划产量制定的（本例中甲产品计划产量300 件，乙产品计划产量100 件），实际降低额和降低率都是根据实际产量计算的。因此，产量的增减必然会影响可比产品成本降低计划的完成情况。但是产量变动的影响有其特点：假定其他条件不变，即产品品种构成和产品单位成本不变，单纯产量变动只影响成本降低额，而不影响成本降低率。

 例 10 - 15

假定例 10 - 14 中本期产品实际产量比计划提高 20%，而产品品种构成和单位成本不变，即假定甲、乙产品的实际产量都比计划提高 20%，其成本降低额和降低率如表 10 - 15 所示。

表 10 - 15　　　　　　　　　**单纯产量变动影响计算表**　　　　　　　　　单位：元

可比产品	总成本		产量变动影响	
	按上年实际平均单位成本计算	按本年计划单位成本计算	降低额	降低率（%）
甲	25 800×120%＝30 960	25 200×120%＝30 240	720	2.325 6
乙	80 000×120%＝96 000	88 000×120%＝105 600	—9 600	—10
合计	126 960	135 840	—8 880	—6.994 3

表 10 - 15 中的计算表明，单纯产量变动使成本降低额由计划的—7 400 元增加到—8 880 元，而降低率不变，仍是—6.994 3%，与计划相同。反过来可以据此推算出单纯产量变动对成本降低额的影响，其计算公式如下：

$$\frac{\text{按上年实际平均单位}}{\text{成本计算的总成本}} \times \frac{\text{计　划}}{\text{降低率}} = \frac{\text{单纯产量变动下}}{\text{的成本降低额}}$$

根据表 10 - 15 中的数据资料，套用上述公式计算如下：

$$126\,960\times(-6.994\,3\%)=-8\,880(元)$$

二是产品品种构成。由于各种产品的成本降低程度不同，因而当产品品种构成发生变动时，就会使可比产品成本降低额和降低率升高或降低。在分析中之所以要单独计量产品品种构成变动影响，目的在于揭示企业取得降低产品成本真实成果的具体途径，从而对企业成本管理工作作出正确评价。

三是产品单位成本。可比产品成本计划降低额是本年度计划成本比上年度（或以前年度）实际成本的降低数，而实际降低额则是本年度实际成本比上年度（或以前年度）实际成本的降低数。因此，当本年度可比产品实际单位成本比计划单位成本降低或升高时，必然会引起成本降低额和降低率的变动。产品单位成本的降低意味着生产中活劳动和物化劳动消耗的节约。因此，分析时应特别注意这一因素的变动影响。

根据表 10-1 的资料，确定各因素变动的影响程度。按照连环替代法的计算程序，在确定各因素变动对成本降低计划完成情况的影响程度时，应以在计划产量、计划品种构成和计划单位成本情况下的成本降低计划为基础，然后用各个因素的实际数逐次替换计划数。

1）产品产量变动的影响。为了确定产量变动的影响程度，首先必须求得在实际产量、计划品种构成情况下，以本年计划单位成本计算的总成本与按上年实际平均单位成本计算的总成本相比较的成本降低额和成本降低率，然后再以此与计划降低额和计划降低率相比较。

例 10-15 中已说明，在其他因素不变的条件下，单纯产量变动只影响成本降低额，而不影响成本降低率。所以，在实际产量、计划品种构成、计划单位成本情况下的降低率与计划降低率相同，即为 -6.994 3%。也就是说，每生产按上年实际平均单位成本计算的产品 100 元，即可取得 -6.994 3 元的降低额。因此，以计划降低率乘以表 10-1 中按实际产量、上年实际平均单位成本计算的总成本，即可求得在实际产量、计划品种构成和计划单位成本下的成本降低额。其计算公式为：

$$194\,400\times(-6.994\,3\%)=-13\,596.92(元)$$

以上述计算求得的 -13 596.92 元和 -6.994 3% 与计划降低额 -7 400 元和计划降低率 -6.994 3% 相比较，即可求得由于产量变动对成本降低计划完成情况的影响程度。

降低额 = -13 596.92 - (-7 400) = -6 196.92(元)

降低率 = -6.994 3% - (-6.994 3%) = 0

2）产品品种构成变动的影响。为了确定产品品种构成变动的影响，必须求得在实际产量、实际品种构成情况下，以本年计划单位成本计算的总成本与按上年实际平均单位成本计算的总成本相比较的降低额和降低率。根据表 10-1 的资料计算如下：

$$降低额=194\,400-209\,600=-15\,200(元)$$

$$降低率=\frac{-15\,200}{194\,400}\times100\%=-7.818\,9\%$$

以上述计算结果与在实际产量、计划品种构成和计划单位成本情况下的降低额和降低率相比较，即可求得由于产品品种构成变动对成本降低计划完成情况的影响程度。

$$降低额=-15\,200-(-13\,596.92)=-1\,603.08(元)$$

$$降低率=-7.818\,9\%-(-6.994\,3\%)=-0.824\,6\%$$

3）产品单位成本变动的影响。为了确定产品单位成本变动的影响，必须求得在实际产量、实际品种构成情况下，以本期实际总成本与按上年实际平均单位成本计算的总成本相比较的降低额和降低率。根据表 10-1 的资料计算如下：

$$降低额=194\,400-196\,800=-2\,400(元)$$

$$降低率=\frac{-2\,400}{194\,400}\times100\%=-1.234\,6\%$$

以上述计算结果与在实际产量、实际品种构成和计划单位成本下的降低额和降低率相比较，即可求得由于产品单位成本变动对成本降低计划完成情况的影响程度。

$$降低额=-2\,400-(-15\,200)=12\,800(元)$$

$$降低率=-1.234\,6\%-(-7.818\,9\%)=6.584\,3\%$$

以上计算程序和计算结果如表 10-16 所示。

表 10-16

指标	降低额（元）	降低率（%）
①在计划产量、计划品种构成和计划单位成本情况下的成本降低数	-7 400	-6.994 3
②在实际产量、计划品种构成和计划单位成本情况下的成本降低数	$194\,400\times(-6.994\,3\%)$ $=-13\,596.92$	-6.994 3
②-①产量变动的影响	-6 196.92	0
③在实际产量、实际品种构成和计划单位成本情况下的成本降低数	$194\,400-209\,600$ $=-15\,200$	$\frac{-15\,200}{194\,400}\times100=-7.718\,9$
③-②产品品种构成变动的影响	-1 603.08	-0.824 6%
④在实际产量、实际品种构成和实际单位成本情况下的成本降低数	$194\,400-196\,800$ $=-2\,400$	$\frac{-2\,400}{194\,400}\times100=-1.234\,6$
④-③产品单位成本变动的影响	12 800	6.584 3
可比产品成本降低计划执行结果（各因素影响的代数和）	5 000	5.759 7

以上方法还可简化为：

根据表 10-1 产品生产成本表，可以先计算出由于产品单位成本变动使可比产品未（超额）完成成本降低额计划，多降低 12 800 元（209 600－196 800），约合降低率为 6.584 3%（12 800/194 400×100%）。

由于在其他因素不变的条件下，单纯产量变动只影响降低额，而不影响降低率，因而成本降低率比计划多降低 5.759 7%，只受产品品种构成和产品单位成本两个因素变动的影响。已知产品单位成本变动影响成本降低率多降低 6.584 3%，因此产品品种构成变动对成本降低率的影响应为：

$$5.759\,7\% - 6.584\,3\% = -0.824\,6\%$$

据此可求得产品品种构成变动对成本降低额的影响程度：

$$194\,400 \times (-0.824\,6\%) = -1\,603.02(元)$$

利用余额计算法，从实际脱离计划的总差异额中减去以上两个因素变动的影响数额，即可求得产品产量变动对成本降低额的影响程度：

$$5\,000 - 12\,800 - (-1\,603.02) = -6\,196.98(元)^*$$

（3）根据以上分析结果，可以对可比产品成本降低计划完成情况做出总括评价。总的来看，企业超额完成可比产品成本降低计划，实际比计划多降低 5 000 元，或为 5.759 7%。原因主要是产品单位成本降低，使成本多降低 12 800 元，约合降低率 6.584 3%。其中主要是甲、乙产品成本同时降低所致。值得注意的是，甲产品本月（12 月）实际单位成本虽然低于上年全年实际平均成本，却高于本年计划和本年累计实际平均成本；乙产品本月实际单位成本比上年实际平均和本年累计平均高，比本年计划进一步应结合单位成本分析查明原因。此外，产量增加使成本实际比计划少降低 6 196.92 元，品种构成变动使成本实际比计划少降低 1 603.08 元。对于这一变动原因需结合生产分析和销售分析查明原因。根据总评价提出的问题，在深入实际查明原因后，才能明确企业成本管理工作中的成绩和问题，从而对上述可比产品成本降低计划的完成情况做出确切评价和提出今后努力的方向。

10.3.4　主要产品单位成本分析

分析主要产品单位成本的意义，在于揭示各种产品单位成本及其各个成本项目的变动情况，尤其是各项消耗定额的执行情况；确定产品结构、工艺和操作方法的改变，以及有关技术经济指标变动对产品单位成本的影响，查明产品单位成本升降的具体原因。

分析主要产品单位成本表、成本计划和各项消耗定额资料，以及反映各项技

---

* 由于计算成本降低率指标的小数点后四位系四舍五入，因而倒求成本降低额时，计算结果与前面方法计算结果出现尾差。

术经济指标的业务技术资料等。分析的程序一般是先检查各种产品本月（或本季度、本年度等）实际单位成本与计划水平、与上年实际水平、与历史最好水平进行比较的升降情况；然后按成本项目分析其增减变动，查明造成单位成本升降的具体原因。为了在更大的范围内找差距、挖潜力，在可能的条件下，还可以组织厂际同类产品单位成本的对比分析。

根据前述的主要产品单位成本表（表 10 - 3）的有关数据，可编制 12 月份 A 产品单位成本分析表，如表 10 - 17 所示。

表 10 - 17　　　　　　　　　　　A 产品单位成本分析表
20××年 12 月　　　　　　　　　　　　　　单位：元

成本项目	历史最好水平	上年实际平均	本年计划	本年累计实际平均	本月实际	差异			
						比历史最好水平	比上年实际平均	比本年计划	比本年累计实际平均
直接材料	554	574	574	569	564	+10	−10	−10	−5
直接燃料和动力	37	52	48	53	40	+3	−12	−8	−13
直接人工	81	86	82	78	75	−6	−11	−7	−3
制造费用	140	142	140	150	145	+5	+3	+5	−5
产品单位成本	812	854	844	850	824	+12	−30	−20	−26

1. 主要产品单位成本变动情况分析

从表 10 - 17 可知，A 产品本月实际单位成本比本年计划、上年实际平均和本年累计实际平均都降低了，但比历史最好水平要高。从成本项目对比中可以看出，产品单位成本的降低主要是由于直接材料、直接燃料和动力、直接人工的节约，说明企业在降低 A 产品直接材料、直接燃料和动力消耗方面，在改进 A 产品的生产组织和劳动组织、提高劳动生产率方面均采取了措施，取得了成绩。但是，也要看到制造费用本月比较高，说明还存在薄弱环节。为了查明产品单位成本及其成本项目变动的原因，还应进一步对各个成本项目特别是重点项目，即变动影响大的项目做具体分析。

2. 主要成本项目分析

一定时期产品单位成本的高低，是与企业该时期的生产技术、生产组织的状况和经营管理水平，以及采取的技术组织措施效果相联系的。因此，紧密结合企业技术经济方面的资料，查明成本升降的具体原因，是进行产品单位成本各个成本项目分析的要点。

下面以直接材料、直接人工和制造费用几个主要成本项目为例，说明分析的一般方法。

（1）直接材料费用的分析。直接材料费用的变动主要受单位产品原材料消耗数量和原材料价格两个因素的变动影响。其变动影响可用差额计算法计算如下：

$$\genfrac{}{}{0pt}{}{\text{原材料消耗数量}}{\text{变动的影响}}=\left(\genfrac{}{}{0pt}{}{\text{实际单位}}{\text{耗用量}}-\genfrac{}{}{0pt}{}{\text{计划单位}}{\text{耗用量}}\right)\times\genfrac{}{}{0pt}{}{\text{原材料}}{\text{计划单价}}$$

$$\text{原材料价格} \atop \text{变动的影响} = \left(\text{原材料} \atop \text{实际单价} - \text{原材料} \atop \text{计划单价}\right) \times \text{单位产品原材料} \atop \text{实际耗用量}$$

 例 10 - 16

假定有关资料如表 10 - 18 所示。

表 10 - 18　　　　　　　　　　　乙产品直接材料费用分析表　　　　　　　　　　　金额单位：元

原材料名称	计量单位	耗用量		单价		直接材料费用		差异	
		计划	实际	计划	实际	计划	实际	数量	金额
A B	千克	22 34	20 32	14 9	14.2 9.5	308 306	284 304	−2 −2	−24 −2
合计						614	588		−26
减：废料回收价值	元					40	24		−16
合计						574	564		−10

乙产品直接材料费用实际比计划降低 26.5 元，其中：

第一，由于耗用量变动。

　　　A 材料　　　　　　　−2×14＝−28(元)
　　　B 材料　　　　　　　−2×9＝−18(元)
　　　合计　　　　　　　　　　　　　−46 元

第二，由于价格变动。

　　　A 材料　　　　　　(14.2−14)×20＝4(元)
　　　B 材料　　　　　　(9.5−9)×32＝16(元)
　　　合计　　　　　　　　　　　　　20 元

两因素变动共使乙产品直接材料费用降低 26 元（−46＋20）。

在上述两因素中，原材料价格变动多属外界因素，需结合市场供求和材料价格变动情况具体分析。这里重点分析原材料消耗数量的变动情况和变动原因。例 10 - 16 的计算表明，由于原材料消耗数量变动使乙产品单位产品直接材料费用降低 46 元。影响单位产品原材料消耗数量变动的原因很多，归纳起来主要有以下几点：

第一，产品或产品零部件结构的变化。在保证产品质量的前提下，改进产品设计，使产品结构合理、体积缩小、重量减轻，就能减少原材料消耗，降低直接材料费用。

由于改进产品设计，减轻产品重量对单位产品直接材料费用的影响可按下式计算：

$$\text{产品重量变动对} \atop \text{单位产品直接} \atop \text{材料费用的影响} = \left(1 - \text{变动后产品重量} \atop \text{变动前产品重量}\right) \times \text{变动前单位} \atop \text{产品直接} \atop \text{材料费用}$$

例 10 - 17

假定企业用钢材制造某种产品，产品原净重 30 千克，耗用钢材的成本为 1 000 元。改进产品设计后，产品结构更加合理，产品净重缩减为 27 千克。

这项措施使产品单位成本下降的金额为：

$$\left(1-\frac{27}{30}\right)\times1\ 000=100(元)$$

第二，原材料加工方法的改变。改进工艺和加工方法或采取合理的套裁下料措施，减少毛坯的切削余量和工艺损耗，提高原材料利用率，节约原材料消耗，从而降低产品成本。

原材料利用率是反映原材料有效利用程度的指标，其计算公式为：

$$原材料利用率=\frac{产品有效重量}{投入生产的原材料重量}\times100\%$$

原材料利用率变动对单位产品直接材料费用的影响，可按下列公式计算：

$$\begin{matrix}原材料利用率\\变动对单位产品\\直接材料费用的影响\end{matrix}=\left(1-\frac{变动前的原材料利用率}{变动后的原材料利用率}\right)\times\begin{matrix}变动前单位\\产品直接\\材料费用\end{matrix}$$

例 10 - 18

假定某种产品改进原材料加工方法前后的有关资料如表 10 - 19 所示。

表 10 - 19　　　　　原材料利用率分析表　　　　产量：50 件

项目	单位	改进前	改进后
原材料消耗总量	千克	12 500	11 800
原材料平均单价	元/千克	20	20
原材料总成本	元	250 000	236 000
加工后产品净重	千克	11 250	10 856
每件净重	千克	225	217.12
单位产品原材料成本	元	5 000	4 720

由表 10 - 19 可知，该产品单位直接材料成本降低 280 元（5 000 - 4 720），是由于产品重量减轻和原材料利用率提高两个因素引起的。现假定我们先计算分析原材料利用率提高对单位产品的直接原材料成本的影响，在此基础上，再分析产品重量减轻对单位产品直接材料成本的影响。有关计算分析如下：

1）原材料利用率提高对单位产品直接材料成本的影响：

$$改进前原材料利用率=\frac{11\ 250}{12\ 500}\times100\%=90\%$$

$$改进后原材料利用率=\frac{10\ 856}{11\ 800}\times100\%=92\%$$

$$\begin{matrix}原材料利用率变动\\对产品单位成本的影响\end{matrix}=\left(1-\frac{90\%}{92\%}\right)\times5\ 000=108.7(元)（降低）$$

2）产品重量减轻对单位产品直接材料成本的影响：

$$\begin{array}{l}产品重量减轻对单位\\产品直接材料成本的影响\end{array}=\left(1-\frac{217.12}{225}\right)\times(5\,000-108.7)$$

$$=171.3(元)（降低）$$

第三，材料质量的变化。实际耗用的原材料质量如高于计划规定，可能会提高产品质量，或者节约材料消耗，但材料费用会升高；反之，如果质量低于计划要求，价格虽低，但会增大材料消耗量，增加生产操作时间，或者降低产品质量。

第四，原材料代用或配料比例的变化。在保证产品质量的前提下，采用廉价的代用材料，选用经济合理的技术配方，就会节约原材料消耗或降低原材料费用。其计算方法如下：

$$\begin{array}{l}由于原材料\\代用而\\形成的节约\\（或超支）\end{array}=\left(\begin{array}{l}原使用的\ 该材料\\原材料\times的计划\\消耗量\quad单价\end{array}\right)-\left(\begin{array}{l}代用的\ 该材料\\原材料\times的计划\\消耗量\quad单价\end{array}\right)$$

$$\begin{array}{l}原材料配料比例\ 单位产品\\变动对单位产品=实际耗用\times\\直接材料费用的影响\ 配料总量\end{array}\left(\begin{array}{l}按实际\ 按计划\\配方计算的-配方计算的\\平均单价\ 平均单价\end{array}\right)$$

 例 10 - 19

假定生产某种产品所消耗的各种原材料的单价不变，原材料消耗总量也不变，只是各种材料的配料比例发生变化，其对产品单位成本的影响分析计算如表10 - 20所示。

表 10 - 20　　　　　　　　　　配料比例变动分析表

原材料名称	材料单价（元）	原配方		改进后配方	
		用量（千克）	金额（元）	用量（千克）	金额（元）
A	6	200	1 200	220	1 320
B	12	100	1 200	90	1 080
C	15	100	1 500	90	1 350
合计	—	400	3 900	400	3 750
平均单价			9.75		9.38

$$\begin{array}{l}配料比例变动\\对单位成本的影响\end{array}=400\times(9.38-9.75)=-148(元)（降低）$$

如果各种原材料配料比例的变动是在原材料单价和原材料消耗总量同时变化的情况下发生的，三个因素变动对产品单位成本影响的计算公式如下：

1）原材料消耗总量变动的影响。

$$\text{原材料消耗}_{\text{总量变动影响}} = \left(\text{实　际}_{\text{消耗总量}} - \text{计　划}_{\text{消耗总量}}\right) \times \text{计划配方的}_{\text{计划平均单价}}$$

2）配料比例变动的影响。

$$\text{配料比例}_{\text{变动影响}} = \text{实　际}_{\text{消耗总量}} \times \left(\text{实际配方的}_{\text{计划平均单价}} - \text{计划配方的}_{\text{计划平均单价}}\right)$$

上式中的实际配方的计划平均单价按下列公式计算：

$$\text{实际配方的}_{\text{计划平均单价}} = \frac{\sum(\text{原材料实际消耗量} \times \text{该材料计划单价})}{\text{实际消耗总量}}$$

3）原材料价格变动的影响。

$$\text{原材料价格}_{\text{变动影响}} = \text{实　际}_{\text{消耗总量}} \times \left(\text{实际配方的}_{\text{实际平均单价}} - \text{实际配方的}_{\text{计划平均单价}}\right)$$

第五，原材料综合利用。有些工业企业在利用原材料生产主产品的同时还生产副产品，开展原材料的综合利用。这样就可以将同样多的直接材料费用分配到更多品种和数量的产品，从而降低主产品的直接材料费用。具体计算可参阅第 7 章副产品成本的计算。

第六，生产中产生废料数量和废料回收利用情况的变化。

此外，生产工人的劳动态度、技术操作水平、机械设备性能以及材料节约奖励制度的实施等，都会影响原材料消耗数量的增减。

假定根据乙产品的有关业务技术报告资料得知，A，B 两种原材料耗用量的减少是由于改进了产品设计，简化了产品结构，重量变轻所致，显然这是企业工作的成绩，应予以充分肯定。

表 10 - 18 中，废料回收价值的减少使原材料费用升高 16 元。引起废料回收价值减少的原因可能有两个：一是加工中废料减少，因而废料回收价值减少了；二是加工中废料并未减少，但由于废料回收工作组织得不好而造成废料回收价值的减少。显然，只有前一种情况才能使单位产品直接材料费用降低。例 10 - 16 如属前一种情况，就应给予肯定。

（2）直接人工费用的分析。分析产品单位成本中的工资费用，必须按照不同的工资制度和直接人工费用计入成本的方法来进行。在计件工资制度下，计件单价不变，单位成本中的工资费用一般也不变，除非生产工艺或劳动组织方面有所改变，或者出现了问题。在计时工资制度下，如果企业生产多种产品，产品成本中的直接人工费用一般是按生产工时比例分配计入的。这时产品单位成本中直接费用的多少，取决于生产单位产品的工时消耗和每小时工资两个因素。生产单位产品消耗的工时越少，成本中分摊的工资费用也越少，而每小时工资的变动则受计时工资总额和生产工时总数的影响，其变动原因需从这两个因素的总体去查明。基于这种原因，分析单位成本中的工资费用，应结合生产技术、工艺和劳动组织等方面的情况，重点查明单位产品生产工时和每小时工资变动的原因。

通过表 10 - 17 可以看出，A 产品单位成本中的直接人工费用，本月实际数不仅低于本年计划数、上年实际平均数和本年累计实际平均数，而且低于历史最好水平，情况是好的。

 例10－20

　　假定乙产品每件所耗工时数和每小时工资的计划数和实际数如表10－21所示。

表10－21　　　　　　　　　乙产品直接人工费用分析表

项目	单位产品所耗工时	每小时工资（元）	单位产品成本中的直接人工费用（元）
本年计划	2	40	80
本月实际	1.5	60	90
直接人工费用差异	－0.5	＋20	＋10

　　将实际与计划对比，乙产品单位成本中直接人工费用本月实际数比本年计划数高10元。采用差额计算法分析各因素影响程度如下：

　　　　单位产品所耗工时变动影响＝－0.5×40＝－20（元）
　　　　每小时工资变动影响＝＋20×1.5＝＋30（元）
　　　　————————————————————————————
　　　　两因素影响程度合计　　　　　　　　　＋10元

　　以上分析计算表明，乙产品单位成本中直接人工费用超支10元，完全是每小时工资超支所致，而工时消耗有大幅度节约。单位产品所耗工时的节约，可能是由于改进了生产技术或工人提高了劳动熟练程度，从而提高了劳动生产率的结果；每小时工资的提高，由于它受计时工资总额和生产工时总数两个因素的变动影响，因而应结合这两个因素的分析查明原因。

　　（3）制造费用的分析。制造费用在生产两种以上产品的企业或车间是间接计入费用，与生产工人计时工资一样，一般是根据生产工时等分配标准分配计入产品成本的。因此产品单位成本中制造费用的分析与计时工资制度下的直接人工费用分析类似，先分析单位产品所耗工时和每小时制造费用两因素变动的影响，然后查明这两个因素变动的原因。

 例10－21

　　假定乙产品每件所耗工时数和每小时制造费用的计划数和实际数如表10－22所示。

表10－22　　　　　　　　　乙产品制造费用分析表

项目	单位产品所耗工时	每小时制造费用（元）	单位产品制造费用（元）
本年计划	2	70	140
本月实际	1.5	96.67	145
差异	－0.5	＋26.67	＋5

根据表 10-22 中的资料,采用差额计算法分析各因素影响程度如下:

$$单位产品所耗工时变动影响=-0.5\times70=-35(元)$$
$$每小时制造费用变动影响=26.67\times1.5=+40(元)$$

$$两因素影响程度合计\qquad\qquad\qquad +5\ 元$$

在进行上述产品成本计划完成情况的分析中,还要注意以下问题:

(1) 成本计划本身的正确性。计划如果不正确、不科学,就难以作为衡量的标准和考核的依据。尤其是不可比产品,因为过去没有正式生产过,缺乏完整、可靠的成本资料作为制定计划的依据。

(2) 成本核算资料的真实性。如果成本计划是正确的,而成本核算资料不真实,也难以正确评价企业成本计划的完成程度和生产耗费的经济效益。检查成本核算资料是否真实,关键是看生产费用的归集和分配是否严格遵守了规定的成本开支范围,是否正确划分了各个月份、各种产品以及完工产品与在产品之间的费用界限,有无乱计成本、少计成本等任意调剂成本的现象。

(3) 为了分清企业或车间在降低成本方面的主观努力和客观因素影响,划清经济责任,在评价企业成本工作时,应从实际成本中扣除客观因素和相关车间、部门工作的影响。

10.3.5　制造费用和各项期间费用的分析

对制造费用和各项期间费用的分析所采用的方法,主要是对比分析法和构成比率分析法。在采用对比分析法时,可以利用各种费用报表所提供的资料,逐项进行有关数据之间的比较,确定差异。例如,将各种费用报表中的本月实际数与上年同期实际数相比较,以揭示本月实际与上年同期实际之间的差异;将 12 月份的各种费用报表中的本年实际数与本年计划数进行比较,可以反映和考核本年计划的执行情况等。

在采用构成比率法进行分析时,可以计算某项费用占总费用的比率,在此基础,将实际数与计划数、上年同期数等进行比较,以揭示费用构成的变化,并从中发现可能存在的问题。

利用费用报表所提供资料进行上述的分析,可以找出应重点分析的项目和可能存在的问题,为进一步深入分析指明方向。在此基础上,再结合企业生产经营的实际情况,查明影响各项费用变动的因素及其影响程度,找出各项费用变动的具体原因。

下面以管理费用的年度分析为例,说明各项费用分析的一般方法。

例 10-22

根据前述的管理费用明细表的资料,可以编制管理费用分析表,如表 10-23 所示。

表 10 - 23　　　　　　　　　　　　管理费用分析表
20××年度　　　　　　　　　　　单位：元

项目	本年计划	本年实际	差异	差异率（%）
职工薪酬	420 000	450 000	＋30 000	＋7.14%
物料消耗	36 000	48 000	＋12 000	＋33.33%
办公费	110 000	114 000	＋4 000	＋3.64%
差旅费	40 000	37 000	−3 000	−7.5%
会议费	60 000	48 000	−12 000	−20%
中介机构费	50 000	50 000	—	—
业务招待费	40 000	60 000	＋20 000	＋50%
研究费	120 000	125 000	＋5 000	＋4.17%
修理费	80 000	78 000	−2 000	−2.5%
折旧费	45 000	44 000	−1 000	−2.22%
低值易耗品摊销	24 000	23 000	−1 000	−4.17%
技术转让费	36 000	36 000	—	—
其他	45 000	44 000	−1 000	−2.22%
合计	1 106 000	1 157 000	＋51 000	＋4.6%

通过管理费用分析表（见表 10 - 23）可以看出，本年度职工薪酬、物料消耗，尤其是业务招待费超支较多，应作为重点项目进一步深入分析。

需要指出的是，在分析各项费用项目的差异时，要注意不同项目支出的特点，不能简单地把一切超支都看成是不合理的、不利的；也不能简单地把一切节约都看成是合理的、有利的。在进行费用项目分析时，应注意以下几个问题：

（1）对于变动性费用应结合费用项目的成本的习性，联系业务量的变化，计算相对的节约或超支，然后再进行分析和评价。如销售费用中的包装费、运输费和装卸费等会随产品销售数量的增减而相应增减，对这些费用项目的分析和评价要与产品销售量的增减变动结合起来进行。

（2）对于防护性的费用项目，如制造费用中的修理费、劳动保护费、保险费等，由于它们的支出直接与机器设备正常运转、劳动条件的改善、安全生产等相关，显然不能简单地认为支出越少越好，而应当结合机器设备的运转情况、劳动保护工作的开展情况等，来分析和评价其支出的合理性。

（3）对于企业的发展性的费用项目，如管理费用中的职工教育经费、研究开发费等，由于它们的支出与企业的发展相关，实际上是对企业未来的投资，因此应根据企业的发展规划、支出所取得的效果等，来分析和评价支出的合理性。

（4）对于非生产性费用，如存货的盘亏和毁损，应查明其有无盘盈抵销数。因为存货盘盈的价值会冲减一部分盘亏和毁损的损失，而存货盘盈本身也是企业生产管理不良或者核算上差错造成的，不是工作成绩。

10.3.6　作业成本分析

新制造环境对传统的成本管理与控制方法形成巨大冲击，利用作业成本法原理对制造费用进行分析，将有利于企业进行科学决策。作业成本法的目的在于通过计算作业的成本，来确认作业是否缺乏效率以及是否存在浪费。采用作业成本分析方法，将使企业从简单地计算直接材料、直接人工及制造费用的成本差异转向作业分析，包括分析作业的增值性；分析和控制各项作业的效率和效益，而不是简单地分析和控制各项费用的节约或超支。这不仅大大拓宽了成本分析和控制的视野，也有效地丰富了成本控制的内容，显著增强了成本控制的有效性。可以说，按作业成本原理应用标准成本法，计算作业成本差异，可以避免传统成本方法的粗放型弊端。

以作业作为成本动因来分析成本，成本的性态会发生变化，这对制造费用分析将产生重要影响。通过引入作业成本理念，传统的按成本与产量之间的关系进行制造费用分析的模式将拓展为同时考虑总成本与产量、单位产品变动成本、作业量、单位作业成本以及固定成本之间关系的新型制造费用分析模式。可以将制造费用的性态模型做如下修正：

$$Y = V_1 \times X_1 + V_2 \times X_2 + F$$

式中，Y 为制造费用总额；V_1 为单位产量变动性制造费用；X_1 为产量；V_2 为单位作业变动成本；X_2 为作业量；F 为固定成本总额。

例 10 - 23

甲企业采用经营租赁方式租入机器设备一台进行生产，每年支付租金 20 000元。每生产一件产品需要消耗各种机物料 10 元，今年共生产 1 000 件产品。机器检修费用 2 000 元/次，今年共发生 20 次检修。

该设备年度制造费用为：

$$\text{设备使用费} = 20\,000 + 1\,000 \times 10 + 2\,000 \times 20$$
$$= 70\,000(\text{元})$$

制造费用性态模型的变化，将直接导致成本分析结果发生巨大变化，从而影响企业的决策过程和决策结果。下面以一个例子来说明这一问题。

例 10 - 24

甲公司拟生产一种新产品，据测算，该产品的单位售价为 20 元，每生产一件该产品需要耗费的变动成本为 10 元（包括：直接人工 6 元，直接材料 3 元，变动制造费用 1 元），总的固定成本为 100 000 元，目标利润为 20 000 元。计算实现该目标利润所需销售量。

（1）采用传统本—量—利分析方法。

$$\text{销售量} = (\text{目标利润} + \text{固定成本})/(\text{价格} - \text{单位变动成本})$$
$$= (20\,000 + 100\,000)/(20 - 10) = 12\,000(\text{件})$$

根据上述测算结果，要达到 20 000 元的目标利润，甲公司需要销售 12 000件产品，但是，市场调查结果表明目前尚无法达到这一销售量，最多只能卖出

10 000件产品。为此，公司决定通过降低生产成本的方法来实现目标利润。技术人员提出了一种需要更少人工费用的新设计方案。新设计方案使每件产品的直接人工成本降低了2元（从6元降为4元）。该设计不影响直接材料费用和变动制造费用。在这一新的设计方案下，单位变动成本变为8元。如果销售量为10 000件，预计利润将达到20 000元，其测算过程如下：

$$预计利润＝销售收入－变动成本－固定成本$$
$$＝10\,000×20－10\,000×8－100\,000＝20\,000（元）$$

但是，该公司按这一方案实施后，不仅没有达到预定的盈利目标，反而出现了亏损。原因何在？我们用作业成本法的本—量—利分析就能够找到答案。

（2）采用作业成本法本—量—利分析方法。

通过从作业角度进行分析，生产该产品的原设计方案，涉及的作业如表10-24所示。

表10-24　　　　　　　　　　　作业数据

成本动因	作业量（次数）	成本动因分配率（元/次）
调整次数	20	1 000
质量检查次数	1 000	30
固定成本（与作业量无关的成本）	50 000元	

根据前面所构建的作业成本法下的制造费用性态模型，初始设计方案下的总成本为：

$$总成本＝50\,000＋(10×产量)＋(1\,000×调整次数)＋(30×质量检查次数)$$

经作业分析发现，在新的设计方案下，虽然将单位变动成本由10元降低为8元，但需要更复杂的调整作业，假如需要将调整费用由1 000元/次增加到1 600元/次，同时需要增加50%的质量检查（从1 000次增加到1 500次）。新的成本方程如下：

$$总成本＝50\,000＋(8×产量)＋(1\,600×调整次数)＋(30×质量检查次数)$$

假设利润为0，保本销售量测算如下：

$$销售量＝[50\,000＋(1\,600×20)＋(30×1\,500)]/(20－8)$$
$$＝10\,583（件）$$

即在新的设计方案下，需要销售10 583件产品才能保本。如果按照销售10 000件测算，则会出现亏损，具体测算结果如表10-25所示。

表10-25　　　　　　　　　作业成本法测算结果　　　　　　　　　　　单位：元

项目	金额
销售收入（20×10 000）	200 000
减：产量基础变动成本（8×10 000）	－80 000

续前表

项目	金额
边际贡献	120 000
减：非产量基础变动成本	
调整次数（1 600×20）	−32 000
质量检查（30×1 500）	−45 000
可追溯边际贡献	43 000
减：固定成本	50 000
利润（亏损）	−7 000

为什么会出现这种情况呢？因为甲公司是从传统的成本计算公式来考虑问题，认为既然人工作业水平的变化不影响固定成本，在不影响材料或变动制造费用的情况下，任何人工成本的降低都将导致总成本降低，而没有注意到，新的设计方案会影响与作业相关的成本的增加。通过本例，我们可以清晰地看到，从作业成本法角度进行成本分析，更有利于公司进行科学决策。

根据制造费用与作业和作业量之间的关系，我们可以将制造费用划分为如下四种类型：（1）与作业时间相关的变动性制造费用。包括与人工作业时间相关的费用和与机器作业时间相关的费用。前者如照明费、劳动保护费、检验费等；后者如动力费、固定资产维护费等。由于这类作业的时间通常与产品产量相关，因而这类费用也与产品产量相关，可以称为与产量相关的变动费用。（2）与作业次数相关也与产量相关的变动性制造费用。如材料整备费。（3）与作业次数相关但与产量不相关的制造费用。如设计制图费、产品生产流程编制费等。（4）与作业量及产量均不相关的固定费用。如厂房及机器设备的折旧费、租赁费。这类费用也可以理解为与生产作业相关但与作业量关联度不大的费用，属于不随作业量变动而变动的固定费用。

我们可以根据上述制造费用性态模型，分析制造费用的实际发生数与预算数之间的差异以及产生这种差异的原因。下面具体从上述四种制造费用角度进行分析。

1. 与作业时间相关的变动性制造费用分析

这类变动性制造费用随作业时间（人工工时或机器工时）的变化而变化，受单位产品作业时间与单位时间费用率两个因素的影响，其差异分为消耗量差异（又称效率差异）和小时费用率差异（价格差异）两种：

$$\begin{aligned}
\text{消耗量差异} \atop \text{（效率差异）} &= \left(\text{实际作业} \atop \text{小　　时} - \text{标准作业} \atop \text{小　　时}\right) \times \text{标准小时} \atop \text{费 用 率} \\[2mm]
&= \text{实际} \atop \text{产量} \times \left(\text{单位产品实际} \atop \text{作业小时} - \text{单位产品标准} \atop \text{作业小时}\right) \times \text{标准小时} \atop \text{费 用 率}
\end{aligned}$$

$$\begin{aligned}
\text{小时费用率差异} \atop \text{（价格差异）} &= \text{实际作业} \atop \text{小　　时} \times \left(\text{实际小时} \atop \text{费 用 率} - \text{标准小时} \atop \text{费 用 率}\right) \\[2mm]
&= \text{实际} \atop \text{产量} \times \text{单位产品实际} \atop \text{作 业 小 时} \times \left(\text{实际小时} \atop \text{费 用 率} - \text{标准小时} \atop \text{费 用 率}\right)
\end{aligned}$$

例 10-25

　　甲企业为一家制药厂，在生产药品过程中需要对产品和设备进行消毒除菌。消毒除菌费用预算为 10 元/小时，实际发生的费用为 8 元/小时。本月实际耗用的生产工时为 300 小时，实际产量为 40 件。单位产品预算工时为 6 小时。

　　根据上述材料，制造费用差异分析如下：

$$消耗量差异 = (300 - 40 \times 6) \times 10$$
$$= 600（元）（超支差异）$$
$$小时费用率差异 = 300 \times (8 - 10)$$
$$= -600（元）（节约差异）$$

2. 与作业次数相关也与产量相关的变动性制造费用分析

$$\begin{pmatrix} 作业量差异 \\ （效率差异） \end{pmatrix} = \begin{pmatrix} 实际作业 \\ 次\ 数 \end{pmatrix} - \begin{pmatrix} 标准作业 \\ 次\ 数 \end{pmatrix} \times \begin{pmatrix} 每次作业 \\ 标准费用 \end{pmatrix}$$

$$\begin{pmatrix} 作业费用率差异 \\ （价格差异） \end{pmatrix} = \begin{pmatrix} 实际作业 \\ 次\ 数 \end{pmatrix} \times \begin{pmatrix} 每次作业 \\ 实际费用 \end{pmatrix} - \begin{pmatrix} 每次作业 \\ 标准费用 \end{pmatrix}$$

式中，标准作业次数由实际总产量和事先确定的每次作业应完成的产量标准确定，按实际总产量除以每次作业应完成的产量标准计算。

例 10-26

　　乙企业为一家造纸企业，该企业在造纸过程中需要对原材料进行搬运整理。据测算，搬运整理费用预算为 1 000 元/次，每次搬运整理的原材料量应能满足 20 件产品的材料需要。本月实际生产产品 80 件，实际进行材料搬运整理共 3 次，平均每次发生整理费用 400 元。

　　根据上述材料，制造费用差异分析如下：

$$标准整理次数 = 80 / 20 = 4（次）$$
$$作业量差异 = (3 - 4) \times 1\ 000$$
$$= -1\ 000（元）（节约差异）$$
$$作业费用率差异 = 3 \times (400 - 1\ 000)$$
$$= -1\ 800（元）（节约差异）$$

3. 与作业次数相关但与产量无关的制造费用分析

　　这类制造费用的分析公式也可按上式计算，但式中的标准作业次数完全由预算确定而不涉及产量因素。

例 10-27

　　丙企业是一家生物农药制造企业，新引进一台检测设备，用于检测各生产车间空气中的有毒物质含量。根据要求，每个车间每月的检测次数不超过 4 次。每次检测费用为 500 元。每月实际为 A 车间检测 6 次，每次实际检测费用 300 元。

根据上述材料，制造费用差异分析如下：

$$作业量差异 = (6-4) \times 500$$
$$= 1\,000(元)（超支差异）$$
$$作业费用率差异 = 6 \times (300-500)$$
$$= -1\,200(元)（节约差异）$$

4. 与作业量及产量均不相关的固定性制造费用分析

这类制造费用的特点是在正常生产能力范围内，费用额与作业量及产品产量都没有直接联系，例如，生产用固定资产的折旧费、生产管理人员工资等。该特点决定了对此类制造费用要从如下三个角度进行分析：

（1）预算差异。由于这类固定性制造费用与作业量及产量变动均不相关，预算差异可以揭示该项费用实际发生额与预算额之间的差异。

$$\begin{matrix}预算\\差异\end{matrix} = \begin{matrix}固定性制造费用\\实\ 际\ 发\ 生\ 额\end{matrix} - \begin{matrix}固定性制造费用\\预\quad算\quad额\end{matrix}$$

（2）生产能力利用差异。这种差异主要揭示在可供利用的生产能力中，未能利用的生产能力的成本。生产能力的利用程度说明了该项费用发挥效能的程度。

$$\begin{matrix}生产能力\\利用差异\end{matrix} = \left(1 - \frac{实际机器总工时}{正常生产能力下可供利用的机器总工时}\right) \times \begin{matrix}固定性制造\\费用预算额\end{matrix}$$

（3）生产效率差异。对于实际利用的生产能力来说，实际产量的高低取决于已实际利用的生产能力（用机器工时衡量）的生产效率。实际生产效率与预算的生产效率不同而形成的固定性制造费用分摊额的差异，即固定性制造费用效率差异。

$$\begin{matrix}生产效率\\差\quad异\end{matrix} = \left(\frac{实际机器总工时}{\begin{matrix}正常生产能力下可供\\利用的机器总工时\end{matrix}} - \frac{实际产量}{\begin{matrix}正常生产能力下\\可以生产的产量\end{matrix}}\right) \times \begin{matrix}固定性制造\\费用预算额\end{matrix}$$

 例 10 − 28

丁企业为一家生产性企业，预计正常生产能力条件下，需要机器总工时 40 000 小时，预计正常生产能力下的产量 1 000 件。10 月份实际机器总工时 30 000 小时，实际产量 500 件。本月设备折旧费、车间管理人员工资等固定性制造费用预算额为 20 000 元，实际发生额为 15 000 元。

根据上述材料，制造费用差异分析如下：

$$预算差异 = 15\,000 - 20\,000$$
$$= -5\,000(元)（节约差异）$$
$$生产能力利用差异 = \left(1 - \frac{30\,000}{40\,000}\right) \times 20\,000$$
$$= 5\,000(元)（超支差异）$$
$$生产效率差异 = (0.75 - 0.5) \times 20\,000$$
$$= 5\,000(元)（超支差异）$$

10.3.7 成本效益分析

在企业生产经营中，成本费用与企业的经济效益有着密切、直接的联系。节约劳动耗费，降低产品成本是提高企业经济效益的重要途径。因此，要全面评价企业的成本管理工作，就不能局限于成本费用指标的变动分析，还应将成本费用指标与反映企业经济效益方面的指标联系起来，从而全面地分析、评价企业劳动耗费的经济效益，即要进行成本效益分析。

反映企业成本效益的指标很多，其中最为常用的有产值成本率、主营业务成本费用率和成本费用利润率等指标，有些企业还会对一些特殊成本项目进行分析，例如，进行质量成本效益和环境成本效益分析。下面我们介绍这些指标的分析方法。

1. 产值成本率分析

产值成本率是企业全部商品产品生产成本与商品产值的比率，它也可以用每百元商品产值所消耗的生产成本来表示。其计算公式如下：

$$产值成本率 = \frac{全部商品产品生产成本}{商品产值} \times 100\%$$

或
$$产值成本率（元/百元） = \frac{全部商品产品生产成本}{商品产值} \times 100$$

产值成本率可以反映产品的劳动耗费与生产成本之间的关系；产值成本率越低，表明产品劳动耗费的经济效益越高，反之经济效益越低。

分析产值成本率，一般是先运用比较法，将本期实际数与计划数、上期实际数、上年实际平均数或同类企业实际数对比，检查其计划的完成程度，分析其发展变化趋势及其与同类企业的差距，并在此基础上进一步分析，应研究影响产值成本率变动的各个因素，确定各因素的影响程度。

影响产值成本率指标变动的因素，归纳起来主要有：

（1）产品品种构成的变动。

（2）产品单位成本的变动。

（3）在商品产值按现行价格计算时，还有价格变动的影响。

各因素影响程度的计算方法如下：

1）以计划（或上年实际）产值成本率指标为基础。

$$\frac{产\quad值}{成本率} = \frac{按计划产量、计划单位成本计算的总成本}{按计划产量、计划出厂价格计算的商品产值} \times 100 \tag{1}$$

2）按实际产品品种构成、计划单位成本、计划出厂价格计算的每百元商品产值的产值成本率。

$$\frac{产\quad值}{成本率} = \frac{按实际产量、计划单位成本计算的总成本}{按实际产量、计划出厂价格计算的商品产值} \times 100 \tag{2}$$

将式（2）与式（1）相比较，就可求得由于产品品种构成变动影响的数额。

3）按实际产品品种构成、实际单位成本、计划出厂价格计算的每百元商品产值的产值成本率。

$$\frac{产\quad值}{成本率}=\frac{按实际产量、实际单位成本计算的总成本}{按实际产量、计划出厂价格计算的商品产值}\times100 \tag{3}$$

将式（3）与式（2）相比较，就可求得由于产品单位成本变动影响的数额。

4）按实际产品品种构成、实际单位成本、实际出厂价格计算的每百元商品产值的产值成本率。

$$\frac{产\quad值}{成本率}=\frac{按实际产量、实际单位成本计算的总成本}{按实际产量、实际出厂价格计算的商品产值}\times100 \tag{4}$$

将式（4）与式（3）相比较，就可求得由于出厂价格变动影响的数额。

在上述各影响因素中，出厂价格的变动一般属于客观因素，而且如果采用不变价格，可以消除这个因素的影响。产品品种构成的变动，情况比较复杂，特别是在不同年度的动态分析中，应结合生产分析进行，以便准确评价这一因素变动的影响。在单位成本变动影响中，也要注意区分哪些是由于企业工作质量造成的，哪些是属于客观原因，如材料价格的变动等。

除了分析商品产品全部成本的产值成本率指标外，还可以根据实际需要分别计算和比较某一成本项目的产值成本率指标，如每百元商品产值直接材料费用，每百元商品产值人工费用，等等。

 例 10 - 29

某企业 20×× 年度生产和销售甲、乙两种产品。该年度这两种产品的产量、成本、价格及每百元产值成本的资料如表 10 - 26 所示。

表 10 - 26　　　　　　　　　　　　　　　　　　　　　金额单位：元

产品	产量（件）		单价		单位成本		产值		总成本		产值成本率（%）	
	计划	实际	计划	实际	计划	实际	计划	实际	计划	实际	计划	实际
甲	100	120	300	320	200	190	30 000	38 400	20 000	22 800	66.67	59.375
乙	200	190	400	390	300	280	80 000	74 100	60 000	53 200	75	71.8
合计	—	—	—	—	—	—	110 000	112 500	80 000	76 000	72.73	67.56

通过表 10 - 26 的资料，进行比较可知，该企业 20×× 年度的产值成本率完成了计划，即计划为 72.73%，实际为 67.56%，产值成本率实际较计划的差异为 -5.17%，且甲、乙两种产品均完成了计划。在总体分析的基础上，可进一步进行因素分析如下：

（1）计划产值成本率 $=\dfrac{80\,000}{110\,000}\times100\%=72.73\%$

（2）按实际产品品种结构、计划单位成本、计划出厂价格计算的产值成本率 $=\dfrac{200\times120+300\times190}{300\times120+400\times190}\times100\%=72.32\%$

产品品种结构变动的影响为：（2）-（1），即

322

$$72.32\% - 72.73\% = -0.41\%$$

(3) 按实际产品品种结构、实际单位成本、计划出厂价格计算的产值成本率 $= \dfrac{190 \times 120 + 280 \times 190}{300 \times 120 + 400 \times 190} \times 100\% = 67.86\%$

产品单位成本变动的影响为：(3)-(2)，即

$$67.86\% - 72.32\% = -4.47\%$$

(4) 按实际品种结构、实际单位成本、实际出厂价格计算的产值成本率 $= \dfrac{190 \times 120 + 280 \times 190}{320 \times 120 + 390 \times 190} \times 100\% = 67.56\%$

产品出厂价格变动的影响为：(4)-(3)，即

$$67.56\% - 67.86\% = -0.3\%$$

2. 主营业务成本费用率分析

主营业务成本费用率是本期的主营业务成本及期间费用等与主营业务收入的比率。它也可以用每百元主营业务收入所耗用的成本费用来表示。其计算公式如下：

$$主营业务成本费用率 = \frac{主营业务成本 + 期间费用}{主营业务收入} \times 100\%$$

或 $$主营业务成本费用率(元/百元) = \frac{主营业务成本 + 期间费用}{主营业务收入} \times 100$$

主营业务成本费用率指标反映主营业务收入耗用成本费用的水平，可以较为全面地反映企业生产经营过程中各种劳动耗费的经济效益。该指标越低，说明企业的经济效益越好。

 例 10 – 30

假定某企业生产和销售 A，B 两种产品，期初无库存商品，本期生产的产品全部售出。本期计划的期间费用为 43 750 元，实际期间费用为 58 080 元。本期的其他有关资料如表 10 - 27 所示。

表 10 - 27   金额单位：元

产品	销售量（件）		单价		单位成本		成本		收入	
	计划	实际	计划	实际	计划	实际	计划	实际	计划	实际
A	1 500	1 200	150	160	100	110	150 000	132 000	225 000	192 000
B	1 000	1 200	300	310	200	180	200 000	216 000	300 000	372 000
合计	—	—	—	—	—	—	350 000	348 000	525 000	564 000

根据以上资料，可计算出本期计划和实际的主营业务成本费用率分别为：

$$计划主营业务成本费用率 = \frac{350\,000 + 43\,750}{525\,000} \times 100\% = 75\%$$

$$实际主营业务成本费用率 = \frac{348\,000 + 58\,080}{564\,000} \times 100\% = 72\%$$

由以上计算结果可以看出，该企业本期实际的主营业务成本费用率比计划规定的低，完成了计划，其差异为−3％（72％−75％）。

为了进一步对主营业务成本费用率进行分析，可以将上述主营业务成本费用率的计算公式进行分解如下：

$$主营业务成本费用率 = \frac{主营业务成本 + 期间费用}{主营业务收入} \times 100\%$$

$$= \left(\frac{主营业务成本}{主营业务收入} + \frac{期间费用}{主营业务收入} \right) \times 100\%$$

$$= \frac{主营业务成本}{主营业务收入} \times 100\% + \frac{期间费用}{主营业务收入} \times 100\%$$

$$= 主营业务成本率 + 主营业务费用率$$

 例 10 - 31

根据例 10 - 30 的资料和上述公式，我们可以对主营业务成本费用率这一指标进行分解，如表 10 - 28 所示。

表 10 - 28

指标	计划	实际	差异
主营业务成本率	$\frac{350\,000}{525\,000} \times 100\% = 66.67\%$	$\frac{348\,000}{564\,000} \times 100\% = 61.7\%$	−4.97％
主营业务费用率	$\frac{43\,750}{525\,000} \times 100\% = 8.33\%$	$\frac{58\,080}{564\,000} \times 100\% = 10.3\%$	＋1.97％
主营业务成本费用率	$\frac{350\,000 + 43\,750}{525\,000} \times 100\% = 75\%$	$\frac{348\,000 + 58\,080}{564\,000} \times 100\% = 72\%$	−3％

在对主营业务成本费用率指标进行分解分析的基础上，可以对主营业务成本率指标和主营业务费用率指标分别进行进一步的分析。

影响主营业务成本率变动的因素与影响产值成本率指标的因素是类似的，主要有：销售产品的品种构成、产品单位成本以及销售单价。其分析方法与产值成本率的因素分析法相同。

各因素对主营业务成本率影响程度的计算方法如下：

（1）以计划（或上年实际）主营业务成本率为基础。

$$主营业务成本率 = \frac{按计划销售量、计划单位成本计算的总成本}{按计划销售量、计划价格计算的主营业务收入} \times 100\% \quad (1)$$

（2）按实际产品品种构成、计划单位成本、计划价格计算的主营业务成本率。

$$主营业务成本率 = \frac{按实际销售量、计划单位成本计算的总成本}{按实际销售量、计划价格计算的主营业务收入} \times 100\% \quad (2)$$

将式（2）与式（1）相比较，就可以求得产品品种构成变动影响的数额。

（3）按实际产品品种构成、实际单位成本、计划价格计算的主营业务成本率。

$$\frac{主营业务}{成\ 本\ 率}=\frac{按实际销售量、实际单位成本计算的总成本}{按实际销售量、计划价格计算的主营业务收入}\times100\%\quad\quad(3)$$

将式（3）与式（2）相比较，就可以求得产品单位成本变动影响的数额。

（4）按实际产品品种构成、实际单位成本、实际价格计算的主营业务成本率。

$$\frac{主营业务}{成\ 本\ 率}=\frac{按实际销售量、实际单位成本计算的总成本}{按实际销售量、实际价格计算的主营业务收入}\times100\%\quad\quad(4)$$

将式（4）与式（3）相比较，就可以求得价格变动影响的数额。

例 10 - 32

沿用例 10 - 29 和例 10 - 30 的资料，可对该企业本期主营业务成本率变动进行因素分析。

分析过程如下：

（1）计划主营业务成本率 $=\dfrac{100\times1\,500+200\times1\,000}{150\times1\,500+300\times1\,000}\times100\%=66.67\%$

（2）按实际产品品种构成、计划单位成本、计划价格计算的主营业务成本率 $=\dfrac{100\times1\,200+200\times1\,200}{150\times1\,200+300\times1\,200}\times100\%=66.67\%$

产品品种构成变动的影响为：（2）-（1），即

$66.67\%-66.67\%=0$

（3）按实际产品品种构成、实际单位成本、计划价格计算的主营业务成本率 $=\dfrac{110\times1\,200+180\times1\,200}{150\times1\,200+300\times1\,200}\times100\%=64.44\%$

产品单位成本变动的影响为：（3）-（2），即

$64.44\%-66.67\%=-2.23\%$

（4）按实际产品品种构成、实际单位成本、实际价格计算的主营业务成本率 $=\dfrac{110\times1\,200+180\times1\,200}{160\times1\,200+310\times1\,200}\times100\%=61.7\%$

产品价格变动的影响为：（4）-（3），即

$61.7\%-64.44\%=-2.74\%$

需要指出的是，在本期销售的产品中，可能包括部分期初存货，其成本水平与本期生产并在本期销售的产品的成本水平很可能是有差异的，对此，在分析评价时应予注意。另外，在上述举例中，产品品种构成变动对销售成本率实际脱离计划的影响数额为 0（即没有影响），是因为 A，B 两种产品计划的主营业务成

本率是一样的（均为 66.67%）。可见，各种产品计划的主营业务成本率的差别，是形成品种构成变动对主营业务成本率产生影响的原因。

影响主营业务费用率变动的因素主要有：销售量、期间费用以及价格。对主营业务费用率变动进行因素分析时，可采用以下方法：

$$(1)\ \frac{销售量}{变动的影响}=\left(\frac{计划的期间费用}{\sum\left(\substack{产品\\计划价格}\times\substack{该产品实际\\销售量}\right)}-\frac{计划期间费用}{计划销售收入}\right)\times100\%$$

$$(2)\ \frac{期间费用}{变动的影响}=\frac{实际期间费用-计划期间费用}{\sum(产品计划价格\times该产品实际销售量)}\times100\%$$

$$(3)\ \frac{价格变动的}{影响}=\left(\frac{实际期间费用}{实际销售收入}-\frac{实际期间费用}{\sum\left(\substack{产品\\计划价格}\times\substack{该产品实际\\销售量}\right)}\right)\times100\%$$

例 10-33

沿用例 10-29 和例 10-30 的资料，可以对该企业本期的主营业务费用率的变动进行因素分析。

分析过程如下：

$$(1)\ 销售量变动的影响=\left(\frac{43\,750}{150\times1\,200+300\times1\,200}-\frac{43\,750}{525\,000}\right)\times100\%$$
$$=-0.23\%$$

$$(2)\ 期间费用变动的影响=\frac{58\,080-43\,750}{150\times1\,200+300\times1\,200}\times100\%=2.654\%$$

$$(3)\ 价格变动的影响=\left(\frac{58\,080}{160\times1\,200+310\times1\,200}-\frac{58\,080}{150\times1\,200+300\times1\,200}\right)\times100\%$$
$$=-0.457\%$$

3. 成本费用利润率分析

成本费用利润率是企业一定期间的利润总额与成本、费用总额的比率。其计算公式如下：

$$成本费用利润率=\frac{利润总额}{成本费用总额}\times100\%$$

成本费用利润率指标，反映每一元成本费用可获得的利润，体现企业生产经营耗费与财务成本之间的关系，因此，是一个综合反映企业成本效益优劣的重要指标。该指标越高，说明企业经济效益越好，越低说明企业经济效益越差。

分析成本费用利润率一般是运用比较法，通过该项指标的本年实际数与本年计划数对比，或与上年实际数对比，按指标形成的各项因素，查明其变动原因及其对指标升降的影响，为加强成本管理，制定控制成本费用的措施提供有用的信息。

需要指出的是，由于企业的利润指标可以有多种形式，如营业利润、利润总额、净利润等，成本费用也可以分为主营业务成本和各项期间费用等（上述资料有的可以从利润表中直接获取，有的则需要从企业的有关核算资料中取得），不同利润值与相应的成本费用指标之间的比率说明不同的问题。因此，成本费用利润率的分析，应根据企业的实际情况和成本管理的实际需要来进行；在分析时，必须注意计算这类指标时所采用的有关"利润"与"成本费用"之间的相关性，以使分析的结果更具说服力和有用性。

例如，由于利润总额中包括投资收益、营业外收入和营业外支出，而这三个项目与成本费用没有内在联系，对比结果不利于深入分析。因此，分析时，应扣除这三个项目，将营业利润与成本费用对比，计算成本费用营业利润率指标。其计算公式如下：

$$成本费用营业利润率=\frac{营业利润额}{成本费用总额}\times100\%$$

又如，企业的主营业务是企业利润主要的经常性来源，其成本投入的经济效益，对企业经济效益的优劣有着决定性影响。因此，在进行成本效益分析时，应予以重点关注。为此，可以计算和分析主营业务成本毛利率指标。其计算公式如下：

$$主营业务成本毛利率=\frac{主营业务收入-主营业务成本}{主营业务成本}\times100\%$$

$$=\frac{主营业务毛利}{主营业务成本}\times100\%$$

 例 10 - 34

某企业 2016 年度和 2017 年度的有关资料如表 10 - 29 所示。

表 10 - 29   单位：元

项目	2016 年度	2017 年度
主营业务成本	150 000	200 000
期间费用	30 000	42 000
主营业务毛利	31 500	40 000
营业利润	37 800	48 400
利润总额	34 200	50 820

根据表 10 - 29 的资料，可计算出该企业 2016 年度与 2017 年度有关利润率指标，如表 10 - 30 所示。

表 10 - 30

指标	2016 年度	2017 年度	差异
成本费用利润率	$\frac{34\ 200}{150\ 000+30\ 000}\times100\%=19\%$	$\frac{50\ 820}{200\ 000+42\ 000}\times100\%=21\%$	+2%
主营业务成本毛利率	$\frac{31\ 500}{150\ 000}\times100\%=21\%$	$\frac{40\ 000}{200\ 000}\times100\%=20\%$	-1%
成本费用营业利润率	$\frac{37\ 800}{150\ 000+30\ 000}\times100\%=21\%$	$\frac{48\ 400}{200\ 000+42\ 000}\times100\%=20\%$	-1%

由表 10 - 30 的计算分析资料可以看出，尽管 2008 年度比 2007 年度成本费

用利润率有所提高，但主营业务成本毛利率和成本费用营业利润率均有所降低。因此，应结合企业生产经营的其他有关资料和部分情况进行深入分析。

4. 质量成本效益与环境成本效益分析

除了对上述一般性成本效益进行分析外，有些企业可能还需要对特殊项目进行成本效益分析。前面的内容提供了质量成本报表和环境成本报表的编制方法，本部分进一步分析质量成本效益和环境成本效益问题。

企业进行质量成本和环境成本管理的目的就是要通过提高产品质量和环境管理水平，提高企业的收入水平和收入质量。因此，可以通过比较质量成本管理和环境成本管理的所得与所费之间的比例关系，来分析质量成本效益和环境成本效益。

质量成本效益的公式如下：

$$质量成本效益 = \frac{质量收入}{质量成本}$$

式中的质量收入是指由于提高产品质量而增加的销售收入，它等于由于提高产品质量所导致的产品价格的提高与销量的增加之积。

在实务中，需要根据有关原始资料对质量收入进行归集和测算。质量成本是指企业为提高产品质量发生的所有成本。质量成本效益指标的值越大，表明单位质量成本取得的质量收入越多，质量成本管理的效益越好。

类似地，环境成本效益的公式如下：

$$环境成本效益 = \frac{环境收入}{环境成本}$$

式中的环境收入是指由于提高环境管理水平而增加的销售收入。

在实务中，也需要根据有关原始资料对环境收入进行归集和测算。环境成本是指企业进行环境管理所耗费的所有成本。环境成本效益指标的值越大，表明单位环境成本取得的环境收入越多，环境成本管理的效益越好。但是，需要特别指出的是，在环境成本中，有些成本是不具有增值性的，在计算环境成本效益时，可以根据需要将这部分成本剔除。

在实务中，可以将企业的上述指标和行业平均值进行比较，从而分析企业在质量成本管理和环境成本管理方面所处的水平。

 例 10 - 35

甲公司 20××年度的质量成本效益与环境成本效益分析如表 10-31 所示。

表 10 - 31　　　　　　　　　质量成本效益与环境成本效益分析

质量成本效益分析	质量收入（元）	质量成本（元）	质量成本效益	行业均值	与行业均值之差	差异产生的原因
	250 000	100 000	2.5	1.5	1	
环境成本效益分析	环境收入（元）	环境成本（元）	环境成本效益	行业均值	与行业均值之差	差异产生的原因
	300 000	400 000	0.75	1	−0.25	

通过上述分析可以看出，甲公司20××年度的质量成本效益水平高于行业平均水平，表明质量管理水平较高；但环境成本效益低于行业平均水平，表明环境成本管理水平较差。通过这种分析，企业可以找到改进的突破口，有针对性地提高质量成本管理水平和环境成本管理水平。

10.3.8　技术经济指标变动对产品成本影响的分析

技术经济指标是指那些与企业生产技术特点具有内在联系的经济指标。企业的技术经济指标从不同的角度反映企业生产经营活动的效果，其完成的好坏必然会直接或间接地影响产品成本水平。因此，开展技术经济指标变动对产品成本影响的分析具有十分重要的意义。

（1）可以使成本分析深入到生产技术领域，使经济分析与技术分析相结合，具体查明成本升降的原因。

（2）可以将企业降低产品成本的目标与车间生产工人技术操作质量和效果联系起来，从而使广大职工关心成本，变少数人算账为多数人算账，并从提高经济效益的角度促进各项技术经济指标的完成。

（3）可以把成本分析工作与日常的生产技术和经营管理工作结合起来，变定期分析为经常分析，从而更好地发挥成本分析及时指导和调节生产实践的能动作用。

技术经济指标变动对产品成本的影响主要表现在对产品单位成本的影响上。各项技术经济指标变动对产品单位成本影响的途径，主要有以下三种：

（1）一些技术经济指标，如冶金生产的焦比，每吨电炉钢耗电量，造纸生产的每吨纸耗用标准煤量等，它们的变动会直接影响产品对燃料和动力等资源的耗费水平，从而直接影响产品的单位成本。

（2）一些技术经济指标，如机械生产的设备利用率指标，它们的变动会直接影响产品产量，并通过产品产量，间接地影响产品的单位成本。

（3）一些技术经济指标，如铸造、轧钢生产的成品率指标，它们的变动不仅会直接影响产品对原材料的耗费水平，从而直接影响产品的单位成本，而且还会通过产量变动，间接地影响产品的单位成本。

下面分别举例说明各类技术经济指标变动对产品单位成本影响的分析方法。

（1）以冶金生产的焦比指标为例，说明有些技术经济指标的变动会直接影响产品对燃料和动力等耗费水平，从而影响产品的单位成本。在炼铁生产中焦比是反映焦炭消耗量与生铁合格品产量之间对比关系的技术经济指标。其计算公式如下：

$$焦比（千克/吨）=\frac{入炉综合干焦量^{①}（千克）}{生铁产量（吨）}$$

---

① 干焦量指扣除水分后的干焦数量。入炉综合干焦量等于入炉干焦量加上各种高炉喷吹燃料按发热量折合成干焦的数量。

降低焦比意味着炼制每吨生铁所耗焦炭量的减少。焦比变动对生铁单位成本的影响，就是根据焦炭实际消耗量同计划消耗量对比的节约或超支来确定的。

例 10 - 36

假定某铁厂有关生铁成本的资料如表 10 - 32 所示。

表 10 - 32

项目	单位	单价（元）	计划数		实际数	
			数量	金额（元）	数量	金额（元）
入炉干焦量	千克	0.9	360 000	324 000	410 400	369 360
合格生铁	吨		1 000	1 800 000	1 200	2 160 000
焦比	千克/吨		360	324	342	307.8

焦比实际比计划降低了 18 千克/吨（342－360）。即降低了 5%。对生铁单位成本的影响为：

$$(342-360)×0.9=-16.2(节约)$$

（2）以机械生产的设备利用率指标为例，说明有些技术经济指标的变动会直接影响产品产量，并通过产量变动来间接影响产品单位成本。

设备利用率指标与产量之间的关系是，若其他条件不变，设备利用指标的变动会使产量同方向、同比例变动。由于在产品全部成本中包括了一部分相对固定的费用，产量在相关范围内变化时这部分固定费用相对不变，从而使单位产品所分摊的固定费用随着产量的增加或减少而相应的减少或增加。因此设备利用率的变化，会通过产量的增加或减少，使单位产品中所分摊的固定费用相应地减少或增加。

例 10 - 37

假定某企业 6 月份设备利用率实际比计划增加了 25%，其他情况不变，产品产量也相应增加了 25%，其他有关情况参见表 10 - 33。

表 10 - 33　　　　　　　**产品单位成本分析表**　　　　　　金额单位：元

项目	计划			实际			计划完成率（%）		
	产量（件）	总成本	单位成本	产量（件）	总成本	单位成本	产量（件）	总成本	单位成本
变动费用		80 000	400		100 000	400		125	100
固定费用		20 000	100		20 000	80		100	80
合计	200	100 000	500	250	120 000	480	250	120	96

从表 10 - 33 可以看出，在其他条件不变的情况下，设备利用率提高 25% 产量会相应增加 25%，即由 200 件增加到 250 件；同时，变动费用也相应增加 25%，即由 80 000 元增加到 100 000 元，固定费用保持不变，仍为 20 000 元。这时，总成本为 120 000 元，单位成本为 480 元，单位成本比计划降低了 20 元

（480－500），降低率为 4%（20/500）。

产量变动对产品单位成本的影响，也可以采用以下公式计算：

$$
\begin{array}{l}\text{产量变动影响}\\\text{产品单位成本降低}\\\text{（或升高）百分比}\end{array}=\left(\begin{array}{l}\text{单位成本中}\\\text{变动费用}\\\text{所占百分比}\end{array}+\dfrac{\dfrac{\text{计划单位成本中固定}}{\text{费用所占百分比}}\times100\%}{\begin{array}{c}\text{产量计划完成}\\\text{百　分　比}\end{array}}\right)-1
$$

根据例 10-37 中的资料计算如下：

$$
\begin{array}{l}\text{产量变动影响}\\\text{产品单位成本降低}\\\text{（或升高）百分比}\end{array}=\left(\frac{400}{500}\times100\%+\frac{\frac{100}{500}\times100\%}{125\%}\right)-1
$$

$$=-4\%$$

（3）以铸造或轧钢生产的成品率为例，说明有些技术经济指标的变动不仅会直接影响产品对原材料等的耗费水平，从而直接影响产品的单位成本，而且还会通过产量变动间接影响产品单位成本。

成品率是反映原材料投入量与制成合格品数量之间比例关系的一项技术经济指标。成品率的提高意味着同样数量的原材料可以生产出更多的合格品，既降低了单位产品的原材料消耗，又增加了产量。而产量的增加又会降低产品单位成本中的固定费用。因此，成品率指标变动对产品单位成本的影响，应从对单位产品原材料消耗的影响和对产量的影响两个方面进行。

下面举例说明在原材料投入量不变的情况下，成品率变动对单位成本的影响程度的分析方法。

例 10-38

假定某企业有关产品成品率指标变动情况如表 10-34 所示。

表 10-34　　　　　　　成品率变动情况分析表

项目	单位	计划	实际	差异
原材料投入量	吨	500	500	—
产品产量	吨	400	450	+50
成品率	%	80	90	+10
单位产品耗用原材料数量	吨	1.25	1.11	-0.14
单位产品废料回收数量	吨	0.25	0.11	-0.14

其他费用项目支出如下：

（1）单位产品计件工资单价为 40 元。

（2）其他直接费用（原材料费用和生产工人工资以外的直接费用）与加工原材料数量成正比，每加工一吨原材料的其他直接费用为 50 元。

（3）制造费用计划数为 36 000 元。

下面从两个方面分析成品率指标变动对产品单位成本的影响。

第一，成品率指标提高使单位产品原材料消耗降低，从而降低了产品单位成本。

为了确定原材料消耗量降低对单位成本的影响，需要计算产品所消耗的原材料净值，即必须从全部原材料费用中扣除废料回收价值。假定每吨原材料价值为900元，回收废料每吨估价100元，则每吨产品消耗的原材料净值为：

$$计划原材料费用净值＝(1.25×900)－(0.25×100)＝1\,100(元)$$
$$实际原材料费用净值＝(1.11×900)－(0.11×100)＝988(元)$$

实际比计划降低　　　　　　　　　　　　　　　　112 元

其他直接费用：每加工 1 吨原材料的其他直接费用为 50 元。

$$计划：1.25×50＝62.5(元)$$
$$实际：1.11×50＝55.5(元)$$

实际比计划降低　　　7 元

由以上计算可知，由于成品率提高使单位产品原材料消耗降低以及由于单位产品原材料消耗降低使单位产品的直接加工费用减少，共使产品单位成本降低了119 元（112＋7）。

第二，由于成品率提高，使产量增加，从而降低了产品单位成本中的固定费用。

为了简化起见，现假定制造费用全部为固定费用。由于产量增加，平均每吨产品应分摊的制造费用由每吨 90 元（36 000/400）下降到 80 元（36 000/450），下降了 10 元。

综合以上计算，由于成品率的提高对产品单位成本的影响如表 10-35 所示。

表 10-35　　　　　　　　产品单位成本分析表　　　　　　　　单位：元

成本项目	计划	实际	差异	
			金额	差异率（％）
1. 原材料价值	1 125	999	－126	
减：废料回收价值	25	11	－14	
原材料净值	1 100	988	－112	
2. 直接人工费用	40	40	－	
3. 其他直接费用	90	80	－10	
4. 制造费用				
产品单位成本	1 230	1 108	122	9.92％

以上我们举例对原材料投入量不变的情况下，成品率指标变动对产品单位成本的影响进行了分析。实际上，在多数情况下，原材料投入量和成品率指标是同时发生变动的。在这种情况下，就需要将二者的变动结合起来加以分析，并分别计算出对产品单位成本的影响程度。

对于各项技术经济指标的分析过程及其计算结果，可以将其作为工作绩效或工作中的差距，向有关车间、部门报告，也可以以预报分析的形式，向有关车间、部门报告，说明各项技术经济指标在挖潜和提高经济效益方面的重要性以及所存在的差距。

 思考题

1. 成本报表编制和分析的意义是什么？
2. 成本报表作为对内报表具有哪些特点？
3. 比率分析法和连环替代法在成本报表分析中的作用是什么？
4. 成本报表分析的一般程序是什么？
5. 对成本报表进行分析的重点内容是什么？
6. 作业成本分析与传统成本分析方法相比有什么优点？

 练习题

某公司20××年3月份生产甲、乙、丙三种产品。有关资料如下：

（1）3月份产品计划产量：甲产品10件、乙产品10件、丙产品4件。实际产量：甲产品8件、乙产品15件、丙产品4件。经查明，产量变动是生产部门根据市场需求变化进行的调整。

（2）3月份甲、乙产品所耗原材料因价格上涨，新的产品单位成本升高1 200元。针对这一情况，车间会同技术部门研究并采取了节约措施，收到了显著效果。

（3）3月份全部产品生产成本表（按产品种类反映）如表10-36所示。

表10-36　　　　全部产品生产成本表（按产品种类反映）

编制单位：××公司　　　　　　　　20××年3月　　　　　　　　单位：元

产品名称	计量单位	实际产量	单位成本			总成本		
			上年实际平均	本年计划	本期实际	按上年实际平均单位成本计算	按本年计划单位成本计算	本期实际成本
可比产品： 甲 乙	件 件	8 15	2 000 4 000	2 050 3 900	2 030 3 800	16 000 60 000	16 400 58 500	16 240 57 000
小计	—	—	—	—	—	76 000	74 900	73 240
不可比产品： 丙	件	4	—	5 700	5 300	—	22 800	21 200
全部产品合计	—	—	—	—	—	97 700	94 440

补充资料：
（1）可比产品成本实际降低额2 760元（计划降低额为500元）。
（2）可比产品成本降低率3.631 58%（计划降低率为0.833 33%）。
（3）产值成本率计划数为80元/百元，本月商品产值实际数为119 540元。

要求:

(1) 如何分析全部产品生产成本表(按产品种类反映)?

(2) 根据本题所给资料,应从哪些方面进行分析?如何进行分析?根据资料和计算分析结果,对该公司 3 月份的成本计划完成情况做出简要评价。

(3) 分析成本表应注意什么问题?

 案例题

[案例 1]

[资料] 长江公司是一家特种车辆生产企业,专门生产吊车、叉车等特种车辆。20×1 年该公司实现收入 4.1 亿元,净利润 0.66 亿元,在国内属于优质企业。20×2 年初,长江公司根据市场反馈的信息和其自身发展的需要,决定加大科研投资,研制新型特种汽车,从而在激烈的市场竞争中保持领先地位。经过公司全体科研技术人员的努力,在当年攻克十余项技术难关,申请六项专利技术,研制出一种具有竞争力的新型特种汽车。

但是,在全体员工的努力下,长江公司 20×2 年在保持销售增长近 10% 的情况下,净利润不仅没有完成计划目标,而且较上年下降了 4%。这在公司内部引起了轩然大波,员工们纷纷议论公司管理层的经营管理能力。最后,由公司财务经理向员工提交了一份财务分析报告,并通过专业的成本报表分析,消除了员工的疑虑。经营成果简表(见表 10 - 37)和管理费用明细表(见表 10 - 38)如下:

表 10 - 37　　　　　　　　长江公司 20×2 年经营成果简表　　　　　　　单位:万元

项目	计划数	实际数	上年数
营业收入	44 800	45 120	41 204
营业成本	30 800	32 500	29 135
税金及附加	312	353	292
销售费用	492	476	503
管理费用	1 100	2 045	1 123
财务费用	272	226	247
所得税费用	3 902	3 141	3 268
净利润	7 922	6 379	6 636

表 10 - 38　　　　　　　　长江公司 20×2 年管理费用明细表　　　　　　　单位:万元

项目	计划数	实际数	上年数
一、科研费			
试验检验费	50	386	60
设计制图费	50	155	55
产品试制费	100	363	50

续前表

项目	计划数	实际数	上年数
技术研究费	100	275	116
科研费小计	300	1 179	281
二、招待费			
外宾招待费	10	20	20
企业招待费	80	90	100
招待费小计	90	110	120
三、日常管理费			
薪酬费用	300	280	297
工会经费	10	9	7
失业保险费	18	19	18
职工教育费	12	110	26
办公费	54	55	56
差旅及交通费	25	15	27
会议费	12	13	12
财产保险费	25	25	24
折旧费	72	72	72
修理费	95	85	96
排污费	6	6	6
水电费	30	16	29
取暖费	30	30	29
其他	21	21	23
日常管理费小计	710	756	722
管理费用合计	1 100	2 045	1 123

[要求] 根据该公司的情况讨论以下问题：

1. 在本案例中，是什么原因导致收入上升的同时，净利润反而下降？

2. 作为财务经理，应如何进行报表分析，以消除员工的顾虑？

[案例 2]

[资料] 永昌电机公司主要生产某一型号的发电机，生产该电机需要用到某型号的转轴作为零件，该零件的年需要量为 90 000 个。该公司的第一生产车间在加工产品的同时，还有剩余生产能力生产该型号的转轴。公司现在面临的一个决策是自己来生产还是外购该型号的转轴。

如果自制转轴，相关的成本数据如下：单位转轴的直接材料为 5 元/件，直接人工为 2 元/件，变动制造费用为 4 元/件；生产转轴需租用设备一台，年租金为 100 000 元。而转轴的外购成本为 12.5 元/件。

该公司财务经理利用上述数据进行了成本分析，发现公司应该自制转轴，他的计算过程如下：

首先，转轴的自制成本见表 10-39。

表 10 - 39 永昌电机公司成本计算表 单位：元

直接材料	450 000（90 000×5）
直接人工	180 000（90 000×2）
变动制造费用	360 000（90 000×4）
固定制造费用	100 000
自制成本合计	1 090 000

其次，转轴的外购成本为：90 000×12.5＝1 125 000(元)

由于转轴的自制成本（1 090 000 元）低于外购成本（1 125 000 元），因此公司应该自制转轴。

但是，公司聘请的管理咨询师在采用作业成本分析法后，发现公司应该选择外购转轴。管理咨询师用到的数据如下：

与自制转轴有关的作业有：生产协调作业、原材料移动作业、设备维护作业和质量检验作业。各项作业的成本动因、作业量及单位作业的变动成本见表 10 - 40。

表 10 - 40 作业、成本动因及成本一览表

作业	成本动因	作业量	单位作业变动成本（元）
生产协调	协调次数	100	200
原材料移动	移动次数	4 000	80
设备维护	维护小时	1 000	20
质量检验	抽检次数	900	100
合 计	—	—	—

[要求] 请通过计算回答：为什么管理咨询师和财务经理得到的答案正好相反？

[案例 3]

[资料] 大方公司生产和销售甲产品本年度的有关资料如下：

1. 产品的定额、有关费用计划、产量计划的资料。

(1) 有关甲产品的定额资料。

1) 直接材料费用定额：350 元 / 件。

2) 工时消耗定额：10 小时 / 件。

3) 直接人工费用率：15 元/小时。直接人工费用定额：150 元 / 件。

4) 制造费用率：20 元/小时。制造费用定额：200 元/件。

5) 单位产品定额成本：700 元 / 件。

(2) 期间费用计划资料。

本年度期间费用计划总额 400 000 元，其中销售费用 160 000 元。

(3) 有关甲产品的产销量、销售单价等资料。

1) 本年计划产量 5 000 件，本年计划销售量 5 000 件。

2) 计划销售单价 800 元/件，计划销售收入 4 000 000 元。

2. 有关实际资料和有关情况。

(1) 实际消耗材料费用 1 768 000 元，实际消耗工时 59 800 小时，实际发生

直接人工费用 956 800 元，实际发生制造费用 1 255 800 元，实际生产甲产品 5 200 件。

（2）实际平均销售单价 800 元/件，实际销售数量 5 200 件，实际销售收入 4 160 000 元。

（3）实际发生期间费用 450 000 元，其中销售费用 230 000 元。

（4）本年度企业采取了一些增产和促销措施，使得产量、销售量以及销售收入都有所增加，但所实现的利润却没有达到计划的要求。

[要求] 根据上述资料，分析以下问题：

1. 对企业在产品生产方面的成本费用的控制进行计算分析。

2. 对企业在经营管理和销售方面的费用控制情况进行计算分析。

3. 根据上述计算分析的结果，并结合案例的其他资料，对企业本年度没有完成利润计划的原因做出分析。

图书在版编目（CIP）数据

成本会计学/于富生，黎来芳，张敏主编. —8 版. —北京：中国人民大学出版社，2018.4
中国人民大学会计系列教材
ISBN 978-7-300-25666-5

Ⅰ.①成… Ⅱ.①于… ②黎… ③张… Ⅲ.①成本会计-高等学校-教材 Ⅳ.①F234.2

中国版本图书馆 CIP 数据核字（2018）第 061757 号

国家级优秀教学成果奖
"十二五"普通高等教育本科国家级规划教材
中国人民大学会计系列教材
成本会计学（第 8 版）
主编 于富生 黎来芳 张 敏
Chengben Kuaijixue

出版发行	中国人民大学出版社		
社　　址	北京中关村大街 31 号	**邮政编码**	100080
电　　话	010 – 62511242（总编室）		010 – 62511770（质管部）
	010 – 82501766（邮购部）		010 – 62514148（门市部）
	010 – 62515195（发行公司）		010 – 62515275（盗版举报）
网　　址	http://www.crup.com.cn		
经　　销	新华书店		
印　　刷	北京宏伟双华印刷有限公司	**版　　次**	1993 年 12 月第 1 版
规　　格	185 mm×260 mm　16 开本		2018 年 4 月第 8 版
印　　张	26.25 插页 1	**印　　次**	2020 年 12 月第 8 次印刷
字　　数	484 000	**定　　价**	42.00 元（随书赠送模拟实训）

教师教学服务说明

中国人民大学出版社财会出版分社以出版经典、高品质的会计、财务管理、审计等领域各层次教材为宗旨。

为了更好地为一线教师服务，近年来财会出版分社着力建设了一批数字化、立体化的网络教学资源。教师可以通过以下方式获得免费下载教学资源的权限：

在中国人民大学出版社网站 www.crup.com.cn 进行注册，注册后进入"会员中心"，在左侧点击"我的教师认证"，填写相关信息，提交后等待审核。我们将在一个工作日内为您开通相关资源的下载权限。

如您急需教学资源或需要其他帮助，请在工作时间与我们联络：

中国人民大学出版社　财会出版分社

联系电话：010-62515987，62515735

电子邮箱：ckcbfs@crup.com.cn

通讯地址：北京市海淀区中关村大街甲 59 号文化大厦 1501 室（100872）

国家级优秀教学成果奖

"十二五"普通高等教育本科国家级规划教材

中国人民大学会计系列教材

《成本会计学》（第8版）

模拟实训

主编　于富生　黎来芳　张　敏

中国人民大学出版社
·北京·

目　录

实训业务资料

一、公司简介

长江自行车有限公司是一家专业的自行车制造公司。该公司设有三个基本生产车间和两个辅助生产车间，大量生产电动自行车和普通自行车两种产品。三个基本生产车间的职能分别为：毛坯车间负责生产自行车的毛坯配件；烤漆车间负责对毛坯配件进行烤漆处理；装配车间负责将经烤漆处理后的毛坯配件组装成完整的自行车。两个辅助生产车间的职能分别为：供水车间负责为其他部门供水；供电车间负责为其他部门供电。

该公司为了加强成本管理，采用综合结转分步法按生产步骤计算产品成本。毛坯车间和烤漆车间的半成品通过半成品库进行收发。该公司的所有存货均采用实际成本进行计价，发出存货的计价方法均按全月一次加权平均法进行核算。产品各步骤的完工产品与在产品的分配采用约当产量法，材料和半成品都是在投产时一次性投入，各步骤的在产品完工程度均按 50% 进行计算。职工薪酬和制造费用按定额工时在电动自行车和普通自行车之间进行分配。辅助生产成本的费用分配方法采用直接分配法，辅助生产车间的制造费用不通过"制造费用"科目核算。

二、初始业务资料

长江自行车有限公司 201×年 11 月的有关资料如下：

（一）各步骤产品的产量资料如表 1 所示。

表 1　　　　　　　　　　各步骤产品的产量资料　　　　　　　　　　单位：件

产品	产品数量	毛坯车间	烤漆车间	装配车间
电动自行车	月初在产品数量	150	100	80
	本月投产数量	400	400	300
	完工产品数量	450	400	300
	月末在产品数量	100	100	80
普通自行车	月初在产品数量	150	150	50
	本月投产数量	300	250	250
	完工产品数量	350	300	200
	月末在产品数量	100	100	100

（二）各产品的本月定额工时资料如表 2 所示。

1

表 2

产品	毛坯车间	烤漆车间	装配车间
电动自行车	2 000	1 000	1 500
普通自行车	500	500	500
合计	2 500	1 500	2 000

（三）各产品的期初在产品成本资料如表 3 所示。

表 3 　　　　　　　　　　各产品的期初在产品成本资料　　　　　　　　　　单位：元

项目	毛坯车间		烤漆车间		装配车间	
	电动	普通	电动	普通	电动	普通
半成品	—	—	30 000	25 000	19 880	9 900
直接材料	7 000	18 500	17 800	17 200	2 240	1 500
直接人工	6 000	5 000	7 000	2 250	4 680	2 000
制造费用	6 560	1 640	2 350	5 300	855	375
合计	19 560	25 140	57 150	49 750	27 655	13 775

（四）材料期初存量与金额资料如表 4 所示。

表 4 　　　　　　　　　　材料期初存量与金额资料

材料	数量	单价（元）	金额（元）
钢管	2 000 米	15	30 000
油漆	500 千克	6	3 000
轮胎	1 500 套	40	60 000
润滑油	200 千克	50	10 000

（五）自制半成品期初存量与金额资料如表 5 所示。

表 5 　　　　　　　　　自制半成品期初存量与金额资料

半成品	数量（件）	单位成本（元）	金额（元）
毛坯车间－电动自行车半成品 1	200	168	33 600
毛坯车间－普通自行车半成品 1	150	175	26 250
烤漆车间－电动自行车半成品 2	100	397	39 700
烤漆车间－普通自行车半成品 2	300	300	90 000

三、201×年 11 月业务资料

（一）本月从北京物储有限公司购入 1 000 米钢管，单价 30 元，增值税税率为 13%，货款已经通过银行转账支票付讫，材料已验收入库。

入库单如表 6 所示。取得的增值税专用发票如图 1 所示。支付货款时的转账支票存根如图 2 所示。

表6

入 库 单

交货部门：采购部　　　　　　201×年11月2日　　　　　　收料仓库：材料库

货号	材料名称	单位	数量		单价	金额
			应收	实收		
1001	钢管	米	1 000	1 000	30	30 000

第三联 记账联

- - - - - - - - - - - - ✂ - - - - - - - - - - - - - - - - ✂ - - - - - - - - - - - -

北京市增值税专用发票

北京市
税务局监制

No 11851356

开票日期：201×年11月1日

购货单位	名　　　称： 纳税人识别号： 地　址、电话： 开户行及账号：	长江自行车有限公司 1013569403 中关村南路101号 交通银行中关村支行49202949		密码区		%&.＊#%~573@&.&.		
	货物及应税劳务名称 钢管	规格型号	单位 米	数量 1 000	单价 30	金额 30 000	税率 13%	税额 3 900
	合　　计					30 000		3 900
价税合计（大写）		叁万叁仟玖佰元整				（小写）¥33 900		
销货单位	名　　　称： 纳税人识别号： 地　址、电话： 开户行及账号：	北京物储有限公司 1012910330 八角路200号 交通银行石景山支行30393823		备注		北京物储有限公司 ★ 财务专用章		

收款人：　　　　复核：　　　　开票人：陈颖　　　　销货单位（章）：

图1

第三联　发票联　购货方记账凭证

- - - - - - - - - - - - ✂ - - - - - - - - - - - - - - - - ✂ - - - - - - - - - - - -

交通银行
转账支票存根
No 502900

科目：
对方科目
签发日期201×年11月2日

收款人：北京物储有限公司
金额：¥33 900.00
用途：购材料
备注：

单位主管　　　　会计
复核　　　　　　记账

图2

5

（二）本月从北京红光油漆有限公司购入 3 000 千克油漆，单价 6 元，增值税税率为 13％，货款已经通过银行转账支票付讫，材料已验收入库。

入库单如表 7 所示。取得的增值税专用发票如图 3 所示。支付货款时的转账支票存根如图 4 所示。

表 7

入 库 单

No. 11934740

交货部门：采购部　　　　　　　201×年 11 月 2 日　　　　　　　收料仓库：材料库

货号	材料名称	单位	数量		单价	金额
			应收	实收		
1002	油漆	千克	3 000	3 000	6	18 000

第三联 记账联

北京市增值税专用发票

北京市
税务局监制

No 11038920

开票日期：201×年 11 月 1 日

购货单位	名　　称： 纳税人识别号： 地 址 、电话： 开户行及账号：	长江自行车有限公司 1013569403 中关村南路 101 号 交通银行中关村支行 49202949		密码区	%＆＊＃%-＆＃@@＃333		
货物及应税劳务名称 油漆	规格型号	单位 千克	数量 3 000	单价 6	金额 18 000	税率 13％	税额 2 340
合　　计					18 000		2 340
价税合计（大写）	贰万零叁佰肆拾元整				（小写）￥20 340		
销货单位	名　　称： 纳税人识别号： 地 址 、电话： 开户行及账号：	北京红光油漆有限公司 1014930294 新华大街 20 号 交通银行通州支行 59302022		备注	北京红光油漆有限公司 ★ 财务专用章		

收款人：　　　　　复核：　　　　　开票人：张彩萍　　　　　销货单位（章）：

第三联 发票联 购货方记账凭证

图 3

交通银行
转账支票存根
No 502929

科目：
对方科目
签发日期 201×年 11 月 2 日

收款人：北京红光油漆有限公司
金额：￥20 340.00
用途：购材料
备注：

单位主管　　　　会计
复核　　　　　　记账

图 4

7

（三）本月从北京新桥轮胎有限公司购入 500 套轮胎，单价 60 元，增值税税率为 13%，货款未付，材料已验收入库。

入库单如表 8 所示。取得的增值税专用发票如图 5 所示。

表 8

入 库 单

NO. 11934741

交货部门：采购部　　　　　　　201×年 11 月 2 日　　　　　　　收料仓库：材料库

货号	材料名称	单位	数量		单价	金额
			应收	实收		
1003	轮胎	套	500	500	60	30 000

第三联　记账联

- -

北京市增值税专用发票

北京市
税务局监制

NO 11940202

开票日期：201×年 11 月 1 日

购货单位	名　　称： 纳税人识别号： 地址、电话： 开户行及账号：	长江自行车有限公司 1013569403 中关村南路 101 号 交通银行中关村支行 49202949		密码区	%&.*#%-&.#@@#333		
货物及应税劳务名称 轮胎	规格型号	单位 套	数量 500	单价 60	金额 30 000	税率 13%	税额 3 900
合　　计					30 000		3 900
价税合计（大写）		叁万叁仟玖佰元整				（小写）￥33 900	
销货单位	名　　称： 纳税人识别号： 地址、电话： 开户行及账号：	北京新桥轮胎有限公司 1019304722 黑龙潭路 110 号 交通银行密云支行 59784325		备注			

第三联　发票联　购货方记账凭证

收款人：　　　　复核：　　　　开票人：　　　　销货单位（章）：

财务专用章

图 5

（四）本月各部门领用材料情况如表 9 至表 22 所示。

表 9

领 料 单

领料单位：毛坯车间　　　　　　　201×年 11 月 5 日　　　　　　　　发料仓库：材料库

货号	材料名称	规格	计量单位	数量		单价（元）	金额（元）
				请领	实发		
1001	钢管		米	500	500		
用途	生产电动自行车			备注			

记账：　　　　　部门主管：　　　　　保管员：黄河　　　　　领料人：陈博言　　　　　审核人：王江

表 10

领 料 单

领料单位：烤漆车间　　　　　　　201×年 11 月 5 日　　　　　　　　发料仓库：材料库

货号	材料名称	规格	计量单位	数量		单价（元）	金额（元）
				请领	实发		
1002	油漆		千克	200	200		
用途	生产电动自行车			备注			

记账：　　　　　部门主管：　　　　　保管员：黄河　　　　　领料人：章文　　　　　审核人：刘玲

表 11

领 料 单

领料单位：装配车间　　　　　　　201×年 11 月 5 日　　　　　　　　发料仓库：材料库

货号	材料名称	规格	计量单位	数量		单价（元）	金额（元）
				请领	实发		
1003	轮胎		套	500	500		
用途	生产电动自行车			备注			

记账：　　　　　部门主管：　　　　　保管员：黄河　　　　　领料人：白波　　　　　审核人：刘晓春

表 12

领 料 单

领料单位：毛坯车间　　　　　　　201×年 11 月 6 日　　　　　　　发料仓库：材料库

货号	材料名称	规格	计量单位	数量		单价（元）	金额（元）
				请领	实发		
1001	钢管		米	200	200		
用途	生产普通自行车			备注			

记账：　　　　部门主管：　　　　保管员：黄河　　　　领料人：常江　　　　审核人：刘玲

- -

表 13

领 料 单

领料单位：烤漆车间　　　　　　　201×年 11 月 6 日　　　　　　　发料仓库：材料库

货号	材料名称	规格	计量单位	数量		单价（元）	金额（元）
				请领	实发		
1002	油漆		千克	800	800		
用途	生产普通自行车			备注			

记账：　　　　部门主管：　　　　保管员：黄河　　　　领料人：章文　　　　审核人：刘玲

- -

表 14

领 料 单

领料单位：装配车间　　　　　　　201×年 11 月 6 日　　　　　　　发料仓库：材料库

货号	材料名称	规格	计量单位	数量		单价（元）	金额（元）
				请领	实发		
1003	轮胎		套	500	500		
用途	生产普通自行车			备注			

记账：　　　　部门主管：　　　　保管员：黄河　　　　领料人：秦健　　　　审核人：刘玲

表 15

领 料 单

领料单位：供水车间　　　　　　　201×年 11 月 6 日　　　　　　　发料仓库：材料库

货号	材料名称	规格	计量单位	数量		单价（元）	金额（元）
				请领	实发		
1004	润滑油		千克	50	50		
用途	辅助生产			备注			

记账：　　　　部门主管：　　　　保管员：黄河　　　　领料人：陈方　　　　审核人：刘晓春

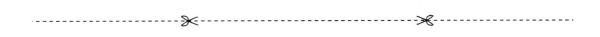

表 16

领 料 单

领料单位：供电车间　　　　　　　201×年 11 月 10 日　　　　　　发料仓库：材料库

货号	材料名称	规格	计量单位	数量		单价（元）	金额（元）
				请领	实发		
1004	润滑油		千克	20	20		
用途	辅助生产			备注			

记账：　　　　部门主管：　　　　保管员：黄河　　　　领料人：陈方　　　　审核人：刘晓春

表 17

领 料 单

领料单位：毛坯车间　　　　　　　201×年 11 月 15 日　　　　　　发料仓库：材料库

货号	材料名称	规格	计量单位	数量		单价（元）	金额（元）
				请领	实发		
1001	钢管		米	800	800		
用途	生产电动自行车			备注			

记账：　　　　部门主管：　　　　保管员：黄河　　　　领料人：宋青　　　　审核人：刘玲

表 18

领 料 单

领料单位：烤漆车间　　　　　　　　　201×年 11 月 15 日　　　　　　　　　发料仓库：材料库

货号	材料名称	规格	计量单位	数量		单价（元）	金额（元）
				请领	实发		
1002	油漆		千克	1 000	1 000		
用途	生产电动自行车		备注				

记账：　　　　部门主管：　　　　保管员：黄河　　　　领料人：赵武　　　　审核人：王江

表 19

领 料 单

领料单位：装配车间　　　　　　　　　201×年 11 月 15 日　　　　　　　　　发料仓库：材料库

货号	材料名称	规格	计量单位	数量		单价（元）	金额（元）
				请领	实发		
1003	轮胎		套	700	700		
用途	生产电动自行车		备注				

记账：　　　　部门主管：　　　　保管员：黄河　　　　领料人：童新　　　　审核人：刘晓春

表 20

领 料 单

领料单位：毛坯车间　　　　　　　　　201×年 11 月 20 日　　　　　　　　　发料仓库：材料库

货号	材料名称	规格	计量单位	数量		单价（元）	金额（元）
				请领	实发		
1002	油漆		千克	100	100		
用途	车间一般耗用		备注				

记账：　　　　部门主管：　　　　保管员：黄河　　　　领料人：章申　　　　审核人：胡丽

表 21

领料单

领料单位：烤漆车间　　　　　　　　　　201×年 11 月 20 日　　　　　　　　　　发料仓库：材料库

货号	材料名称	规格	计量单位	数量		单价（元）	金额（元）
				请领	实发		
1002	油漆		千克	50	50		
用途	车间一般耗用			备注			

记账：　　　　部门主管：　　　　保管员：黄河　　　　领料人：潘盛富　　　　审核人：邓华

表 22

领料单

领料单位：装配车间　　　　　　　　　　201×年 11 月 20 日　　　　　　　　　　发料仓库：材料库

货号	材料名称	规格	计量单位	数量		单价（元）	金额（元）
				请领	实发		
1002	油漆		千克	150	150		
用途	车间一般耗用			备注			

记账：　　　　部门主管：　　　　保管员：黄河　　　　领料人：陈玖　　　　审核人：刘晓春

（五）本月固定资产增减变动情况如表 23 所示，折旧率为 3%。

表 23

固定资产原值变动表

201×年 11 月　　　　　　　　　　　　　　　　　　　　　　　　　　单位：元

原值	毛坯车间	烤漆车间	装配车间	供水车间	供电车间	厂部
10 月初固定资产原值	2 000 000	1 000 000	2 500 000	500 000	200 000	1 500 000
10 月新增固定资产原值	500 000	100 000	600 000			200 000
10 月减少固定资产原值	100 000		300 000	50 000		

19

（六）本月各部门职工薪酬费用汇总表如表 24 所示。

职工薪酬费用汇总表

表 24

201×年 11 月   单位：元

部门		应付职工薪酬
毛坯车间	生产工人	25 000
	管理人员	6 000
烤漆车间	生产工人	30 000
	管理人员	5 000
装配车间	生产工人	40 000
	管理人员	10 000
供水车间		3 000
供电车间		5 000
厂部		8 000
合计		132 000

（七）本月各辅助生产车间提供的劳务量情况如表 25 所示。

本月各辅助生产车间提供的劳务量

表 25

201×年 11 月

受益部门 供应部门	单位	供水车间	供电车间	毛坯车间	烤漆车间	装配车间	厂部	合计
供水车间	吨		500	5 000	2 000	1 500	1 000	10 000
供电车间	度	3 000		4 000	6 000	2 000	3 000	18 000
合计		3 000	500	9 000	8 000	3 500	4 000	28 000

四、实训要求（除了计算成本还原分配率以外，其他所有数据均四舍五入后保留小数点后两位。）

（1）根据采购原始凭证，编制相关的记账凭证。

（2）根据领料原始凭证，编制存货平均单价计算表及领料凭证汇总表。

（3）根据固定资产折旧资料，编制固定资产折旧分配表，并编制记账凭证。

（4）根据职工薪酬费用汇总表，编制人工费用分配表，并编制记账凭证。

（5）根据上述各项分配表，登记辅助生产车间成本明细账、基本生产车间制造费用明细账、基本生产成本明细账。

（6）根据辅助生产车间的资料，编制辅助生产费用分配表，并编制记账凭证。

（7）根据基本生产车间制造费用明细账，编制基本生产车间制造费用分配表，并编制记账凭证。

（8）根据基本生产车间生产成本明细账，采用约当产量法计算各步骤的在产品与完工产品成本，结转完工产品成本，并编制相关的记账凭证（要求列出计算过程）。

（9）编制产品成本还原计算单，并据此编制产成品成本汇总表。

实训业务单据

存货平均单价计算表
201×年11月

存货名称	月初余额			本月购入			平均单价
	数量	单价	金额	数量	单价	金额	
钢管							
油漆							
轮胎							
润滑油							

--- ✂ --- ✂ ---

领料凭证汇总表
201×年11月

领料部门			钢管		油漆		轮胎		润滑油		合计
			领用数量	实际成本	领用数量	实际成本	领用数量	实际成本	领用数量	实际成本	实际成本
生产成本	毛坯车间	电动									
		普通									
	烤漆车间	电动									
		普通									
	装配车间	电动									
		普通									
制造费用	毛坯车间										
	烤漆车间										
	装配车间										
辅助生产	供水车间										
	供电车间										
厂部											
合计											

固定资产折旧费用分配表

201×年 11 月

部门	折旧	
	原值	折旧额
毛坯车间		
烤漆车间		
装配车间		
供水车间		
供电车间		
厂部		
合计		

直接人工费用分配表

201×年 11 月

部门		定额工时	直接人工费用	
			分配率	分配额
毛坯车间	电动自行车			
	普通自行车			
	合计			
烤漆车间	电动自行车			
	普通自行车			
	合计			
装配车间	电动自行车			
	普通自行车			
	合计			

辅助生产成本明细账

车间：供水车间   单位：元

日期		凭证编号	摘要	材料	职工薪酬费用	折旧费	合计	转出
月	日							

辅助生产成本明细账

车间：供电车间   单位：元

日期		凭证编号	摘要	材料	职工薪酬费用	折旧费	合计	转出
月	日							

辅助生产费用分配表

201×年11月

项目		供水车间		供电车间		合计
		数量	金额	数量	金额	
待分配的辅助生产费用（元）						
供应辅助生产以外的劳务量						
分配率						
基本生产车间耗用	毛坯车间					
	烤漆车间					
	装配车间					
厂部耗用						

- - - - - - - - - - - - - - ✂ - ✂ - - - - - - - - - - - - - - -

制造费用明细账

车间：毛坯车间

单位：元

日期		凭证编号	摘要	材料	职工薪酬费用	折旧费	水电费	合计	转出
月	日								

制造费用明细账

车间：烤漆车间 单位：元

日期		凭证编号	摘要	材料	职工薪酬费用	折旧费	水电费	合计	转出
月	日								

制造费用明细账

车间：装配车间 单位：元

日期		凭证编号	摘要	材料	职工薪酬费用	折旧费	水电费	合计	转出
月	日								

制造费用分配表

201×年11月

应借科目			定额工时	费用	
总账科目	一级明细	二级明细		分配率	分配额
基本生产成本	毛坯车间	电动自行车			
		普通自行车			
		合计			
	烤漆车间	电动自行车			
		普通自行车			
		合计			
	装配车间	电动自行车			
		普通自行车			
		合计			

- - - - - - - - - - - - - - - - - - ✂ - - - - - - - - - - - - - - - - - - ✂ - - - - - - - - - - - - - - - - - -

基本生产成本明细账

车间：毛坯车间
产品：电动自行车

完工产品数量：
月末在产品数量：

日期		凭证编号	摘要	成本项目				
月	日			自制半成品	直接材料	直接人工	制造费用	合计

基本生产成本明细账

车间：毛坯车间
产品：普通自行车

完工产品数量：
月末在产品数量：

日期		凭证编号	摘要	成本项目				
月	日			自制半成品	直接材料	直接人工	制造费用	合计

自制半成品明细账

毛坯车间：电动自行车半成品1

单位：元

月份	月初余额		本月增加		合计			本月减少	
	数量（件）	实际成本	数量（件）	实际成本	数量（件）	实际成本	单位成本	数量（件）	实际成本

自制半成品明细账

毛坯车间：普通自行车半成品 1   单位：元

月份	月初余额		本月增加		合计			本月减少	
	数量（件）	实际成本	数量（件）	实际成本	数量（件）	实际成本	单位成本	数量（件）	实际成本

基本生产成本明细账

车间：烤漆车间   完工产品数量：
产品：电动自行车   月末在产品数量：

日期		凭证编号	摘要	成本项目				
月	日			自制半成品	直接材料	直接人工	制造费用	合计

基本生产成本明细账

车间：烤漆车间　　　　　　　　　　　　　　　　　　完工产品数量：
产品：普通自行车　　　　　　　　　　　　　　　　　月末在产品数量：

日期		凭证编号	摘要	成本项目				
月	日			自制半成品	直接材料	直接人工	制造费用	合计

- - - - - - - - - - - - - ✂ - - - - - - - - - - - - - - - - - - ✂ - - - - - - - - - - - -

自制半成品明细账

烤漆车间：电动自行车半成品2　　　　　　　　　　　　　　　　　单位：元

月份	月初余额		本月增加		合计			本月减少	
	数量（件）	实际成本	数量（件）	实际成本	数量（件）	实际成本	单位成本	数量（件）	实际成本

自制半成品明细账

烤漆车间：普通自行车半成品2   单位：元

月份	月初余额		本月增加		合计			本月减少	
	数量（件）	实际成本	数量（件）	实际成本	数量（件）	实际成本	单位成本	数量（件）	实际成本

------------------------------✂------------------------------✂------------------------------

基本生产成本明细账

车间：装配车间   完工产品数量：
产品：电动自行车   月末在产品数量：

日期		凭证编号	摘要	成本项目				
月	日			自制半成品	直接材料	直接人工	制造费用	合计

基本生产成本明细账

车间：装配车间　　　　　　　　　　　　　　　　　　　完工产品数量：
产品：普通自行车　　　　　　　　　　　　　　　　　　月末在产品数量：

日期		凭证编号	摘要	成本项目				
月	日			自制半成品	直接材料	直接人工	制造费用	合计

产成品成本还原计算表（第一次）

电动自行车　　　　　　　　　　　　　　　　　　　　　　单位：元
产量：

项目	还原前产品成本	本月生产半成品成本	还原分配率	半成品成本还原	还原后成本	还原后单位成本
半成品						
直接材料						
直接人工						
制造费用						
成本合计						

产成品成本还原计算表（第二次）

电动自行车
产量：

单位：元

项目	还原前 产品成本	本月生产 半成品成本	还原 分配率	半成品 成本还原	还原后 成本	还原后 单位成本
半成品						
直接材料						
直接人工						
制造费用						
成本合计						

产成品成本还原计算表（第一次）

普通自行车
产量：

单位：元

项目	还原前 产品成本	本月生产 半成品成本	还原 分配率	半成品 成本还原	还原后 成本	还原后 单位成本
半成品						
直接材料						
直接人工						
制造费用						
成本合计						

产成品成本还原计算表（第二次）

普通自行车
产量：

单位：元

项目	还原前产品成本	本月生产半成品成本	还原分配率	半成品成本还原	还原后成本	还原后单位成本
半成品						
直接材料						
直接人工						
制造费用						
成本合计						

产成品成本汇总表
201×年11月

单位：元

产品名称	直接材料	直接人工	制造费用	合计
电动自行车				
普通自行车				
合计				

付款凭证

贷方科目：银行存款　　　　　　　年　月　日　　　　　　　　银付字第　号

摘　要	借方科目		金　额											记账√
	总账科目	明细科目	亿	千	百	十	万	千	百	十	元	角	分	
合　计														

财务主管：　　　　记账：　　　　出纳：　　　　审核：　　　　制单：　　　附件　张

付款凭证

贷方科目：银行存款　　　　　　　年　月　日　　　　　　　　银付字第　号

摘　要	借方科目		金　额											记账√
	总账科目	明细科目	亿	千	百	十	万	千	百	十	元	角	分	
合　计														

财务主管：　　　　记账：　　　　出纳：　　　　审核：　　　　制单：　　　附件　张

注：提供的空白凭证可能比实际需要的多。

付款凭证

贷方科目：银行存款　　　　　　　　年　月　日　　　　　　　　　银付字第　号

摘　要	借方科目		金　额											记账
	总账科目	明细科目	亿	千	百	十	万	千	百	十	元	角	分	√
合　计														

财务主管：　　　　记账：　　　　出纳：　　　　审核：　　　　制单：　　　附件　张

付款凭证

贷方科目：银行存款　　　　　　　　年　月　日　　　　　　　　　银付字第　号

摘　要	借方科目		金　额											记账
	总账科目	明细科目	亿	千	百	十	万	千	百	十	元	角	分	√
合　计														

财务主管：　　　　记账：　　　　出纳：　　　　审核：　　　　制单：　　　附件　张

51

转账凭证

年　月　日　　　　　　　　　　　　　　　　　　　　转字第　号

摘　要	会 计 科 目		√	借方金额										√	贷方金额									
	总账科目	明细科目		千	百	十	万	千	百	十	元	角	分		千	百	十	万	千	百	十	元	角	分
合　计																								

财务主管：　　　　记账：　　　　　出纳：　　　　会计：　　　　制单：　　　　附件　张

转账凭证

摘　要	会 计 科 目		√	借方金额										√	贷方金额									
	总账科目	明细科目		千	百	十	万	千	百	十	元	角	分		千	百	十	万	千	百	十	元	角	分
合　计																								

财务主管：　　　　记账：　　　　　　出纳：　　　　会计：　　　　制单：　　　　附件　张

转账凭证

年　月　日 　　　　　　　　　　　　　　　　转字第　号

摘　要	会　计　科　目		√	借方金额										√	贷方金额									
	总账科目	明细科目		千	百	十	万	千	百	十	元	角	分		千	百	十	万	千	百	十	元	角	分
合　计																								

财务主管：　　　　记账：　　　　出纳：　　　　会计：　　　　制单：　　　　附件　张

转账凭证

年　月　日　　　　　　　　　　　　　　　　　　转字第　号

摘　要	会　计　科　目		√	借方金额										√	贷方金额									
	总账科目	明细科目		千	百	十	万	千	百	十	元	角	分		千	百	十	万	千	百	十	元	角	分
合　计																								

财务主管：　　　　记账：　　　　出纳：　　　　会计：　　　　制单：　　　　附件　张

转账凭证

转字第　号

摘　要	会 计 科 目		√	借方金额										√	贷方金额									
	总账科目	明细科目		千	百	十	万	千	百	十	元	角	分		千	百	十	万	千	百	十	元	角	分
合　计																								

财务主管：　　　　记账：　　　　出纳：　　　　会计：　　　　制单：　　　　附件　张

61

转账凭证

年　月　日　　　　　　　　　　　　　　　　　　　　　　　转字第　号

摘　要	会 计 科 目		√	借方金额										√	贷方金额									
	总账科目	明细科目		千	百	十	万	千	百	十	元	角	分		千	百	十	万	千	百	十	元	角	分
合　计																								

财务主管：　　　　记账：　　　　出纳：　　　　会计：　　　　制单：　　　　附件　张

转账凭证

年　月　日　　　　　　　　　　　　　　　　　　转字第　　号

摘　要	会　计　科　目		√	借方金额										√	贷方金额									
	总账科目	明细科目		千	百	十	万	千	百	十	元	角	分		千	百	十	万	千	百	十	元	角	分
合　计																								

财务主管：　　　　　记账：　　　　　出纳：　　　　　会计：　　　　　制单：　　　　　附件　张

转账凭证

年　月　日　　　　　　　　　　　　　　　　　　转字第　　号

摘　要	会　计　科　目		√	借方金额										√	贷方金额									
	总账科目	明细科目		千	百	十	万	千	百	十	元	角	分		千	百	十	万	千	百	十	元	角	分
合　计																								

财务主管：　　　　　记账：　　　　　出纳：　　　　　会计：　　　　　制单：　　　　　附件　张

转账凭证

年　月　日　　　　　　　　　　　　　　　　　　　转字第　号

摘　要	会 计 科 目		√	借方金额										√	贷方金额									
	总账科目	明细科目		千	百	十	万	千	百	十	元	角	分		千	百	十	万	千	百	十	元	角	分
合　计																								

财务主管：　　　　记账：　　　　出纳：　　　　会计：　　　　制单：　　　附件　张

转账凭证

年　月　日　　　　　　　　　　　　　　　　　　　转字第　号

摘　要	会 计 科 目		√	借方金额										√	贷方金额									
	总账科目	明细科目		千	百	十	万	千	百	十	元	角	分		千	百	十	万	千	百	十	元	角	分
合　计																								

财务主管：　　　　记账：　　　　出纳：　　　　会计：　　　　制单：　　　附件　张

转账凭证

年　　月　　日　　　　　　　　　　　　　　转字第　　号

摘　要	会 计 科 目		√	借方金额										√	贷方金额									
	总账科目	明细科目		千	百	十	万	千	百	十	元	角	分		千	百	十	万	千	百	十	元	角	分
合　计																								

财务主管：　　　　　记账：　　　　　　　出纳：　　　　　会计：　　　　　制单：　　　　　附件　　张

- - - - - - - - - - - - - - - ✂ - - - - - - - - - - - - - - - ✂ - - - - - - - - - - - - - - -

转账凭证

年　　月　　日　　　　　　　　　　　　　　转字第　　号

摘　要	会 计 科 目		√	借方金额										√	贷方金额									
	总账科目	明细科目		千	百	十	万	千	百	十	元	角	分		千	百	十	万	千	百	十	元	角	分
合　计																								

财务主管：　　　　　记账：　　　　　　　出纳：　　　　　会计：　　　　　制单：　　　　　附件　　张